KB269735

처음 시작하는
해외직구
쉽게 배우기

한스미디어

해외직구, 집 앞의 마트를 가듯
쉽고 빠르고 더 값싸게 시작하기

작년 겨울을 뜨겁게 불태웠던 '토토가' 열풍을 보노라니 가슴 벅차게 90년대가 그리웠습니다. 사회·경제·정치적으로 80년대와 확연하게 구분되던 시기, 미지의 2000년대를 앞둔 설레임 등으로 나라 전체가 활력 있던 시기였으니까요(비록 오래지 않아 IMF라는 암흑기를 맞았지만 말입니다).

필자가 1990년대를 더더욱 잊지 못하는 것은 '인터넷' 때문이기도 합니다. 급격하게 대중화된 인터넷은 안방에서도 지구 반대편 나라의 아무개 씨와 연결되는 마법 같은 선물이었고, 이를 통해 진정한 '세계화'가 시작되었습니다. 2015년의 지금 이 시점에서 돌이켜보건대, 대한민국은 크게 세 번의 세계화를 겪으며 그 영역을 넓혀왔던 것 같습니다.

그 첫 번째는 80년대 후반 완화된 규제에 힘입어 점차 보편화된 '해외여행'입니다. 사실 80년대 중반까지만 해도 해외여행은 외화유출이라는 국가적 제한 아래 극히 일부만 누려왔던 혜택이었습니다. 일반 서민의 신혼여행지는 제주도 아니면 경주 정도였지요.

두 번째 세계화의 터닝포인트는 위에서 말한 '인터넷'의 보급이었습니다. 인터넷 전용선이 전국으로 퍼지며 실시간으로 세계 각국의 다양한 정보를 얻을 수 있었고, 정보의 민주화가 실현되었습니다.

그렇다면 세 번째 세계화는 무엇일까요? 필자는 자신 있게 '유통 혁명, 즉 해외직구와 역직구'라 말하고 싶습니다. 수년 전부터 일부 발 빠른 이들로부터 시작된 해외직구와 역직구는 모바일의 발전, 대형 인터넷쇼핑몰의 진화, 핀테크로 인한 결제혁명 등으로 인해 걷잡을 수 없는 대세가 되었습니다. 실제로 해외직구 시장은 갈수록 커지고 있고 그 품목도 다양해져 심지어는 자동차까지 해외직구로 쇼핑하는 실정입니다. 다소 과한 표현일 수 있겠지만 소비자를 안방에 가두어 놓고 손쉽게 장사하던 일부 기업들의 입장에서는 그야말로 발등에 불이 떨어진 셈입니다.

앞집 영철이 엄마가 스마트 폰으로 중국의 인터넷 쇼핑몰 티몰에서 기저귀 한 박스를 사는 세상에서, 더 이상 국경은 아무런 의미가 없습니다. 빠르게 변하는 시대의 흐름에 올라타지 않으면 금세 뒤떨어지고 도태되는 세상, 바로 우리가 사는 세상의 현실입니다.

해외 쇼핑몰에서 직접 구매하는 해외직구, 과연 왜 알아야 할까요? 답은 아주 간단합니다.
잘 고르면 국내 상품보다 훨씬 저렴하게 살 수 있기 때문입니다.
조금만 신경 쓰면 같은 값에 훨씬 질 좋은 상품을 살 수 있기 때문입니다.
조금만 더 부지런히 검색을 하면 기호에 맞은 다양한 상품을 구매할 수 있기 때문입니다.
요즘처럼 가계 살림이 어려울 때, 마우스 클릭만으로 이렇게 많은 이득이 생기는 해외직구를 외면할 수 있을까요? 지금 바로 해외직구를 시작해야 할 이유가 바로 여기에 있습니다.

이 책은 '해외직구'라는 말만 들었을 뿐 정확한 뜻이 뭔지도 모르는 분이 세계 각국의 다양한 쇼핑몰에서 마음먹은 대로 척척 직구할 수 있도록 기획하고 집필한 책입니다. 다른 해외직구 책과 비교한 후 선택하셔도 좋습니다. 초보자를 위해 이보다 더 차근차근 쉽게 설명한 책은 없을 것이라고 믿기 때문입니다. 아무런 걱정하지 마시고 바로 첫 페이지를 펼치기 바랍니다.
모쪼록 이 한권의 책이 여러분을 경이로운 해외직구의 세계로 즐겁고 행복하게 이끌어 주리라 기대합니다. 고맙습니다.

김직구 드림

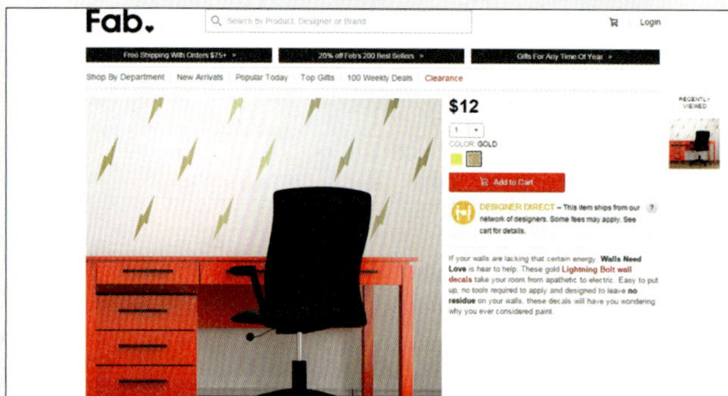

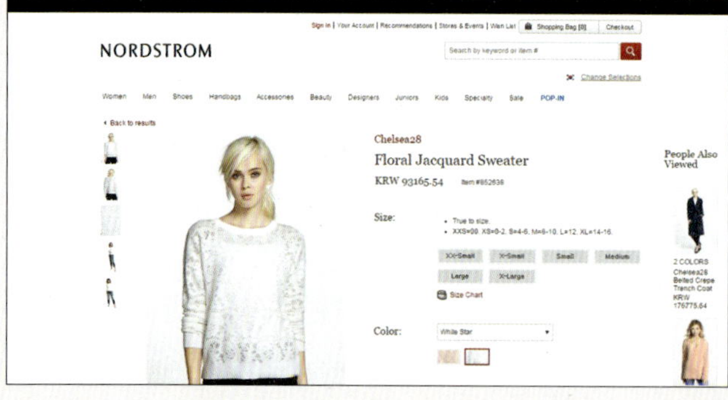

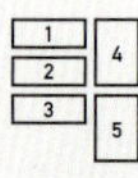

1. 숍밥 www.shopbop.com
2. 파브 www.fab.com
3. 노드스트롬 shop.nordstrom.com
4. 콜스 www.kohls.com
5. 길트 www.gilt.com

해외 인기 직구 사이트
Made In USA

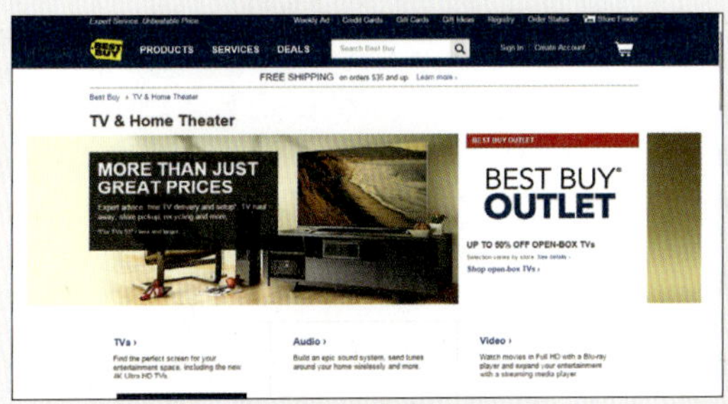

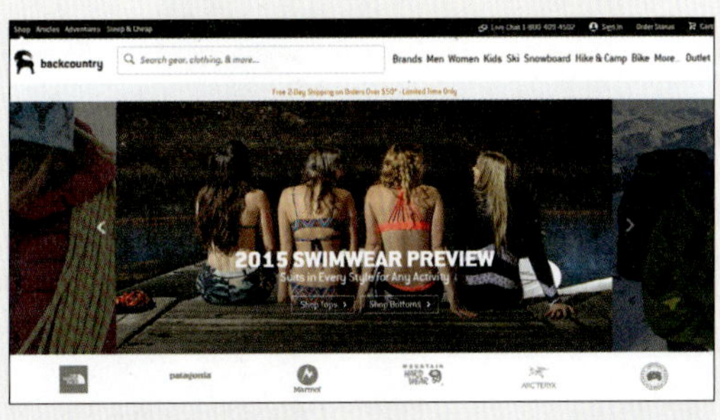

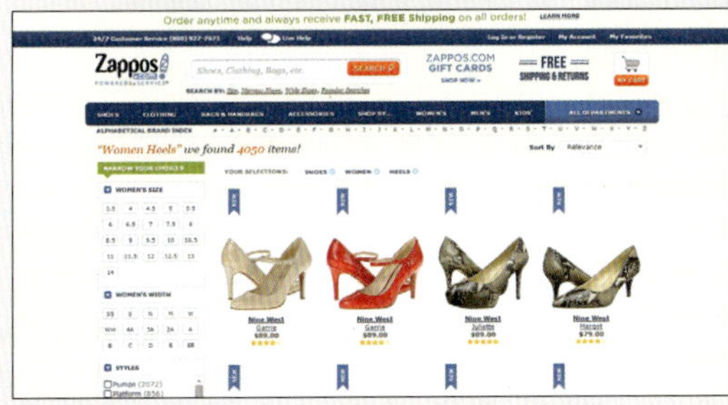

1. 아마존 www.amazon.com
2. 이베이 www.ebay.com
3. 칠드런스플레이스 www.childrensplace.com
4. 세포라 www.sephora.com
5. 베스트바이 www.bestbuy.com
6. 백컨트리 www.backcountry.com
7. 자포스 www.zappos.com
8. 월마트 www.walmart.com

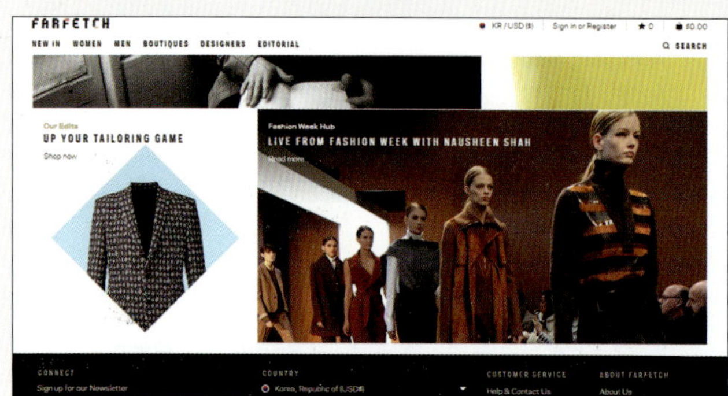

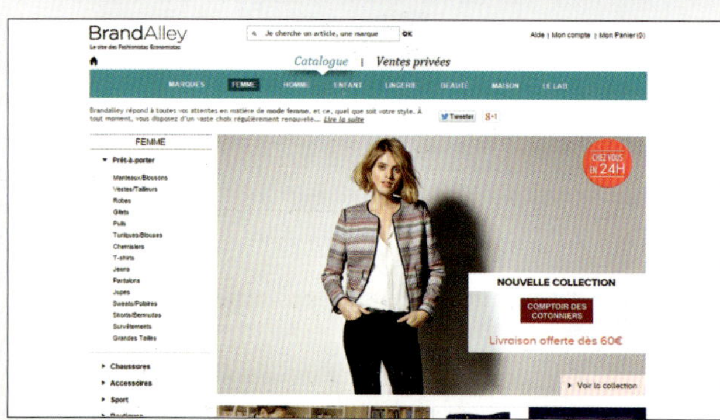

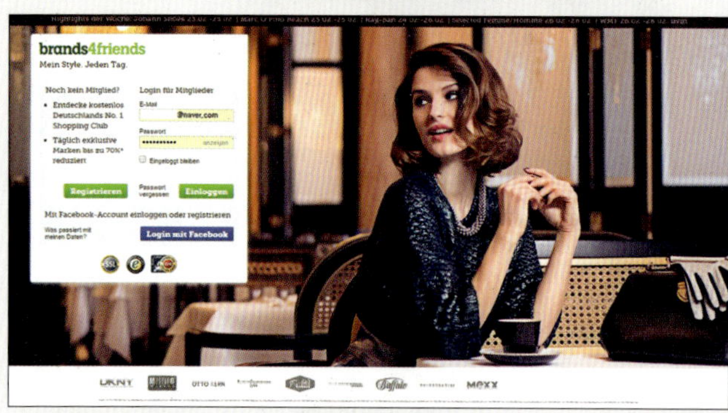

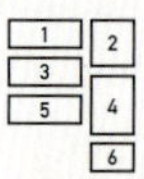

1	2
3	4
5	6

1. 파페츠 www.farfetch.com
2. 라 메종 드 초코랏 www.lamaisonduchocolat.fr
3. 브랜드알리 www.brandalley.fr
4. 잘란도 www.zalando.de
5. 브랜드 포 프렌드 www.brands4friends.de
6. 루이자비아로마 www.luisaviaroma.com

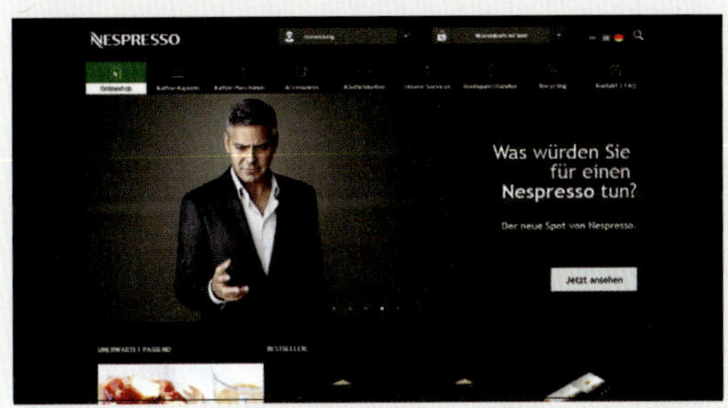

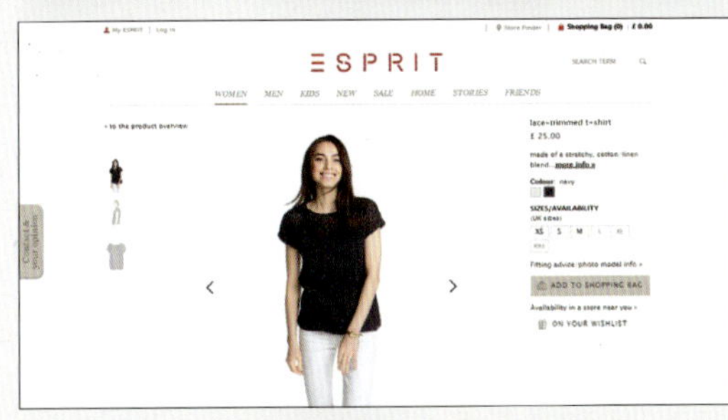

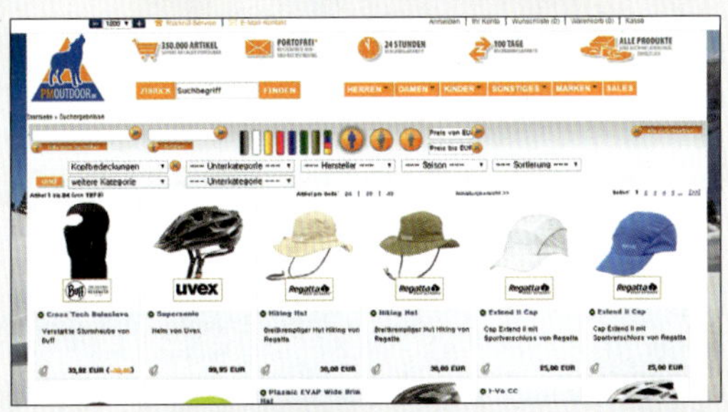

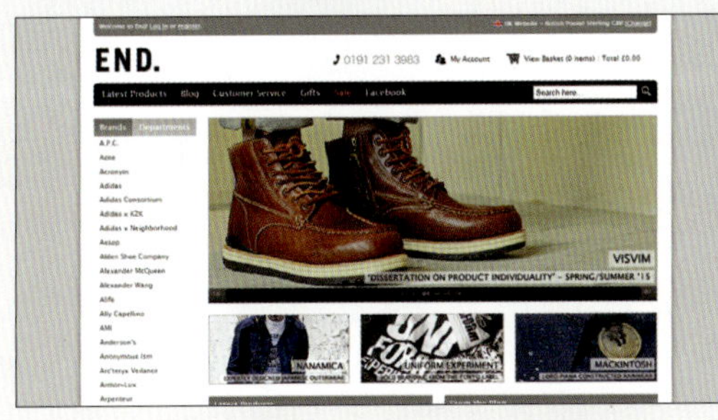

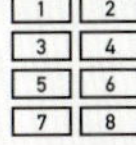

1	2
3	4
5	6
7	8

1. 네스프레소 www.nespresso.com/de/
2. 라흐두트 www.laredoute.fr
3. 에스프리 www.esprit.co.uk
4. 피엠 아웃도어숍 www.pm—outdoorshop.de
5. 엔드 www.endclothing.co.uk
6. 콜레드 http://www.colette.fr
7. 매치패션 www.matchesfashion.com
8. 미쏘니 www.missoni.com

이맘 때 주문하면 저렴해요
미국·유럽 쇼핑몰의 연간 세일 테이블

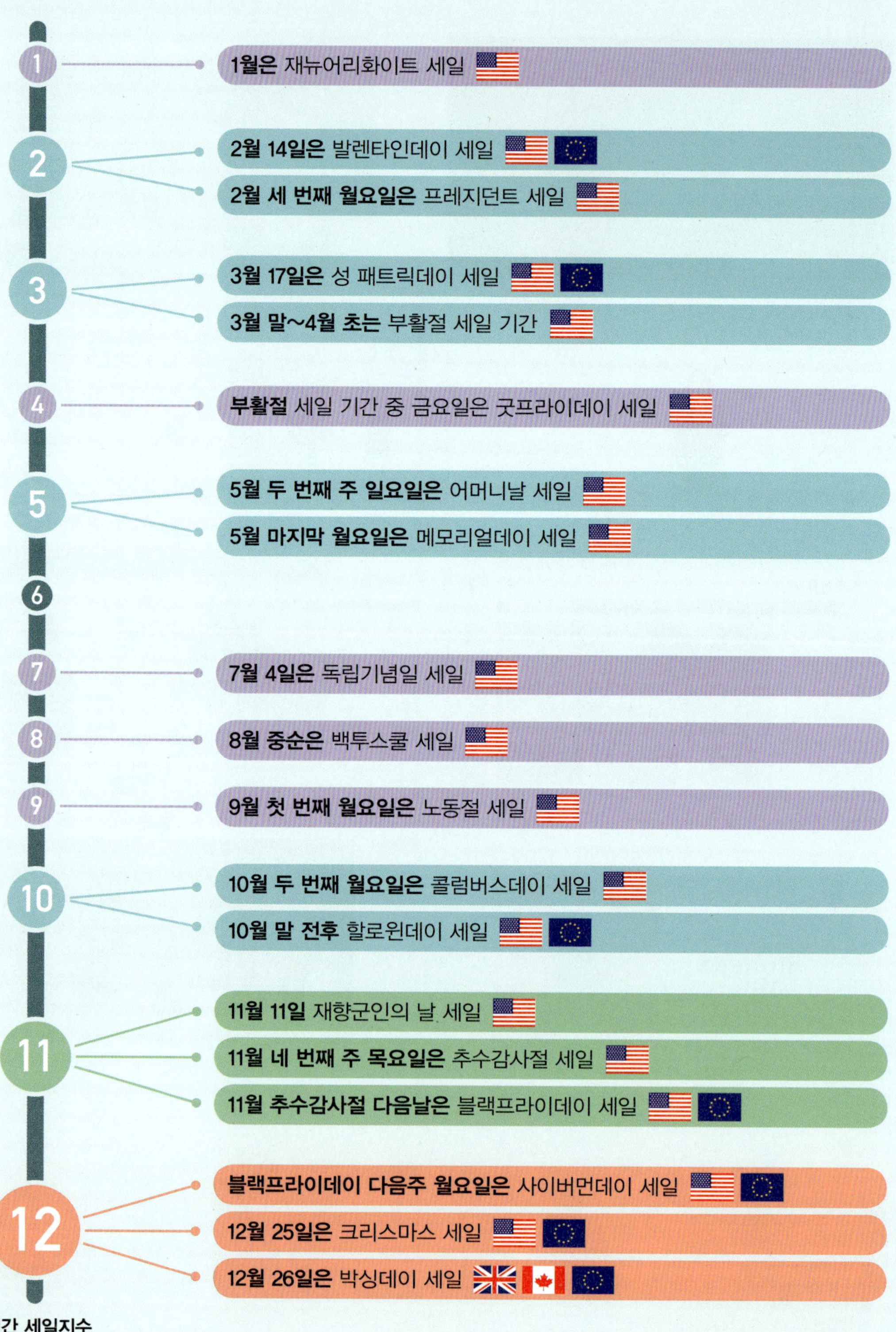
1
1월은 재뉴어리화이트 세일
2
2월 14일은 발렌타인데이 세일
2월 세 번째 월요일은 프레지던트 세일
3
3월 17일은 성 패트릭데이 세일
3월 말~4월 초는 부활절 세일 기간
4
부활절 세일 기간 중 금요일은 굿프라이데이 세일
5
5월 두 번째 주 일요일은 어머니날 세일
5월 마지막 월요일은 메모리얼데이 세일
6
7
7월 4일은 독립기념일 세일
8
8월 중순은 백투스쿨 세일
9
9월 첫 번째 월요일은 노동절 세일
10
10월 두 번째 월요일은 콜럼버스데이 세일
10월 말 전후 할로윈데이 세일
11
11월 11일 재향군인의 날 세일
11월 네 번째 주 목요일은 추수감사절 세일
11월 추수감사절 다음날은 블랙프라이데이 세일
12
블랙프라이데이 다음주 월요일은 사이버먼데이 세일
12월 25일은 크리스마스 세일
12월 26일은 박싱데이 세일
월간 세일지수

이맘 때 주문하면 저렴해요
일본·중국 쇼핑몰의 연간 세일 테이블
1
1월은 겨울 세일 절정 기간
2
2월은 겨울 세일 마감 기간
설 직전은 겨울 세일 최대 절정기
3
3월 초 3~4일간 라쿠텐 슈퍼세일
4
5
6
6월 초 3~4일간 라쿠텐 슈퍼세일
6월은 여름 세일 시작기
7
7월은 여름 세일 절정 기간
8
8월은 여름 세일 마감기 , 여름 세일 절정기
9
9월 초 3~4일간 라쿠텐 슈퍼세일
10
11
12
12월 초 3~4일간 라쿠텐 슈퍼세일
12월은 겨울 세일 시작기
12월 25일은 크리스마스 세일
월간 세일지수

분야별 유명 해외쇼핑몰

다음 쇼핑몰 중 국내에서 캐시백되는 사이트가 있으면 캐시백 사이트를 경유해 구매하세요.

● 전자제품 쇼핑몰

아마존(www.amazon.com) & 이베이
전자제품은 아마존이나 이베이가 다른 쇼핑몰보다 항상 저렴합니다.

베스트바이(www.bestbuy.com)
평상 시는 아마존보다 비싸지만 특가 이벤트가 있을 때 아마존이나 이베이와 비교한 뒤 구매하도록 합니다.

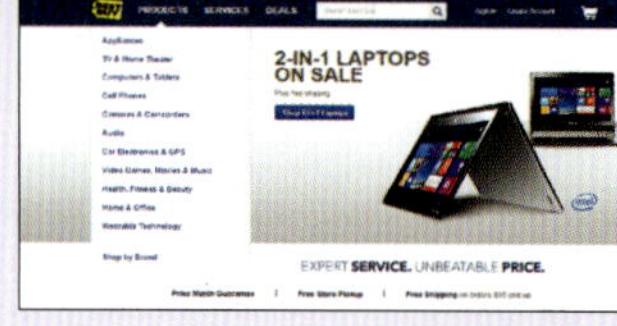

빅카메라(일본, www.biccamera.com)
카메라, 백색가전, TV, 컴퓨터, 컴퓨터부품, 드라이기, 면도기, 프린터, 장난감 등 대부분의 전자제품을 취급합니다.

조마숍(www.jomashop.com)
시계 브랜드를 총망라한 쇼핑몰로 카르띠에, 오메가, 롤렉스, 태그 호이어, 해밀턴 등의 명품시계를 취급합니다.

티몰(www.tmall.com)
중저가 제품을 저렴한 가격에 구매할 수 있습니다. TV의 경우 삼성, LG, 소니, 파나소닉 등의 브랜드 메이커도 판매하지만 비메이커 제품을 검색한 뒤 구매하는 것이 좋습니다.

● 레저 아웃도어 인기 쇼핑몰

백컨트리(www.backcountry.com)
아크테릭스, 카나다구스, 마운틴하드웨어, 콜롬비아, 노스페이스 등의 아웃도어 브랜드와 수영복, 캠핑용품까지 저렴하게 판매합니다.

무스조(www.moosejaw.com)
120여 개 유명 브랜드의 등산, 캠핑, 텐트, 침낭, 하이킹, 스키, 스노우보드, 클라이밍, 신발, 자전거용품, 수상스포츠 등의 용품을 판매하며 깜짝 세일을 많이 합니다.

REI(알이아이, www.rei.com)
미국 아웃도어 쇼핑몰 1위 업체로 미국 전역에 오프라인 매장을 운영합니다. 비교적 고가로 자체 브랜드 외 유명 브랜드를 판매하며 가끔 깜짝 할인판매를 합니다.

씨에라(www.sierratradingpost.com)
콜롬비아 브랜드에서 뉴발란스, 아디다스, 노스페이스 브랜드까지 다양하게 판매합니다. 성인용부터 아동용까지 판매하며 한국 직구족을 위해 한글 홈페이지를 개시했습니다.

OMC 기어(www.omcgear.com)
파타고니아, 노스페이스, 블랙다이아몬드, 파타고니아, 마운틴하드웨어, 카나다 구스 등의 브랜드 제품들을 할인가로 판매하는 미국 오리건주 포틀랜드의 유명 아웃도어 쇼핑몰입니다.

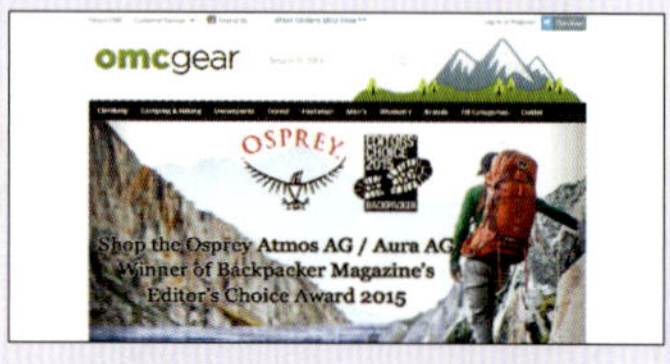

● **멀티신발숍 인기 쇼핑몰**

피니쉬라인(www.finishline.com)
나이키, 푸마, 아식스, 아디다스, 리복, 컨버스, 폴로, 팀버랜드 브랜드까지 신발용품을 저렴하게 판매합니다. 성인용 운동화에서 소녀용 운동화까지 만날 수 있습니다.

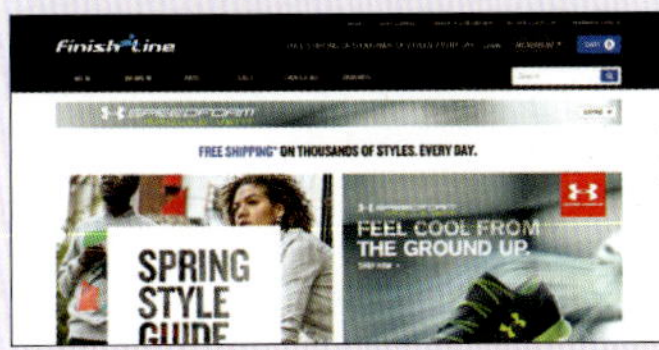

자포스(www.zappos.com)
미국 신발 쇼핑몰 1위 업체로 운동화부터 하이힐까지 판매합니다. 가방과 핸드백, 남녀의류, 아동용 신발, 액세서리도 구매할 수 있습니다. 반송이 보장된 것이 장점입니다.

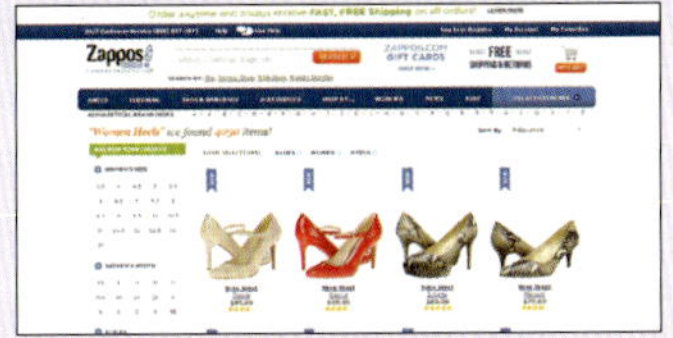

6PM(www.6pm.com)
운동화 쇼핑몰로 유명하지만 드레스화와 하이힐도 판매합니다. 남녀의류, 데님, 아동용신발은 물론 나이키, 노스페이스 등의 유명 메이커를 포함해 1,300개 브랜드를 취급합니다.

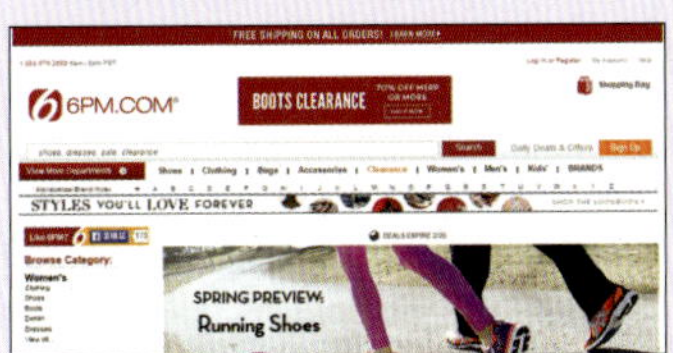

조스뉴발란스(www.joesnewbalanceoutlet.com)
뉴발란스 운동화, 의류, 자켓, 바지, 스커트, 캐쥬얼, 요가복을 취급하며 매일마다 데일리딜이 있으므로 잘 고르면 저렴한 가격에 구매할 수 있습니다.

슈메트로(www.shoemetro.com)
남녀신발, 아동화, 드레스화, 하이힐, 운동화, 샌들 등의 다양한 신발류를 판매합니다. 특이하게도 60일 리턴(반품) 서비스를 보장하며 반품운송료는 유료입니다.

● **패션 · 명품 쇼핑몰**

빅토리아 시크릿(www.victoriassecret.com)
속옷 브랜드로 유명한 빅토리아 시크릿 쇼핑몰입니다. 브라, 팬티, 란제리, 여성 스포츠의류를 판매합니다. 같이 붙어있는 Pink 쇼핑몰은 주로 수영복 종류를 취급합니다.

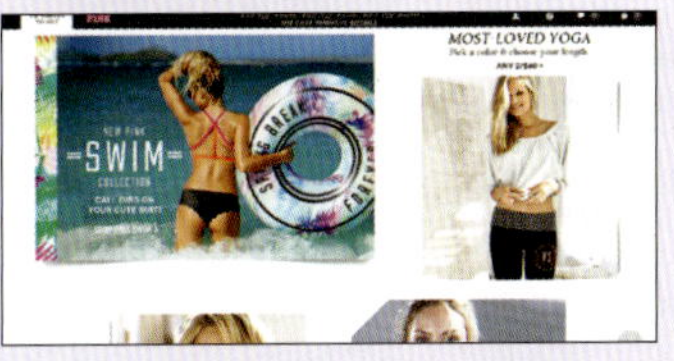

노드스트롬(shop.nordstrom.com)
버버리, 샤넬, 프라다 등 미국 유명 백화점에 입점하는 명품 패션 브랜드를 만날 수 있습니다. 남녀브랜드는 물론 아동 브랜드까지 총망라해서 한국 직배송되는 것이 장점입니다.

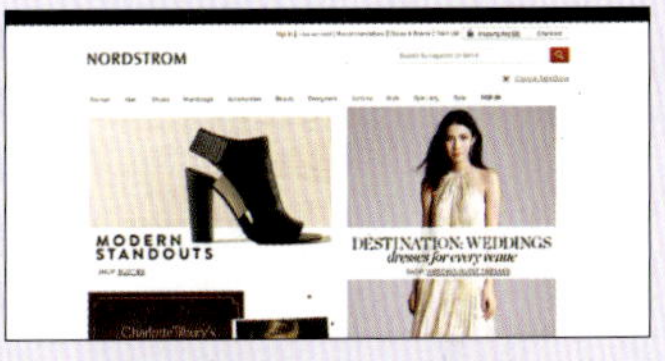

길트(www.gilt.com)
명품 브랜드 할인쇼핑몰 상위업체입니다. 에르메스, 구찌, 마크제이콥스, 발렌티노 등의 패션의류, 가방, 보석, 아동용품을 취급합니다.

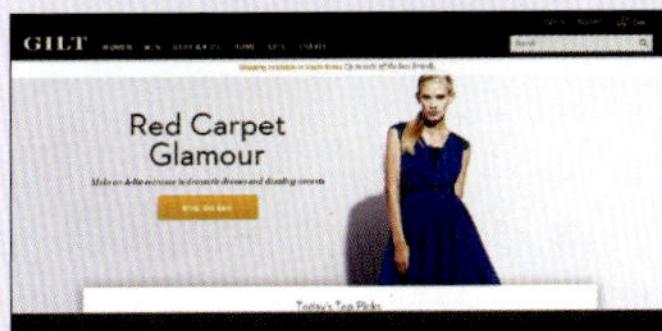

육스(www.yoox.com)
아울렛 스타일의 패션 브랜드 할인쇼핑몰로 한국어 홈페이지가 생겼습니다. 유명브랜드의 남녀패션의류, 데님, 가방, 신발, 엑세서리를 할인판매합니다.

니만 마커스(www.omcgear.com)
한국 직배송 서비스를 제공합니다. 여성의류, 남성의류, 핸드백, 보석 등을 판매하는데 주로 고가 제품이 많습니다.

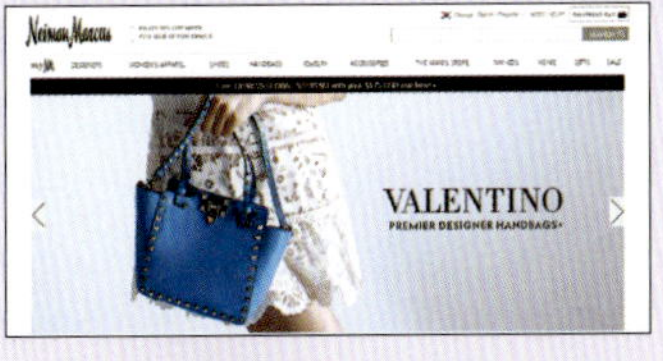

● **화장품 쇼핑몰**

세포라(www.sephora.com)
미국 백화점 명품 화장품을 판매하는 멀티숍 형태의 쇼핑몰로 BB크림, 기초화장품, 스킨케어, 향수, 배쓰용품, 헤어, 화장도구, 남성화장품을 판매합니다.

뷰티닷컴(www.beauty.com)
화장품 종합백화점이라고 할 수 있을 정도로 다양한 브랜드의 화장품을 판매합니다. 형제회사는 드럭스토어라는 영양제 쇼핑몰로 국내에서 유명한 화장품숍입니다.

비오뎀(www.biotherm-usa.com)
한국에서도 판매하는 화장품 브랜드로 민감성 피부에 특히 좋은 스킨케어 화장품이 유명합니다. 20대 남성들도 즐겨찾는 화장품 브랜드라고 합니다.

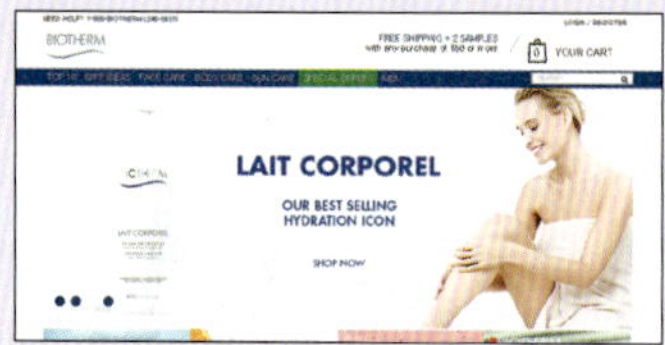

맥코즈매틱(www.maccosmetics.com)
메이크업전문 화장품 쇼핑몰입니다. 캐나다에 본사가 있고 국내에는 맥화장품으로 진출해 있습니다. 각종 립스틱 상품이 특히 유명하지만 파운데이션 종류도 인기만점입니다.

사사닷컴(web1.sasa.com)
홍콩 최대의 화장품 쇼핑몰로 다양한 브랜드와 화장품을 저렴한 가격에 판매합니다. 여성화장품 외 남성화장품, 건강식품도 함께 취급합니다.

● **식료품 쇼핑몰**

아마존 식품 카테고리(www.amazon.com)
아마존 쇼핑몰의 Grocery & Gourmet Food 카테고리입니다. 미국인들이 즐겨먹는 식품과 Gluten-Free(글루텐 프리) 식품, 미식가 식품을 취급합니다.

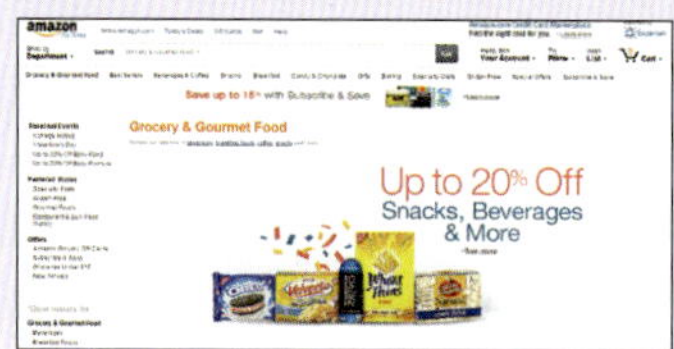

월마트 식품 카테고리(www.walmart.com)
미국 최대 대형마트인 월마트 홈페이지의 Food 카테고리입니다. 미국인들이 즐겨 먹는 식품부터 유기농 식품, 글루텐프리 식품, 통조림, 조미료 종류를 구매할 수 있습니다.

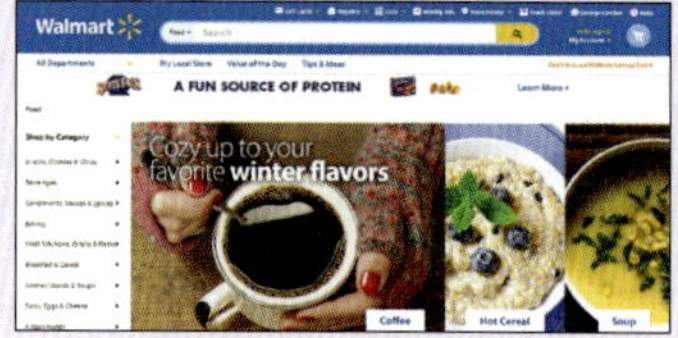

월마트 식품 카테고리(www.walmart.com)
미국 최대 대형마트인 월마트 홈페이지의 Food 카테고리입니다. 미국인들이 즐겨 먹는 식품부터 유기농 식품, 글루텐프리 식품, 통조림, 조미료 종류를 구매할 수 있습니다.

중국 티몰 식품 카테고리(www.tmall.com)
중국 티몰의 零食 카테고리에서는 중국차, 조미료, 건어물, 과자, 견과류, 냉동식품 종류를 만날 수 있습니다. 국내에서 구할 수 없는 중국 향신료 구매에 유용합니다.

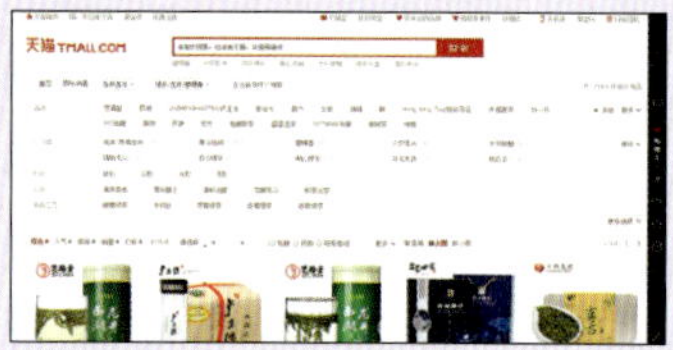

● **아동, 육아용품 쇼핑몰**

다이퍼스(기저귀, www.diapers.com)
미국 1위 기저귀 쇼핑몰로 하기스부터 팜파스 등의 유명 브랜드 기저귀부터 물티슈, 육아 목욕용품, 유아복, 완구, 베이비푸드, 육아 간식, 유모차, 베이비 로션을 판매합니다.

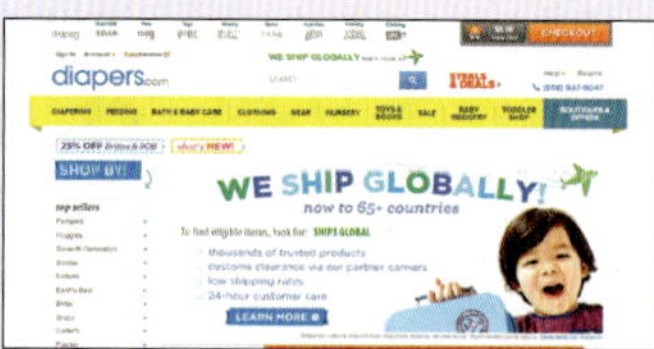

디즈니스토어(www.disneystore.com)
디즈니 캐릭터 상품을 판매하는 공식 쇼핑몰로 딸을 키우는 엄마에게 인기만점입니다. 소년소녀 의류, 신발, 보석, 여행가방, 수영복, 주방용품, 장난감, 홈데코 상품을 취급합니다.

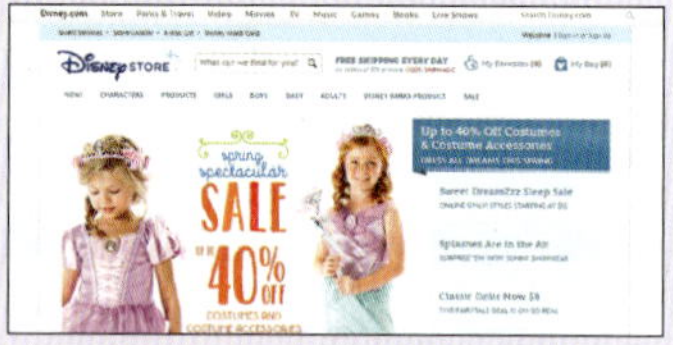

어쓰마마(www.earthmamaangelbaby.com)
유기농·허브 육아용품 전문 쇼핑몰로 임신 초기부터 필요한 용품, 산후용품, 모유수유 용품, 아기 샴푸 용품 등의 제품이 있습니다. 유기농제품을 찾는 엄마에게 인기 브랜드입니다.

칠드런스플레이스(www.childrensplace.com)
미국의 증권시장에 상장된 회사입니다. 베이비용품, 육아의류, 소녀 의류, 소년의류, 아동신발, 아동 액세서리를 전문적으로 취급합니다.

스와들 디자인(www.swaddledesigns.com)
미국 헐리우드 맘들이 육아용품을 구매하면서 유명해진 쇼핑몰로 국내에도 유명 백화점에 입점해 있습니다. 아기담요, 아기의류, 아기침대 등의 다양한 육아용품을 판매합니다.

● **주방, 생활잡화 쇼핑몰**

컬터리앤모어(www.cutleryandmore.com)
유명 브랜드 주방용품을 저렴한 가격에 판매하는 주방용품 전문 쇼핑몰입니다. 주방용 칼, 조리기구, 식기, 소형주방가전 등 수많은 주방용품을 취급합니다.

파브(www.fab.com)
수많은 디자이너가 만든 예쁜 생활소품 쇼핑몰로 여성 취향의 보석류나 잡화, 남성 취향의 하이테크 잡화와 가구까지 매일 바뀌는 디자이너에 따라 판매상품 품목도 달라집니다.

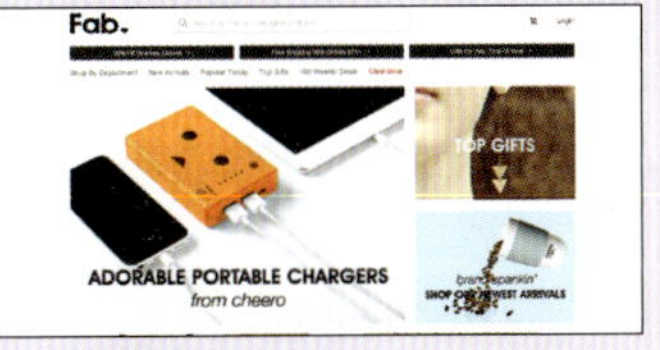

콜스(www.kohls.com)
미국 백화점 콜스는 침실, 욕실용품, 가구, 인테리어를 주력으로 하면서 전품목을 판매합니다. 리빙용품, 주방용품, 의류, 보석, 시계, 신발 등도 취급합니다.

ABC Carpet & Home(www.abchome.com)
미국의 돈 있는 예비신부신랑들이 가는 곳입니다. 카펫, 가구, 욕조, 침대, 주방, 장식품, 조명, 요가, 아기용 가구 상품을 취급합니다. 전체적으로 매우 비싼 제품들을 판매합니다.

싱크 긱(www.thinkgeek.com)
스타워즈, 마블, 스타트렉 등의 캐릭터 상품이나 장난감, 의류는 물론이고 재미있거나 괴짜 장난감, 아이디어 상품, 아이디어 사무용품을 전문으로 취급하는 쇼핑몰입니다.

● **건강 · 영양제 쇼핑몰**

드럭스토어(www.drugstore.com)
미국의 약국 전문 쇼핑몰로 국내에서는 각종 영양제나 비타민제, 다이어트제 직구로 유명한 사이트입니다. 각종 위생용품과 애완동물용 사료도 취급합니다.

아이허브(www.iherb.com)
건강식품과 비타민제 직구로 유명한 사이트로 슈퍼푸드, 허브식품, 견과류, 애완동물사료, 뷰티용품류의 화장품도 취급합니다. 한국어 페이지를 제공하고 한국직배송이 가능합니다.

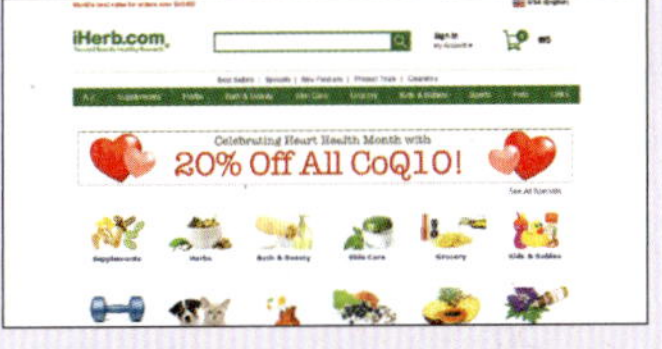

비타코스트(www.vitacost.com)
비타민 관련 건강보조제를 판매하는 쇼핑몰로 미국에서는 비타민 쇼핑몰 중 가장 유명한 쇼핑몰입니다. 약 4천 개의 품목을 판매합니다.

마운틴로즈허브(www.mountainroseherbs.com)
미국 허브 전문 쇼핑몰 상위권에 해당하는 쇼핑몰입니다. 잡다한 것은 취급하지 않고 허브티, 허브향신료, 허브아로마제품, 허브건강보조제, 허브목욕용품, 허브용기를 판매합니다.

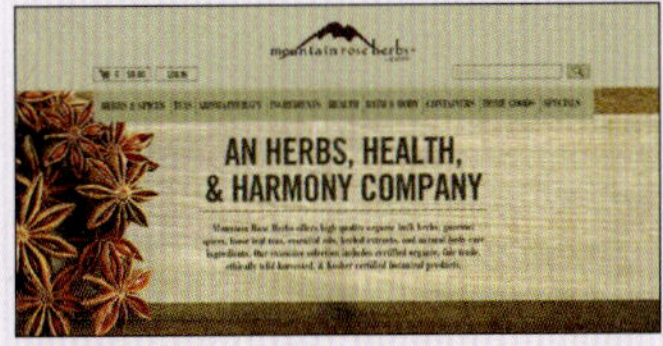

● **영국 · 캐나다 쇼핑몰**

매치패션(영국, www.matchesfashion.com)
영국의 멀티숍 방식 쇼핑몰입니다. 디자이너 브랜드별 남녀패션의류, 란제리, 신발, 보석, 가방류를 취급합니다. 한국으로 직배송될 뿐 아니라 한국어 페이지도 제공합니다.

엔드(영국, www.endclothing.co.uk)
아디다스 브랜드부터 미쏘니, 파타고니아 브랜드, 우리나라 에드윈 브랜드까지 200여 브랜드의 남성패션의류와 신발을 취급합니다. 스트리트패션 성향이 강한 제품이 많습니다.

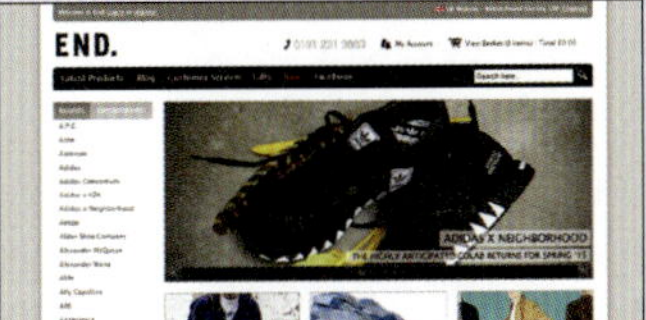

센스(캐나다, www.ssense.com)

멀티숍 쇼핑몰로서 젊은 디자이너 패션상품은 물론 돌체앤가바, 지방시가 같은 유명 브랜드 150여 개를 취급합니다. 주품목은 남녀패션의류, 가방, 구두, 액세서리입니다.

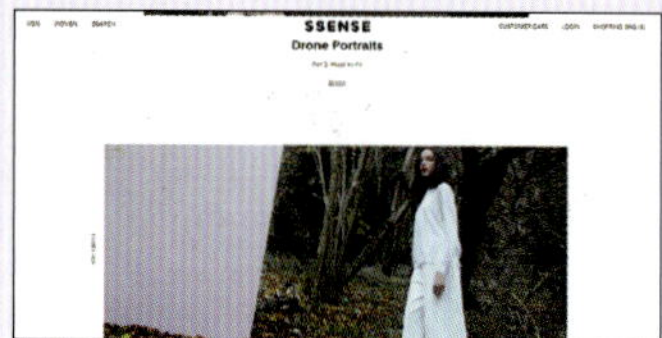

이스트데인(미국 · 캐나다, www.eastdane.com)

Shopbop 쇼핑몰과 형제회사로 남성패션, 의류, 구두, 잡화를 취급합니다. 다양한 남성브랜드 디자이너 상품을 만날 수 있습니다. 전 세계 무료특송을 해주는 쇼핑몰입니다.

아소스(영국, www.asos.com)

패션 멀티숍으로 드레스, 청바지, 신발, 핸드백 가방, 화장품 등 패션 관련 상품을 모두 판매합니다. 홈페이지 상단의 할인코드를 이용하면 더 저렴한 값에 구매할 수 있습니다.

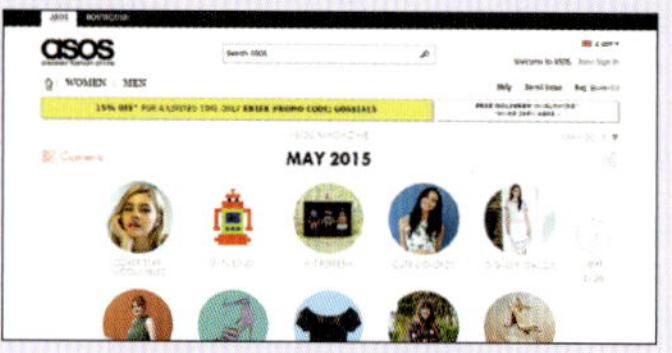

● **프랑스 쇼핑몰**

콜레드(www.colette.fr/#/fr/)

프랑스의 유명한 멀티숍 방식 쇼핑몰입니다. 남녀의류, 샌들, 구두, 가방, 안경, 보석, 하이테크잡화, 디자인잡화를 취급합니다. 해외직배송이 가능한 쇼핑몰입니다.

라 메종 드 초코랏(www.lamaisonduchocolat.fr/fr/tr/)

라 메종 드 초코랏은 초콜릿하우스란 뜻입니다. 다양한 모양, 다양한 맛, 다양한 향의 초콜릿 상품을 판매합니다. 일반 상품은 2~3만 원대, 고가선물용은 10만 원대입니다.

라흐두트(www.laredoute.fr)

프랑스 최대 종합 쇼핑몰입니다. 남녀패션의류, 아동복, 뷰티, 향수, 헤어, 신발, 란제리, 스포츠, 레저, 가구, 침구, 타월, 가전제품, 정원용품, 하이테크제품을 취급합니다.

브랜드알리(www.brandalley.fr)

남녀패션의류, 속옷, 구두, 운동화, 보석, 가방, 안경, 우산, 향수, 화장품, 목욕제, 패션잡화에 특화된 쇼핑몰입니다. 회원가입을 해야 상품을 볼 수 있습니다.

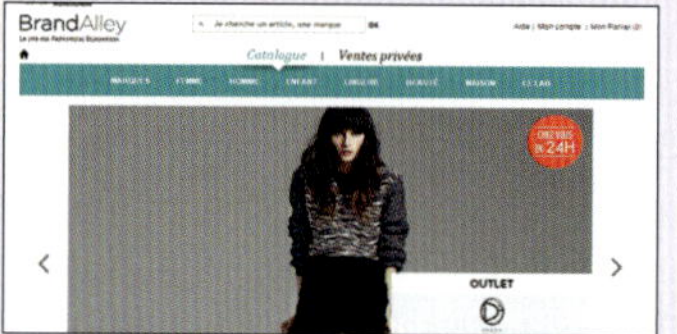

BonTon(www.bonton.fr)

프랑스의 유명한 아동복 전문 쇼핑몰로 프랑스어 버전 쇼핑몰과 영어 버전 쇼핑몰이 있습니다. 나이별 버튼을 클릭하면 다양한 남녀유아복과 아동복 상품을 만날 수 있습니다.

● **이태리 쇼핑몰**

루이자비아로마(www.luisaviaroma.com)

이태리 피렌체에 위치한 패션 쇼핑몰로 한국으로 직배송을 합니다. 남여의류, 신발, 가방, 아동용품을 취급할 뿐 아니라 시계, 침구, 생활잡화도 취급합니다.

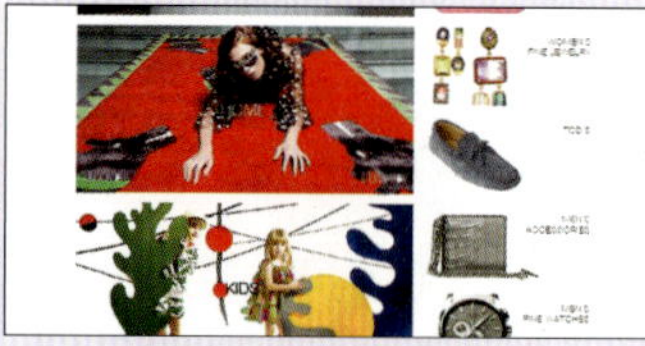

제옥스(www.geox.com)

이태리의 신발회사 제옥스의 공식 인터넷 쇼핑몰입니다. 국내에서도 오픈마켓에서 판매하므로 대폭 할인가로 판매하는 상품 위주로 찾아보기 바랍니다.

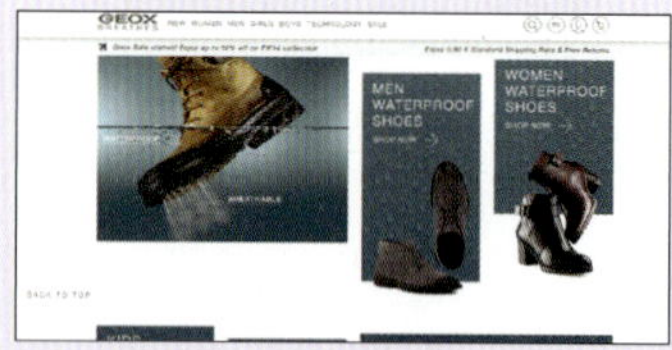

미쏘니(www.missoni.com)

이태리 명품 미쏘니 공식 쇼핑몰입니다. 이태리 브랜드이지만 아시아 지역 판매는 홍콩 YOOX ASIA에서 관리합니다. 명품답게 상품 가격이 비쌉니다.

파페츠(전 세계, www.farfetch.com)

전 세계 하이엔드 부티크 연합 쇼핑몰로 주문한 상품은 전 세계 1천여 개 부티크 브랜드 중 한 곳의 상품입니다. 발송처에 따라 특송료가 비쌀 수 있으므로 꼼꼼하게 점검하세요.

아마존독일(www.amazon.de)
독일에는 아마존급 종합쇼핑몰이 많지만 가격면에서는 아마존독일이 가장 저렴한 편입니다. 유럽형 주방용품이나 패션잡화를 구매할 때 유용합니다.

네스프레소(www.nespresso.com/de/)
네슬레의 캡슐커피 브랜드로 한국에서 구매하는 것보다 저렴한데 한꺼번에 15만 원어치는 구매해야 가격 이점이 있습니다. 캡슐커피 외 커피머신, 커피관련 용품도 취급합니다.

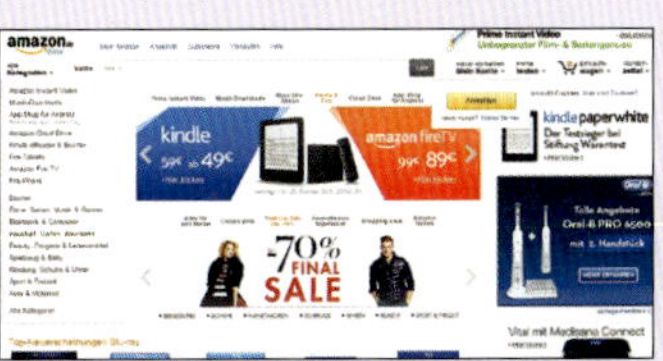

피엠 아웃도어숍(www.pm-outdoorshop.de)
아웃도어 브랜드 200여 개를 모아서 판매하는 쇼핑몰로 독일에서 유명합니다. 아웃도어, 캠핑, 자전거용품, 암벽등반용품, 남녀의류 등을 할인가로 구매할 수 있습니다.

잘란도(www.zalando.de)
독일의 매우 인기 있는 패션의류 전문 쇼핑몰로 1천여 개 이상의 브랜드를 취급합니다. 남녀패션의류, 구두, 스포츠의류와 용품, 아동용품, 가방, 시계, 액세서리를 판매합니다.

켈러 스포츠(www.keller-sports.de)
독일의 유명한 스포츠 의류 전문 멀티숍입니다. 나이키, 아디다스, 아식스, 노스페이스 등 다양한 브랜드의 상품을 할인가로 만날 수 있습니다.

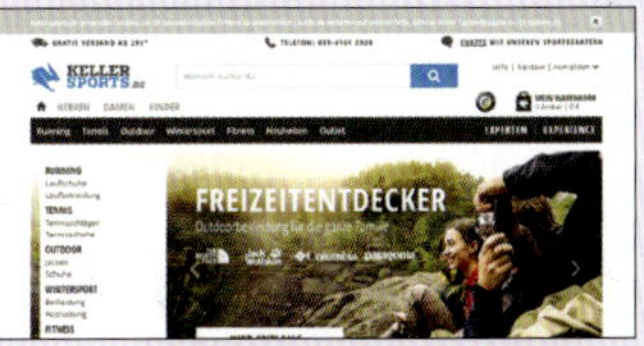

무인양품(www.muji.net)
일본의 무인양품 브랜드로 유명한 쇼핑몰로 수납가구, 침대, 인테리어용품, 침구류부터 슬리퍼, 신발, 남녀의류까지 다양하게 취급합니다. 잡화 카테고리에서 좋은 상품이 많습니다.

패션워커(www.fashionwalker.com)
일본의 여성패션 전문 쇼핑몰로 일본 내 패션브랜드 1천여 개를 모아서 판매합니다. 한국, 대만, 중국 상품도 간혹 섞여 있을 수 있으며 해외배송은 하지 않습니다.

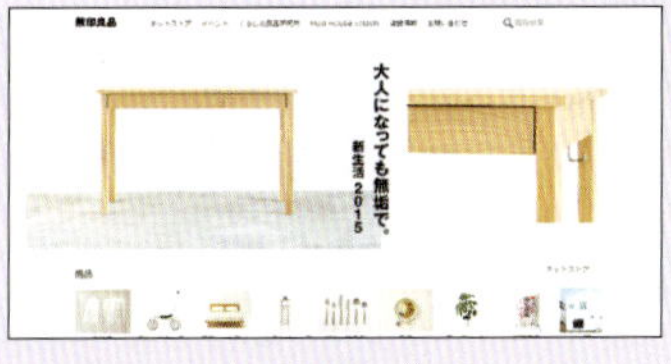

세실(www.cecile.co.jp)
일본의 통신판매 전문업체로 남녀정장, 오피스룩, 일상복 품목이 특히 인기 있습니다. 구두, 가구, 건강, 미용용품, 식품 외 일본 내 보험상품도 판매합니다.

밀라누닷컴(중국, www.milanoo.com)
이태리 밀라노닷컴이 아니라 중국 밀라누닷컴입니다. 코스튬 옷 전문 쇼핑몰이지만 일반 패션의류도 취급합니다. 한국에서 바로 받을 수 있으며 가격은 저렴합니다.

징둥상청(중국, www.jd.com)
중국의 2위급 인터넷 쇼핑몰입니다. 모든 제품을 판매하는 종합쇼핑몰이지만 일반적으로 중국 식료품, 과자, 간식, 육포, 조미료, 향신료 구매에 유용합니다.

CHAPTER 1 해외직구에 도전하자 이것만 있으면 준비 OK

CHAPTER 2
더욱 더 저렴한 해외직구 방법들 국가별 세일 기간, 세일 사이트를 노려라

CHAPTER 5 　미국 아마존과 이베이에서 직구하기

CHAPTER 6

미국 직구 상품의 반품과 취소, 환불하기

CHAPTER 7 일본 쇼핑몰에서 직구하기

CHAPTER 8 중국 타오바오에서 직구하기

CHAPTER 9 유럽 유명 쇼핑몰에서 직구하기

CHAPTER 10 카드결제가 안 될 때, 전자지갑 활용하기

해외직구에 도전하자

이것만 있으면 준비 OK

해외직구란 무엇일까?

해외직구란 해외 인터넷 쇼핑몰에서 직접 구매하여 배송받는 것을 말합니다. 언어를 모르는 어려움에도 불구하고 가격적인 메리트 때문에 남녀노소를 가리지 않고 대유행하고 있습니다.

해외직구가 필요한 사람은?

누구나 할 수 있는 해외직구. 책상에 앉아 세계 여행도 하고 국내보다 최대 50% 저렴하게 구매할 수 있는 홈쇼핑 대작전입니다. 혹시 TV 홈쇼핑과 백화점쇼핑에 싫증 나셨나요? 그런 분들이야말로 해외직구가 딱입니다.

❶ 해외 유명 브랜드 제품을 더 저렴하게 구매하고 싶은 쇼퍼홀릭

❷ 해외 인기 트렌드 상품을 더 빨리 접하고 싶은 첨단유행 마니아

❸ 전자기술 트렌드의 최첨단을 달리고 싶은 하이테크 마니아

❹ 국내에서 판매하지 않는 상품을 저렴한 가격으로 구매할 알뜰족

❺ 합리적인 가격으로 더 좋은 디자인 제품을 탐내는 분

❻ 전 세계쇼핑몰을 원클릭으로 쇼핑의 재미를 즐기고 싶은 분

❼ 실전으로 어학 공부를 하고 쇼핑을 즐기고 싶은 유학지망생

❽ 인터넷에서 전 세계 견문을 느끼고 싶은 여행애호가 직구족

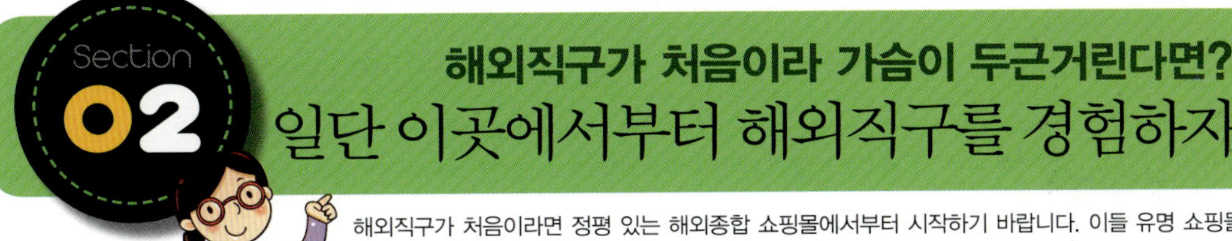

해외직구가 처음이라면 정평 있는 해외종합 쇼핑몰에서부터 시작하기 바랍니다. 이들 유명 쇼핑몰들은 판매자의 신뢰성이 높습니다. 아래 쇼핑몰에서 해외직구를 입문한 뒤 차츰 유명 브랜드나 아울렛 쇼핑몰을 탐험하기 바랍니다.

최고의 상품이 모두 모여 있는 미국 아마존

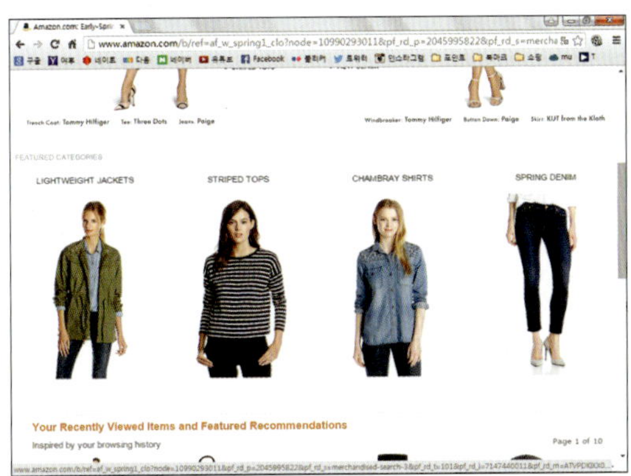
▲ www.amazon.com

경매 거래도 병행하는 최고의 쇼핑몰 미국 이베이

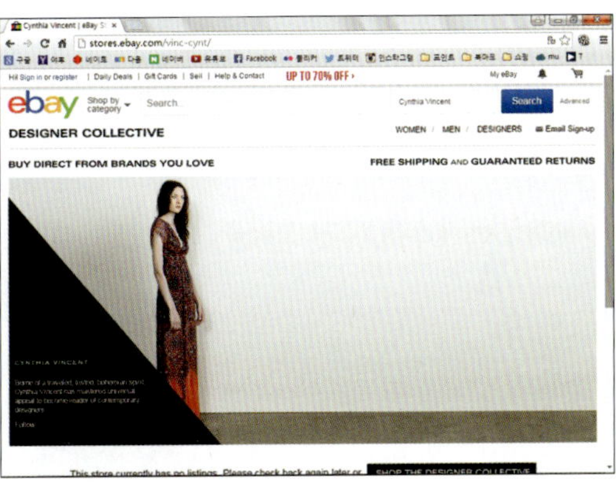
▲ www.eBay.com

중국인들이 사랑하는 쇼핑몰 T몰

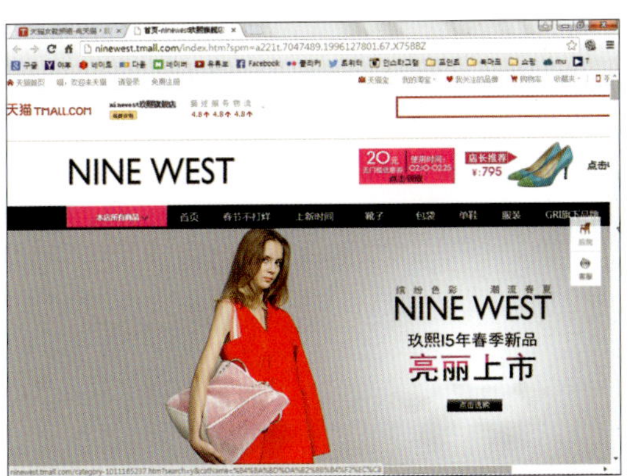
▲ www.tmall.com

일본 최대의 종합 쇼핑몰 라쿠텐

▲ www.rakuten.co.jp

어떤 제품이 해외직구로 좋을까?
해외직구 요령 숙지하기

해외직구는 마우스 클릭만으로 해외 쇼핑몰에서 판매하는 제품을 개인이 직접 구매(수입)하는 것이므로 국내 수입통관 시 관부가세가 부가됩니다. 따라서 관부가세가 없거나, 관부가세가 붙는다 해도 국내판매제품에 비해 월등하게 저렴한 가격의 제품들이 해외직구의 주타깃입니다.

관세가 없는 제품이 주타깃

국내 법에 따라 해외에서 배송받은 물품 중 배송비 포함 15만 원 혹은 20만 원 이하 상품들은 수입관세가 부과되지 않으므로 해외직구의 주요 타깃입니다.

이것저것 관세, 부가세, 특송비를 모두 포함하더라도

국내보다 10% 이상 가격이 저렴한 제품들이 해외직구 타깃입니다.

수입업자가 없어 국내에서 구하기 어려운 제품

정식수입업자가 없어 국내에서는 구할 방법이 없는 제품들이 간혹 있습니다. 예를 들면 고급오디오, 명기, 명품 상품들입니다. 이런 제품들은 수입 후 납부하게 될 관세와 부가세 등을 계산해본 뒤 충분히 지출할 의사가 있을 때 해외직구 타깃으로 삼을 수 있습니다.

동일 제품인 경우 가격이점이 있으면 무조건 구매찬스

국내에서 판매하는 수입산의 가격이 해외직구로 구매하는 것보다 비쌀 경우 해외직구 타깃이 됩니다. 관세, 부가세, 배송비를 모두 납부해도 국내수입사가 판매하는 가격보다 10% 이상 저렴할 경우입니다.

해외직구에 입문할 때 필요한 준비물은 무엇일까?
신용(체크)카드, 전자지갑, 배대지

이마트나 홈플러스 같은 쇼핑몰에 장을 보러 갈 때 카트가 필요한 것처럼 해외직구에도 반드시 필요한 준비물이 있습니다.

신용카드 혹은 체크카드

해외 쇼핑몰에서 결제할 때 필요한 결제수단은 국내신용카드 혹은 체크카드 중 해외결제가 가능한 카드류입니다. 자신의 신용카드나 체크카드에 비자(Visa) 로고나 마스터(Master) 로고가 있다면 해외 쇼핑몰에서 결제할 수 있습니다.

전자지갑 페이팔

만약의 사태에 대비해 인터넷에서 페이팔 같은 국제적인 전자지갑 계정을 만들기 바랍니다. 전자지갑은 배송불량, 반품, 상품훼손 등으로 인해 전액 혹은 일부 환불이 발생했을 때 환불금을 받을 수 있는 계정이기 때문입니다. 가급적 페이팔 같은 국제적으로 통용되는 전자지갑을 만드는 것이 좋습니다.

배대지(배송대행지)

해외 쇼핑몰들은 자국 내에만 배송하고 해외에는 배송을 하지 않는 업체가 많습니다. 만일 해외직배송을 하지 않는 쇼핑몰에서 물건을 구입하고 싶다면 국내 배송대행업체의 회원으로 가입한 뒤 배대지(배송대행지) 주소를 할당받는 것이 좋습니다. 배대지란 해외 현지에 만든 자신의 가상주소(사서함번호)입니다. 국내 여러 배송대행업체들이 미국, 일본, 중국, 독일, 프랑스 등에 가상주소지 제공 서비스를 하고 있으므로 누구나 무료로 이들 국가에 자신의 가상주소를 만들 수 있습니다. 그럴 경우 해외직배송을 하지 않는 쇼핑몰에서 구매한 물품을 현지 가상주소지로 보내고, 그것을 배송대행업체를 통해 국내로 재배송합니다.

해외결제 가능한 신용카드 만들기
Visa 또는 MasterCard 로고가 있는 국내 신용카드

해외 인터넷 쇼핑몰에서 결제를 하려면 신용카드가 있어야 합니다. 단, Visa 혹은 MasterCard 로고가 있는 신용카드라야 안방에 앉아 해외결제를 할 수 있습니다.

카드회사나 은행에서 신용카드를 개설할 때는 해외직구에 사용할 카드라고 말한 뒤 반드시 Visa 혹은 MasterCard 브랜드가 있는 카드인지 확인합니다. 또한 이미 소유하고 있는 신용카드에 Visa 혹은 MasterCard 브랜드가 있다고 해도 해외결제를 원칙적으로 막아놓은 경우가 많으므로 카드업체의 고객센터에 전화해 해외결제가 가능하도록 풀어놓기 바랍니다.

▲ 국민은행 신용카드 비자 브랜드

▲ 국민은행 신용카드 마스터카드 브랜드

▲ 신한은행 신용카드 비자 브랜드

▲ 우리은행 신용카드 비자 브랜드

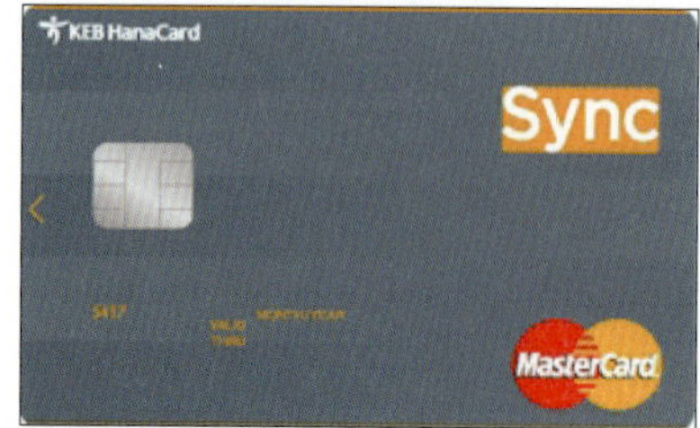

▲ 하나은행 신용카드 마스터카드 브랜드

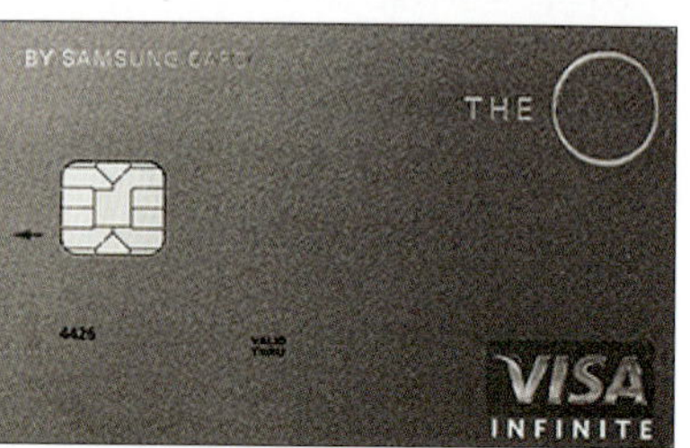

▲ 삼성카드 비자 브랜드

해외결제 가능한 체크카드(직불카드) 만들기
체크카드(Debit) 카드

체크카드란 계좌에 입금되어 있는 잔고 내에서만 사용할 수 있는 직불카드(현금카드)를 말합니다. 미국에서는 보통 Debit 카드라고 부릅니다.

은행에서 자유적금 통장을 개설하면 체크카드를 만들어주는데 이때 해외 인터넷 쇼핑몰에서 결제할 수 있도록 Visa 혹은 MasterCard 브랜드로 만들기 바랍니다. 신용카드와 마찬가지로 체크카드 역시 Visa 혹은 MasterCard 브랜드가 있다고 해도 해외결제를 막아놓은 경우가 있으므로 은행 고객센터에 전화해 해외결제가 가능하도록 풀어놓아야 합니다.

▲ 국민은행 정체크카드 비자 브랜드

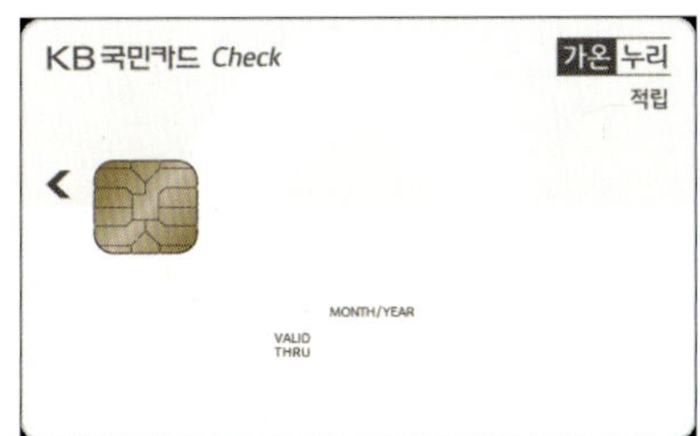

▲ 국민은행 가온체크카드 마스터 브랜드

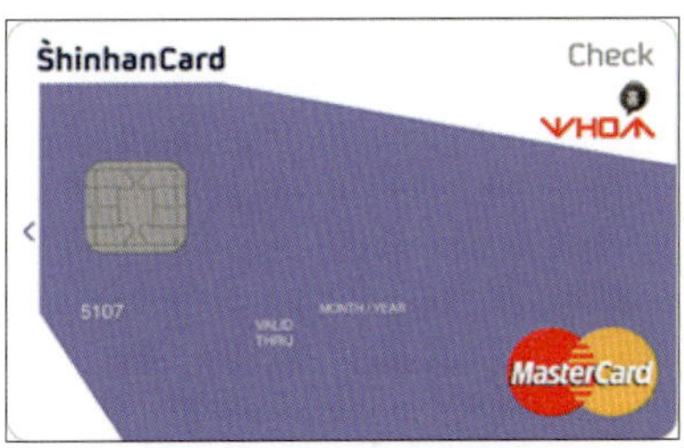

▲ 신한은행 체크카드 마스터카드 브랜드

▲ 우리은행 체크카드 마스터카드 브랜드

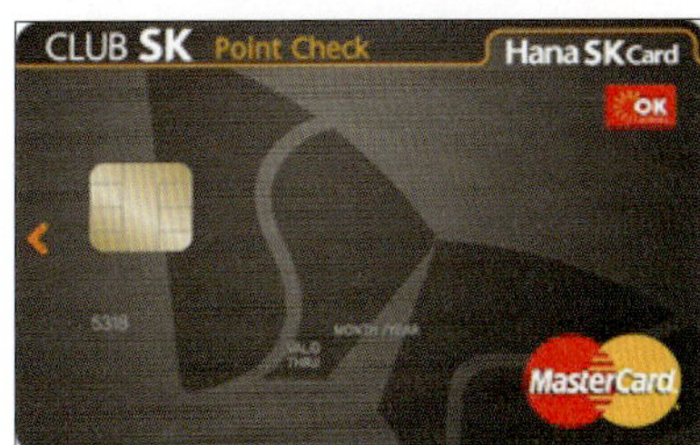

▲ 하나은행 체크카드 마스터카드 브랜드

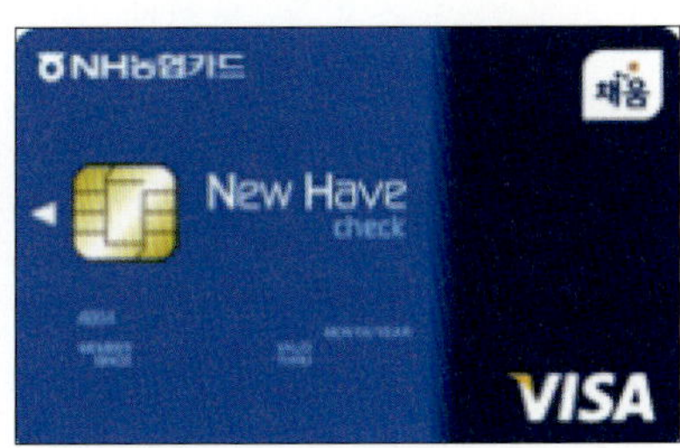

▲ 농협은행 체크카드 비자 브랜드

해외직구를 하다보면 쇼핑몰 사이트가 해킹되는 경우가 있습니다. 이 경우 간편결제를 위해 쇼핑몰에 등록된 카드정보도 함께 해킹되어 카드 복제사고가 발생합니다.

카드 불법사용을 막는 첫 번째 방법

• 해당 카드사(은행권)의 안전결제서비스에 가입하자

신용/체크카드는 인터넷에서 카드번호, 유효기간, 소유자이름, 보안번호를 입력하면 누구나 물건을 살 수 있습니다. 그러므로 안전하게 카드를 사용하려면 카드사의 안전결제서비스에 가입하기 바랍니다. 비자카드는 안전결제서비스에 가입하면 카드정보를 입력한 후 추가로 개인 비밀번호를 입력하므로 그만큼 보안을 유지할 수 있습니다.

카드 불법사용을 막는 두번째 방법

• 결제승인 시 문자통보를 받을 수 있도록 신청하자

쇼핑몰에서 카드결제를 하면 실제로는 그날 결제가 되지는 않습니다. 예를 들어 아마존 쇼핑몰은 판매자가 배송을 할 무렵에 정식으로 결제되는 안전장치가 있습니다. 문자통보 서비스에 가입하면 카드를 쓸 때마다 결제승인을 알리는 문자가 날아오므로 타인이 결제한 경우 바로 카드사에 연락해 결제를 취소할 수 있습니다.

쇼핑몰의 간편결제 기능을 피하자

간편결제 기능이란 쇼핑몰 계정에 카드정보를 등록한 뒤 물건을 살 때 카드정보를 입력하지 않고 결제하는 서비스입니다. 자주 사용하는 쇼핑몰이라면 카드정보를 입력하는 것이 귀찮으니까 계정에 카드정보를 등록하고 원클릭으로 물건을 구매하는 간편결제 기능을 사용하게 됩니다. 그러나 만일 쇼핑몰이 해킹되면 자신의 카드정보가 고스란히 노출되므로 해외직구 시에는 자신의 계정에 카드정보를 등록하는 것을 피하고 물건을 구입할 때만 카드정보를 입력하는 것이 좋습니다.

미국, 중국, 일본 등에서 사용할 수 있는 전자지갑
페이팔이란?

1998년 12월 창립된 페이팔은 인터넷을 이용한 결제 서비스입니다. 일종의 인터넷 전자지갑이라고 할 수 있습니다.

원래 이베이의 자회사였다가 독립한 페이팔은 만 18세 이상이면 누구나 가입할 수 있습니다. 국내 이용자들은 이베이에서 구매한 뒤 만약 환불을 요구할 경우 환불용 계좌로 페이팔을 만들었지만 페이팔 자체의 다양한 기능을 이용하면 페이팔에 예치한 금액을 지불, 송금, 입금, 인출할 수 있습니다.

송금할 때 등 약간의 수수료가 있지만 신용카드 수수료의 20~30%에 불과하므로 해외송금 등에 사용할 수도 있습니다. 해외 유명 쇼핑몰들은 대부분 페이팔 결제를 지원하므로 신용카드번호나 계좌번호를 알리지 않고 페이팔에 예치한 돈으로 물건 구매대금을 결제할 수 있습니다. 주로 미국에서 많이 사용하지만 요즘은 일본, 중국, 대만에서도 페이팔 결제를 지원하는 쇼핑몰들이 많아지고 있습니다.

국내에서 페이팔에 가입하려면 해외결제가 가능한 국내 신용카드(입급용)와 은행계좌(출금 환불용)가 있어야 하며, 신용카드가 없는 사람이라면 해외결제가 가능한 체크(직불)카드가 있어야 합니다.

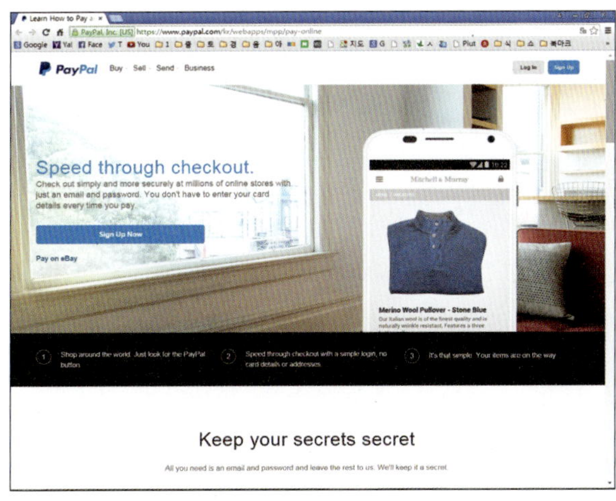

▲ 페이팔 홈페이지(www.paypal.com)

물건의 하자, 구매취소 시
카드결제금 환불을 위한 페이팔 계정

페이팔은 보통 이베이에서 구매한 물품을 환불받을 때 환불금을 받을 목적으로 사용합니다. 환불 목적이 없다면 만들 필요는 없지만 국내 신용카드가 안 통하는 쇼핑몰에서 페이팔 결제가 가능한 경우도 있어 여러모로 유용합니다.

예를 들어 다음과 같이 환불사태가 발생할 경우, 환불금을 회수할 목적 하에 페이팔 계정을 만듭니다. 미국과 캐나다는 인터넷에서 쇼핑하는 사람들 대부분이 페이팔 계정을 가지고 있을 정도로 인기 있는 전자지갑입니다. 미국은 특히 일반인들이 페이팔을 많이 사용하는데 그 이유는 이베이에서 중고제품을 거래한 뒤 판매대금을 받을 수 있는 이베이 전용 전자지갑이기 때문입니다.

이베이나 미국 쇼핑몰, 중국 쇼핑몰에서 카드결제로 물품 구매

물품 하자로 환불이 발생하거나 어떤 보상을 받아야 할 경우

페이팔 계정에 가입한 뒤 페이팔에 자신의 국내 은행계좌 등록

환불금을 자신의 페이팔 ID로 입금요청. 미국인 셀러와 중국인 셀러들은 십중팔구 페이팔 계정을 소유한 경우가 많기 때문에 페이팔로 환불받을 확률이 높음

페이팔에 입금된 환불금은 국내 은행계좌로 이체 가능. 은행으로 이체하면 통상 3~4일 뒤 국내 통장으로 들어옴

안 통하는 데가 없이 결제할 수 있어요
신용카드가 불통이라면 페이팔 결제가 정석

미국 쇼핑몰 중에는 국내 신용카드로 결제할 수 없는 사이트가 의외로 많습니다. 이 경우 페이팔에 자신의 신용카드를 연결한 뒤 결제수단으로 페이팔을 선택하면 90% 이상 결제가 가능합니다.

미국 쇼핑몰에서 결제하기

예를 들어 미국의 A라는 쇼핑몰이 있다고 가정합니다. 이 쇼핑몰에는 신용카드(Credit Card), '체크카드(직불카드 : Debit Card)', '페이팔(Paypal)' 결제가 가능하다고 표시되어 있습니다. 마침 마음에 드는 물건이 있어 장바구니에 담은 뒤 해외결제가 가능한 국내 신용카드나 체크카드로 결제를 시도했습니다. 그런데 결제가 아예 안 되는 것입니다.

해외 쇼핑몰 중에는 해외결제가 가능한 국내 신용카드를 지원하지 않는 사이트도 있습니다.

모든 정보를 정확히 입력하고 결제를 시도해도 결제가 안 되는 것입니다. 해당 쇼핑몰에서 국내 신용카드 회사를 인식하지 못하는 것입니다.

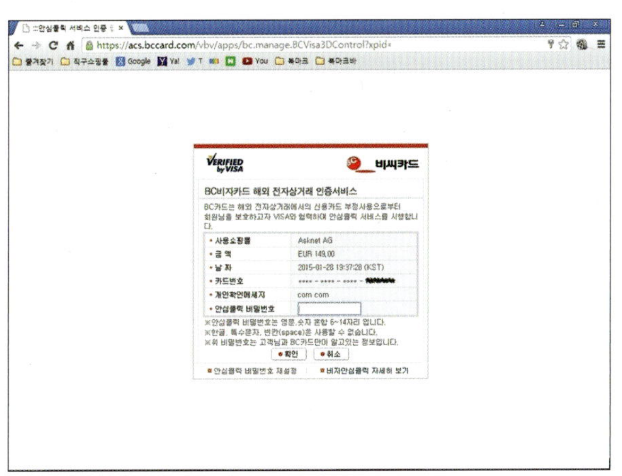

▲ 비씨카드(Visa 브랜드) 안전결제 창

신용카드 호환이 안 되요

하루 종일 씨름을 해도 결제가 되지 않아 결국 신용카드 업체에 문의전화를 걸었습니다. 신용카드 업체에서는 자사의 신용카드가 해당 쇼핑몰과 호환되지 않는다고 말합니다. 결국 구매를 포기하던가, 혹은 다른 신용카드를 만들어 결제를 시도해보라고 합니다.

이런 경우 페이팔을 결제대행업체로 끼고 결제하라

해외 쇼핑몰에서 국내 신용카드가 호환되지 않아 구매대금을 지불할 수 없을 경우, 페이팔에 가입한 뒤 신용카드 정보를 등록하면 페이팔에 로그인하는 것으로도 해당 쇼핑몰에서 결제할 수 있습니다.

페이팔 계정으로 결제를 하면 페이팔이 국내 신용카드에서 돈을 인출해 해당 쇼핑몰에서의 결제를 대리하는 것입니다. 페이팔을 결제 대리업체로 끼는 방법은 국내 신용카드결제를 지원하지 않는 해외 쇼핑몰에서 결제할 때 무척 유용한 방법입니다.

01 페이팔에 가입한 뒤 해외결제가 가능한 자신의 국내 신용카드 정보를 등록합니다.

02 국내 신용카드결제가 잘 안 되는 독일의 소프트웨어 쇼핑몰에서 결제도구를 페이팔로 선택했습니다.

그런 뒤 페이팔로 로그인하면 페이팔 계정에 등록된 자신의 신용카드에서 페이팔 계정을 통해 결제가 자동으로 진행됩니다.

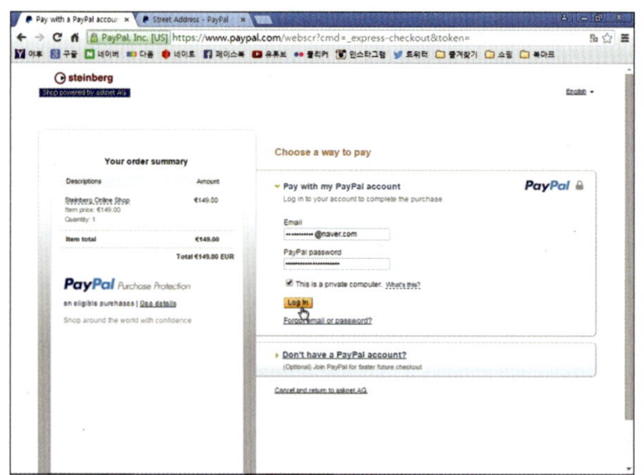

미국 유학 중인 자녀에게 송금도 한 방에

페이팔의 가장 큰 매력은 국제 간 해외송금을 할 수 있다는 점입니다. 예를 들어 미국에 유학 중인 자녀에게 용돈을 보낼 때 은행이 아닌 페이팔을 이용해 송금하는 것입니다. 미국인들은 은행 송금 못지 않게 페이팔 송금을 많이 사용합니다.

페이팔의 국제송금은 무엇일까?

페이팔에 적립된 예치금이나 페이팔에 등록한 신용카드에서 돈을 인출해 해외의 지인에게 송금할 수 있습니다. 이때 필요한 것은 송금받을 사람의 페이팔 ID(페이팔 가입할 때 사용한 E메일주소)입니다. 송금받을 사람의 페이팔 E메일을 알고 있으면 그 E메일로 페이팔 예치금을 송금할 수 있고, 송금받은 사람은 페이팔로 들어온 예치금을 인출할 수 있습니다. 단, 페이팔에 들어온 예치금을 자국 내 은행계좌로 이체한 뒤 은행에서 실제 돈으로 인출하려면 평균 3~4일 정도 소요됩니다. 인출할 때는 당일 환율에 맞게 환전되어 인출됩니다.

페이팔로 송금할 경우 수수료율은 얼마일까?

페이팔은 국제 간 지인에게 송금하는 기능으로도 사용할 수 있는데 이때 수수료율은 송금액의 0.5% 내외입니다. 따라서 신용카드 등으로 송금하는 것보다 수수료율이 저렴한 편입니다. 이 때문에 요즘은 미국에서 한국으로, 한국에서 미국으로 아버지나 자녀 용돈을 보낼 때 페이팔을 사용합니다. 단 돈을 받는 사람은 페이팔 ID(페이팔 가입할 때 사용한 E메일주소)가 있어야 하며, 이 E메일주소를 수령인으로 하여 송금합니다.

페이팔의 약점

페이팔의 약점은 예치금을 입금할 수 있는 은행으로 미국 은행과 유럽 은행만 지원한다는 것입니다. 국내에서는 페이팔에 들어온 돈을 국내 은행으로 이체할 수 있지만 국내 은행에서 페이팔로 예치금을 충전할 수 없습니다.

페이팔은 이런 여러 가지 장점이 있으므로 직구 이용자라면 페이팔 계정을 만든 뒤 페이팔 계정에 자신의 은행계좌와 신용카드 계좌를 연결하는 것이 좋습니다. 페이팔 계정을 만드는 방법은 〈10장〉을 참고하기 바랍니다.

페이팔은 전자지갑 결제시스템의 전 세계 선두주자답게 다양한 기능을 제공합니다.

	미국	한국
물품 하자 등으로 환불이 발생할 때	페이팔 결제를 지원하는 쇼핑몰에서 환불받을 경우 페이팔 계정에 예치금 형태로 환불 가능	
온라인 대금결제	페이팔 예치금은 페이팔을 지원하는 쇼핑몰에서 상품구매 대금지불용으로 사용하거나 국내 은행으로 이체 가능	
대금결제 대행기능	해외결제가 가능한 국내 신용카드를 페이팔 계정에 등록하면 페이팔로 결제할 때 신용카드의 돈을 자동 인출한 뒤 페이팔을 통해 결제 가능. 국내 신용카드가 호환되지 않는 외국 쇼핑몰에서 페이팔을 결제대행업체로 끼고 물품을 구매할 때 유용	
예치금 충전	미국 은행계좌나 미국 신용카드는 페이팔 충전 가능	국내 은행계좌나 국내 신용카드를 통한 페이팔 충전은 불가능
예치금 인출	미국 은행계좌로 인출 가능 미국 외 해외 은행계좌 지원	국내 은행 계좌로 인출 가능
국제송금	페이팔 계정을 가진 회원끼리 페이팔 예치금을 현금처럼 국제송금 가능. 100만 원 이하 국제 간 송금 시에는 페이팔이 유리, 100만 원 이상 국제 간 송금 시에는 은행송금이 수수료면에서 유리	
주요 장점	미국과 유럽의 주요선진국 쇼핑몰은 페이팔 결제를 지원 일본, 중국에서도 페이팔을 지원하는 쇼핑몰이 많아지는 추세	
주의사항	페이팔은 ID(페이팔 가입 시 사용한 E메일주소)와 페이팔 비밀번호만 있으면 결제가 가능한 시스템. 따라서 페이팔 본사를 사칭하며 E메일로 로그인을 유도한 뒤 비밀번호를 훔쳐가는 경우가 있으므로 비밀번호를 절대 노출되지 않도록 주의 요망	

페이팔 수수료율	개인거래	자국거래	미국, 캐나다의 자국 내 거래 시 수수료 무료 국내 은행에서 인출 시 15만 원 이상은 무료 15만 원 이하 인출 시에는 건당 1,500원 카드에서 인출 시 3.4~3.9%+고정수수료
		타국거래	다른 국가에서 인출 시 수수료율 0.5~1% 타국 간 거래 환전수수료 약 2.5% 카드에서 인출 시 3.9%+고정수수료
	기업거래	구매 시	무료 타국 간 거래 환전수수료 약 2.5% 카드로 구매 시 카드수수료 있음
		수취 시	타국 간 거래 환전수수료 약 2.5% 카드에서 인출 시 3.4~3.9%+고정수수료

중국 쇼핑몰에서 사용하는 전자지갑
중화권 쇼핑몰 전자지갑의 왕 알리페이

최근 직구족들의 패턴은 두가지 양상을 보이고 있습니다. 명품, 브랜드 제품은 미국이나 유럽 쇼핑몰에서, 저렴한 제품은 중화권 쇼핑몰에서 구매하는 것이 직구족들의 요즘 추세입니다.

요즈음 여름 휴가철에는 캠핑이 대세지요. 쓸만한 텐트를 하나 장만하려고 하는데 우리나라에서 판매하는 텐트 가격은 정말이지 천차만별입니다. 텐트의 원가가 얼마나 되는지 도무지 알 수 없기 때문에 바가지를 쓰면서 구입한게 아닐까 고민하는 경우가 많습니다. 이런 경우 아시아 최대 쇼핑몰인 '타오바오'에서 가격을 검색하고 직구를 하면 국내에서 구입하는 것보다 한층 저렴한 가격에 구입할 수 있습니다.

즉 명품이나 브랜드 제품은 미국이나 유럽의 인터넷 쇼핑몰에서 직구를 하고, 저렴한 제품은 중국 쇼핑몰에서 직구하는 것이 요즘 직구족들의 패턴이므로, 가격적 이점을 찾아보며 합리적인 쇼핑을 하는 자세가 필요합니다.

tip 인터넷 쇼핑몰 타오바오(www.taobao.com)란?

중국의 알리바바 그룹이 운영하는 아시아 최대 규모의 인터넷 쇼핑몰입니다. 다양한 중국, 대만산 제품이 갖춰져 있어 상대적으로 저렴한 제품이 많습니다. 단 중국의 중소기업이 만든 비메이커 제품이나 흔히 말하는 짝퉁 제품이 많으므로, 꼼꼼히 살펴보면서 쇼핑하는 지혜가 필요합니다.

알리페이 전자지갑의 용도는?
중화권 쇼핑몰에서 환불받을 때 유용

페이팔이 서양권에서 널리 쓰이는 전자지갑이라면 알리페이는 중화권 최대의 쇼핑몰 타오바오에서 인기 있는 전자지갑입니다.

타오바오에서 카드결제로 물품을 구매한 뒤 만일 마음이 바뀌어 환불을 받으려면 어떻게 해야 할까요? 중국에서 한국 은행으로 환불금을 넣어줄리는 없을 것입니다. 이때 필요한 것이 타오바오에서 사용하는 전자지갑인 '알리페이'입니다.

알리페이는 중국 타오바오 쇼핑몰에서 환불이 발생할 때 환불금이 들어오는 전자지갑입니다. 타오바오에 가입하면 알리페이 계정에도 자동으로 가입되므로 기본적인 전자지갑 기능을 사용할 수 있습니다.

알리페이 가입화면

> ### tip 알리페이란(www.alipay.com)란?
>
> 중국의 알리바바 그룹이 운영하는 아시아 최대 규모의 전자지갑 결제시스템입니다. 가입자 수 8억 명, 실제 사용자 수 2억 명에 달하는 전자지갑입니다. 국내에서는 보통 타오바오 쇼핑몰이나 알리바바 쇼핑몰에서 환불금이 발생할 때 환불금을 받을 목적으로 개설합니다. 환불받은 예치금은 국내 은행으로 이체할 수 없지만 (중국 본토 은행계좌만 지원), 알리페이를 지원하는 타오바오, 티몰, 알리바바 등의 중국계 인터넷 쇼핑몰에서 상품구매대금을 지불할 때 사용할 수 있습니다.

알리페이로 할 수 있는 일은 또 다른 일은?
알리페이의 여러 가지 기능

전자결제의 아시아권 선두주자답게 알리페이는 매우 다양한 기능을 제공합니다.

알리페이는 중국 본토용으로 개발된 결제시스템이므로 중국과 한국에서의 사용방법에 차이점이 있습니다. 중국 본토에서는 편의점에서도 사용할 수 있지만 한국에서는 보통 환불금을 받는 목적으로 사용합니다.

	중국	한국
물품 하자 등으로 환불이 발생할 때	알리페이 결제를 지원하는 쇼핑몰에서 환불한 금액이 알리페이에 예치금으로 들어옵니다.	
온라인 대금결제	알리페이 결제를 지원하는 인터넷 쇼핑몰에서 예치금을 상품구매 대금지불용으로 사용할 수 있습니다.	
오프라인 대금결제	중국 내 알리페이를 지원하는 편의점 등에서 대금 지불용으로 사용합니다.	국내는 알리페이를 지원하는 편의점이 없으므로 현재는 사용불가
그 외 결제기능	중국 내에서 모바일, 전기세, 수도세, 수업료, 교통벌칙금, 영화티켓, 호텔예약 등의 결제를 할 수 있습니다.	국내에서는 사용불가
예치금 충전	중국 은행계좌나 중국 신용카드로 알리페이 충전 가능	국내 은행, 카드, 휴대폰 충전을 지원하지 않으므로 예치금 충전 불가(대행업체 있음)
예치금 인출	중국 은행계좌로 인출 가능	국내 은행 계좌를 지원하지 않으므로 인출 불가(대행업체 있음)
예치금 국제송금	알리페이 계정을 가진 회원끼리 알리페이 예치금을 현금처럼 국제송금할 수 있습니다.	
알리페이 수수료율	알리페이로 상품대금결제 시 수수료 무료 알리페이에서 은행계좌로 이체 시 수수료 무료 타국 간 거래 환전수수료 약 2.5%	

타오바오 같은 중국계 쇼핑몰에서 쇼핑을 하다가 환불을 받아야 할 상황에 직면하면 국내 은행으로 환불해주지 않으므로 그때 알리페이 계정으로 환불받기 바랍니다. 알리페이 계정으로 들어온 환불금은 국내 은행으로 이체할 수 없으므로 알리페이를 지원하는 쇼핑몰에서 물건을 구입하는 용도로 사용합니다.

해외 유명쇼핑몰을 한국어로 번역하며 쇼핑하기
구글 크롬 브라우저 설치하기

해외 쇼핑몰에서 상품을 고르다보면 언어가 통하지 않습니다. 이럴 때는 해외 웹사이트를 자동으로 번역하는 기능이 필요합니다. 가장 유명한 인터넷 번역기는 '구글 번역기'이며, 크롬 브라우저를 설치하면 자동으로 사용할 수 있습니다.

구글 번역기는 인터넷 익스플로러에도 설치할 수 있지만 크롬 브라우저를 설치한 뒤 크롬 브라우저에 내장된 버튼을 클릭하는 방식으로 사용하길 권장합니다.

01 '네이버'나 '다음'에 접속한 뒤 '구글 크롬'이라고 입력하고 검색합니다.

02 '구글 크롬'이 검색되면 클릭합니다.

03 구글 크롬 사이트에 접속되면 'Chrome 다운로드' 버튼을 클릭해 구글 크롬의 다운로드를 시작합니다.

04 크롬 설치 여부를 물어오는데 이때 설치한다고 '동의 및 설치' 버튼을 클릭합니다. 구글 크롬이 다운로드되는 동시에 설치됩니다.

05 설치를 완료하면 '시작' 버튼에 '크롬(Chrome) 브라우저'가 생성됩니다. 크롬 브라우저를 실행한 뒤 해외 사이트로 접속합니다. 외국어로 된 해외 쇼핑몰에 접속하면 크롬의 '주소표시줄'에 '이 페이지를 번역하시겠습니까?' 창이 나타나고, 이때 '번역' 버튼을 클릭하면 해당 사이트가 한국어로 자동 번역되어 표시됩니다.

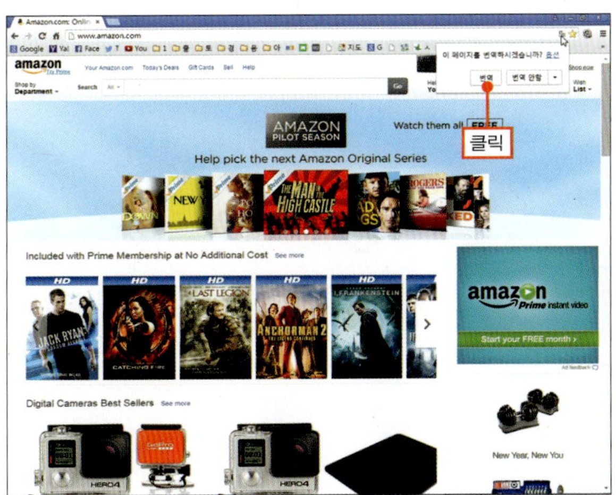

설치한 크롬 브라우저를 실행해 미국 쇼핑몰에 접속한 뒤 번역하는 방법을 알아봅니다. 물론 기계적으로 번역해주기 때문에 일상 용어처럼 100% 완벽하지는 않지만 대충 알아볼 수 있을 정도로는 번역됩니다.

01 크롬을 실행한 뒤 주소입력줄에 아마존 쇼핑몰(www.amazon.com)을 입력해 접속합니다.

외국 사이트에 접속하면 자동으로 '페이지 번역하기' 버튼이 나타납니다. 버튼을 클릭하면 아마존 사이트가 한국어로 번역됩니다.

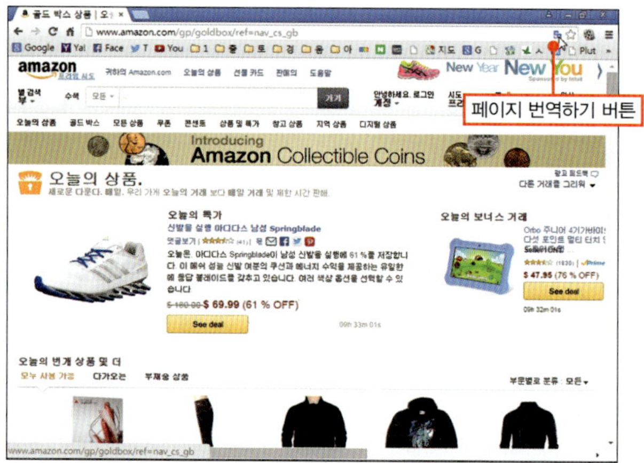

02 만일 팝업 창이나 새로운 창이 나타나면 그 창만 번역할 수도 있습니다.

번역하고자 하는 인터넷 창을 마우스 오른쪽으로 클릭한 뒤 '한국어로 번역' 메뉴를 실행하면 한국어로 번역됩니다.

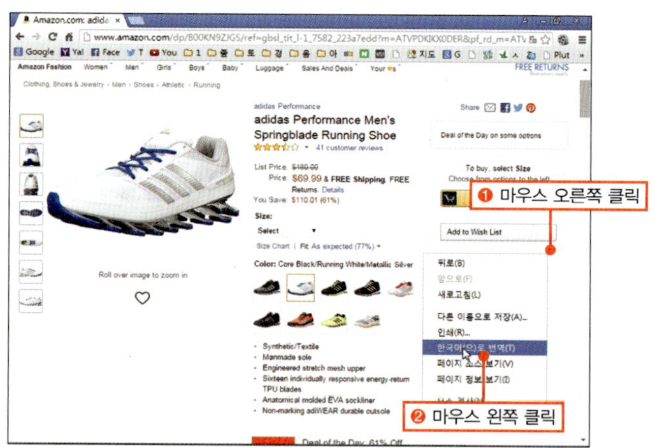

> **tip** '구글 크롬'은 '인터넷 익스플로러'와 마찬가지로 인터넷에 접속할 때 사용하는 프로그램입니다. 인터넷 익스플로러와 달리 크롬에는 다국어 번역기인 '구글 번역기' 버튼이 내장되어 있습니다. 이 때문에 인터넷에서 외국어로 된 사이트를 번역해 읽을 때 유용합니다.

일본어 쇼핑몰을
구글 크롬 브라우저로 번역하기

이번에는 크롬으로 일본어 쇼핑몰에 접속한 뒤 번역해 봅니다. 일본어는 영어에 비해 번역의 질이 높아 전체적인 내용을 확인하는 데 큰 도움이 됩니다.

01 앞에서 설치한 크롬을 실행한 뒤 주소입력줄에 일본에서 가장 유명한 쇼핑몰인 라쿠텐 주소(www.rakuten.co.jp)를 입력하고 접속합니다.

접속하는 순간 '이 페이지 번역하기' 버튼이 나타나면 클릭해 화면에 보이는 페이지를 번역합니다.

02 라쿠텐 쇼핑몰이 한국어로 번역되어 표시됩니다.

물론 100% 완벽하게 번역되지 않지만 판매하는 제품을 대략적으로 파악할 수 있으므로 일본 쇼핑몰에서의 쇼핑에 적지 않은 도움을 얻을 수 있습니다.

중국, 독일, 프랑스 쇼핑몰을 크롬 브라우저로 번역하기

크롬 브라우저는 영어, 일본어는 물론 중국, 독일, 프랑스 등 다국적 쇼핑몰도 모두 번역해 읽을 수 있습니다. 따라서 해외쇼핑몰에서 쇼핑할 때는 크롬 브라우저로 번역해 읽어본 뒤 물건을 선택하기 바랍니다.

01 크롬으로 아시아에서 제일 큰 인터넷 쇼핑몰인 중국 타오바오(www.taobao.com)에 접속합니다.

접속한 뒤 '이 페이지 번역하기' 버튼을 클릭하면 메뉴 등이 한국어로 번역되어 표시됩니다.

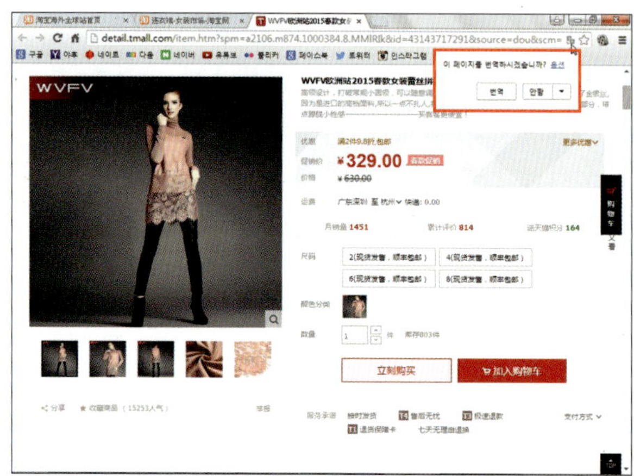

02 크롬으로 독일의 패션 업체인 에스프리(www.esprit.de)에 접속합니다.

접속한 뒤 '이 페이지 번역하기' 버튼을 클릭하면 메뉴 등이 한국어로 번역되어 표시됩니다.

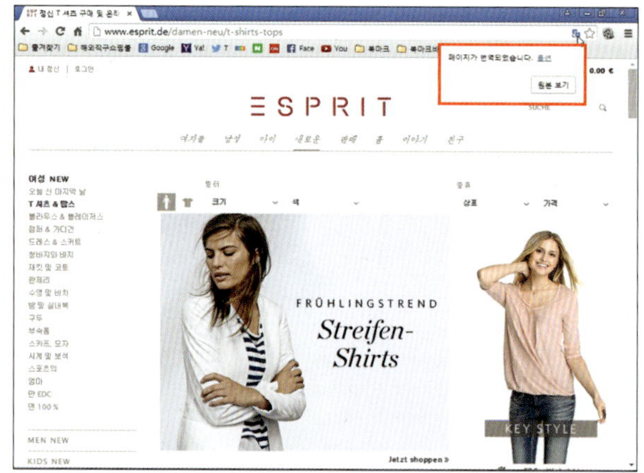

해외직구를 했는데 아예 국제배송이 안 된다면?
이럴 때 필요한 것이 배대지(배송대행지)

해외쇼핑몰은 자국 내 배송만 가능한 쇼핑몰과 해외직배송이 가능한 쇼핑몰이 있습니다. 이중 해외직배송이 안 되는 상품을 구매한 경우에는 배송대행업체를 통해 국내로 배송시켜야 합니다.

배송대행업체란 세계 각국에 배송대행지라는 배대지 센터를 운영하는 업체입니다. 배대지 센터에는 작은 사서함들이 있어 이 사서함을 국내 직구족에게 개인주소로 무료 제공한 뒤 사서함에 도착한 소포 등을 자신의 배송대행업체를 통해 국내로 배송합니다. 우리나라 사람들이 해외 각국에 가상개인주소를 가질 수 있는 이유가 바로 이 사서함 번호 때문입니다.

만일 해외직배송이 안 되는 해외 쇼핑몰에서 상품을 구매했을 때는 현지 국가에 만든 자신의 배대지 가상주소로 상품을 배송시킨 뒤 이를 국내로 재배송시켜야 합니다. 이때 배대지 가상주소까지는 쇼핑몰에서 배송하고, 배대지에서 국내로의 배송은 배송대행업체인 국내업체가 대행합니다.

배대지 센터에서 제공하는 자신의 해외가상주소는 배송대행업체에 가입하면 즉시 무료 생성됩니다. 배대지 센터에 도착한 상품을 국내로 재배송할 때 배송료만 배송대행업체에 지불하면 됩니다.

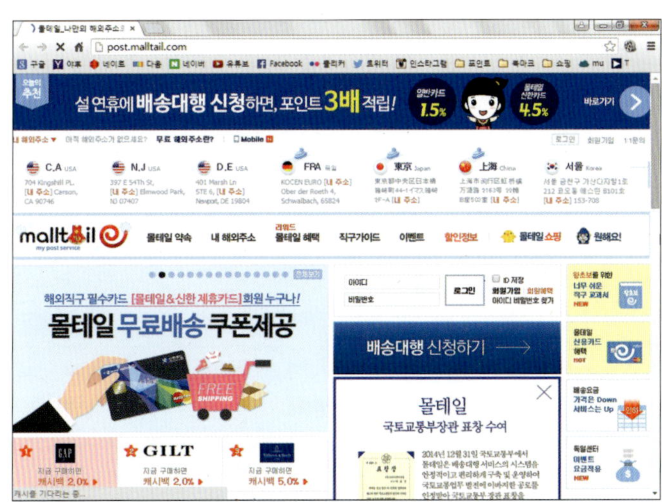

▲ 이용료 없이 무료 해외주소를 제공하는 배송대행업체 몰테일

💬 배송대행업체의 특징

우리나라의 배송대행업체는 업체별로 서비스하는 국가가 다릅니다. 예를 들어 국내에서 가장 인기 있는 배송대행업체인 '몰테일'은 미국, 일본, 중국, 독일에서 배송을 대행하지만 신규업체 '지니집'은 미국, 일본, 중국, 독일, 영국, 프랑스, 스페인, 네델란드, 홍콩의 인터넷 쇼핑몰에서 구입한 상품을 배송대행하는 업체입니다. 별도의 이용료 없이 가입만 하면 바로 각 국가별 현지 가상주소(배대지의 사서함주소)를 무료 제공합니다. 해외직구를 시작하려면 보통 2개 정도의 배송대행업체에 가입하는 것이 좋습니다.

💬 배대지 이용료 및 배송대행료

배대지는 특별하게 이용료가 없습니다. 보통 배대지에서 국내로 배송되는 배송료만 받고 운영됩니다. 그 외 무료보관일수를 넘길 경우의 유료보관요금, 국내 배송을 하지 않고 반송할 경우 반송료가 필요하지만 배대지 가상주소 사용료는 전혀 없습니다.

💬 배송대행업체가 주로 하는 업무는?

배송대행업체는 해외직배송이 되지 않는 현지 쇼핑몰 상품을 현지 배대지 센터로 보낸 뒤, 이를 국내 이용자가 국내배송 설정 및 국내로의 배송료를 납부하면 해외 배대지에서 국내로 배송하는 역할을 합니다. 즉 해외에서 국내로의 배송대행이 주업무이지만 도착한 상품을 묶음배송, 합배송, 반송, 폐기 등의 작업도 대행합니다. 참고로 배송대행업체가 해외 배대지에 도착한 상품을 국내로 직접 배송하지는 않습니다. 배송대행업체는 대한통운 같은 국제적인 특송업체와 업무협약을 한 뒤 실제 직배송은 특송전문업체에 위임합니다.

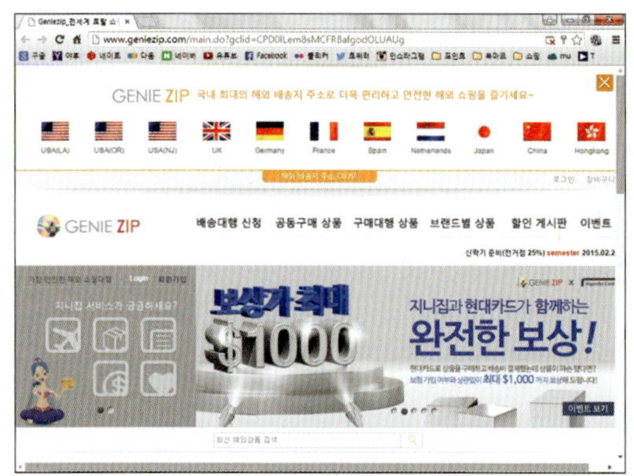

▲ 배송대행업체 지니집

▲ 배송대행업체 위메프Box

어떤 배송대행업체가 좋을까?
배대지(배송대행지) 기본 사용방법

배대지는 국제배송이 안 되는 상품을 구매했을 때 필요합니다. 상품 구매 후 자신의 배대지주소로 상품을 배송시킨 다음, 그것을 다시 자신의 국내 집으로 재배송시키는 것입니다.

❶ 원하는 배송대행업체에 회원가입(무료)

❷ 가입 즉시 각국 현지 배대지주소(해외의 가상주소) 무료 생성

❸ 해외쇼핑몰에서 해외직배송이 안 되고 현지배송만 되는 상품 구매했을 때 상품배송지로 배송대행업체에서 부여한 자신의 현지 배대지 가상주소 입력

❹ 현지에서 배송이 시작되면 트래킹 넘버가 나오는데 트래킹 넘버가 나오면 국내 배송대행업체 홈페이지에 로그인

❺ 국내 배송대행업체 홈페이지에서 자신의 현지 배대지로 배송된 상품을 국내주소로 재배송되도록 설정하고 국내로 배송되는 국제배송요금을 배송대행업체에 납부

❻ 배송대행업체와 업무협약한 국제적 특송업체가 현지 배대지에 도착한 상품을 받아서 국내주소지로 상품배송

마음에 드는 배송대행업체 선택하기
국내 배송대행업체 서비스 비교하기

다수의 배송대행업체를 비교한 뒤 가장 서비스가 좋은 업체에 가입하는 것이 좋은데 보통 2곳 정도
가입해서 이용하기 바랍니다.

배송대행업체명	특징

몰테일
post.malltail.com
	• 배송대행 서비스 국가 : 미국, 중국, 일본, 독일
	• 배송료 : 미국 ⇨ 한국 배송대행 기본료 1Lb(파운드=0.45kg) 11달러
	• 묶음배송 & 검수 : 지원
	• 특징 : 배송대행, 직구대행, 리턴(반송)대행
	    제휴 해외쇼핑몰에서 직구할 경우 2~5% 환급
	    국내 최대 규모의 배송대행업체
	    동종업계 최초로 관세청장 표창장
	    신한카드로 결제 시 배송료 약 5천 원 할인(2015년 현재)
	• 배대지의 무료보관일수 : 14일. 초과 시 추가비용 필요
	• 일반통관수수료 & 관세사수수료 : 기본 무료, 그 외 실비

지니집
www.geniezip.com
	• 배송대행서비스 국가 : 미국, 중국, 일본, 독일, 프랑스, 스페인, 네델란드, 영국, 홍콩
	• 배송료 : 미국 ⇨ 한국 배송대행 기본료 1Lb(파운드=0.45Kg) 11달러
	• 묶음배송 & 검수 : 지원
	• 특징 : 배송대행, 직구대행, 공동구매대행, 리턴대행
	    배송대행 신청서 작성 프로그램인 '매직카펫' 제공
	    쇼핑몰 기능(해외제품 소개 및 판매상 입점 기능)
	    이베이츠를 통해 해외직구 시 배송료 10% 환급
	• 배대지의 무료보관일수 : 15일. 초과 시 추가 비용 필요
	• 일반통관수수료 & 관세사수수료 : 기본 무료, 그 외 실비

직구직구 www.jiggujiggu.com	• 배송대행서비스 국가 : 미국 • 배송료 : : 미국 ⇨ 한국 배송대행 기본료 1Lb(파운드=0.45Kg) 7.5달러 • 묶음배송 & 검수 : 지원 • 특징 : 미국 배대지에서 국내배송 시 배송료 업계 최저 묶음배송료 무료 • 배대지의 무료보관일수 : 30일. 초과 시 추가 비용 필요 • 일반통관수수료 & 관세사수수료 : 기본 무료, 그 외 실비

배송대행업체명	특징
이하넥스 www.ehanex.com	• 배송대행서비스 국가 : 미국, 홍콩, 일본 • 배송료 : 미국 ⇨ 한국 배송대행 기본료 1Lb(파운드=0.45Kg) 10달러 • 묶음배송 & 검수 : 지원 • 특징 : 배송대행, 직구대행, 공동구매, 리턴대행, AS대행 • 배대지의 무료보관일수 : 14일. 초과 시 추가 비용 필요 • 일반통관수수료 & 관세사수수료 : 기본 무료, 그 외 실비
이지십 www.izship.com	• 배송대행서비스 국가 : 미국 • 배송료 : 미국 ⇨ 한국 배송대행 기본료 1Lb(파운드=0.45Kg) 8.5달러 • 묶음배송 & 검수 : 지원 • 특징 : 배송대행, 직구대행, 리턴대행 • 배대지의 무료보관일수 : 30일. 초과 시 추가 비용 필요 • 일반통관수수료 & 관세사수수료 : 기본 무료, 그 외 실비
세븐존 www.sevenzone.com	• 배송대행서비스 국가 : 미국 • 배송료 : 미국 ⇨ 한국 배송대행 기본료 1Lb(파운드=0.45Kg) 1만 1천 원 • 묶음배송 & 검수 : 지원 • 특징 : 미국에 본사가 있는 미국 쇼핑몰 전문 배송대행업체 　　　　배송대행, 리턴대행, 검수대행 　　　　3곳의 미국 센터와 연동해 항공편으로 빠른 배송 가능 • 배대지의 무료보관일수 : 30일. 초과 시 추가 비용 필요 • 일반통관수수료 & 관세사수수료 : 기본 무료, 그 외 실비
아이포터 www.iporter.com	• 배송대행서비스 국가 : 미국, 일본, 중국 • 배송료 : 미국 ⇨ 한국 배송대행기본료 1Lb(파운드=0.45Kg) 10.50달러 • 묶음배송 & 검수 : 지원 • 특징 : 배송대행, 직구대행, 리턴대행, 검수대행 　　　　항공배송, 해상배송 두 가지 옵션 선택 가능 　　　　해외직구 쇼핑몰 기능 제공 　　　　이베이츠를 통해 해외직구 시 배송료 3% 환급 • 배대지의 무료보관일수 : 30일. 초과 시 추가 비용 필요 • 일반통관수수료 & 관세사수수료 : 기본 무료, 그 외 실비

> **tip** 배송대행업체가 제공하는 묶음배송, 합배송 서비스는 때때로 변경되기도 합니다. 반드시 배송대행업체의 홈페이지에서 부가서비스 내용을 검토한 뒤 가입하기 바랍니다.

묶음배송, 합배송, 분할배송, 검수대행, 반송, 폐기

배송대행업체들은 배송대행 외의 여러 가지 서비스를 제공합니다. 가급적 여러 가지 서비스를 제공하는 배송대행업체에 가입하기 바랍니다.

묶음배송

배대지에서 여러 건의 배송신청서를 1건으로 통합한 뒤 한 박스에 포장해 국내로 배송해주는 서비스입니다. 여러 건의 상품을 1건으로 통합 배송하므로 배송료를 절감할 수 있습니다. 업체에 따라 묶음배송 건당 1천 원 안팎의 수수료가 부가됩니다. 묶음배송은 배대지에 여러 건의 상품이 도착하기 전 미리 신청하는 것이 관례입니다.

합배송

여러 개의 상품을 구매한 뒤 하나의 배송신청서에 작성한 경우 여러 박스로 배대지에 도착하는데, 보통 2~3박스를 하나의 박스로 재포장해 국내에 배송해주는 서비스입니다. 합배송 역시 보통 2~3박스는 무료, 그보다 많을 경우 박스당 1~3천 원 내외의 소정의 수수료가 추가됩니다.

분할배송

한 번에 여러 개의 상품을 구매한 뒤 배대지로 보냈는데 그중 몇 개 상품이 수입불가 상품일 경우 반송, 혹은 폐기처분한 뒤 국내 수입 가능한 상품들만 재포장해 국내로 배송하는 것을 분할배송이라고 합니다. 배송대행업체들은 대부분 분할배송을 대행합니다.

보관료

해외 쇼핑몰에서 구매한 상품이 현지 배대지 센터에 도착하면 보통 15~30일간 무료보관할 수 있습니다. 무료보관 기간 중에 국내로 배송신청을 하면 국내 배송이 가능합니다. 무료보관 기간이 지났을 경우 유료보관을 하게 되므로 유료보관료가 필요하며 유료보관 기본료와 요금은 배송대행업체별로 조금씩 다릅니다. 유료보관료는 배송대행업체에 따라 1일 2~5천 원 내외입니다.

💬 검수대행

배대지에 도착한 상품이 구매내역서(배송신청서)와 같은 내용인지 검수를 대행합니다. 대부분의 배송대행업체들이 검수를 대행하며, 기본 검수는 무료인 경우가 많으나 정밀 검수는 소정의 수수료가 부가되기도 합니다.

💬 반송(리턴)

현지 배대지에 도착한 상품을 국내로 배송하기 전 변심에 따라 반송하기도 하는데 반송서비스 역시 배송대행업체가 대행합니다.

업체에 따라 다르지만 현지 반송우편 금액인 5~7천 원 내외의 비용이면 반송처리를 할 수 있습니다. 업체에 따라 국내 도착분도 반송 서비스를 대행하기도 하는데 이 경우 국제우편금액이 추가됩니다. 현지 상품을 무료반송처리할 때 필요한 것은 해당 쇼핑몰에서 발급한 '리턴테이블'입니다. 만일 리턴테이블을 발급받지 않은 경우에는 유료반송 비용이 추가되는데 유료반송 비용은 상품을 구매한 쇼핑몰의 내부규약에 따라 다릅니다. '리턴테이블'을 받은 경우에는 리턴테이블 중 주소라벨을 소포에 붙이면 무료방송할 수 있습니다. 현지에서의 유료반송 비용은 5천 원 내외, 국내에서의 유료반송 비용은 2~3만 원 내외입니다.

💬 폐기처리

폐기처분이란 배대지에 도착한 상품이 국내 수입불가 상품일 때 현지 배대지에서 폐기처리를 대행하는 것을 말합니다. 대부분의 배송대행업체들이 폐기처리를 대행합니다. 배대지에서의 폐기처리 대행수수료는 보통 건당 5천 원 내외입니다.

🅧tip 배대지의 배송비 결제는 언제 해야 하나?

배송대행업체를 이용할 때의 배송비 결제는 현지 배대지에 상품이 도착한 후 무료보관기간인 15~30일 안에 배송대행업체 홈페이지에 접속해 국내배송 신청을 하면서 결제해야 합니다. 무료보관기간이 지나면 유료보관료가 발생하므로 반드시 무료보관기간 중에 배대지의 상품을 국내로 배송신청하기 바랍니다.

알고 넘어가면 좋은 해외배송료 산출방법
현지 배대지에서의 국내배송비는 어떻게 산출할까?

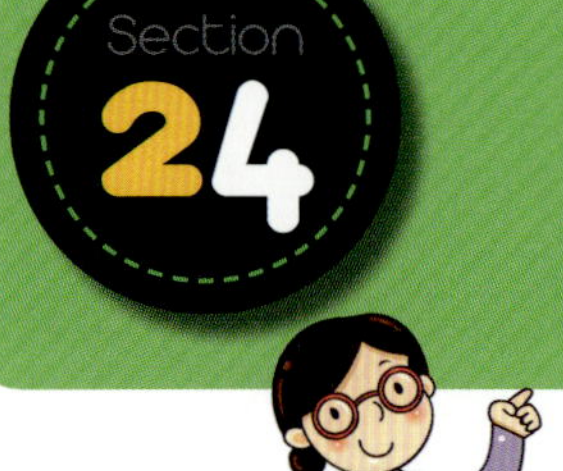

해외쇼핑몰에서 구매한 상품을 배송대행업체의 배대지를 경유해 국내로 들여올 경우, 배송비는 어떻게 산출될까요?

배송대행업체는 현지 배대지에 도착한 상품의 무게를 측정해 국내로 배송되는 비용을 산출합니다. 이때 배송비를 산출하는 방식은 실제무게 방식과 부피무게 방식이 있습니다. 업체마다 다르지만 산출된 배송비는 곧바로 배대지 이용자에게 문자 등으로 통보합니다. 이후 이용자가 배송비를 결제하면 배송대행업체는 현지 배대지에 있는 상품을 국내로의 배송을 시작합니다.

실제무게(Actual Weight)

배송대행업체가 상품을 저울에 올려 실제 중량을 측정한 뒤 배송비를 산출하는 방식입니다.

부피무게(Volume Weight)

배송대행업체가 상품의 무게가 아닌 부피를 측정해 배송비를 산출하는 방식입니다. 가로(cm)×세로(cm)×높이(cm)/5,000으로 계산합니다.

예를 들어 무게는 가벼운데 부피가 큰 상품일 경우, 실제무게와 부피무게를 측정한 뒤 그중 높은 것을 배송비로 산출하는 방식입니다. 부피가 크면 항공기로 배송할 때 자리를 많이 차지하기 때문에 국제항공운송협회(IATA)에서 인위적으로 부피무게라는 공식을 만들어 운반료를 더 징수하는 것입니다. 보통 유리어항처럼 무게는 적지만 항공기에서 자리를 많이 차지하는 상품은 부피무게를 재어 운반료를 더 받아내곤 하는데 국제항공운송규칙이라서 항의할 방법은 없습니다. 참고로, 배송대행업체는 배대지에서 국내로 배송되는 배송료를 산출한 뒤 이용자에게 통보하므로 통보된 배송비를 바로 결제하여 국내로의 배송이 차질없도록 하는 것이 좋습니다.

직구는 해외 쇼핑몰에서 원하는 상품을 골라 개인적으로 구매하는 것이므로 수입품에 대한 세금(관세), 부가세가 발생하며, 이 작업을 배송대행업체가 대행하면 통관대행수수료가 발생합니다. 또한 검역수수료가 발생하기도 합니다.

관세

미국 기준 200달러 이하 자가사용을 목적으로 하는 상품을 직구하면 관세가 붙지 않으며 통관수수료 역시 무료입니다. 만일 200달러 초과 상품을 직구한 경우 상품 카테고리에 따라 10% 내외의 관세가 부가됩니다. 관세가 붙은 상품이 국내 세관에 도착했을 때 관세청 혹은 배송대행업체가 연락을 해오므로 그때 은행이체 등으로 납부합니다.

부가세

부가세는 상품매매에서 일률적으로 붙는 10%의 세금을 말합니다. 해외에서 직구한 상품도 매매에 해당하므로 구입가+현지배송비 합계의 10%인 부가세가 부과됩니다. 관세는 상품이 한국에 도착하면 관세납부일에 맞추어 바로 납부해야 하지만, 부가세는 부가세납부기간(연 2회 여름, 겨울에 납부)에 납부하면 됩니다. 예컨대 배송료 포함 25만 원 상당의 상품을 해외에서 직구한 경우의 부가세는 10%인 2만 5천 원입니다.

통관수수료

배송대행업체가 국내 세관에서 통관을 대행할 때 내는 수수료입니다. 20만 원 이하 상품의 통관수수료는 보통 무료입니다. 20만 원 이상의 상품일 경우 관세가 붙으므로 실비의 통관수수료를 내는 경우도 있습니다.

검역수수료

식품류나 의약품 등을 직구한 경우 안정성 검역을 받아야 하는데 검역 역시 배송대행업체에서 대행하는 경우가 많습니다. 식품이나 의약품을 직구한 경우 배송대행업체가 대행하는 검역수수료는 무료인 경우도 있고 5천 원 내외인 경우도 있습니다.

더욱 더 저렴한 해외직구 방법들

국가별 세일 기간, 세일 사이트를 노려라

이때 구매하면 눈감고도 대박!
미국의 대표적인 세일 기간 외우기

미국 쇼핑몰에서 구매를 하려면 미국의 대표적인 세일을 알아두는 것이 좋습니다. 기왕이면 세일 기간에, 할인쿠폰코드를 입력해 구매하는 것이 더 합리적인 구매 방법이기 때문입니다.

월	세일 명칭	세일 내용
1월	New Year Sale ※ 신년 세일	1월 1일부터 개시. 날짜가 지날수록 막 던지는 업체들이 많으므로 할인폭도 커집니다.
	January white sales ※ 재뉴어리화이트 세일	여성 웨딩복(2월 발렌타인데이 결혼 예정자), 침구류, 베개, 커텐, 가구류 세일입니다. 또한 크리스마스, 겨울 세일의 재고품과 신상 전자제품의 세일이 있습니다. 쇼핑몰에 'January White Sale' 배너가 붙어있고 세일 품목이 리스트로 표시됩니다.
2월	Valentine's Day Sale ※ 발렌타인데이 세일 인기	2월 14일 발렌타인데이 세일 (일주일 전부터 개시). 발렌타인데이 선물인 보석, 화장품, 향수 구매에 유리합니다. TV, 노트북, 소프트웨어 세일도 병행합니다.
	President's Day Sale ※ 프레지던트데이 세일	2월 세번째 월요일. 전년도 크리스마스 세일품목 중 재고품을 최종 정리합니다. 세일 품목은 패션의류, 가전제품, 노트북, 개인용 보트까지 다양합니다.
3월	St.Patrick's Day Sale ※ 성 패트릭데이 세일	3월 17일. 성 패트릭데이 관련 책, 의상, 파티용품, 녹색용품, 노트북 등이 세일로 판매됩니다. 그 외 갭, 바나나리퍼블릭 등 유명 브랜드의 많은 품목들이 20~50% 세일가로 판매됩니다. 미국의 3월은 중고차 구매에 최적 시기입니다.
4월	Easter Sunday Sale ※ 부활절 세일	3월 말 이후 보름달 다음에 오는 첫 일요일. 보통 3월 말~4월 초가 부활절 세일 기간입니다. 여성복, 남성복, 유아복, 신발, 부츠, 자동차, 전자제품 구매에 유리합니다.
	Good Fridays Sale ※ 굿프라이데이 세일 인기	부활절 세일 기간 중 금요일. 3월 말이나 4월 초 금요일 당일에 벌어지는 세일입니다. 인터넷에서 굿프라이데이 세일 할인쿠폰코드를 검색해 준비하세요.

월	세일 명칭	세일 내용
5월	Mother's Day Sale ※ 어머니날 세일	5월 2째주 월요일(일주일 전부터 개시). 꽃, 초콜릿, 액세서리, 여성의류 등 어머니날 선물용품 세일입니다.
	Memorial Day Sale ※ 메모리얼데이 세일	5월 마지막 월요일(일주일 전부터 개시). 우리나라로 치면 현충일 세일로 여름 세일의 시작을 알립니다. 품목에 따라 10~90% 할인가로 판매되며 여름 옷, 여름 운동화, 목욕용품, 야외용품, 가전용품 구매에 유리합니다. 인터넷 쿠폰 사이트에서 제공하는 관련 할인쿠폰코드를 준비하세요.
6월	Father's Day Sale (아버지날 세일) **인기**	6월 2째주 일요일(일주일 전부터 개시). 아버지 용품을 세일합니다. 남성의류, 전동공구, 전자제품, 카메라, 시계, 향수, 낚시용품, 골프용품, 운동용품 등의 세일품목이 해당합니다.
7월	July 4th Sale ※ 독립기념일 세일	7월 4일(일주일 전부터 개시). 상반기 최종 세일이자 하반기 빅세일의 시작을 알립니다. 수많은 품목이 세일을 합니다.
8월	Back to School Sale ※ 백투스쿨 세일	8월 중순. 유아용품, 학용품, 백팩, 신발, 기숙사용품, 책, 노트북 등이 해당됩니다. 관련 할인쿠폰코드가 필요합니다.
9월	Labor Day Sale ※ 노동절 세일 **인기**	9월 1째주 월요일(일주일전부터 개시). 여름 세일의 마감이며 여름상품의 할인폭이 큽니다. 철지난 여름상품을 재고를 남기지 않기 위해 10~90%까지 할인판매합니다. 또한 자동차, 노트북 등이 할인판매됩니다. 관련 할인쿠폰코드를 준비하면 더 높은 할인가에 구매할 수 있습니다.
10월	Columbus Day Sale ※ 콜럼버스데이 세일	10월 2째주 월요일(일주일전부터 개시). 초가을 세일입니다. 보통 스웨터, 스카프, 모자, 겨울 코트 할인폭이 크고 침구류, 가구류, 전자제품, 정원용품 등이 할인판매됩니다. 품목별 할인율은 10~50%입니다. 관련 할인쿠폰코드를 준비하세요.
	Halloween Sale ※ 할로윈 세일	10월 31일 전후. 할로윈 관련 의상, 파티용품 세일을 합니다. 각종 게임 타이틀 세일도 많이 볼 수 있습니다.
11월	Veterans Day Sale ※ 재향군인의 날 세일	11월 11일(직전 주말부터 개시). 초겨울 인기 상품인 장갑, 스카프, 모자 외 자동차, 전자제품, 유아복, 브랜드 패션복 등이 세일가로 판매됩니다.
	Thanksgiving Day Sale ※ 추수감사절 세일	11월 4째주 목요일. 크리스마스까지 지속되는 세일입니다.

월	세일 명칭	세일 내용
11월	Black Friday Sale ※ 블랙프라이데이 세일 초인기	11월 4째주 금요일(추수감사절 세일 다음날). 연말연시 세일의 공식 시작을 알리는 날입니다. 당년도 판매품이 재고품으로 쌓이지 않도록 최대한 세일 판매합니다. 1년 중 가장 할인폭이 큰 세일로 미국 연매출의 30%가 이날 발생할 정도로 인기 있습니다. Amazon, Walmart, Best Buy, Sears, Target, K Mart, Barnes & Noble, Office Depot, Walmart 외 미국 전역에서 대규모 세일이 벌어집니다. 전자제품, 장난감, 도서, 향수, 보석은 물론 브랜드 의류의 가을상품 등에서 최대 할인폭을 기대할 수 있습니다. 아마존 등의 온라인 쇼핑몰은 통상 11월 초부터 블랙프라이데이 세일 판매와 홍보를 시작합니다. 인터넷 쿠폰 사이트를 검색해 관련 할인쿠폰코드를 준비하기 바랍니다.
	Cyber Monday Sale ※ 사이버먼데이 세일 인기	블랙프라이데이 다음주 월요일. 블랙프라이데이 세일이 오프라인 상점 위주의 빅세일이라면 사이버먼데이 세일은 온라인 상점 위주의 빅세일입니다. 이베이와 아마존에서 최대 할인폭을 기대할 수 있고 Target, Best Buy, Barnes & Noble, Walmart 등에서도 30~50% 할인상품을 판매합니다. 할인쿠폰코드, 현지 무료배송 등 다양한 방법으로 쇼핑할 수 있습니다.
12월	Chrismas Sale ※ 크리스마스 세일	추수감사절부터 시작된 세일이 크리스마스날에 정점을 이룹니다.
	After Christmas Sale ※ 애프터 크리스마스 세일	크리스마스 다음날인 12월 26일. 당해년도 최종 빅세일입니다.

Section 02
블랙프라이데이 쇼핑 경쟁에서 살아남기

블랙프라이데이(Black Friday, 검은 금요일)는 11월 마지막 주 목요일인 '추수감사절' 다음날에 있는 깜짝세일입니다. 워낙 할인폭이 크기 때문에 미국 소매업체의 연간 매출의 30~40%가 이날 발생합니다.

블랙프라이데이 세일은 미국에서 가장 인기 있는 깜짝 폭탄세일입니다. 여기서 'black'은 흑자(black ink)를 뜻하는 단어입니다. 미국 소매업체들이 연간 영업을 총결산할 때 11월 마지막 주에서 흑자로 전환된다는 뜻에서 Black이란 말이 유래되었습니다. 대부분의 소매업체들이 이날 흑자로 전환되기 때문에 그만큼 파격적인 할인폭으로 물건

을 판매하는 것입니다. 블랙프라이데이 당일을 공무원의 공휴일로 지정한 지방이 있을 정도로 미국 최대의 쇼핑 대목입니다.

블랙프라이데이 폭탄세일 당일에는 수많은 사람들이 한꺼번에 구매를 시도하므로 원하는 상품이 조기 품절됩니다. 조기 품절되기 전 상품 구매에 성공하려면 어떻게 해야 할까요?

리스트 작성	블랙프라이데이 당일에 세일하는 품목 리스트를 작성하세요.
미끼 상품	미끼 상품은 블랙프라이데이 당일에 가장 할인율이 높은 상품입니다. 미끼 상품을 덥썩 무는 것이 가장 할인폭이 높다는 뜻입니다.
회원가입	구매하고 싶은 상품이 있는 쇼핑몰의 회원으로 미리 가입합니다.
신용카드	자신의 신용카드가 해외결제가 가능한지 반드시 확인합니다.
현지 배송	블랙프라이데이 당일에는 미국 현지 내 배송이 무료인 경우가 많으므로 미국 배대지주소를 미리 만들어 놓기 바랍니다.
장바구니 담기	구매할 상품을 미리 장바구니에 담아놓고 블랙프라이데이 세일이 개시되는 당일 아침에 결제하는 것이 성공율을 높입니다.

블랙프라이데이
카운트다운이란 무엇일까?

미국의 블랙프라이데이 세일은 자칫 총싸움까지 벌어진다는 세일입니다. 그만큼 구매자 간 경쟁이 심하므로 블랙프라이데이 카운트다운 기간에 구매하는 것도 생각해 볼만 합니다.

블랙프라이데이 카운트다운은 블랙프라이데이 세일 1~2주 전부터 시작하는 사전 세일을 말합니다. 전체 세일 대신 품목별 세일 위주이며 날짜별로 세일 품목이 달라집니다. 그리고는 블랙프라이데이 당일날(11월 4째주 금요일) 미국 최대 폭탄세일이 벌어집니다. 만일 블랙프라이데이 당일 구매에 실패할 확률이 높은 품목이라면 블랙프라이데이 카운트다운 기간에 구매하는 것도 생각해볼만 합니다.

▲ 아마존 블랙프라이데이 카운트다운

▲ 맥몰 블랙프라이데이 카운트다운

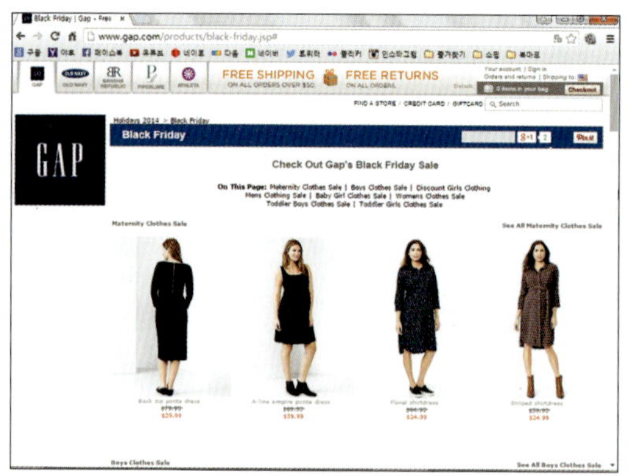

▲ 갭 블랙프라이데이 카운트다운

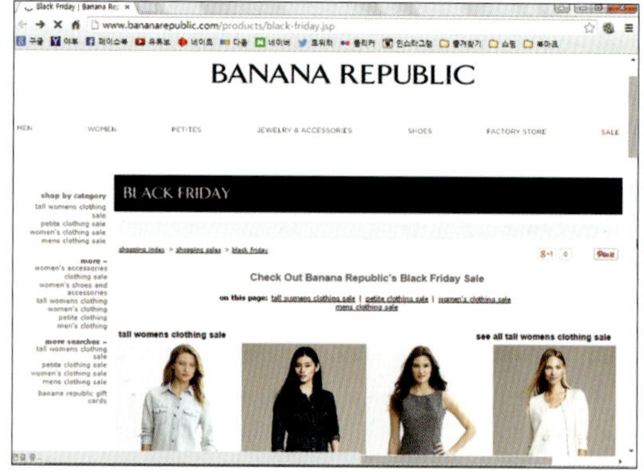

▲ 바나나리퍼블릭 블랙프라이데이 카운트다운

블랙프라이데이보다 더 인기 있다
온라인 직구는 사이버먼데이 세일이 최고

블랙프라이데이 다음주 월요일이 사이버먼데이 세일입니다.

사이버먼데이의 시초는 블랙프라이데이 세일을 놓친 온라인 쇼핑몰 고객을 위한 최대 세일날에서 시작되었습니다. 현재는 오프라인 쇼핑몰도 온라인으로 판매를 하므로 온/오프라인 쇼핑몰을 구분하는 것이 무의미해졌습니다. 통상 블랙프라이데이 세일과 연계해 사이버먼데이 세일이 시작되고 사이버먼데이 당일에는 최대 할인폭으로 세일을 마감합니다. 만일 블랙프라이데이 당일 구매에 실패했다면 그 다음 월요일인 사이버먼데이 당일에 구매를 노리는 것이 현명한 구매법입니다.

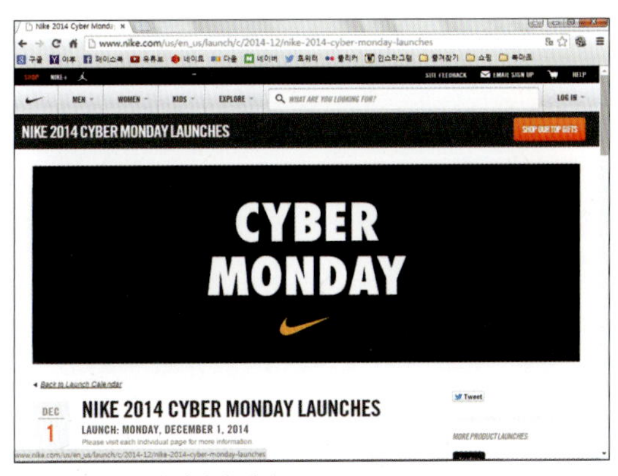

▲ 나이키 사이버먼데이 세일

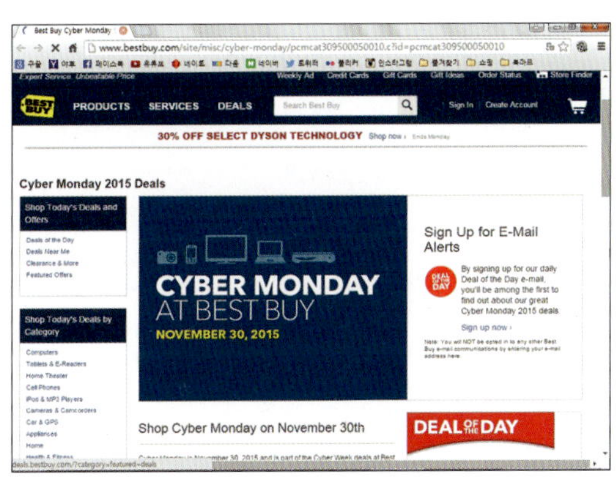

▲ 베스트바이 사이버먼데이 세일

> **tip** Countdown과 Doorbuster 혹은 Deals
>
> 블랙프라이데이와 사이버먼데이는 물론 미국의 세일 기간 중에는 전품목을 세일하는 것이 아니므로 세일중인 카테고리와 품목을 반드시 확인 바랍니다.
> 쇼핑몰에서 Countdown(카운트다운, 사전 세일), Doorbuster(도어부스터, 할인판매), Deal(딜, 특가판매) 등의 배너광고와 상품 리스트가 올라와 있으면 반드시 체크하고 구입할 물품을 목록으로 작성하기 바랍니다.

미국은 시차가 있다
시차를 이용한 세일 직구

미국은 땅덩어리가 넓기 때문에 서부지역과 동부지역 사이에 시차가 있습니다. 같은 블랙프라이데이 세일이라고 해도 동부지역 쇼핑몰과 서부지역 쇼핑몰의 개시 시간이 한국에서 보면 다를 수 있습니다.

미국 시차는 동쪽으로 갈수록 1시간씩 빨라집니다. 예를 들어 아마존은 미국 시애틀에 본사가, 이베이는 캘리포니아에 본사가 있습니다. 유명 브랜드 쇼핑몰들은 서로 다른 도시에 본사가 있으므로 블랙프라이데이 세일, 사이버먼데이 세일 개시 시간이 조금씩 다를 수 밖에 없습니다. 영국은 크리스마스 다음날 박싱데이 세일로 유명한데 캐나다는 물론 대부분의 유럽 국가에서 박싱데이 세일을 하므로 시차를 잘 파악하면 해외직구가 유리합니다. 다음은 도시별 시차입니다.

워싱턴 DC	04:01	로스앤젤레스	01:01	서울, 도쿄, 북경	18:01(1일 전)
시카고	03:01	앵커리지	00:01	파리	09:01(1일 전)
피닉스	02:01	앵커리지	23:01(1일 전)	런던	10:01(1일 전)

세계 각국 시간은 인터넷에서 다음 주소에 접속하면 확인할 수 있습니다.

http://www.fmi.kr/program/iframe/time.html

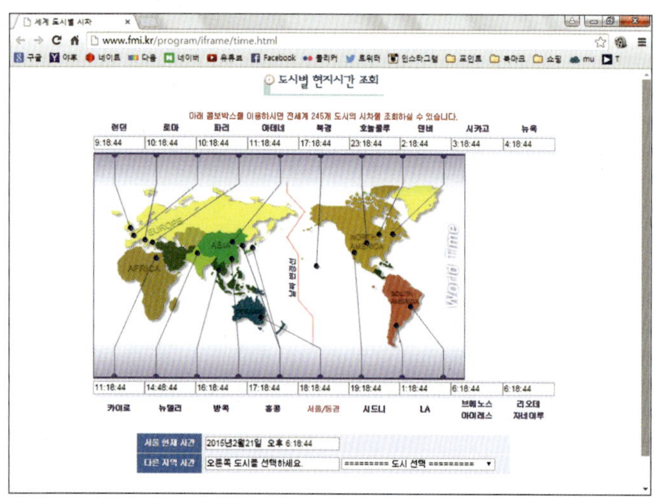

▲ 세계 도시별 시차

일본의 대표적인 세일
1월과 7월을 노려라

일본의 대표적인 세일은 겨울 세일과 여름 세일입니다. 세일 기간 중 6, 12월에 구매하는 것보다는 1, 7월에 구매하는 것이 더 유리합니다. 1, 7월에는 품목에 따라 최대 70~80%까지 세일하는 경우도 있습니다.

일본의 세일은 バーゲン(특가) 등으로 표기됩니다. 대표적인 세일은 연 2회의 겨울 바겐세일과 여름 바겐세일입니다. 와코르 등 일본 내 유명 브랜드 제품은 겨울, 여름 바겐세일 기간에 구매하는 것이 좋은데 세일 기간에는 품목에 따라 30~70% 할인가로 구매할 수 있습니다.

월	세일 명칭	세일 내용
1월	겨울 세일 인기	1월(12월 말 혹은 1월 초 금요일 개시). 일본 전역에서 겨울 상품을 대폭 세일해서 판매하는데 주로 대형 백화점에서 세일을 주도하고 품목에 따라 30~80% 세일판매합니다. 스노보드 등의 스키상품 구매에 유리합니다. 일본은 백화점별 세일 기간이 조금 다르므로 확인하기 바랍니다.
4~5월	봄옷 세일	소형 매장에 따라 4~5월에 철지난 봄옷을 세일합니다.
7월	여름 세일 인기	7월(상순 금요일 개시). 일본 전역에서 여름 상품을 대폭 세일해서 판매하는데 역시 대형 백화점에서 세일을 주도합니다. 품목에 따라 30~80% 세일 판매합니다. 일본은 백화점별 세일 기간이 조금씩 다르므로 확인하기 바랍니다.
8~9월	여름옷 세일	소형 매장에 따라 8~9월에 철지난 하복(여름복)을 세일합니다.
9~10월	가을상품 세일	9월 말~10월. 백화점 등에서 가을 상품을 세일합니다.
일본 인터넷쇼핑몰 (라쿠텐, 야후재팬쇼핑몰) 인기		일본 라쿠텐이나 야후쇼핑몰은 별도의 세일 기간과 관계 없이 특가판매 코너가 매일 있습니다. 이중 라쿠텐의 특가 코너는 슈퍼세일과 슈퍼딜이 있습니다.

일본 인터넷 쇼핑몰 이것만은 기억하자
라쿠텐 슈퍼세일과 슈퍼딜이란?

라쿠텐 슈퍼세일(楽天スーパーセール)은 일본 인터넷 쇼핑몰의 간판인 라쿠텐이 3개월 간격으로 하는 정기 세일입니다. 기본적으로 반값 판매를 목표로 합니다.

라쿠텐 슈퍼세일

라쿠텐 슈퍼세일(楽天スーパーセール)은 기존의 상품 중에서 할인판매하고 싶은 상품을 반값으로 표기하고 판매하는 세일입니다. 판매 방식은 반값세일이지만 반값 이하로 판매하는 상품도 보입니다. 즉 라쿠텐 슈퍼세일은 반값판매하는 3~4일 동안의 기간을 말하며 이때 라쿠텐은 쇼핑몰 홈페이지와 TV를 통해 대대적인 광고를 합니다.

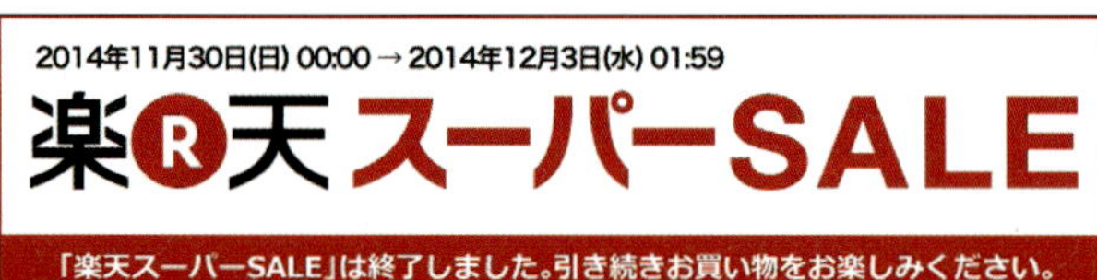

▲ 라쿠텐 슈퍼세일 배너광고

라쿠텐 슈퍼딜은 매일매일 벌어지지만 라쿠텐 슈퍼세일은 보통 다음과 같이 분기별로 3~4일간 벌어집니다. 라쿠텐 슈퍼세일은 세일 개시일자가 정해져 있지 않습니다. 슈퍼세일은 라쿠텐 쇼핑몰의 최대 이벤트이기 때문에 개시일자를 정해놓지 않고 갑자기 깜짝쇼처럼 시작합니다.

월	세일 명칭	세일 내용
3월	3월 초 3~4일간	라쿠텐 내부에서 기획한 품목을 반값할인 판매 (침구, 의류, 보석, 전자제품, 토종음식 등)
6월	6월 초 3~4일간	
9월	9월 초 3~4일간	
12월	12월 초 3~4일간	

라쿠텐 슈퍼세일은 원래의 정상판매가를 속이는 업자들이 많으므로 잘 판별하고 구매해야 합니다. 예를 들면 슈퍼세일 기간 중에 원래 판매가를 허위로 부풀이면서 반값판매가라고 강조하는 것입니다.

따라서 실제 반값판매가인지 가격비교를 하는 자세가 필요합니다. 진짜 반값상품은 구매자가 몰리면서 바구니에 들어가지 않는 상황도 벌어집니다. 라쿠텐 슈퍼세일 기간에는 바구니에 넣는 것이 아니라 아예 결제까지 성공해야 실구매가 됩니다.

💬 라쿠텐 슈퍼딜(スーパーDeal)이란?

라쿠텐에는 슈퍼세일과 비슷한 세일인 라쿠텐 슈퍼딜이 있습니다. 슈퍼딜은 매일매일 여러 카테고리에서 30% 할인가로 판매하는 세일이지만 실제 30% 할인가로 판매하는 것이 아니라 판매가의 30%를 포인트로 적립해주는 세일입니다. 이때 30% 할인된 금액은 3개월 뒤 포인트로 적립되고 그때부터 현금처럼 사용할 수 있습니다. 예를 들어 1월에 슈퍼딜 상품을 구매한 경우 약 3개월 뒤 구매가의 30%가 포인트로 들어와 현금처럼 사용할 수 있습니다.

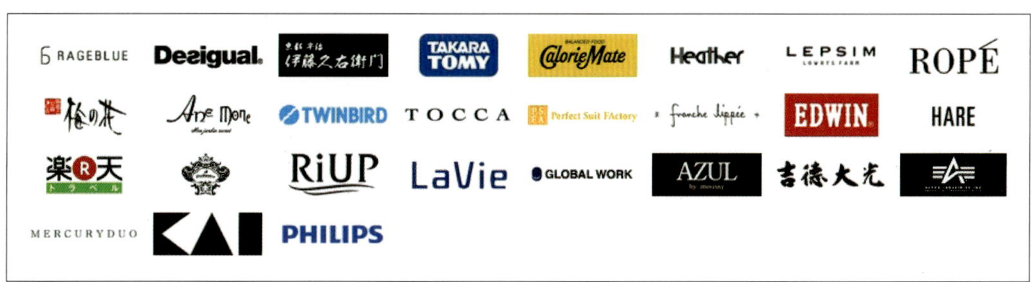

▲ 라쿠텐 슈퍼딜 배너광고

라쿠텐 슈퍼딜은 판매업체가 계속 바뀌는데 2015년 봄 세일 기간에는 다음과 같은 브랜드가 참여했습니다.

▲ 2015년 봄시즌 슈퍼딜(30% 포인트 적립 세일) 참여 브랜드

남성 의류 신발	가전 · PC	성인 캐주얼 패션	스포츠 오토 취미
음식 · 음료	가방 · 패션 잡화	홈 키친 · 일 용품	걸스 패션
쥬얼리 · 액세서리 · 시계	미용 · 건강	키즈 · 베이비 아이템	여행

▲ 2015년 봄시즌 슈퍼딜(30% 포인트 적립 세일) 참여 카테고리

유럽대륙의 인기 세일 기간
영국, 프랑스, 독일, 서유럽

유럽대륙의 대표적인 세일은 일본과 마찬가지로 여름 세일과 겨울 세일이 있지만 나라별로 세일을
시작하는 날짜는 조금씩 다를 수 있습니다.

유럽의 세일 기간 중 눈여겨볼만한 세일 기간은 12월 박싱데이 세일과 7월 여름 세일입니다.

월	세일 명칭	세일 내용
1월	겨울 세일 서유럽 전역 인기	12월 말~2월 초. 겨울 상품을 세일합니다. 보통 20~50% 할인가로 판매합니다. 인기상품은 빨리 소진되므로 12월 말부터 유럽의 인터넷 쇼핑몰, 백화점을 주시하는 것이 좋습니다.
	영국 아마존 1월 세일 (영국, 캐나다)	1월. 영국 아마존의 1월 바겐세일입니다. 품목별 할인율은 20~70%입니다. 세일하는 품목 개수가 적은 편이라서 유용하지는 않습니다.
7월	여름 세일 서유럽 전역 인기	7월 말~8월 중순. 여름 상품을 세일합니다. 보통 20~50% 할인가로 판매합니다. 인기상품은 빨리 소진되므로 7월 중순부터 유럽의 인터넷 쇼핑몰을 주시하는 것이 좋습니다. 이태리는 예외적으로 6월 말~7월 초부터 여름 세일을 시작하는 소매점과 인터넷 쇼핑몰이 많습니다.
12월	영국 박싱데이 세일 영국, 영연방, 서유럽 인기	12월 26일(크리스마스 다음날). 영국은 물론 영국연방국가, 서유럽 대부분의 국가에서 박싱데이 세일을 합니다. 그 해의 재고품을 털어내려는 것이 목적입니다. 영국의 경우 아마존 쇼핑몰과 영국에서 영업하는 아디다스 등의 브랜드 쇼핑몰이 박싱데이 세일을 합니다. 할인율은 20~50%이며 전자제품의 경우 20~30% 할인가로 구매할 수도 있습니다.

유럽의 세일 역시 전자제품은 할인율이 낮고, 패션 의류는 할인율이 높습니다. 유럽은 검소한 소비를 하는 사람들이 많으므로 인기제품의 경우 할인율이 낮아도 세일 기간 첫날에 전부 소진되므로 바로 구매하는 자세가 필요합니다. 세일 기간이 끝날 무렵에는 할인율이 대폭 높아지지만 비인기 상품만 남아있는 경우가 많습니다.

더 싸게, 더 쿨하게 구매하자
블랙프라이데이 &
사이버먼데이 정보 사이트

블랙프라이데이 세일에는 블랙프라이데이 폭탄 할인가에 각종 쿠폰, 기프트카드, 캐시백을 이용한 추가 할인이 가능합니다. 인기쇼핑 사이트와 쿠폰, 캐시백 사이트를 주시하면서 필요한 할인정보를 수집합니다.

블랙프라이데이 FM – www.blackfriday.fm

미국 쇼핑몰의 블랙프라이데이 관련 세일 정보를 취합해 확인할 수 있습니다. 자신의 E메일을 등록하면 각종 할인정보를 E메일로 수신할 수 있습니다.

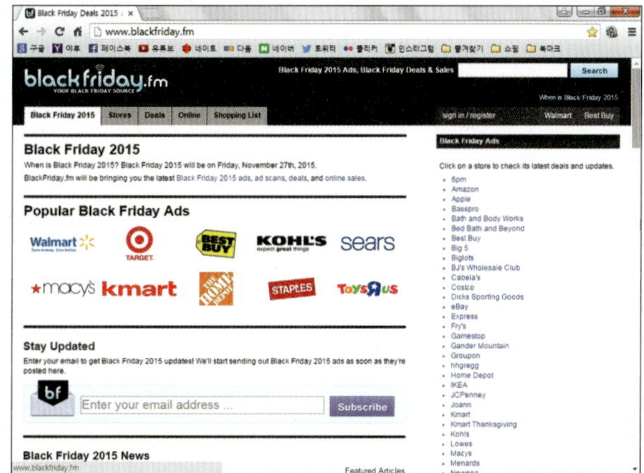

딜플러스 – www.dealsplus.com

각종 딜 정보와 쿠폰, 블랙프라이데이 정보를 얻을 수 있습니다. 쿠폰 상품을 구매하려면 소개되는 쇼핑몰을 이곳에서 클릭해 접속해야 쿠폰 할인가로 구매할 수 있습니다.

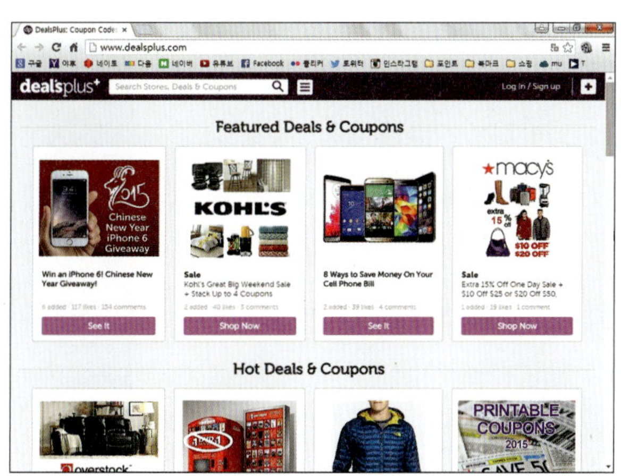

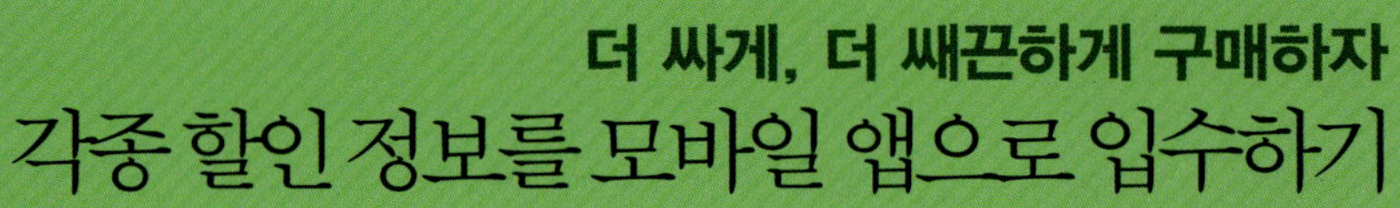

더 싸게, 더 쌔끈하게 구매하자
각종 할인 정보를 모바일 앱으로 입수하기

블랙프라이데이 세일은 물론 사이버먼데이 세일, 발렌타인데이 세일 등의 각종 세일 정보를 모바일로 입수하려면 Slickdeals Black Friday Mobile App 같은 앱을 스마트폰에 설치하기 바랍니다.

💬 슬리크딜(Slickdeals) – slickdeals.net/blackfriday/

미국 쇼핑몰의 각종 세일 정보를 모바일로 볼 수 있습니다. 애플은 물론 안드로이드 스마트폰에 설치할 수 있습니다. 그 외 할인쿠폰 정보 등이 실시간으로 올라옵니다.

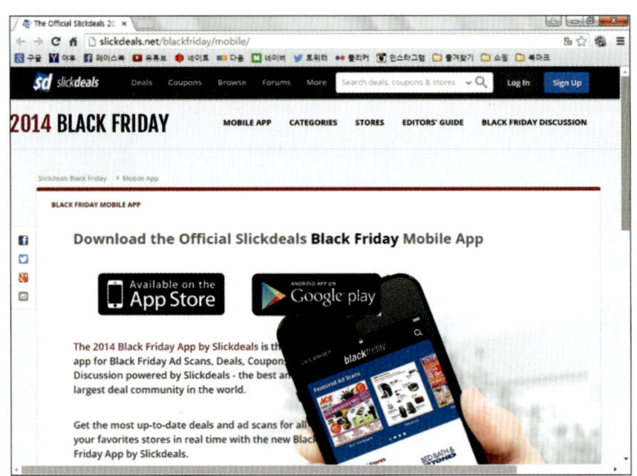

💬 사이트의 인기도를 측정하는 – www.xmarks.com

쿠폰, 딜, 블랙프라이데이 정보 사이트가 범람하면서 어느 사이트가 신뢰도가 높은지 파악하기 어렵습니다. 이런 경우 www.xmarks.com에 접속해 사이트주소를 검색하면 얼마나 인기 있는 쿠폰 사이트인지 알 수 있습니다.

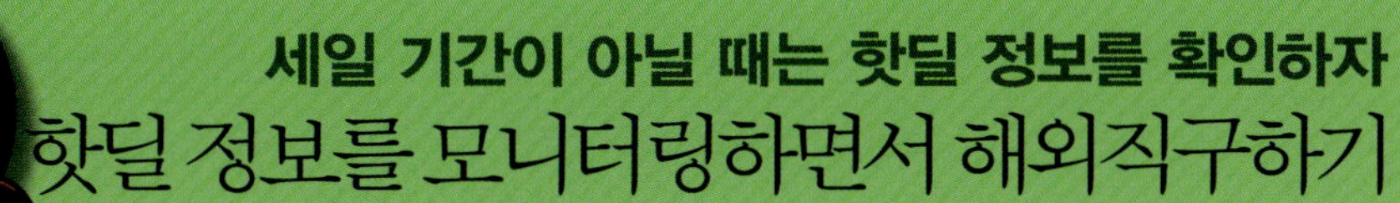

핫딜(Hot Deal)이란 판매촉진 목적 하에 상대적으로 저렴하게 나온 상품을 구매하는 것을 말합니다.

핫딜(Hot Deal)은 세일 기간에 관계 없이 판매촉진 등의 목적 하에 비정기적으로 발생되는 세일입니다. 핫딜은 판매자가 저렴하게 확보한 상품을 판매하는 것이므로 어떤 상품을 판매하고 어떤 날짜에 판매하는지에 대한 정확한 예고는 없습니다. 그러므로 핫딜 정보를 취합해주는 '핫딜정보 사이트'를 서너 개 즐겨찾기한 뒤 시간이 날 때마다 어떤 상품이 핫딜 중인지 살펴보는 지혜가 필요합니다.

핫딜상품의 판매가는 품목에 따라 다릅니다. 브랜드 전자제품은 정상가의 10~20% 할인가로 판매되지만 주방용품, 생활용품, 패션의류 핫딜은 정상가의 20~70%로 판매됩니다.

💬 슬리크딜(http://slickdeals.net/)

미국 쇼핑몰들의 최신 핫딜정보가 신속하게 업데이트됩니다. 할인쿠폰 정보도 신속하게 업데이트되므로 직구족들이 즐겨 방문하는 사이트입니다.

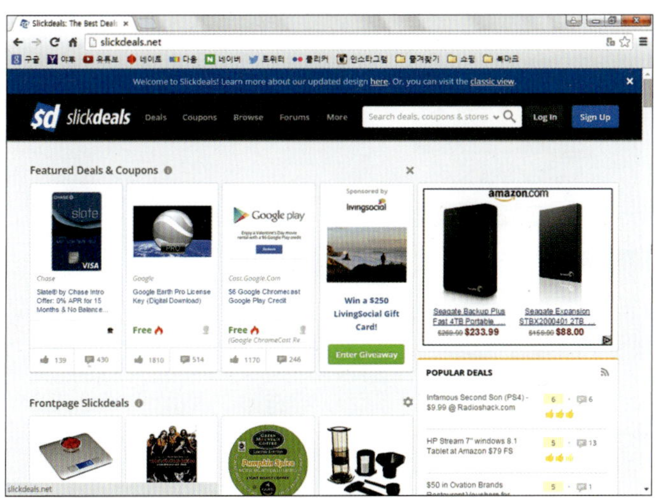

딜뉴스(http://dealnews.com/)

핫딜 중인 상품을 품목별로 찾아볼 수 있는 것이 특징입니다. 핫딜 정보 업데이트 속도는 조금 느린 편입니다.

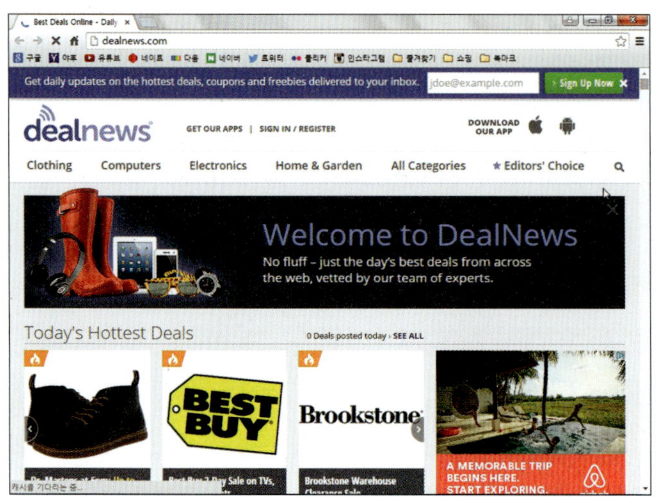

딜스2바이(http://www.deals2buy.com)

핫딜 중인 상품을 쇼핑몰별로 확인할 수 있는 것이 장점이나 핫딜 정보 업데이트 속도는 조금 느린 편입니다.

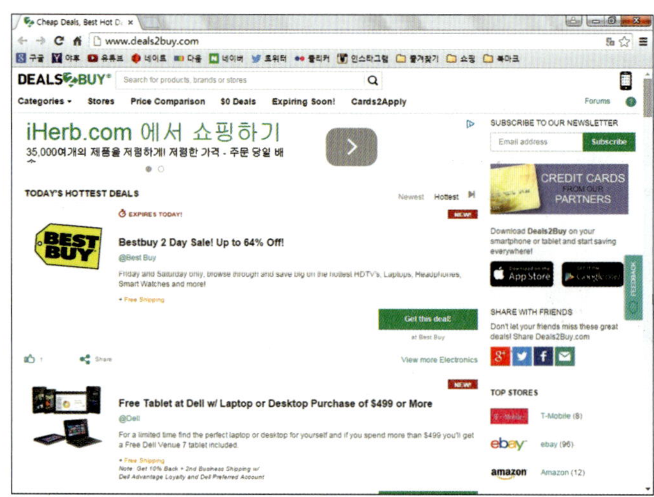

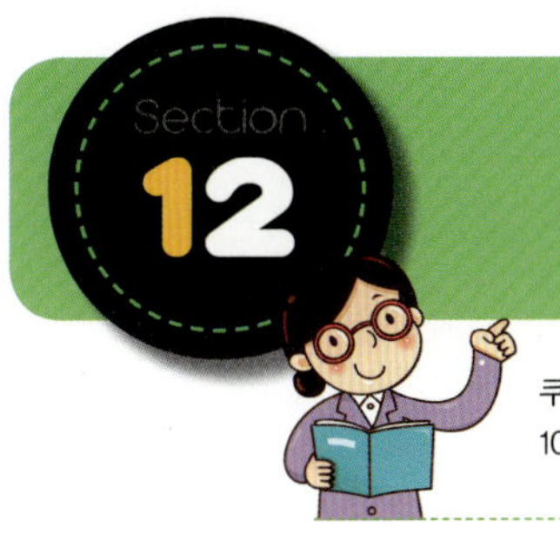

세일 기간이 아닌 평일에 더 싸게 구매하기
할인쿠폰코드를 입력해 쇼핑하기

쿠폰 사이트에서 할인쿠폰 정보를 본 뒤 해당 상품을 클릭해 할인가로 구매할 수 있습니다. 보통 10~30% 할인가로 구매할 수 있습니다.

할인쿠폰을 이용한 쇼핑은 할인쿠폰 정보를 제공하는 사이트에서 쿠폰을 검색한 뒤 해당 사이트에서 소개하는 쇼핑몰 상품을 클릭해 이동해야 쿠폰이 적용된 상품을 구매할 수 있습니다. 상품에 따라 할인쿠폰코드를 입력해야 할인가로 구매할 수 있지만 요즘은 할인쿠폰코드 입력 없이 바로 할인가로 구매하는 경우가 많습니다.

💬 슬리크딜(http://slickdeals.net/)

앞에서 소개한 슬리크딜은 최신 핫딜 정보는 물론 최신 할인쿠폰 정보를 신속하게 제공합니다. 사이트에 접속한 뒤 'Coupons' 메뉴를 클릭하면 미국 쇼핑몰별로 할인쿠폰을 적용해 구매할 수 있는 목록이 나타납니다. 예를 들어 아마존 쇼핑몰을 선택하면 할인쿠폰을 적용해 판매하는 아마존 상품들이 표시되는데 이중 원하는 상품을 클릭하면 아마존의 해당 판매업자 상품으로 이동한 뒤 쿠폰을 적용하고 구매할 수 있습니다.

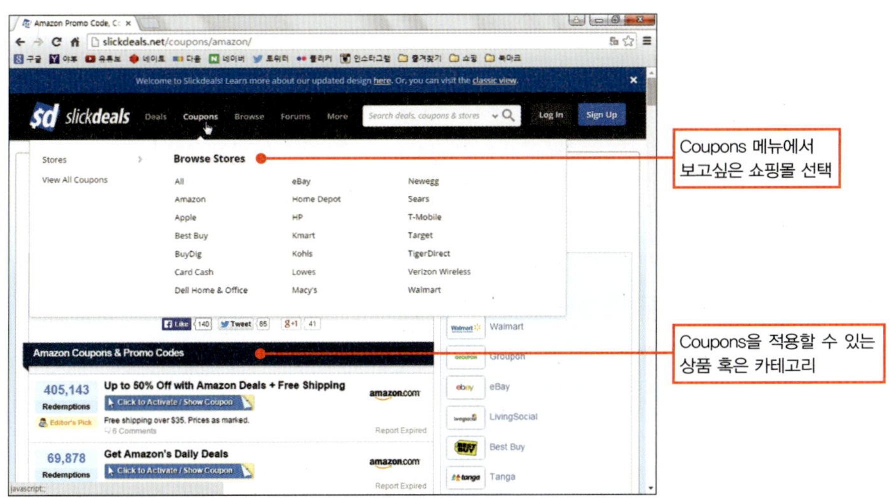

딜씨(http://dealsea.com/)

핫딜 정보와 할인쿠폰 정보를 동시에 제공하는 사이트입니다. 컴퓨터, 뷰티, 패션, 쿠폰, 중고차 메뉴를 클릭해 원하는 품목을 확인한 뒤 클릭하면 할인쿠폰이 적용된 상품을 구매할 수 있습니다.

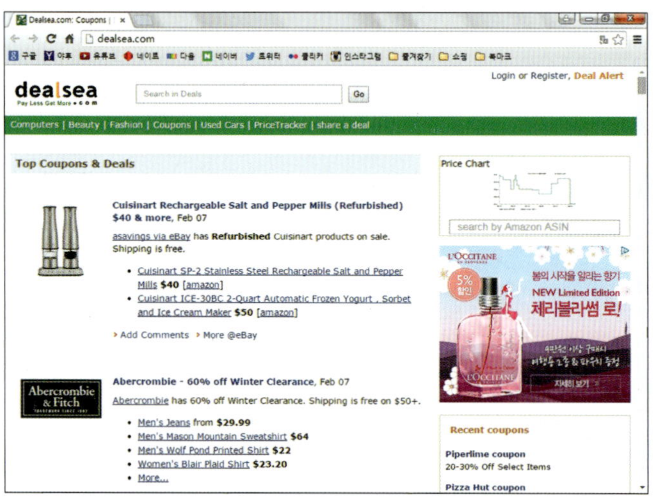

딜캐쳐(http://www.dealcatcher.com/)

핫딜 정보와 쿠폰 정보를 제공하는 사이트입니다. 스토어, 쿠폰, 핫딜 카테고리별로 정보를 입수할 수 있는 것이 장점입니다. 방대한 쿠폰 정보를 제공합니다.

할인쿠폰코드를 입수하고 실제로 사용하는 방법을 미리 알아봅니다.

할인쿠폰 사이트에서 할인쿠폰 정보가 있는 상품을 클릭하면 쿠폰코드를 복사하는 기능이 있습니다. 쿠폰코드를 복사하면 자동으로 판매몰로 연결되고 이때 복사한 코드를 입력하여 할인가로 구매할 수 있습니다. 만일 쿠폰 사이트에서 본 상품이 쿠폰코드를 제공하지 않으면 쿠폰코드 입력 없이 할인가로 구매할 수 있는 상품입니다. 할인쿠폰 사이트에서 제공되는 상품들은 일반적으로 10~30% 할인된 가격으로 구매할 수 있습니다.

01 쿠폰 정보 사이트 중 하나인 딜캣처 (www.dealcatcher.com)에 접속합니다.

할인쿠폰 정보를 보기 위해 상단 [Coupons] 메뉴를 클릭합니다.

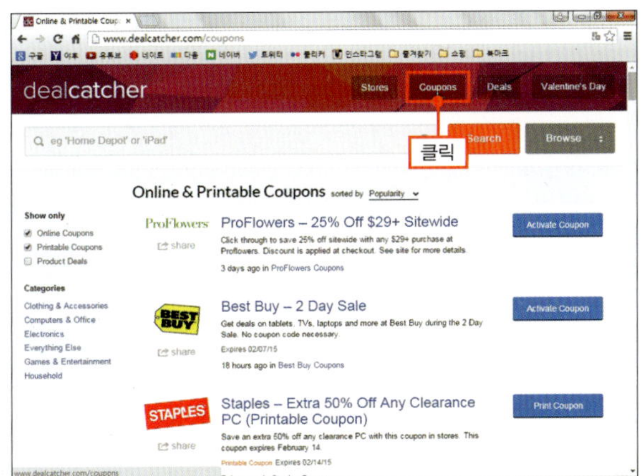

02 쿠폰 목록에서 구입하고 싶은 상품이 있나 확인합니다.

상품별로 쿠폰의 개시일자, 마감일자가 표시되어 있으므로 가급적 개시일자가 최근 것을 선택합니다.

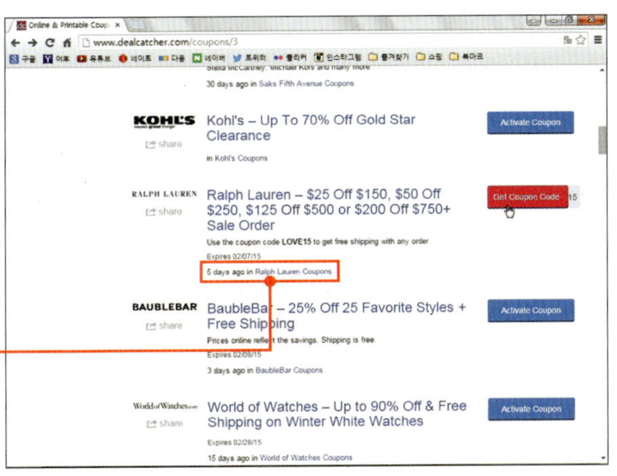

03 앞에서 [Get Coupons Code] 버튼을 클릭하면 해당 상품의 쿠폰코드를 확인할 수 있습니다. [Copy Code] 버튼을 클릭해 쿠폰코드를 메모리에 임시 복사합니다.

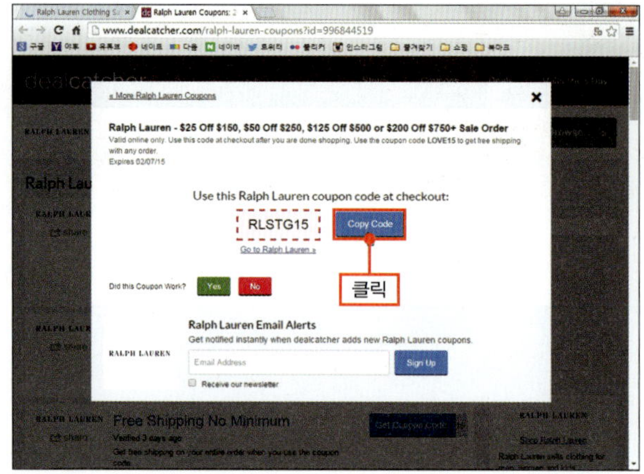

04 그와 동시에 자동으로 해당 쿠폰을 제공하는 쇼핑몰로 연결됩니다. 이때 자동으로 연결된 화면에 보이는 상품들이 쿠폰코드를 입력한 뒤 할인가로 구매할 수 있는 상품들입니다.

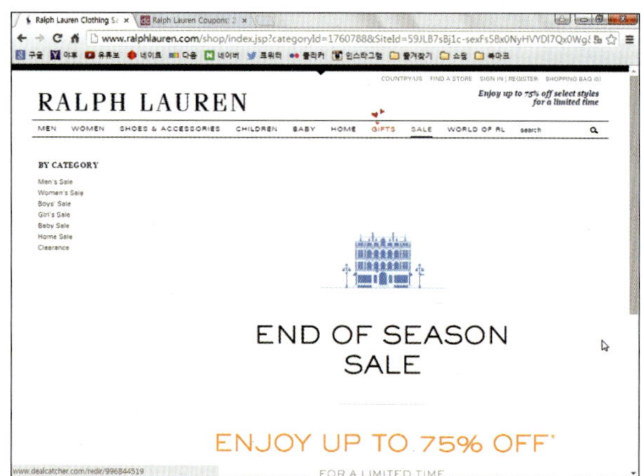

05 원하는 상품이 있는 카테고리 메뉴를 클릭합니다.

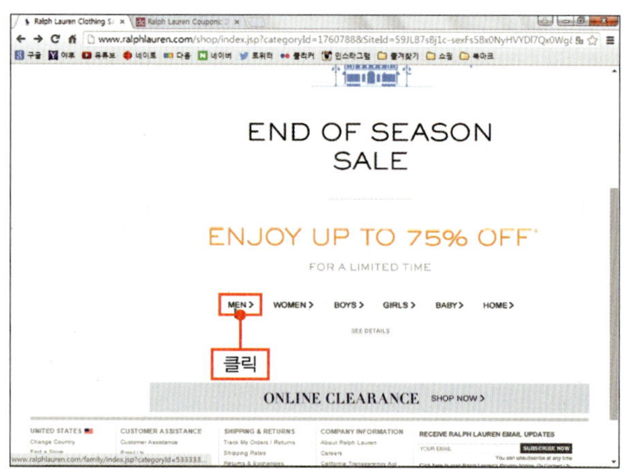

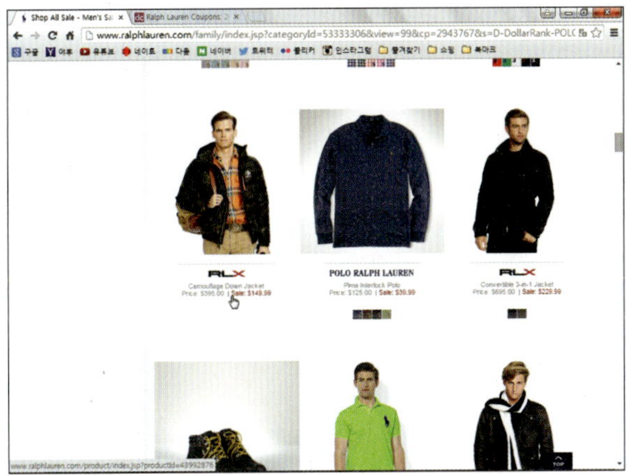

06 원하는 상품을 확인하는 모습입니다. 보고 있는 다운자켓의 정상판매가는 395달러, 쿠폰 적용가는 149달러입니다.

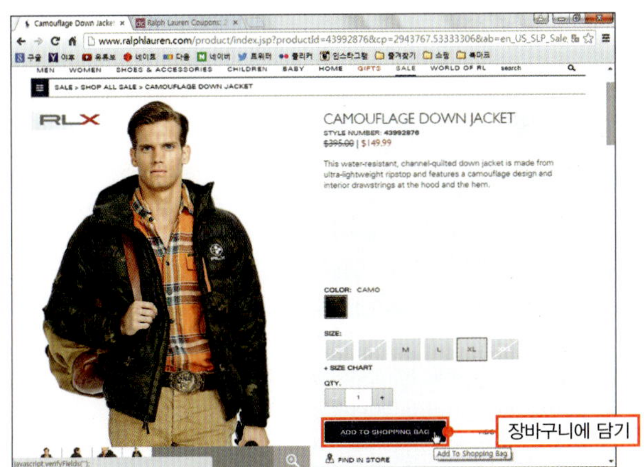

07 구입하려는 다운자켓의 사이즈, 색상, 개수를 지정하고 [Add to Shopping Bag] 버튼을 클릭해 장바구니에 담습니다.

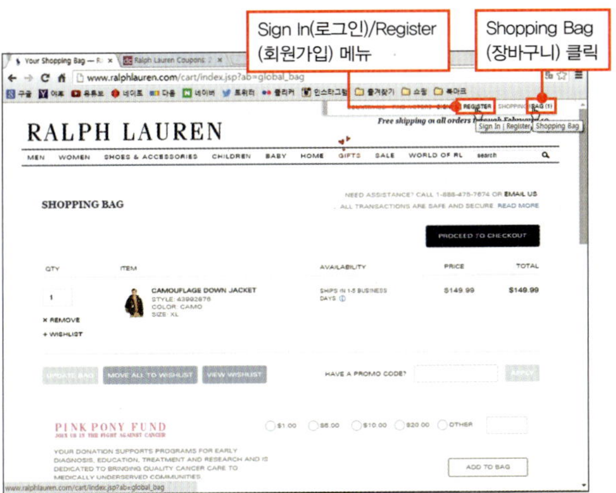

08 이 상품을 구매하고 싶다면 상단 [Sign In/Register] 메뉴에서 이 쇼핑몰의 회원으로 가입해야 합니다.

이 쇼핑몰 회원으로 가입한 뒤 자신의 장바구니에 담은 내용을 확인하기 위해 상단의 [Shopping Bag] 메뉴를 클릭합니다.

09 장바구니에 담은 상품 내역입니다. 이 상품을 할인가로 구매하기 위해 앞에서 복사한 쿠폰코드를 입력 합니다.

[Have a Promo Code?] 항목은 [쿠폰코드를 가지고 있습니까?]라는 뜻입니다. 그곳에 커서를 댄 뒤 복사해 둔 쿠폰코드를 붙이기 위해 단축키 [Ctrl+V]를 누릅니다. 쿠폰코드가 입력되면 [Apply] 버튼을 클릭해 적용합니다.

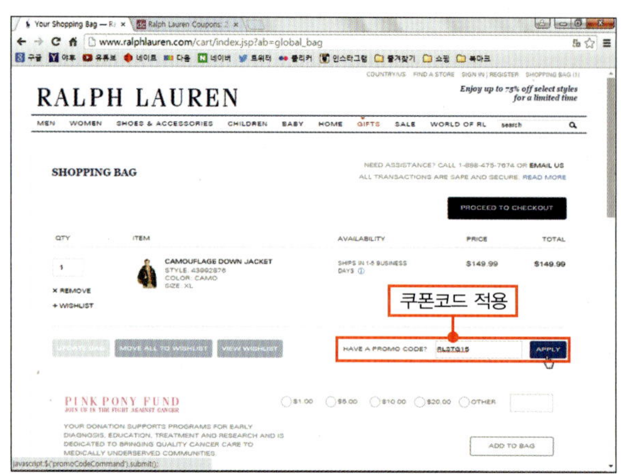

10 쿠폰이 아직 유효하면 결제 창으로 넘어가고, 쿠폰 시효가 지났거나 상품이 완판된 경우에는 결제가 되지 않습니다.

그림은 쿠폰 개시 5일 후이기 때문에 준비한 상품이 완판되어 더 이상 구매할 수 없을 때 나타나는 메시지입니다.

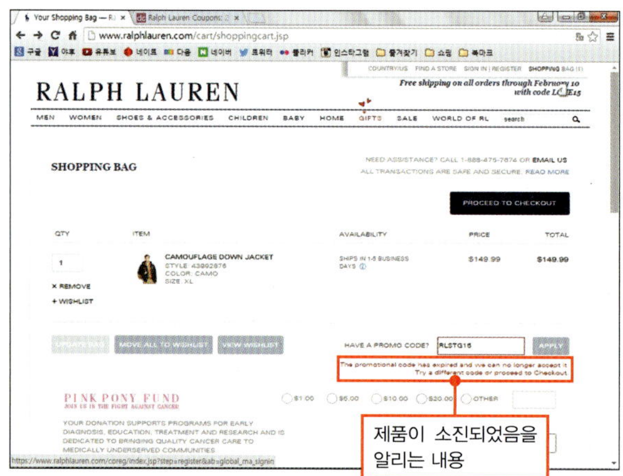

11 상품이 완판되어 쿠폰 할인가로 구매할 수 없으므로 장바구니에 담은 상품을 [Remove] 버튼으로 삭제합니다.

쿠폰 정보를 입수했을 때는 가급적 첫날에 구매하는 것이 좋습니다. 며칠 후에는 상품이 완판되어 구매에 실패하기 때문입니다.

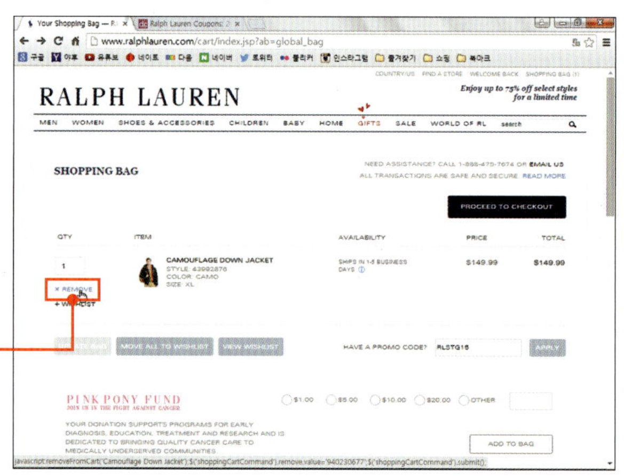

특소세가 붙는 고급 전자제품을 직구할 때는
할인 쿠폰으로 리퍼제품이 있는지 사냥하자

예를 들어 캐논 카메라의 경우 할인쿠폰을 이용해 구입하는 제품들은 보통 리퍼제품(Refurbished)입니다.

리퍼(Refurbished)란 공장에서 생산한 제품 중 품질에 다소 문제가 있거나 불량 문제로 반품된 물건을 정상 수리한 뒤 재활시킨 제품입니다. 리퍼제품은 정상 생산품과 동일하지만 AS 기간은 조금 짧게 보장됩니다.

캐논 카메라 리퍼제품은 캐논 사이트에서 구매할 수 있는데 캐논 사이트에 노출되어 있지 않고 할인쿠폰 사이트를 통해 접속해야 리퍼제품 목록을 확인할 수 있습니다. 리퍼제품은 정상 생산품보다 20~50% 저렴하게 구매할 수 있으므로 200만 원 이상 카메라인 경우 특소세 20%와 부가세 10%를 납부해도 정상 생산품을 수입하는 것보다 10~30% 저렴한 가격으로 구매할 수 있습니다.

다음은 할인쿠폰 사이트를 통해 캐논 미국쇼핑몰로 접속해 할인가로 판매되는 상품(리퍼제품)을 검색한 모습입니다.

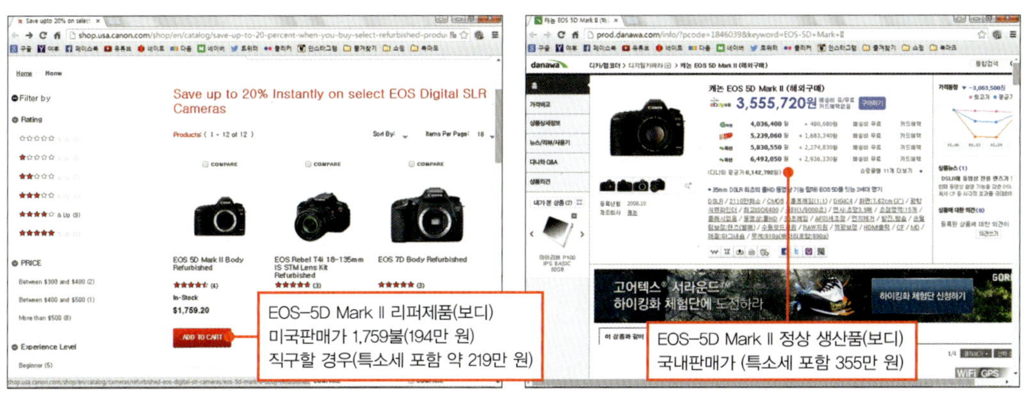

디지털 카메라는 현지 세금(Tax), 현지 배대지까지의 배송료, 배대지에서 국내로의 국제배송료 포함 총 가격이 185만 원 이하라면 관세율 8%, 부가세 10%가 붙고, 185만 원 이상 제품은 초과금액의 20%인 특소세(특별소비세, 개별소비세), 특소세의 30%에 해당하는 교육세, 총 합산금액의 10%인 부가세가 붙습니다.

앞의 카메라 EOS-5D Mark Ⅱ 리퍼제품은 미국 Tax와 현지배송료가 면제된 상품이므로 판매가격 194만 원이 FOB가격(미국 현지배송료와 현지 세금 포함 가격)이 되며 185만 원 이하 상품이 아니므로 관세율 8% 대신 특별소비세 20%, 교육세 30%가 붙는 제품이 됩니다.

현지 배대지에서 국내로 배송하는 국제배송료를 2~5만 원 정도의 배송상품으로 배송시키면 CIF 가격(국내도착가격)은 196~199만 원이지만, 관세를 계산할 때는 자신이 지불한 국제배송료를 합산하지 않고 관세청 고시 1Kg 이하 국제선편요금이 적용되므로 2만 7천 원이 국제배송료로 합산됩니다. 참고로, EOS-5D Mark Ⅱ 카메라의 보디 무게는 900g 정도이므로 관세청 고시 국제선편요금 2만 7천 원 구간에 해당합니다. 따라서 실제 CIF 가격은 196만 7천 원, CIF 가격이 카메라 특소세를 납부해야 하는 185만 원 초과 가격이므로 CIF 가격의 20%인 특소세 393,400원이 붙습니다. 특별소비세 납부 대상 품목은 특소세의 30%인 교육세가 붙으므로 교육세는 118,000원입니다. 마지막으로 위 금액들을 총합산한 뒤 그 금액의 10%를 부가세로 납부하면 직구 총액이 산출됩니다.

제품가+현지배송료(무료제품임)+현지 세금(면제 제품임)+국제 배송비(국제선편요금)을 총합산한 CIF 가격(국내도착가격)은 196만 7천 원, 특소세는 CIF가격 185만 원의 초과분에 해당하는 금액의 20%이므로 24,000원, 교육세는 특소세의 30%이므로 7,200원, 부가세는 199,820원입니다.

따라서 직구가격 총액(제품가, 현지배송료, 현지세금, 국제선편요금, 수입관세, 특소세, 국내 부가세 포함 총액)은 219만 8천 원 정도입니다.

만일 리퍼제품이 아닌 정상 생산품 EOS-5D Mark Ⅱ를 수입대행하면 정상제품 판매가에 미국 현지 Tax와 현지배송료, 국제 배송료를 합산한 뒤 185만 원 이상 카메라에 해당하는 특소세, 교육세의 부가 대상이므로 정상 생산된 EOS-5D Mark Ⅱ의 국내 수입판매가는 355만 원 내외일 수밖에 없습니다.

즉, 185만 원 이상의 특소세가 붙는 고급카메라나 전자제품을 해외직구할 때는 할인쿠폰 사이트를 경유해 리퍼제품이 있는지 검색하는 것이 좋습니다. 리퍼제품이라면 특소세 20%와 교육세 30%를 납부해도 국내 수입업자들이 풀어놓은 가격보다 30~40% 저렴하게 구매할 수 있기 때문입니다.

> **tip** 리퍼제품은 중고제품이 아니라 생산초기 불량이 났거나 판매 후 불량으로 인해 반품받은 상품을 신품에 준해 철저히 테스트하고 재활시킨 제품입니다. 따라서 법적으로 '리퍼제품(Refurbished)'이라고 표기해야만 합니다. 해외 쇼핑몰에서 Refurbished 글자가 있는 상품들이 리퍼제품입니다. 판매가격은 불량 없이 생산된 제품보다 20~30% 저렴합니다.

한국에서 해외 할인쿠폰 정보 입수하기

영어 읽는 것이 힘들다면 한국 사이트에서 쿠폰 정보를 입수한 뒤 해외직구를 할 수도 있습니다. 아무래도 영어 쿠폰 사이트보다는 쿠폰 정보 업데이트 속도가 조금 느릴 것입니다.

1 | 미시쿠폰

각종 해외직구 쿠폰 정보를 한글로 제공합니다. 여성제품 뿐 아니라 카테고리 별 해외쿠폰과 쇼핑몰별 해외쿠폰 정보를 볼 수 있습니다.

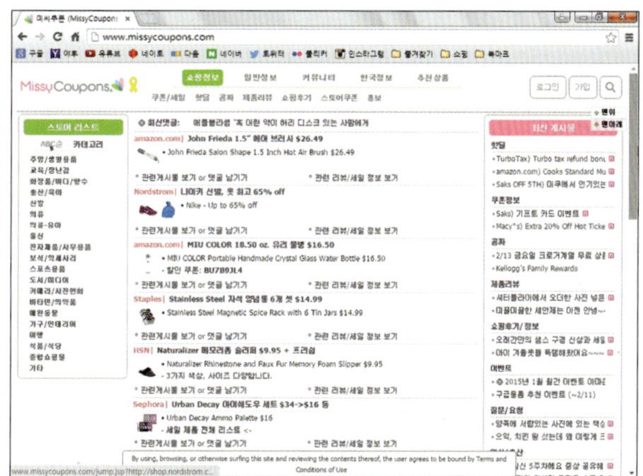

2 | 뽐뿌 해외직구

뽐뿌 사이트의 [해외뽐뿌] 메뉴에서 해외쿠폰 정보를 볼 수 있습니다. 뽐뿌 회원들이 입수한 각종 해외직구 정보, 최적가정보를 신속하게 입수할 때 유용합니다. 뽐뿌는 이용자 층이 많은 사이트이므로 좋은 정보를 입수한 경우 신속하게 구매여부를 판단하는 것이 좋습니다.

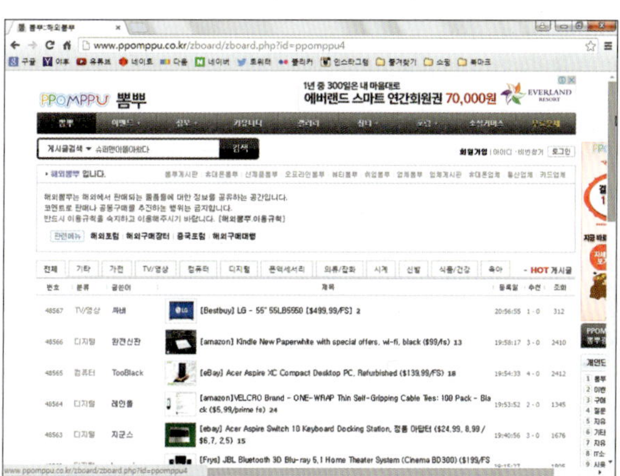

아마존 프라이스 매치(Price match)란 구입한 상품을 경쟁 판매자가 더 저렴한 가격에 판매할 경우 프라이스 매치를 요구하여 동일 가격으로 구입하는 것을 말합니다.

프라이스 매치는 보통 아마존에서 많이 하기 때문에 '아마존 프라이스 매치'라고 말합니다. 물론 유명 브랜드 쇼핑몰에서도 때때로 프라이스 매치를 수용하기도 하지만 프라이스 매치가 가장 활성화된 쇼핑몰은 아마존입니다.

예를 들어 삼성 TV 50인치를 아마존에서 2천 달러에 구입했는데 경쟁 셀러가 1천 800달러에 판매할 경우 아마존 고객센터에 프라이스 매치를 요청해 경쟁 셀러가 판매하는 가격과 같은 가격으로 구매할 수 있습니다. 요청이 받아들여지면 기존 셀러는 200달러를 환급해주어야 합니다.

아마존 프라이스 매치는 다음과 같이 여러 가지 조건이 충족될 경우 요청할 수 있습니다.

❶ 구입한 상품과 경쟁 판매자의 상품이 둘 다 정품일 것
❷ 비교대상의 두 상품이 색상, 크기, 모델명에서 완전히 동일한 상품일 것
❸ 구입상품에 Low Price Guarantee(최저가 보장) 문구가 있는 제품일 것
❹ 판매자가 배송완료한 날로부터 1주일 이내에 프라이스 매치를 신청한 경우
    (일반적으로 구매 후 2~3일 안에 가격 하락이 있는 경우)
❺ 아마존 프라이스 매치의 경우 아마존 셀러 상품이어야 할 것
❻ 아마존 프라이스 매치는 모든 제품이 아닌 TV와 휴대폰 카테고리에서만 가능

아마존 프라이스 매치는 아마존 고객센터 화면에서 접수한 뒤 E메일로 추가 설명을 발송하면 요청이 접수됩니다.

세일 전 정상가로 구입한 뒤 세일가로 환급받는다
아마존 프라이스 어저스트먼트

아마존에서 세일한다는 정보를 모르는 상태에서 상품을 구매했는데 다음날 20% 세일을 하는 경우가 있습니다. 이 경우 아마존 어저스트먼트(Price Adjustment)를 요청해 구입가를 20% 세일가격으로 재조정할 수 있습니다.

어저스트먼트는 아마존에서 많이 하기 때문에 일반적으로 '아마존 어저스트먼트'라고 말합니다. 어저스트먼트는 세일 기간을 기준으로 하지 않고 셀러가 배송한 7일 이내를 기준으로 요청할 수 있습니다. 예를 들어 LG TV를 정상가 2천 달러에 구입한 뒤 결제하면 셀러가 며칠 안으로 배송을 시작합니다. 그런데 며칠 뒤 그 셀러가 세일을 시작하여 동일모델을 1,600달러에 판매하면, 배송개시 날짜를 기준으로 7~14일 이내에 아마존 고객센터에 어저스트먼트를 요청해 세일된 금액인 400달러를 환급받을 수 있습니다.

아마존 어저스트먼트 역시 다음과 같이 여러 가지 조건이 충족될 경우 요청할 수 있습니다.

❶ 구입한 상품과 동일 상품을 같은 판매자가 세일을 시작한 경우
❷ 구입한 상품과 동일 상품을 같은 업자가 할인쿠폰으로 할인하는 경우
❸ 판매상이 상품을 배송완료한 날에서 일주일 이내여야 할 것
❹ 아마존 어저스트먼트를 요청해 세일된 금액만큼 환급 받음

아마존 어저스트먼트 역시 아마존 고객센터 화면에서 접수한 뒤 E메일로 추가 설명을 발송하면 요청이 접수됩니다.

아마존에서 프라이스 어저스트먼트 요청하기

아마존에서 상품을 구매했는데 2일 뒤 가격이 20% 하락했습니다. 그런 경우 바로 다음과 같은 절차로 프라이스 어저스트먼트를 신청하여 하락된 가격만큼 환급받기 바랍니다.

01 아마존에서 [Help] 메뉴를 클릭합니다.

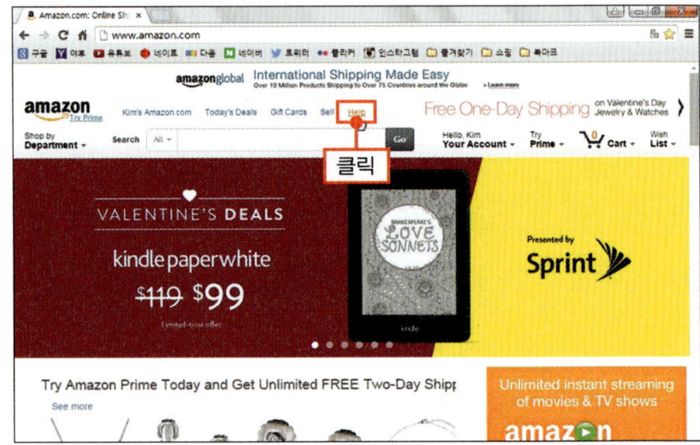

02 [Need More Help?] 메뉴를 클릭합니다.

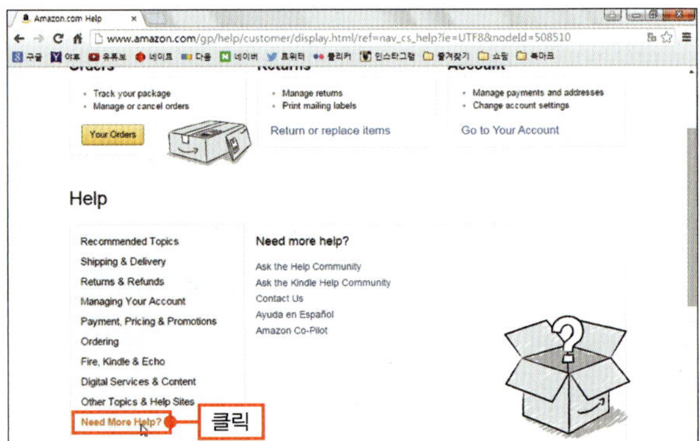

03 [Contact Us] 메뉴를 클릭합니다.

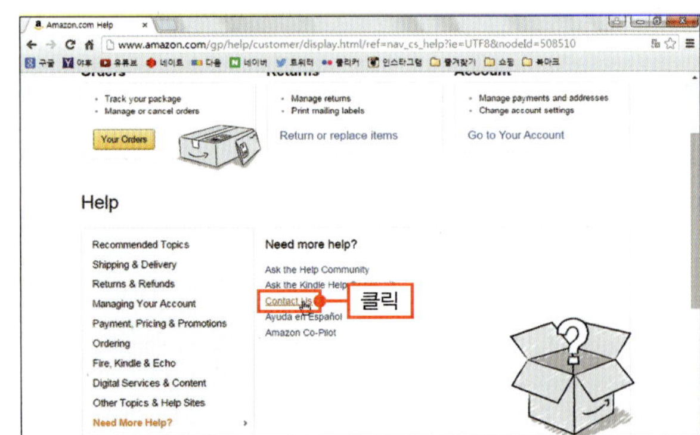

04 아마존 로그인 E메일주소와 비밀번호를 입력해 접속합니다.

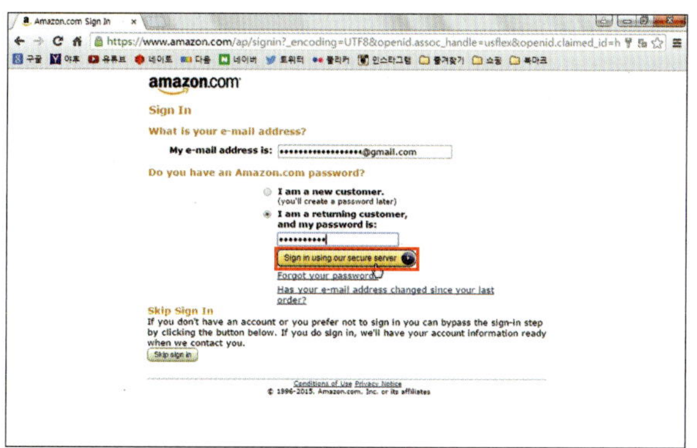

> **tip 리턴(환불)받는 돈은 어디로 들어올까?**
>
> 신용카드로 결제한 경우 환불받은 금액만큼 신용카드 금액 일부를 취소하는 방식으로 환급됩니다. 만일 결제금액보다 리턴되는 돈이 더 많은 경우에는 결제금액만큼 신용카드 대금을 결제 취소해주고, 초과한 금액은 아마존에서 사용 가능한 기프트카드(전자쿠폰) 형태로 환급됩니다.
> 직불(현금)카드로 결제한 경우 리턴 절차는 위와 동일하지만 환급에 소요되는 시간은 통상 1개월 정도 소요됩니다.

05 [Contact Us] 창에서 1, 2, 3번 순서대로 내역을 작성합니다. 먼저 1번 항목에서 프라이스 매치를 요청할 주문건을 선택합니다. 그런 뒤 2번에서 프라이스 매치에 해당하는 세부 옵션을 선택합니다.

마지막 3번 창에서 세부 내역을 전달할 방법을 선택하는데 보통 E메일로 전송하는 것이 좋으며, 영어회화에 자신있을 경우 Phone(전화통화)나 Chat(문자채팅)로 요청 내역을 통화할 수 있습니다.

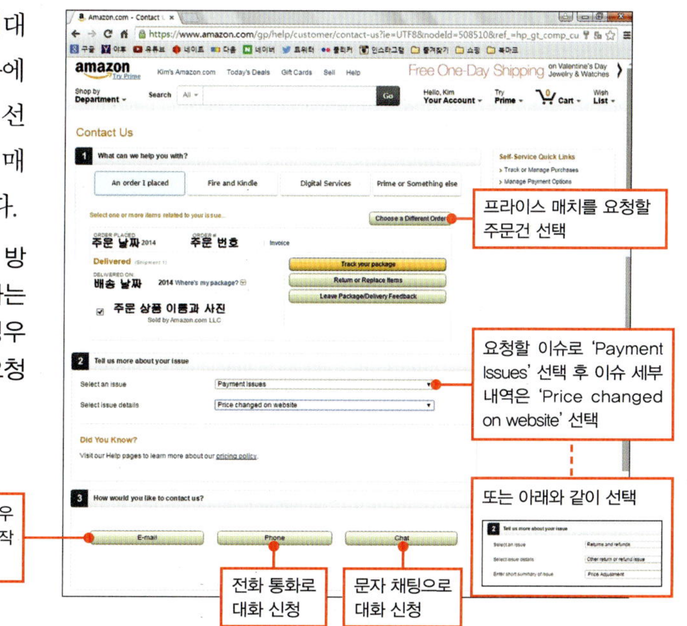

프라이스 매치를 요청할 주문건 선택

요청할 이슈로 'Payment Issues' 선택 후 이슈 세부 내역은 'Price changed on website' 선택

또는 아래와 같이 선택

영어에 자신없을 경우 E메일로 요청 내용 작성 후 발송

전화 통화로 대화 신청

문자 채팅으로 대화 신청

> **tip** 프라이스 어저스트먼트는 아마존 외의 다른 쇼핑몰도 제공하는 경우가 많습니다. 만일 다른 쇼핑몰에서도 프라이스 어저스트먼트를 제공할 경우 하락분만큼 프라이스 어저스트먼트를 요청하기 바랍니다. 일반적으로 브랜드 쇼핑몰들은 대부분 프라이스 어저스트먼트를 제공하며, 통상 14일 내 요청하면 가격 조절을 받을 수 있습니다.

06 앞에서 [E메일] 버튼을 클릭하면 E메일을 작성할 수 있는 창이 나타납니다. 해당 창에서 프라이스 어저스트먼트 세부 내역을 작성합니다. 대략 아래와 같이 작성한 뒤 [Send E Mail] 버튼을 클릭해 전송하면 답장이 오고 바로 조절된 가격만큼 신용카드 결제금액 일부가 취소되는 방식으로 환급됩니다. 환급처리 여부는 환급하겠다는 답장을 받은 뒤 자신의 주문번호를 검색하면 알 수 있습니다.

Hello, Amazon customer service!
My order No. is _________________.
I found some other site dealing in the item of my order.
You can check it out at the site ___________
And can you give me a price adjustment ?
(Can you give me a refund of the difference ?)

I really appreciate your consideration.

Your loyal customer,
Kim Jik Ku

안녕, 아마존 고객센터

내 주문번호는 _______________입니다.
내가 주문한 물품이 새 가격(낮은 가격)으로 판매되는 것을 발견했어요.
그 사이트는 ___________ 이니까 확인해 보세요.
가격 조절이 가능할까요?(하락된 가격만큼 환급해 주겠어요?)

감사를 표하며 편지를 보냅니다.
김직구

더 알뜰하게 구매하는 숨은 비법
동일 제품이라면 원산지 국가 쇼핑몰에서 구매하자

상품에 따라서는 제조공장이 있는 원산지 쇼핑몰에서 구매하는 것이 더 저렴할 수 있습니다. 대부분의 상품이 원산지에서 떼어다가 판매하는 것이므로 아무래도 원산지가 더 저렴할 수밖에 없습니다.

01 예를 들어 국내에서 25~30만 원대에 유통되다가 중단된 중국산 진공관엠프 'MS-10D-MKII'입니다. 이 제품의 이베이 쇼핑몰 판매가는 159달러(약 16만 원)입니다.

제품 무게는 7Kg이므로 미국에서의 한국 배송비는 8만 원 정도이고 배송비 포함 총 구매비용은 24만 원입니다.

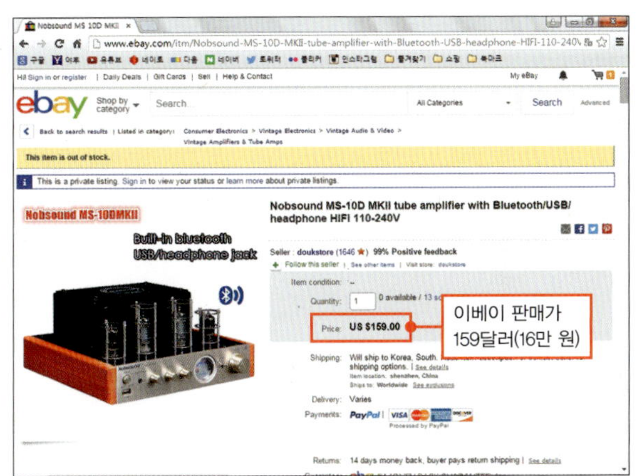

02 이 진공관 엠프는 중국산이므로 원산지인 중국 타오바오 쇼핑몰에서 판매하고 있는지 추가 검색했습니다.

타오바오에서의 판매가는 410위안(7만 2천 원), 무게 7Kg을 중국에서 한국으로 배송할 때의 배송비는 6만 원 내외입니다. 배송비 포함 총구매비용은 12만 원입니다.

여기에서도 알 수 있듯 해외에서 구매할 때는 가급적 상품의 제조국가 쇼핑몰에서 구매하는 것이 가격 이점이 크다고 할 수 있습니다. 진공관 엠프의 원가가 7만 원이므로 엔트리급의 초보자용 제품 같습니다.

미국 쇼핑몰에서 직구하고 환급받기

직구도 하고 5~10% 환급도 받아보자
캐시백 사이트 활용하기

캐시백 사이트란 자신의 사이트를 경유해 물건을 구매하면 구매가의 5~10%를 환급해주는 사이트입니다.

캐시백 사이트의 동작 방식은 일반적으로 다음과 같습니다.

❶ 단골로 사용할 캐시백 사이트의 회원으로 가입

쇼핑몰 이용 후 적립되는 환급액은 캐시백 사이트 회원 이름으로 적립되므로 반드시 1개 이상의 캐시백 사이트에 가입하는 것이 좋습니다.

❷ 해당 캐시백 사이트에서 쇼핑몰이나 상품 검색

이베이츠 코리아 등의 캐시백 사이트에 회원으로 가입하면 캐시백 사이트 안에서 쇼핑몰이나 상품을 검색하고, 상품별 환급율을 확인할 수 있습니다.

❸ 해당 캐시백 사이트를 경유해 원하는 쇼핑몰로 이동

반드시 캐시백 사이트를 경유해 쇼핑몰로 이동해야 구매한 상품에 대한 적립금이 캐시백 사이트에 적립됩니다.

❹ 캐시백은 적립되거나 그 금액만큼 할인된 가격으로 구매

캐시백 적립금은 보통 3~10% 내외지만 요금은 적립 대신 3~10% 할인가로 물건을 구매하도록 해줍니다.

❺ 적립금은 분기별로 자신의 계좌로 회수

이베이츠 코리아의 경우 적립금을 신용/직불카드와 연결된 국내은행계좌 혹은 페이팔로 회수할 수 있습니다. 요금은 적립방식 대신 할인방식으로 캐시백을 사용하므로 적립기록(할인금액 기록)만 남아있습니다.

환급률이 가장 높은 캐시백 사이트를 찾아보자

캐시백 사이트가 많아지면서 같은 쇼핑몰인데도 경유하는 캐시백 사이트에 따라 환급율이 달라집니다. 똑똑한 쇼핑을 하려면 'savingcashback.com'에서 가장 환급율이 높은 캐시백 사이트를 찾아내기 바랍니다.

'savingcashback.com'은 캐시백 사이트 비교 사이트입니다. 예를 들어 '아마존 쇼핑몰'에서 상품을 구매할 생각이라면 먼저 savingcashback.com에 접속한 뒤 쇼핑몰 이름인 'amazon'으로 검색합니다. 검색 창에 환급율이 높은 순서대로 캐시백 사이트가 비교 검색됩니다. 환급률이 가장 높은 캐시백 사이트에 회원 가입한 뒤 그 사이트를 경유해 아마존에 접속하면 그 만큼 더 많은 금액을 환급 혹은 할인받을 수 있습니다.

01 인터넷 [savingcashback.com]에 접속합니다. 그런 뒤 방문하려는 쇼핑몰 이름을 검색합니다. 여기서는 아마존 (amazon) 쇼핑몰을 검색했습니다.

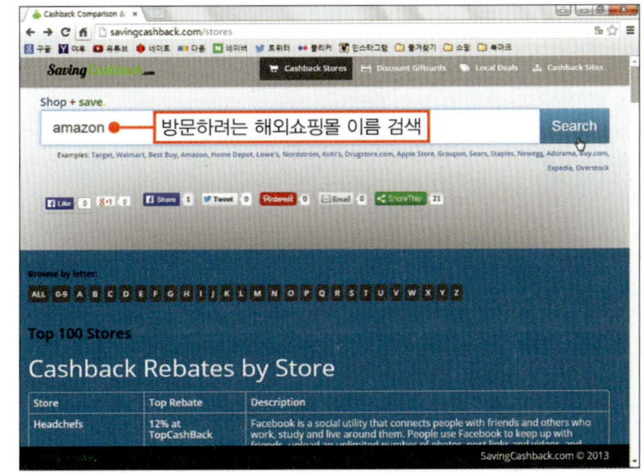

02 아마존 쇼핑몰용 캐시백 사이트가 검색되었습니다.

캐시백 사이트 BeFrugal.com를 경유해 아마존에서 쇼핑할 때의 환급율은 최대 8.5%, 이베이츠를 경유해 아마존에서 쇼핑할 때의 환급율은 최대 8%입니다. 따라서 BeFrugal.com를 경유해 아마존에 접속하고 쇼핑하는 것이 환급율 면에서 더 이익입니다.

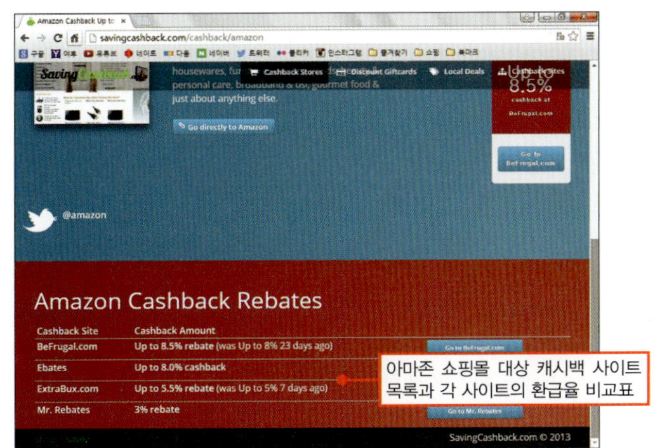

03 BeFrugal.com를 경유해 아마존에 접속하려고 하니까 BeFrugal.com에 회원으로 가입하라고 나옵니다. 회원으로 가입하지 않으면 아마존에서 물품을 구매해도 BeFrugal.com에 적립되지 않으므로 반드시 회원가입하기 바랍니다. 자주 사용하는 E메일주소와 캐시백 사이트에서 사용할 비밀번호를 입력하면 됩니다.

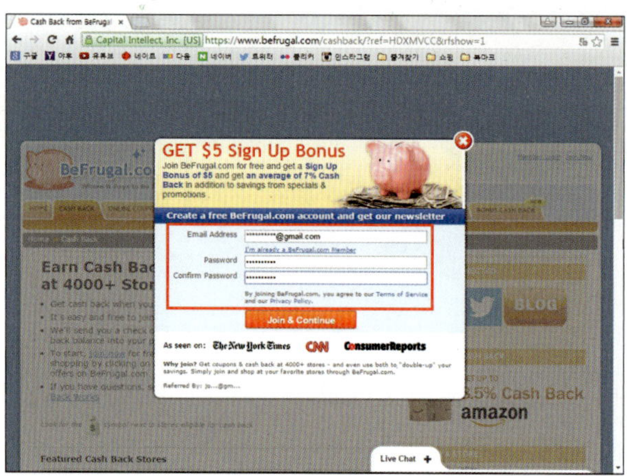

04 해당 캐시백 사이트에 로그인된 상태에서 아마존으로 접속하면 캐시백받을 수 있는 상품을 볼 수 있습니다. 환급액은 상품에 따라 6~8.5%인 것을 알 수 있습니다. 원하는 물품을 구매하면 구매대금의 6~8.5% 정도가 BeFrugal.com의 자신의 회원계정에 환급되고 60일 단위로 꺼낼 수 있습니다. 또는 적립 대신 즉시 6~8.5% 할인된 금액으로 결제할 수 있습니다.

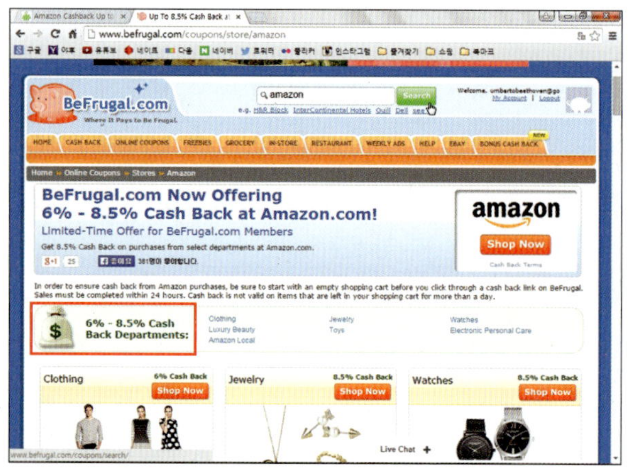

한국어를 지원하는 캐시백 사이트의 대명사
이베이츠코리아

캐시백 사이트 중에서 영문 캐시백 사이트는 환급액을 적립해도 나중에 국내 계좌로 이체하기가 번 거롭기 때문에 보통은 한국어를 지원하는 캐시백 사이트를 단골로 만드는 것이 좋습니다.

한국어를 지원하는 이베이츠코리아는 환급된 금액을 국내 은행계좌로 이체하는 기능도 지원합니다. 즉 환급액을 안전하게 국내 은행계좌로 가져오려면 한국어를 지원하는 캐시백 사이트 이베이츠코리아가 좋은 선택이 됩니다.

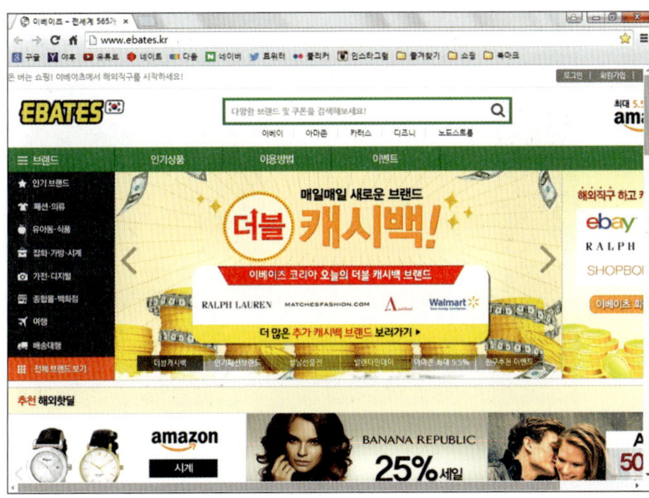

▲ 캐시백 사이트 이베이츠코리아(www.ebates.kr)

이베이츠코리아의 특징은 다음과 같습니다.

표준 캐시백 사이트	캐시백 사이트 중에서 세계 표준이라고 할 수 있는 이베이츠(ebates)의 한국어판 사이트입니다.
한글 지원	다른 캐시백 사이트와 달리 한글판 사이트이므로 언어 사용에 불편한 점이 없습니다.
쇼핑몰 수 최대	전 세계 565개 쇼핑몰의 캐시백 이벤트 중인 상품을 확인할 수 있습니다.
환급율	적립환급율 혹은 할인율은 상품 구매액의 1~10% 내외입니다.
국내은행 지원	쇼핑 후 적립된 금액은 분기별로 신용/직불카드와 연동된 국내 은행계좌로 이체할 수 있을 뿐 아니라 페이팔 계정으로의 이체가 가능합니다.

이베이츠코리아에서 해외직구도 하고
구매대금 일부 환급받기

캐시백 사이트에서 환급을 받으려면 반드시 캐시백 사이트에 로그인한 뒤 캐시백 사이트에서 소개하는 쇼핑몰 혹은 상품으로 이동한 뒤 구매를 해야 캐시백 환급이 가능합니다.

이베이츠코리아의 회원으로 가입한 뒤 이베이츠코리아에서 소개하는 쇼핑몰로 이동해 상품을 구매하고 적립금이 적립되었는지 확인하는 과정입니다.

01 이베이츠코리아(www.ebates.kr)에 처음 접속하면 회원가입 창이 나타납니다. ID로 사용할 자신의 E메일주소를 등록하고 원하는 비밀번호를 등록합니다.

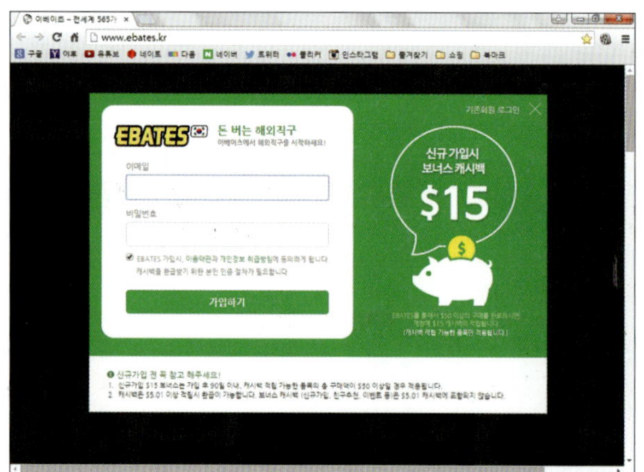

02 만일 회원가입 창이 나타나지 않으면 상단 [회원가입] 메뉴를 클릭합니다. 그런 뒤 ID로 사용할 자신의 E메일주소를 등록하고 원하는 비밀번호를 등록합니다.

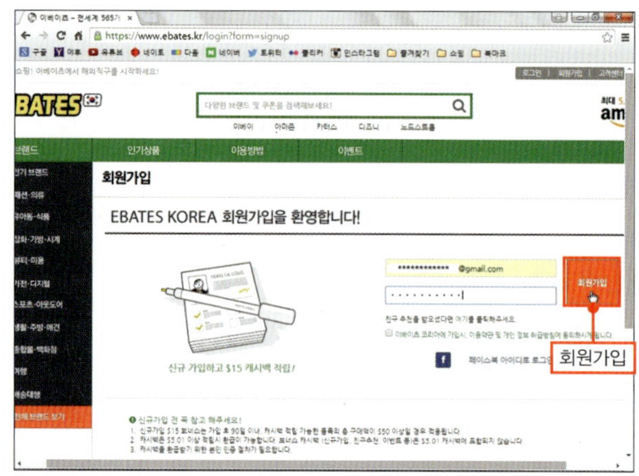

03 만일 페이스북 ID가 있다면 별도의 회원가입 없이 [페이스북 아이디로 로그인] 버튼을 클릭해 페이스북 아이디로 이베이츠코리아를 사용할 수 있습니다.

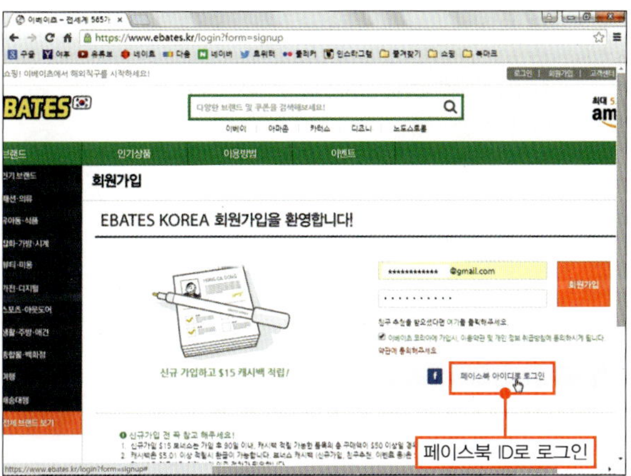

04 회원가입한 뒤에는 이베이츠코리아에서 소개하는 상품을 확인하기 바랍니다.

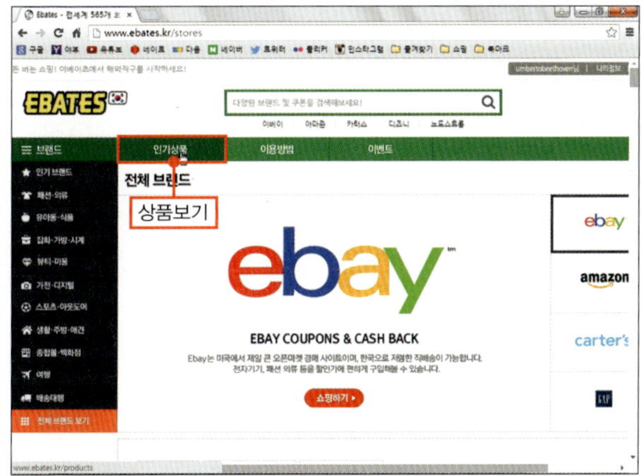

05 시험삼아 [가전] 카테고리에서 구매할만한 상품을 확인해보았습니다.

06 [생활리빙] 카테고리에서 마음에 드는 전기포트를 발견했습니다. 전기포트의 가격은 88달러이고 캐시백(환급액)은 5%입니다.

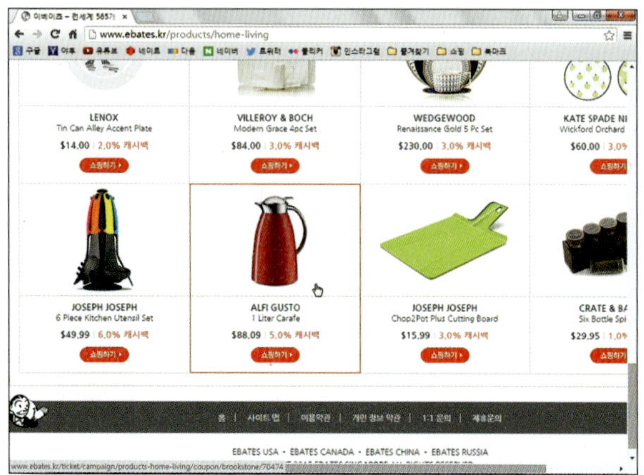

07 해당 전기포트를 구매하기로 결정하고 클릭하면 전기포트를 판매하는 해당 해외쇼핑몰로 연결됩니다.

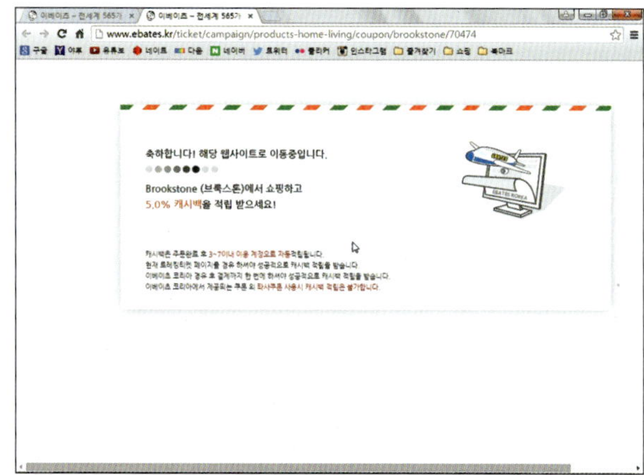

08 Brookstone이라는 미국쇼핑몰입니다. 전기포트의 Color : 검정, Size : 1L/4Cup, 수량(Qty) : 1개로 설정한 뒤 구매(Buy Now) 버튼을 클릭합니다.

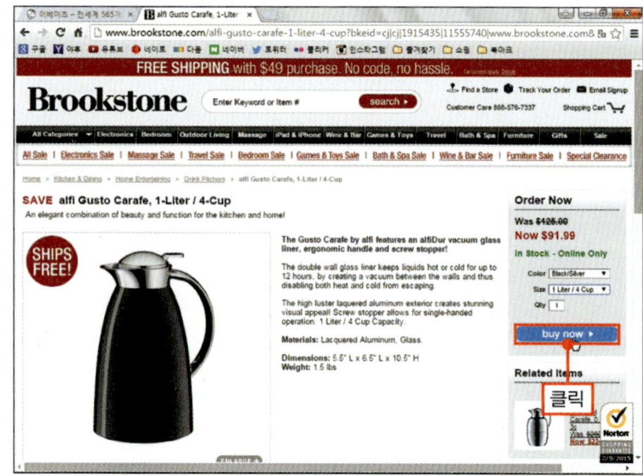

09 페이팔에 자신의 신용카드 결제를 등록한 사용자는 [Paypal] 버튼을 클릭해 결제할 수 있습니다.

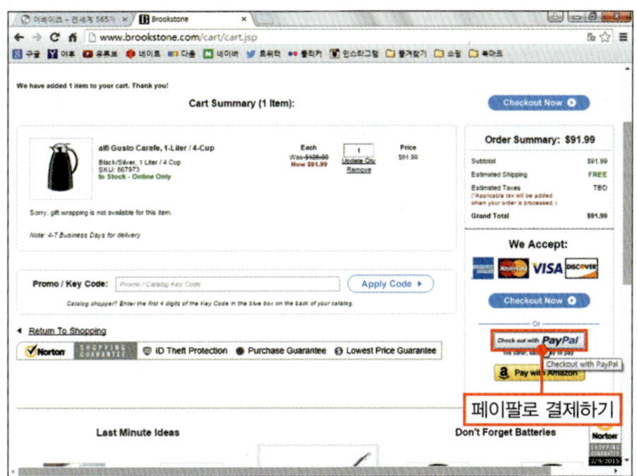

10 신용카드/체크카드로 결제하려면 [Checkout Now] 버튼을 클릭합니다.

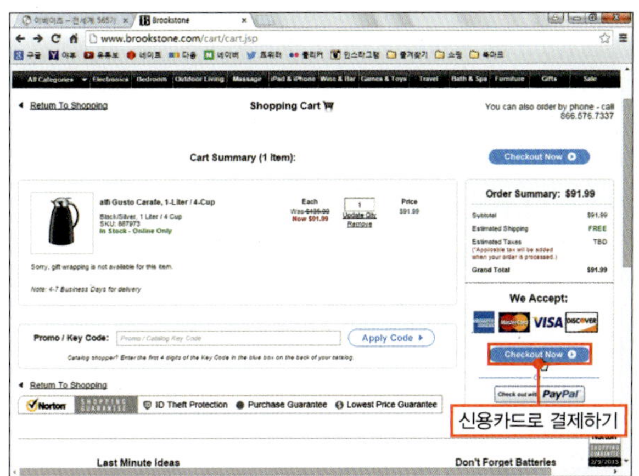

> **tip** 캐시백 사이트를 경유해 쇼핑할 때는 반드시 해당 캐시백 사이트에 로그인된 상태이고, 해당 캐시백 사이트에서 소개하는 제품을 구매해야 구매액에 대한 일정비용을 환급 혹은 할인받을 수 있습니다.

11 배송지주소 설정 창이 나타납니다. Billing Adress(빌링 어드레스)에 신용카드에 등록된 이름, 주소를 입력합니다. Shiping Adress(쉬핑 어드레스)에는 배송받을 주소(미국 배대지주소)를 입력합니다.

영문주소 작성법에 대해서는 나중에 상세하게 배우겠습니다.

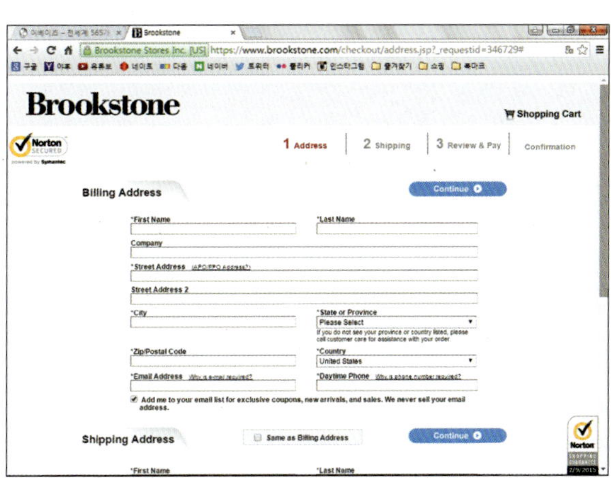

⓬ 앞에서 구매를 완료하면 카드결제 창이 나타므로 카드번호를 입력하면 됩니다. 카드번호 입력 방법은 매우 중요하므로 뒤에서 상세하게 배우겠습니다.

 결제를 완료하면 카드회사의 보안프로그램이 자동 실행되면서 결제를 정상 마무리합니다. 그런 뒤 일반적으로 구매내역을 확인하는 창으로 자동 이동하게 됩니다.
만일 결제가 되지 않으면 해당 쇼핑몰과 카드가 호환되지 않는 것이므로 다른 카드로 결제를 시도합니다. 이 때 페이팔 결제나 알리페이 결제가 가능한 쇼핑몰인 경우에는 페이팔이나 알리페이로 결제하기도 합니다.

⓭ 캐시백 사이트로 돌아오면 구매 대금 88달러의 5%가 캐시백으로 환급됩니다. 환급금은 캐시백 사이트에 따라 몇분 내 혹은 7일 내에 적립되거나 구매 대금에서 환급금만큼 차감되는 방식으로 환급되기도 합니다.

이베이츠코리아의 경우 [나의정보] 메뉴를 클릭하면 적립된 금액을 확인할 수 있습니다.

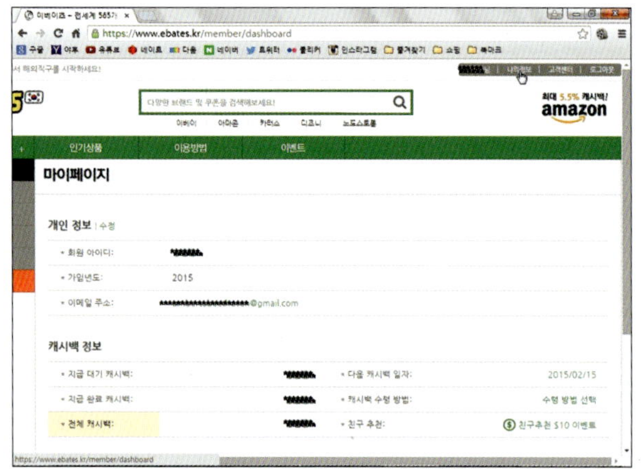

이베이츠 적립금 환급 설정하기
적립된 돈을 환급받을 수 있는 계좌 등록하기

캐시백 사이트의 환급금을 실제 돈으로 환급받기 위해 자신의 신용카드 계좌나 페이팔 계좌를 등록하는 방법을 알아봅니다.

여기서는 이베이츠코리아를 경유에 상품을 직구했다고 가정하고, 캐시백 환급금을 이체할 수 있는 계좌를 연결해보겠습니다.

01 이베이츠코리아에 로그인한 뒤 [나의정보] → [회원정보] 메뉴를 클릭합니다.

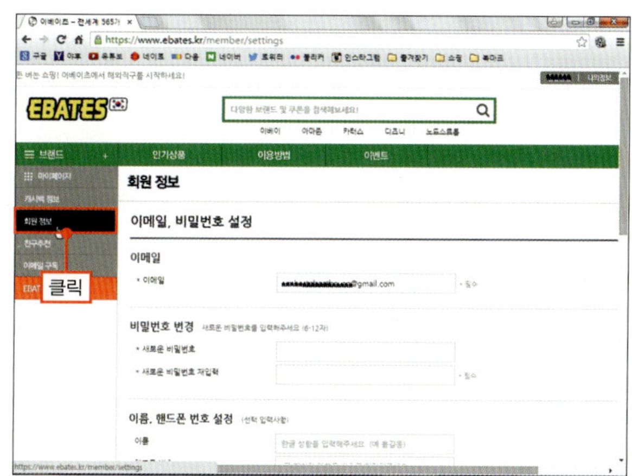

02 하단 [캐시백 수령방법]에서 [본인인증] → [휴대폰 인증하기] 버튼을 클릭합니다.

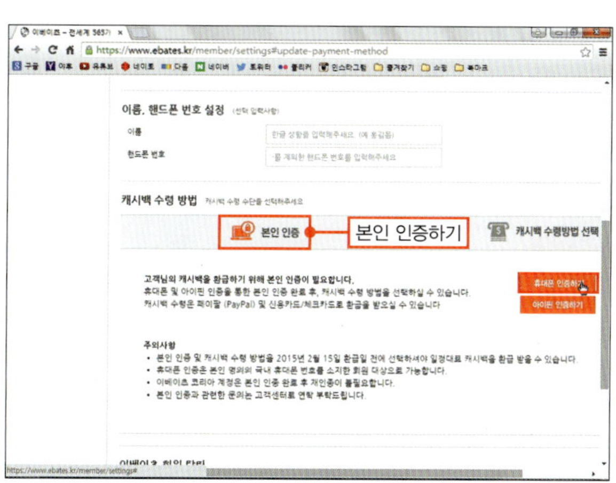

03 사용하는 휴대폰 서비스 회사를 클릭합니다.

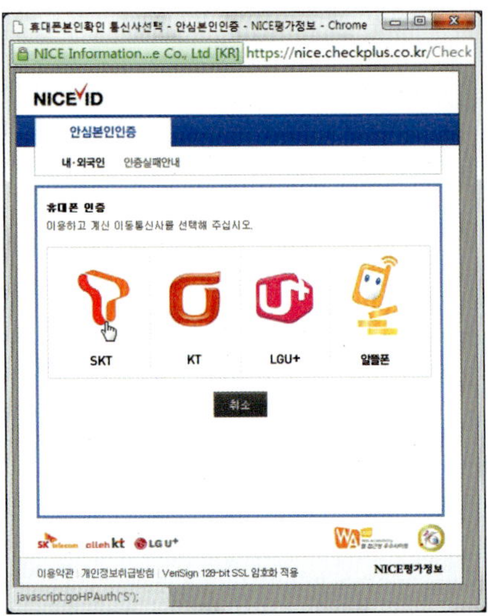

04 자신의 정보를 입력한 뒤 [다음] 버튼을 클릭합니다.

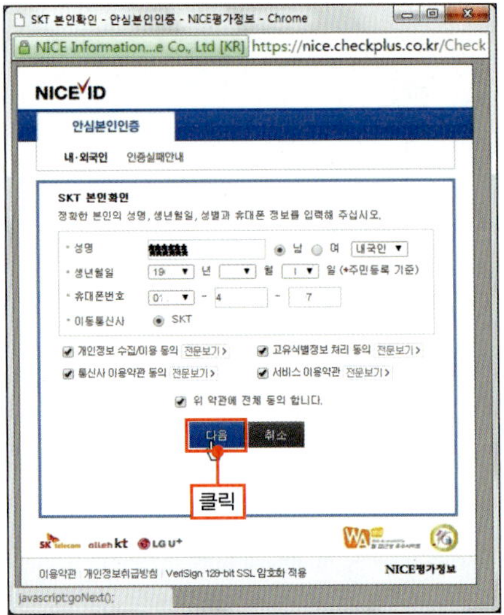

05 휴대폰으로 인증번호가 날아오면 인증번호를 입력한 뒤 [다음] 버튼을 클릭합니다.

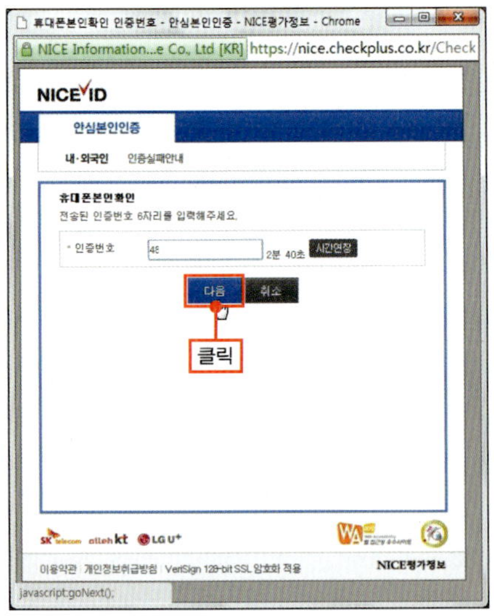

06 본인인증 절차가 정상적으로 마무리되었습니다.

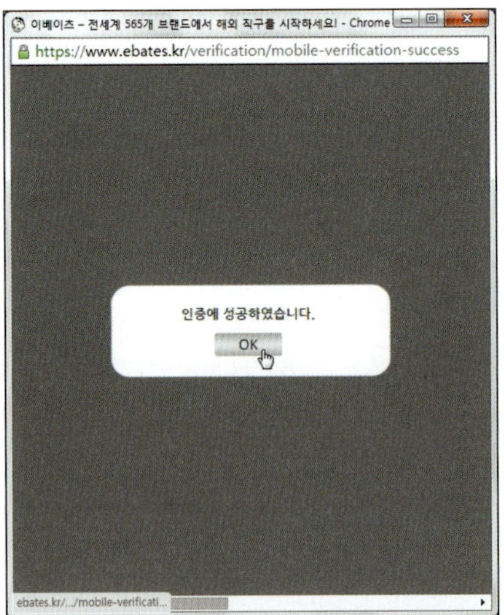

07 환급받고 싶은 신용카드 계좌 혹은 체크카드 계좌를 등록한 뒤 [PCI 준수] 버튼을 클릭합니다.

환급금은 적립금으로 들어오는 경우도 있고, 신용카드 구매명세서에서 적립금만큼 차감하여 결제하는 방식으로 환급되기도 합니다.

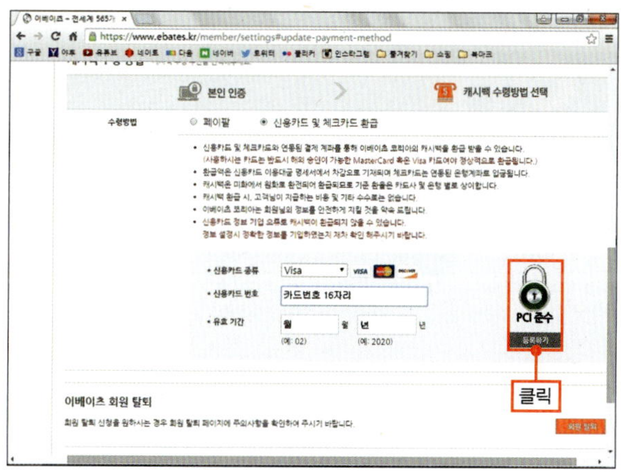

08 페이팔 계정이 있다면 페이팔 ID(페이팔 가입 시 사용한 E메일주소)로 등록합니다. 이렇게 하면 나중에 캐시백을 환급받을 때 신용카드나 페이팔 중 원하는 계정으로 환급받을 수 있습니다.

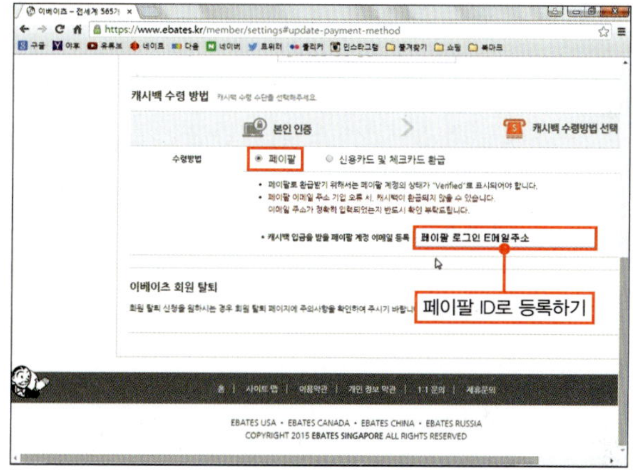

tip 등록할 수 있는 신용/체크카드는 반드시 해외직구에서 사용하는 신용/체크카드여야 합니다. 신용/체크카드 사용자는 연동된 은행계좌로 환급금이 들어오고, 페이팔 사용자는 페이팔로 환급금이 들어오는데 바로 들어오는 것이 아니라 연 4회 분기별로 들어옵니다.

캐시백 사이트 중에서 세계 최대 사이트가 미국의 두블리(Dubli : us.mall.dubli.com)입니다. 특이하게도 일본 라쿠텐 캐시백이 가능하므로 일본 라쿠텐 쇼핑몰을 즐기는 사람이라면 가입할만 합니다.

두블리는 전 세계 4천 개 사이트의 캐쉬백을 지원하는 사이트입니다. 그러나 한글판 사이트가 없으므로 영문판 사이트에서 가입해야 합니다. 두블리의 특징은 상품별 캐시백이 아니라 어떤 쇼핑몰 전체 상품의 캐시백이 가능하다는 점에 있습니다. 캐시백 환급율은 회원 등급에 따라 다른데 일반 회원은 구매대금의 1~3%, VIP 회원은 구매대금의 6~20%를 환급받을 수 있습니다.

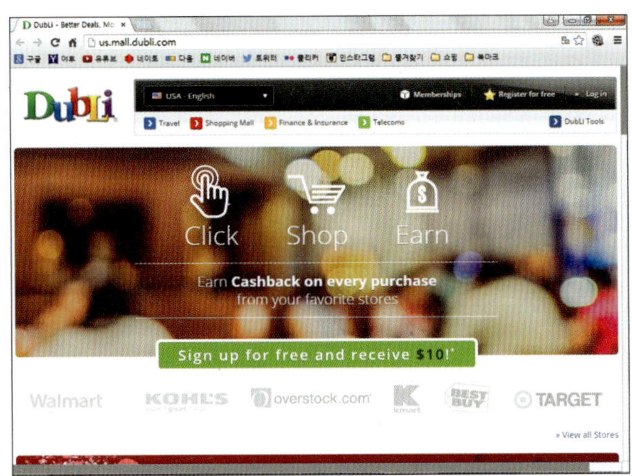

일반 회원은 무료 사용을 할 수 있지만 캐시백 환급율이 낮습니다. 프리미엄 등급부터는 월간 사용료가 있지만 캐시백 환급율이 점점 많아집니다.

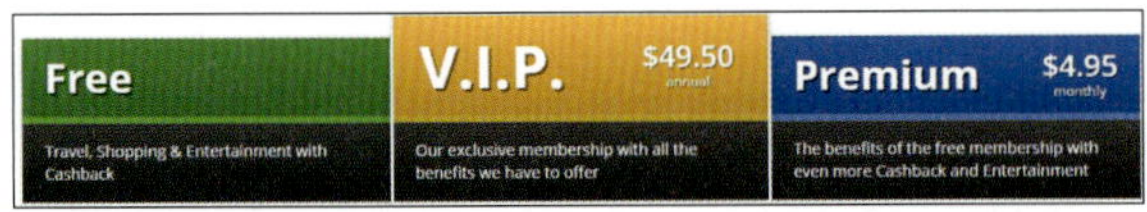

일반 회원	VIP 회원	프리미엄 회원
연 사용료 무료	연 사용료 49달러	월 사용료 4.95달러
사용금액의 최소 1% 캐시백	사용금액의 최소 6% 캐시백	사용금액의 최소 4% 캐시백

쇼핑몰 전체 상품을 대상으로 캐시백을 받을 수 있지만 쇼핑몰에 따라 캐시백이 적용되지 않는 상품 카테고리가 있을 수 있습니다.

두블리 캐시백 사이트 가입하고 사용하기

일본 라쿠텐 쇼핑 시 캐시백을 받기 위해 두블리 사이트에 가입하는 방법을 알아봅니다.

해외사이트에 가입할 때는 영어로 번역하면서 봐야 합니다. 그러므로 번역기 버튼이 내장되어 있는 구글 크롬을 실행한 뒤 인터넷 브라우징을 하는 것이 좋습니다. 먼저 구글 크롬을 실행한 뒤 http://us.mall.dubli.com에 접속합니다.

01 E메일 입력 창이 자동으로 실행되면 바로 E메일주소와 사용할 비밀번호를 입력하여 회원으로 가입합니다.

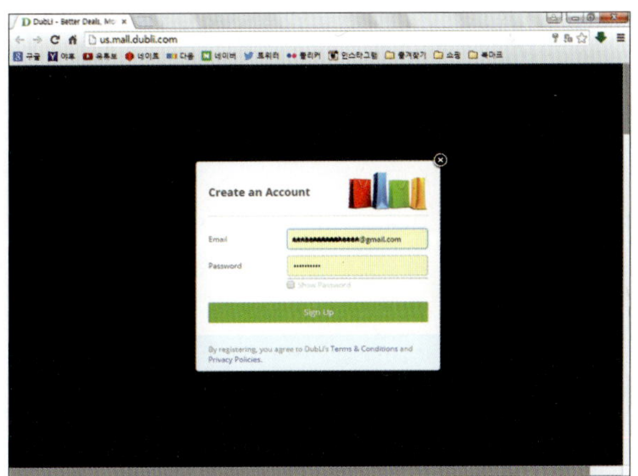

02 만일 E메일 입력 창이 나타나지 않으면 [Register for free] 메뉴를 클릭해 회원 가입을 시작합니다.

그림과 같은 화면이 나타나면 자주 사용하는 E메일주소와 사용할 비밀번호를 입력하여 회원으로 가입합니다.

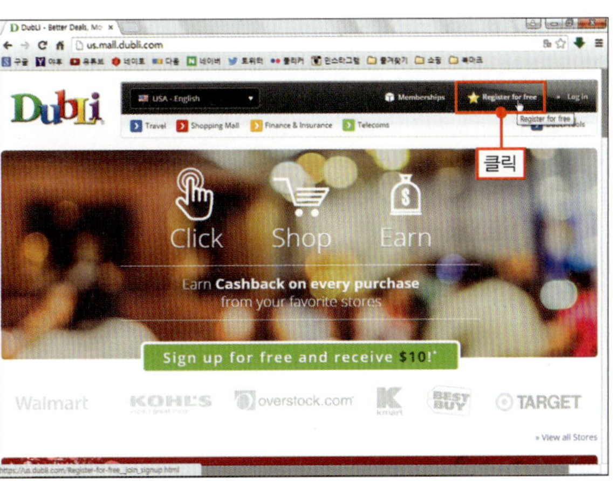

03 앞에서 등록한 E메일 서비스 업체로 로그인합니다. 두블리에서 보내온 Confirm 메일이 도착해 있습니다. 도착해 있는 E메일의 내용중 문자열을 클릭해 본인임을 인증합니다.

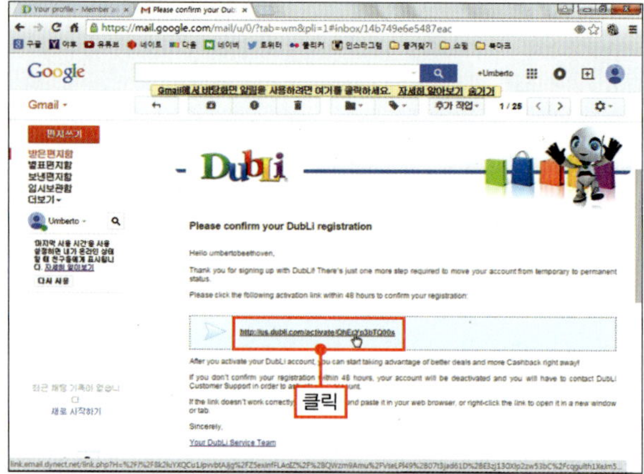

04 자동으로 두블리 사이트가 다시 실행됩니다. 앞에서 등록한 E메일주소와 암호를 입력해 로그인합니다.

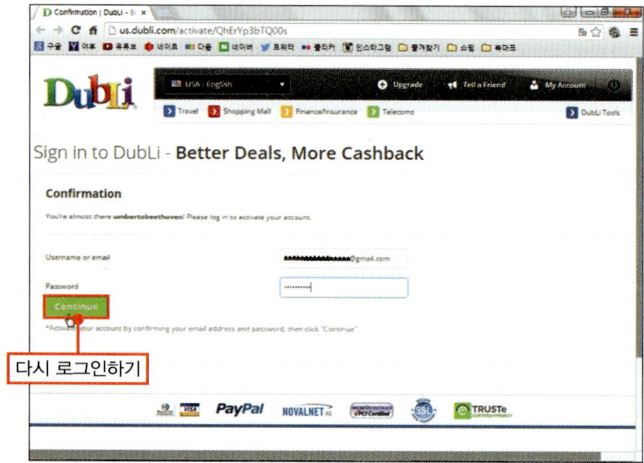

05 두블리를 경유해 쇼핑 가능한 쇼핑몰 목록과 환급율이 표시됩니다. 쇼핑몰 리스트에는 라쿠텐 쇼핑몰이 없으므로 검색 창에 'Rakuten'이라고 입력한 뒤 검색합니다.

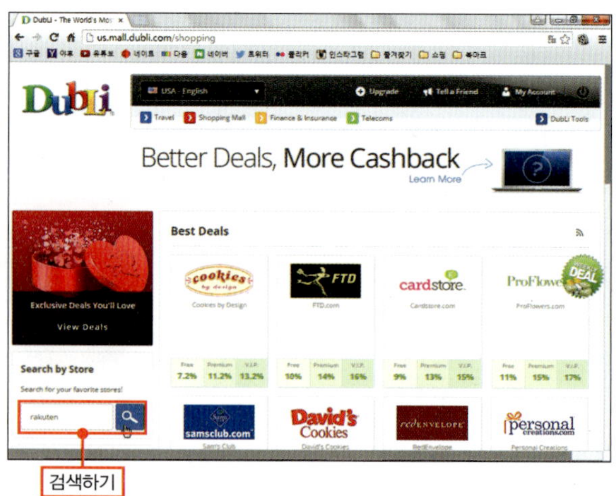

06 라쿠텐 쇼핑몰이 검색되었고 라쿠텐에서 쇼핑할 경우 구매액의 몇%가 환급되는지 표시됩니다.

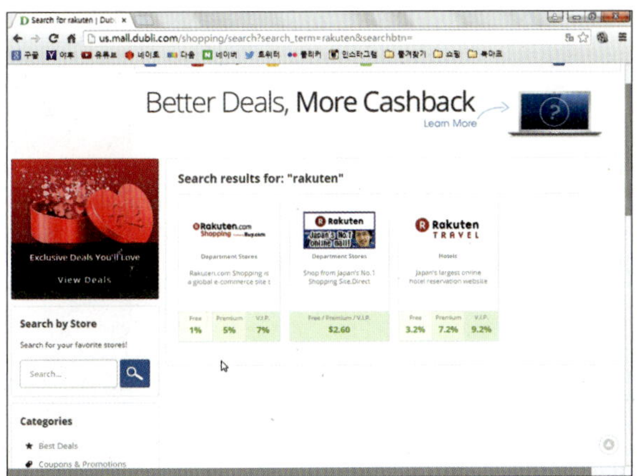

07 라쿠텐 쇼핑몰 이미지를 클릭해 어떤 쇼핑몰인지 확인합니다.

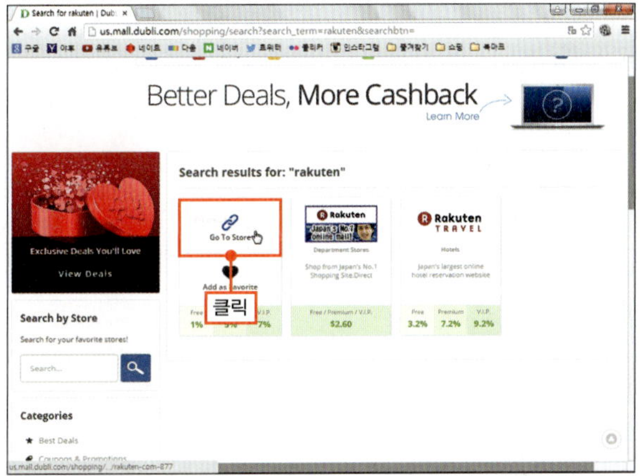

08 라쿠텐 쇼핑몰에 대한 설명이 나옵니다. [Show Terms] 문자열은 구매조건을 뜻하므로 무슨 내용인지 확인하기 위해 클릭합니다.

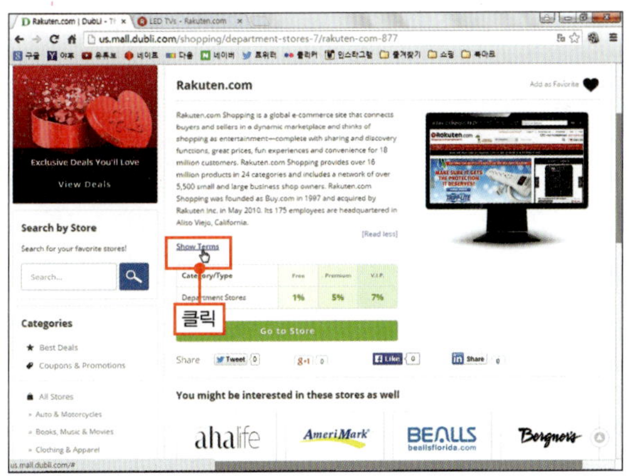

09 라쿠텐 쇼핑몰에서 쇼핑할 때의 구매조건이 표시됩니다. 컴퓨터, 전자, 기프트카드를 라쿠텐에서 구매할 경우에는 캐시백이 되지 않는다는 내용입니다.

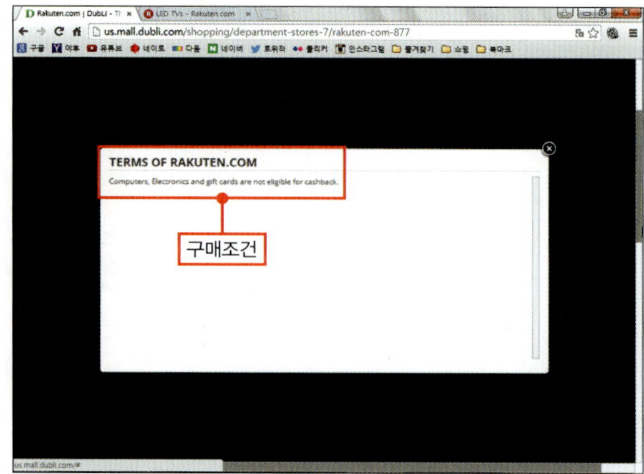

10 지금까지 캐시백 여부를 확인했으므로 [Go to Store] 버튼을 클릭해 라쿠텐 쇼핑몰로 접속합니다.

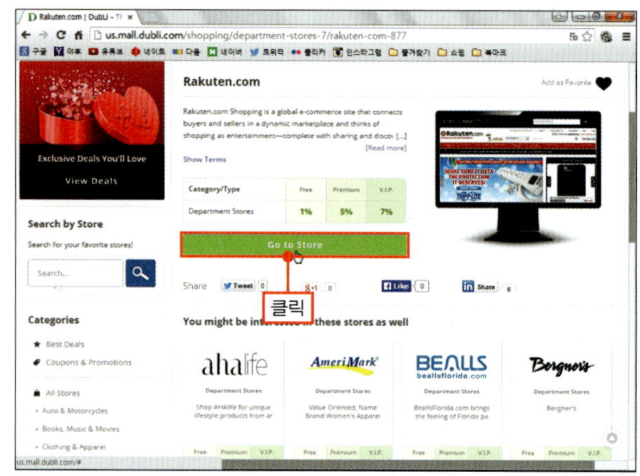

11 라쿠텐 쇼핑몰로 접속중입니다. 캐시백 사이트에서 환급을 받으려면 이처럼 반드시 캐시백 사이트에서 소개하는 쇼핑몰로 이동해야 합니다.

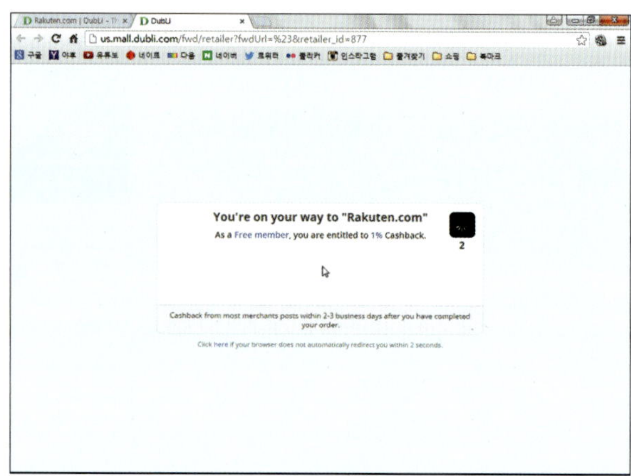

⑫ 라쿠텐 쇼핑몰로 접속되었습니다.

이제 라쿠텐에서 쇼핑을 하면 구매대금의 1%가 환급금으로 들어옵니다. 환급금은 두블리 계정의 자신의 계정에 적립됩니다.

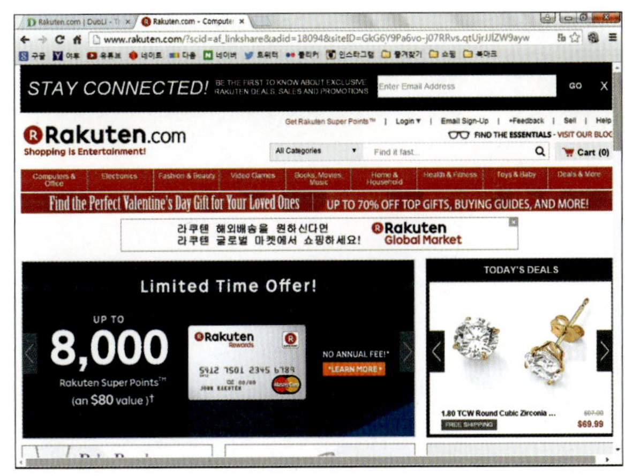

두블리 사이트는 국내 은행계좌를 지원하지 않으므로 전자지갑 계정을 만든 뒤 전자지갑을 두블리 계정에 등록해야 합니다.

두블리 캐시백 사이트에 등록할 수 있는 전자지갑은 [월렛]입니다. [월렛]은 구글에서 지원하는 전자지갑이므로 신용도가 높을 뿐 아니라 안정성도 좋습니다. 월렛에 적립된·적립금은 일반 돈을 사용하듯 해외직구에서 사용할 수 있습니다.

지금부터 두블리 계정에 적립되는 적립금이 월렛 전자지갑에 들어가도록 설정하겠습니다.

❶ 두블리에 로그인한 뒤 내 정보를 입력하기 위해 [My Account] – [My Profile] 메뉴를 클릭합니다.

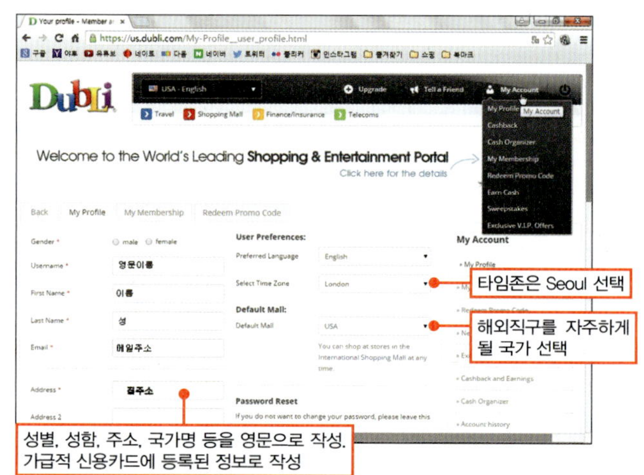

❷ 적립금이 들어올 계정을 연결하기 위해 오른쪽 메뉴 하단에서 [eWallet Account] 메뉴를 클릭합니다.

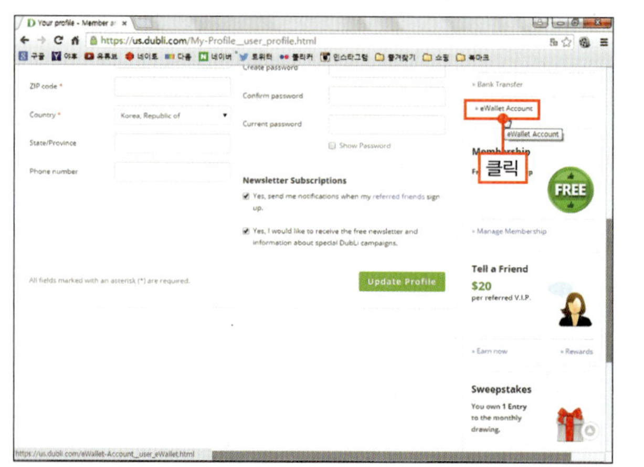

03 월렛 전자지갑 계정을 미리 만들어
놓은 경우 [Use existing account] 버튼
을 클릭합니다.

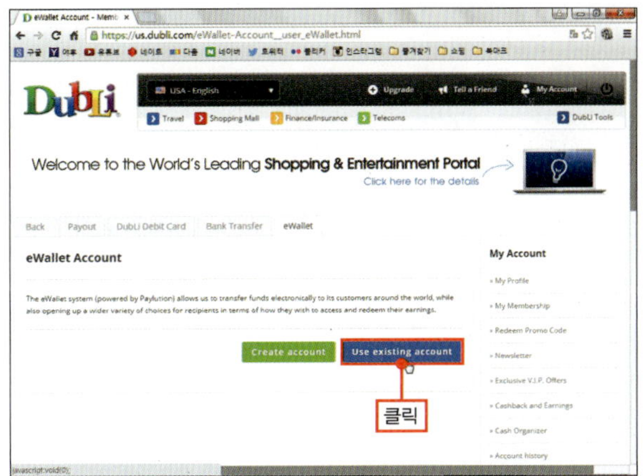

04 월렛 전자지갑에 로그인할 때 사용
하는 E메일주소를 입력하면 자동으로
월렛 전자지갑 계정이 두블리 환급계좌
에 등록됩니다. 이후 캐시백이 어느정
도 적립되면 환급금을 요청, 월렛 전자
지갑으로 가져올 수 있습니다. 월렛 전
자지갑에 적립금이 쌓이면 월렛 결제를
지원하는 해외 쇼핑몰에서 현금처럼 사
용할 수 있습니다.

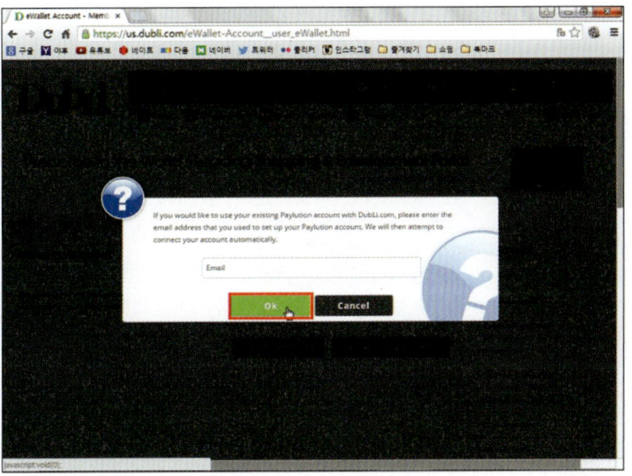

tip 구글 월렛 전자지갑은 Wallet.google.com에서 가입할 수 있습니다.

미국 가격비교 사이트 알아보기
프라이스 그래버

캐시백 사이트를 이용하다보면 환급액(할인액)에 재미가 붙습니다. 그런데 어떤 때는 캐시백 사이트를 경유하면서 환급금 받으며 구매하는 것이 싼 가격인지 의문이 듭니다. 이런 경우 가격비교 사이트를 이용해 캐시백 사이트에서 제공하는 가격을 비교해보는 것이 좋습니다.

프라이스 그래버는 우리나라의 '에누리'나 '다나와' 같은 가격비교 사이트입니다. www.pricegrabber.com에 접속해 원하는 모델명을 검색한 뒤 제일 싸게 판매하는 쇼핑몰로 이동해 구매하면 됩니다. 단 아마존 같은 지명도 높은 쇼핑몰에서 구매하는 것이 좋습니다.

01 프라이스 그래버에 접속한 뒤 나이키 신발 제품명을 영문단어로 검색했습니다.

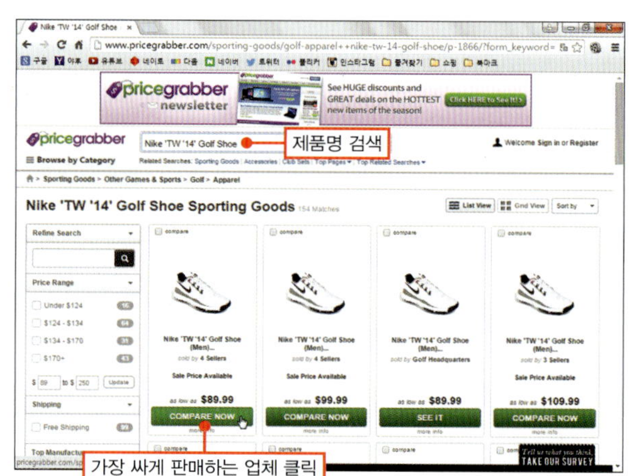

02 검색된 쇼핑몰 중에서 제일 싸게 판매하는 셀러집단을 클릭하니 4개 셀러가 판매 중입니다.

이중 첫 번째 셀러가 가장 싸게 판매하지면 셀러 평점이 없으므로 약간 불안합니다. 이와 달리 두 번째 셀러는 셀러 평점도 높고 아마존에서 판매하는 셀러이므로 조금 비싼 가격이라 해도 [See It] 버튼을 클릭해 두 번째 셀러에게 구매하는 것이 좋아 보입니다.

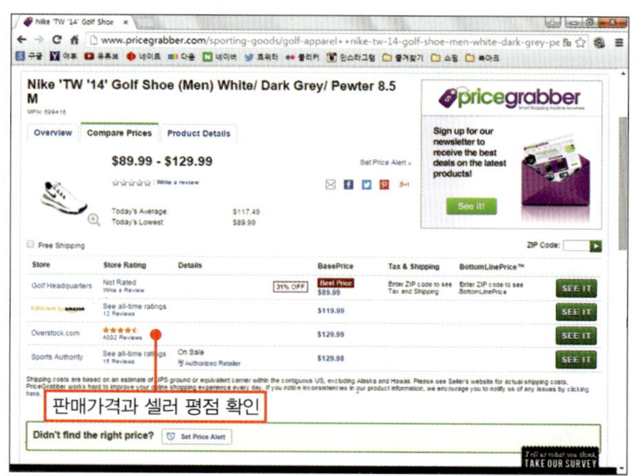

영국 가격비교 사이트 알아보기
프라이스 러너

영국의 가격비교 사이트는 프라이스 러너가 가장 유명합니다. 이 사이트는 특이하게도 검증(Verified) 제도가 있는 가격비교 사이트입니다.

프라이스 러너(http://www.pricerunner.co.uk)에서 가격비교를 한 뒤 구매할 때는 반드시 검증된 유통업체임을 뜻하는 [Verified] 표시가 있는 셀러에게서 구매하기 바랍니다.

01 프라이스 러너에서 삼성 42인치 TV를 영문으로 검색했습니다. 수많은 셀러가 검색되어 가격비교를 할 수 있습니다.

이중 가격이 상대적으로 저렴한 업체 중에서 Verified 업체를 클릭했습니다.

02 영국 아마존에서 판매하는 셀러였습니다. 가격이 마음에 들면 구매할 수 있을 것입니다.

아무래도 해외직구이다보니까 가격이 가장 저렴한 셀러라 해도 검증되지 않은 셀러이면 위험합니다. 그러므로 가격도 저렴한 동시에 검증(Verified)된 셀러에게 구매하는 것이 안전합니다.

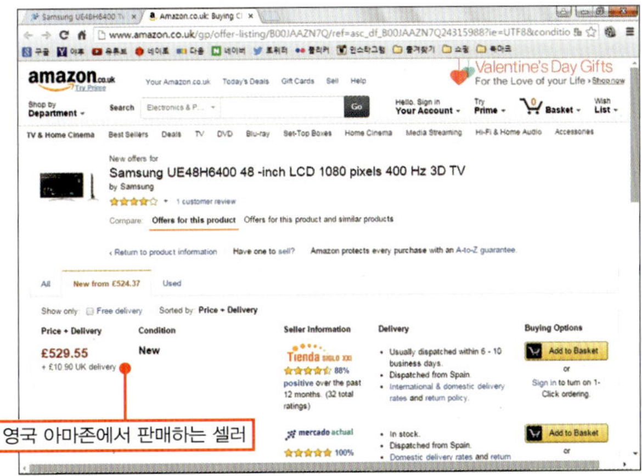

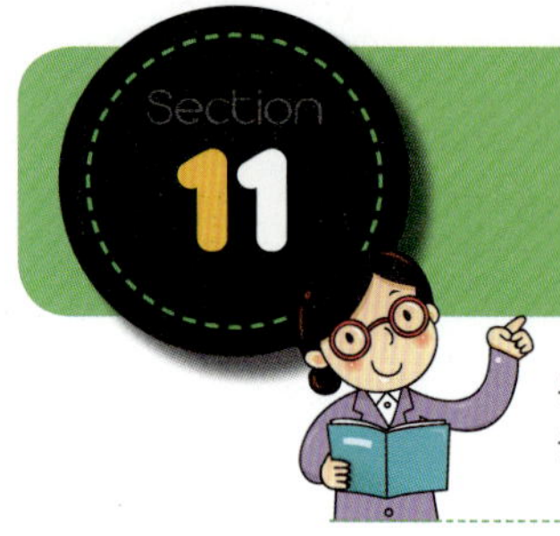

독일 쇼핑몰에서 구매할 때에도 가격비교 사이트를 이용하면 조금이라도 저렴한 가격에 직구가 가능합니다.

Idealo(www.idealo.de)

독일의 대표 가격비교 사이트입니다. 독일 내 쇼핑몰에서 상대적으로 저렴한 독일 상품을 찾아낼 때 유리합니다.

Ciao!(www.ciao.de)

역시 독일의 가격비교 사이트입니다. 독일 아마존, 독일 이베이는 물론 독일의 여러 쇼핑몰에서 판매하는 상품들의 가격을 비교해놓았습니다. 저렴한 독일 상품을 찾아낼 때 유리합니다.

해외엔 가짜 쇼핑몰도 있다
가짜 쇼핑몰 판별하기

메이커 쇼핑몰이라면 검증된 곳이기 때문에 쇼핑에 문제가 없지만 처음보는 해외 쇼핑몰이라면 어떻게 해야할까요? 이때는 가짜 쇼핑몰인지 판별해야 합니다.

해외직구를 하다보면 정말 저렴한 가격에 판매하는 쇼핑몰이 간혹 보입니다. 이런 경우 무조건 구매하지 말고 가짜 쇼핑몰인지 판별하는 자세가 필요합니다. 사기를 당하지 않기 위해 가짜 쇼핑몰 여부를 판별하는 방법을 알아봅니다.

01 웹사이트의 신뢰도를 평가하는 '애드온' 프로그램을 설치하기 위해 인터넷주소 [www.mywot.com]에 접속합니다.

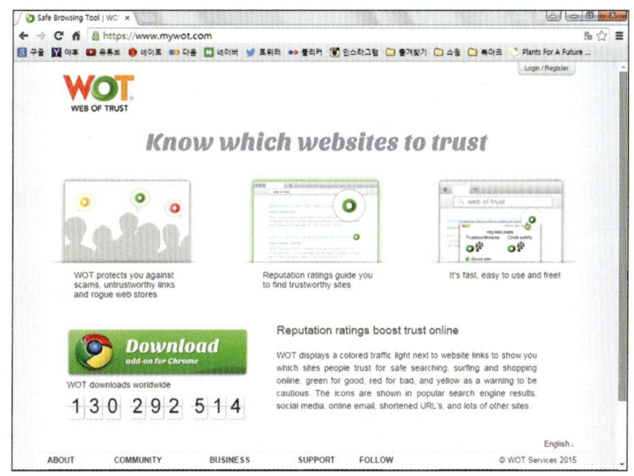

02 [Download] 버튼을 클릭해 애드온 프로그램의 다운로드를 시작합니다. 다운받는 프로그램은 인터넷 익스플로러나 크롬 브라우저에 애드온으로 설치되는 프로그램입니다.

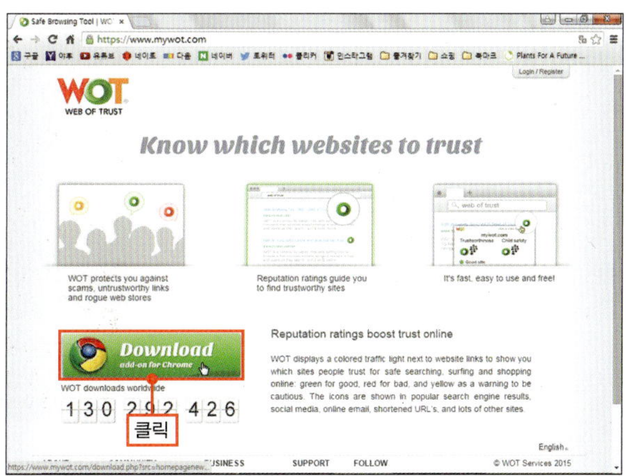

03 애드온 프로그램을 설치하겠냐고
물어오면 [추가] 버튼을 클릭해 애드온
프로그램을 설치합니다.

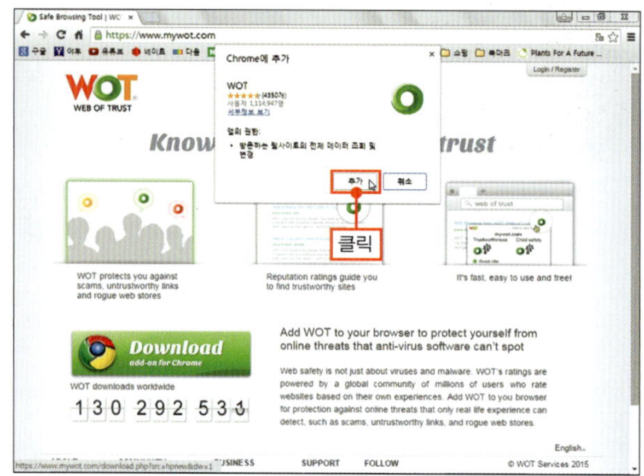

04 애드온 프로그램 WOT가 사용자의
크롬 혹은 인터넷 브라우저에 추가되었
습니다. 상단에 WOT 버튼이 생성된 것
을 알 수 있습니다.

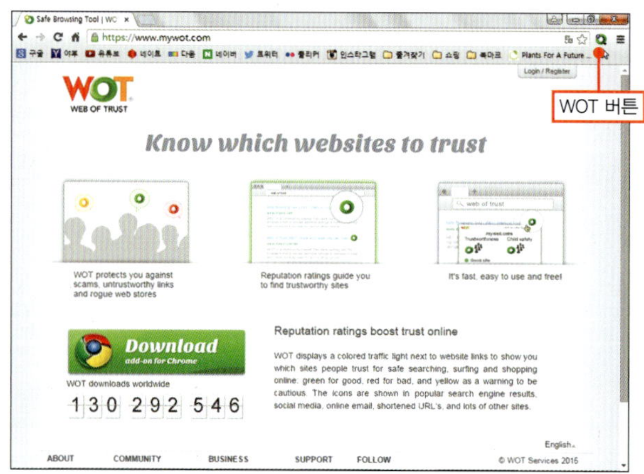

05 이제 해외쇼핑몰에서 쇼핑을 하기
전 가짜 쇼핑몰인지 의심스러우면 해당
쇼핑몰에 접속한 상태에서 WOT 버튼
을 클릭합니다.

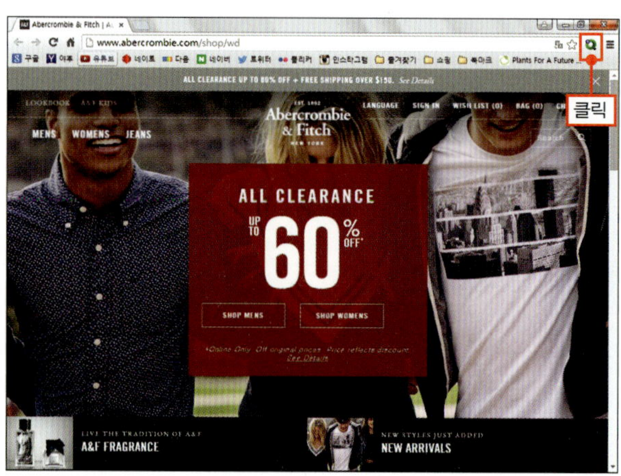

06 WOT 창이 실행되면서 접속한 쇼핑몰의 신뢰도를 표시해줍니다. 신뢰도가 높으면 쇼핑을 하고, 신뢰도가 낮으면 쇼핑을 피하는 것이 좋습니다.

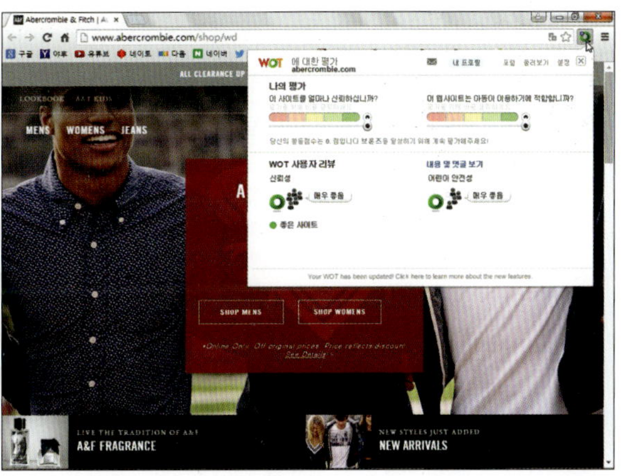

쇼핑몰 주소를 입력해 쇼핑몰 안정성 판별하기
스캠애드바이저

스캠애드바이저(www.scamadviser.com)는 애드온 프로그램 대신 주소를 입력하는 방식으로 쇼핑몰의 안전성을 평가하는 사이트입니다.

해외직구를 할 때 너무나 저렴하게 판매하는 쇼핑몰이 보인다면 가짜 브랜드 쇼핑몰일 수도 있으므로 무조건 구매버튼을 클릭하지 말고 쇼핑몰의 안전성을 확인하기 바랍니다. 일반적으로 가장 안전한 쇼핑몰은 아마존 쇼핑몰입니다. 그 외 무명 쇼핑몰은 안전도 평가를 한 뒤 구매 여부를 결정하기 바랍니다.

01 어떤 사이트의 안정성을 평가하기 위해 인터넷 www.scamadviser.com에 접속합니다.

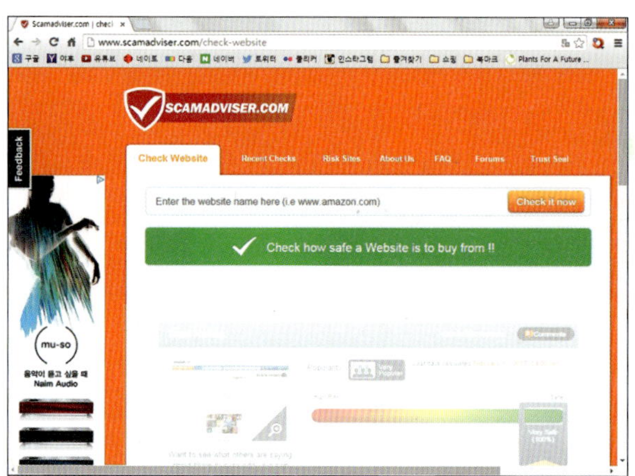

02 원하는 쇼핑몰 주소를 입력한 뒤 [Check now] 버튼을 클릭하면 해당 사이트의 안전성을 평가해 줍니다.

만일 안정성이 나쁜 사이트라면 인터넷 사기를 하기 위해 만든 쇼핑몰일 수 있으므로 상품구매를 피하는 것이 좋습니다.

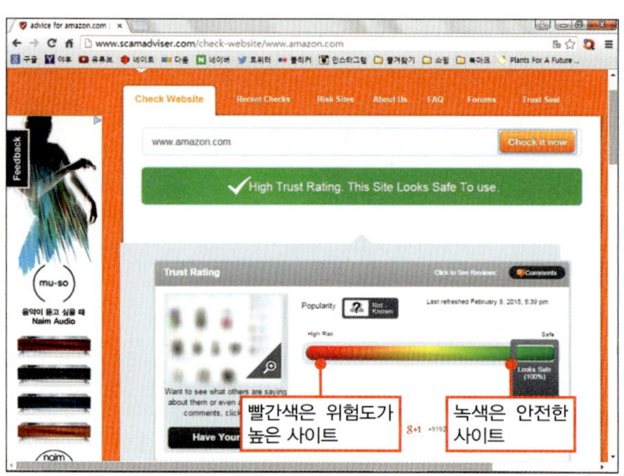

해외 쇼핑몰, 가입부터 결제방법 익히기

해외직구 과정 한 번에 파악하기

해외직구는 국내 인터넷 쇼핑몰에서 물품을 구매하는 것과 똑같습니다. 단지 국내로 배송이 안 되는 쇼핑몰에서 물품을 구매한 경우 배송대행업체를 끼고 국내로 배송되도록 추가 설정해야 합니다.

1

해외 결제가 가능한 신용/체크카드 개설
※ 기존 카드가 있을 경우 미리 해외 결제 기능을 풀어놓기 바람

2

해외 인터넷 쇼핑몰에서 구매할 물품 발굴

3

국내의 배송대행업체에 무료회원 가입
※ 해외에서 국내로 배송을 대행하는 업체

4

자신의 해외 현지 가상주소(사서함주소) 획득
※ 배송대행업체에서 미, 중, 일, 영, 프, 독일 가상주소 무료 제공

5

해외 쇼핑몰 회원가입 및 물품 구매

6

배송될 주소지 작성

| 국제배송을 해주는 쇼핑몰인 경우
국내주소를 도착지로 작성 | 국제배송이 불가능한 쇼핑몰인 경우
해외 현지 가상주소를 도착지로 작성 |

7

| 상품대금, 현지국제배송료 결제 | 상품대금, 현지배송료 결제 |

배송대행업체에 로그인한 뒤
해외현지 가상주소에 도착할 물품을
국내로 재배송되도록 설정

배송대행업체에 국제배송료 결제

8

| 국내 도착 | 국내 도착 |

> **tip** 해외에서 구매한 상품은 국내세관에 도착한 후 국내 배송을 담당한 포워드업체(택배업체)를 통해 가정으로 배달됩니다. 만일 관세가 발생하는 상품을 구매했다면 택배업체 직원이 발생한 관세금액을 알려주므로 이때 은행이나 택배업체를 통해 납부하기 바랍니다.

해외쇼핑몰에서 물품을 구매하려면 대부분 해당 쇼핑몰의 회원으로 가입해야 합니다.

회원으로 가입하다보면 자신의 카드정보를 작성하는 쇼핑몰과 작성하지 않는 쇼핑몰이 있습니다. 카드정보를 자신의 회원계정에 등록하면 상품을 결제할 때 원터치로 체크아웃할 수 있다는 장점이 있지만, 쇼핑몰이 해킹당하면 카드정보가 누설될 수도 있습니다. 그러므로 신용카드 정보의 등록은 가급적 피하고 물품을 구매할 때만 작성하기 바랍니다.

여기에서는 아마존 자회사이자 중저가 인기 브랜드 전문숍인 숍밥(Shopbop)에 가입하는 방법을 알아봅니다.

01 구글 크롬으로 쇼핑몰 숍밥(shopbop.com)에 접속합니다. 쇼핑몰 회원으로 가입하기 위해 상단 [로그인/등록] 메뉴를 클릭합니다.

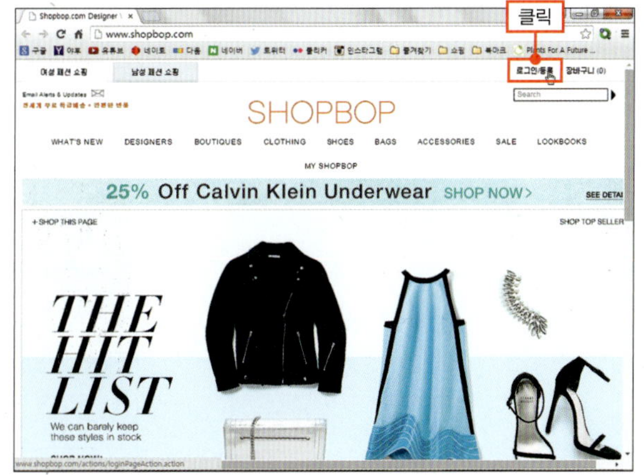

02 숍밥은 최근 한국 직구족들에게 인기를 얻으면서 회원가입 창을 한글로 서비스하고 있습니다. '회원가입하시기 바랍니다.' 문자열을 클릭합니다.

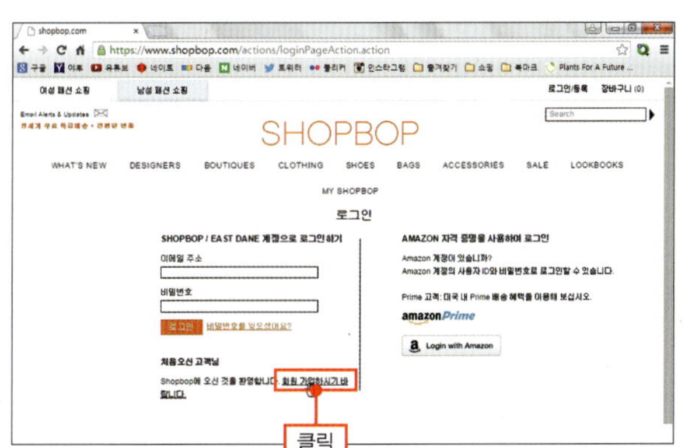

03 회원정보를 입력합니다.

쇼핑몰이 한글로 서비스되어도 이름은 영
문 이름을 등록해야 합니다. 신용/체크카드
에 쓰여있는 영문 이름을 입력합니다.
[보안코드 상자]에 보이는 숫자는 자동가입
을 방지하는 기능이므로 바로 밑 숫자를 그
대로 입력합니다.

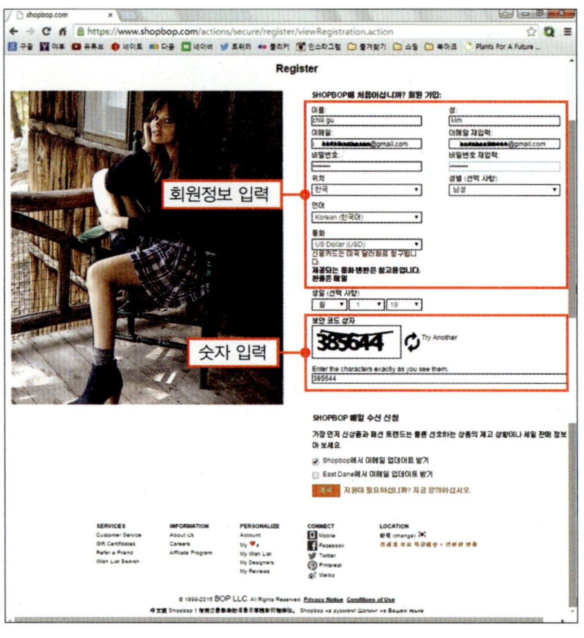

04 회원가입을 완료했습니다.

원하는 상품을 장바구니에 담고, 배송지를
국내나 미국 현지 가상주소지로 설정하고,
신용카드로 결제하면 상품을 구매할 수 있
습니다.

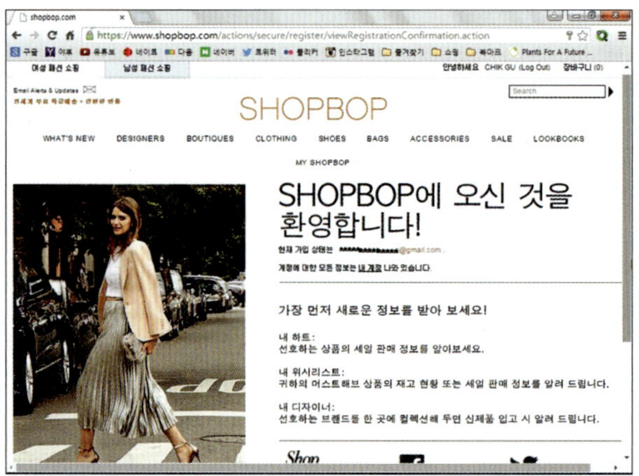

tip 영문으로 된 회원가입 창의 작성 방법은 〈5장〉을 참고하세요.

숍밥에서 상품 검색하고 상품 상세정보 보기

해외 쇼핑몰에서 상품을 검색하고 상품의 상세정보를 살펴보는 방법입니다.

해외 쇼핑몰도 국내 쇼핑몰과 거의 비슷한 구조이므로 당황할 필요는 없습니다. 독일어 쇼핑몰과 이태리어 쇼핑몰 등이 조금 헷갈리는데 그것은 평소 자주 접해보지 못한 언어이기 때문입니다. 언어가 막히면 구글 크롬의 [이 페이지 번역하기] 기능으로 현재 보고 있는 화면을 번역해 읽기 바랍니다.

01 숍밥 메인화면에서 드레스 상품을 보기 위해 [Clothing] - [Dresses] 메뉴를 실행해 봅니다.

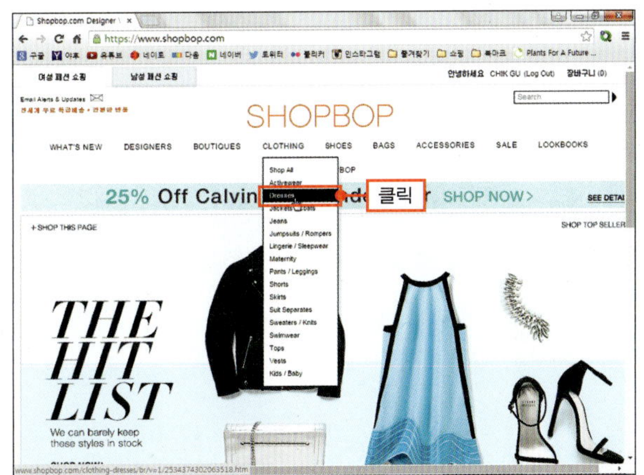

02 드레스 상품들이 나타납니다. 아마존이나 이베이에 비해 화면이 깔끔합니다.

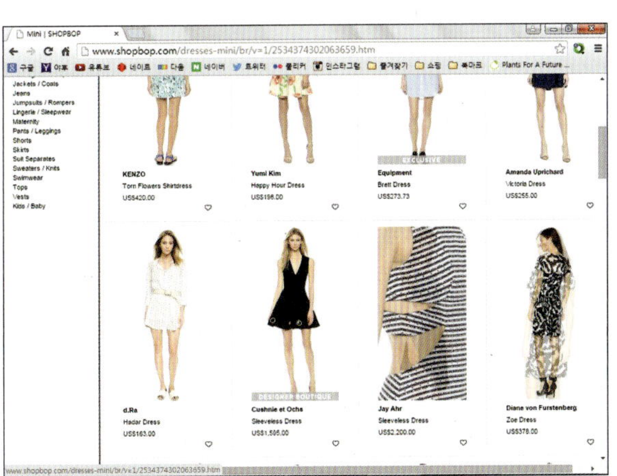

03 상품마다 브랜드명, 옷의 종류, 가격
이 표시되어 있습니다. 9만 원부터 100
만 원대 상품군이 있습니다.

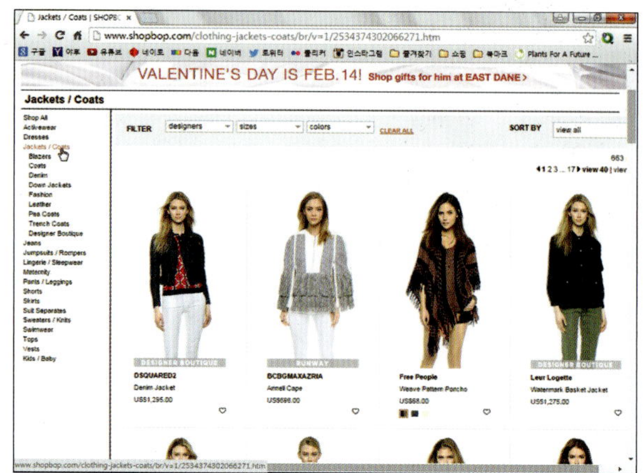

04 마음에 드는 상품을 클릭하면 상품
상세설명 창으로 이동할 수 있습니다.

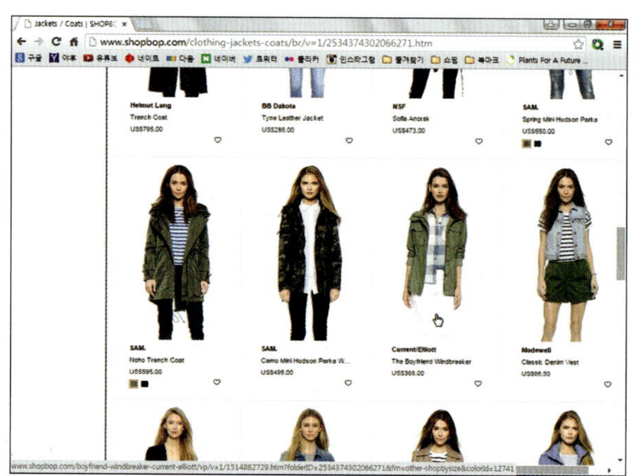

05 상품 상세설명 창입니다. 오른쪽의
Description은 상품설명 항목입니다. 클
릭하면 상품에 대한 자세한 정보를 얻
을 수 있습니다.

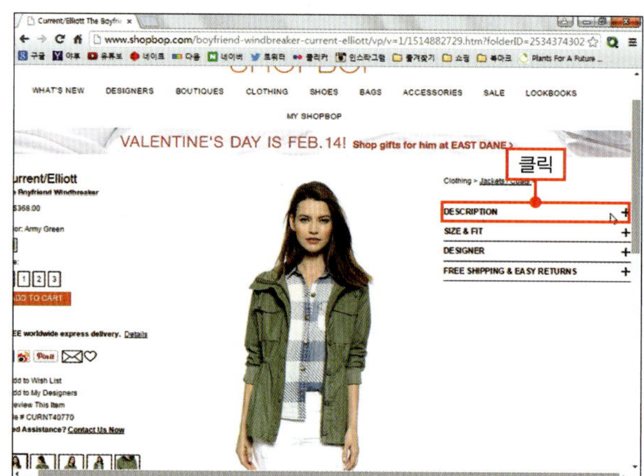

숍밥에서 장바구니에 담기 &
장바구니에 담기 취소하기

상품을 구매하려면 먼저 상품에 대한 상세설명을 읽으면서 상품제원, 색상, 배송방법 등을 파악하는 것이 좋습니다.

숍밥의 경우 숍밥에서 상품을 판매하는 것이므로 숍밥이라는 쇼핑몰 브랜드를 믿고 구매합니다. 이베이과 아마존은 오픈마켓 형태의 쇼핑몰이므로 상품을 판매하는 셀러들이 개별 사업자들입니다. 오픈마켓 형태의 쇼핑몰에서 구매할 때는 각 판매자의 신뢰도를 파악하는 것이 좋습니다. 보통 구매자의 평점을 읽어보면 판매자의 신용도를 알 수 있습니다.

01 Description 항목을 클릭하면 상품에 대한 상세설명을 읽을 수 있습니다. 클릭해 봅니다.

옷의 상이즈 정보, 사이즈의 기준이 되는 치수, 모델의 치수가 설명되어 있습니다. 치수를 보면 옷 크기가 얼마인지 대략 짐작할 수 있습니다.

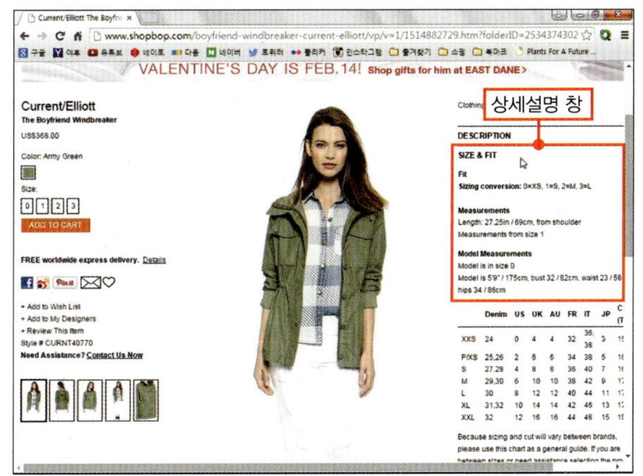

02 옷이나 신발 종류가 [장바구니에 넣기] 버튼을 클릭했을 때 장바구니에 들어가지 않으면 치수, 색상을 선택하지 않았기 때문입니다. 먼저 옷의 색상을 선택합니다.

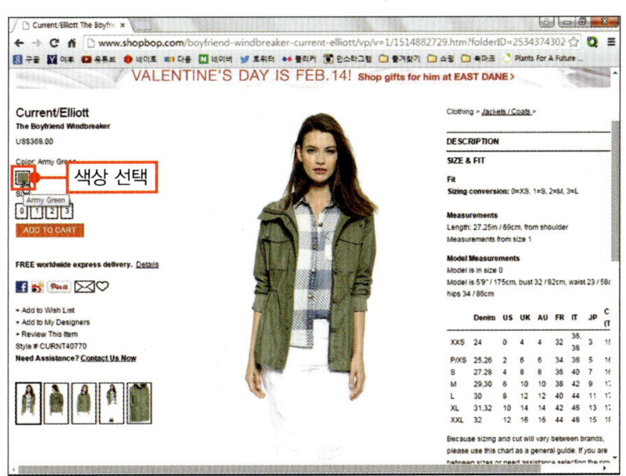

03 옷의 치수를 선택합니다. 치수에 대해서는 Description 항목에서 설명한 내용을 참고하면 됩니다.

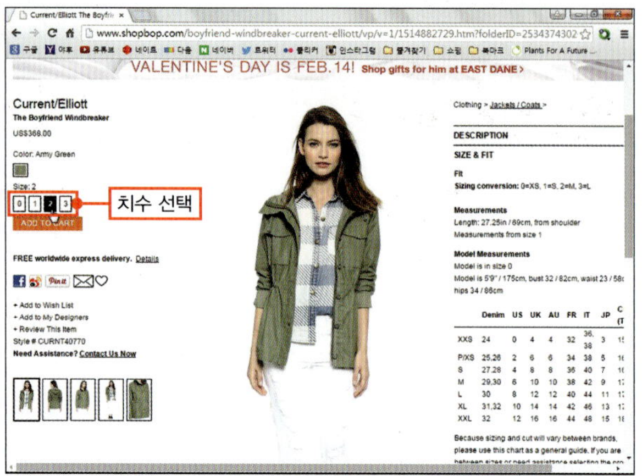

04 그 외 구입 개수를 지정한 뒤 [Add Cart] 버튼을 클릭하면 장바구니에 넣을 수 있습니다.

상품배송은 [Free World Wide Delivery]라고 표시되어 있으므로 전 세계에 무료배송되는 상품입니다.

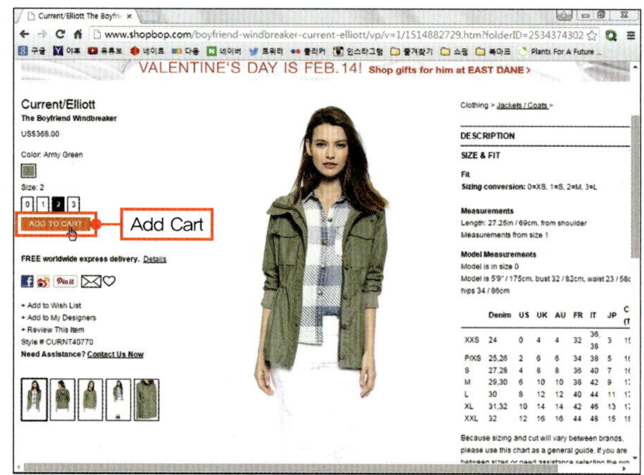

05 결제를 하려면 [Check Out] 버튼을 클릭하고 계속 쇼핑몰 구경을 하려면 [Continue Shopping] 버튼을 클릭합니다.

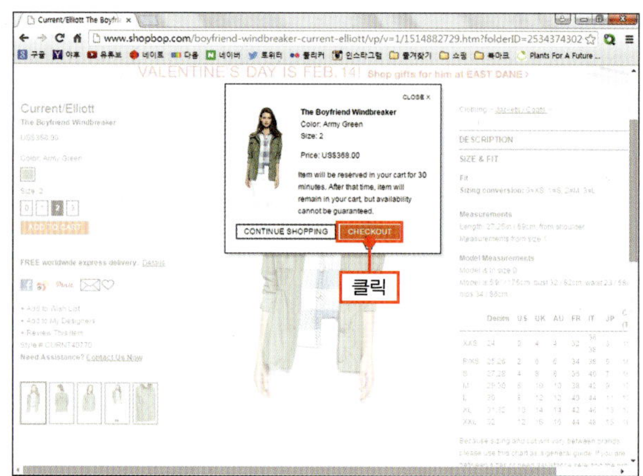

06 [Check Out] 버튼을 클릭해 결제
창으로 이동해온 모습입니다.

구매할 내역이 표시됩니다.

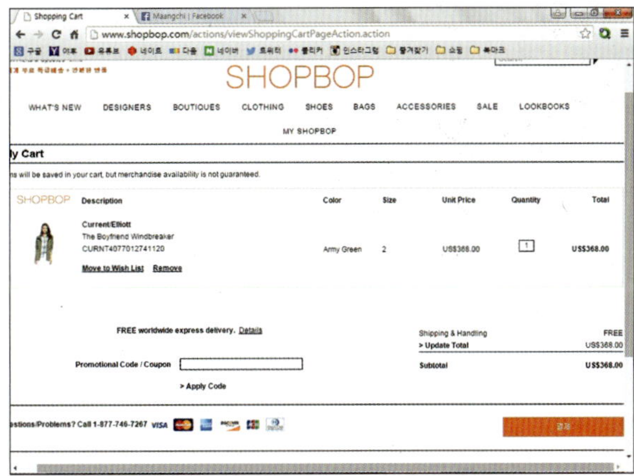

07 장바구니에 넣은 것을 취소하려면
[Remove] 버튼을 클릭합니다.

할인쿠폰 번호가 있으면 쿠폰번호 입력 창
에 입력합니다.

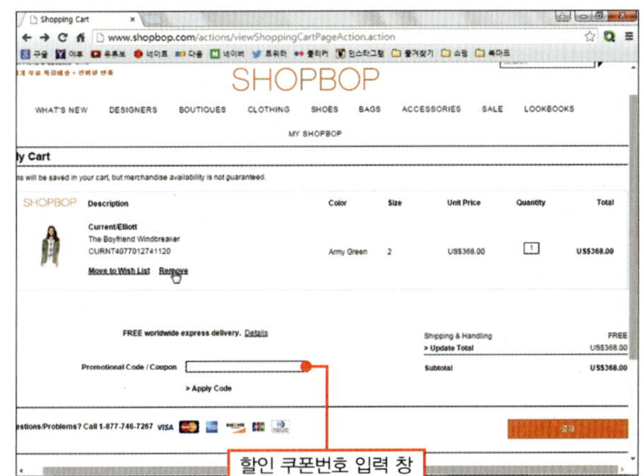

08 앞에서 결제 버튼을 클릭하면 일반
적으로 수령인주소를 작성하는 창이 나
옵니다.

수령인주소를 작성한 뒤에는 카드번호와
카드소유자 정보를 입력하고 버튼을 눌러
결제를 마무리할 수 있습니다.

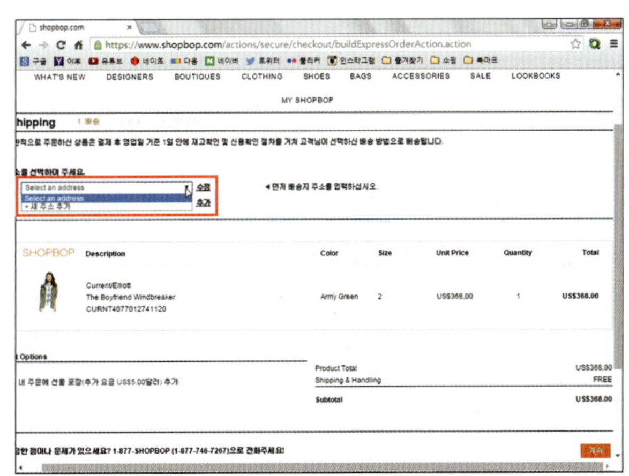

해외구매 가격과 한국 가격 서로 비교하기

숍밥과 같은 중소 디자이너 쇼핑몰이라면 한국에서 판매하는 업체가 없으므로 가격 비교가 불가능합니다. 그러나 TV, 카메라 등은 한국에서도 판매하는 업체가 있으므로 한국 가격과 해외 가격을 비교할 수 있습니다.

해외 쇼핑몰에서 상품을 구매할 때는 반드시 한국의 가격비교 사이트에서 같은 모델명을 검색한 뒤 어느 쪽에서 구매하는 것이 더 저렴한지 확인하기 바랍니다. 예를 들어 카메라 종류는 해외에서 구매하는 것보다 한국에서 구매하는 것이 더 저렴합니다. 명품 오디오는 국내보다 해외에서 구매하는 것이 더 저렴하지만 중저가 오디오는 국내에서 구매하는 것이 더 유리할 수도 있습니다.

01 국내에서 판매하는 중급형 오디오 기기 Naim-muso의 판매가격은 199만 원입니다. 네이버에서 상품명을 검색하면 가격을 알 수 있습니다.

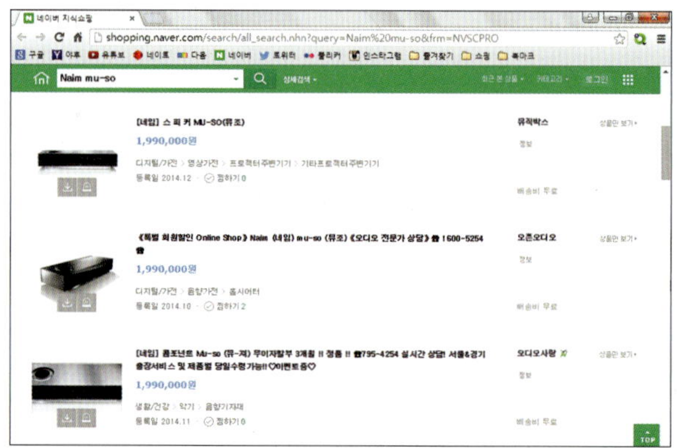

02 미국 아마존에서 판매하는 Naim-muso의 가격은 1,499달러입니다. 아마존에서 직구할 경우 무관세 대상상품이 아니므로 8%의 관세가 붙습니다. 아울러 부가세 10%가 붙고 국제배송료가 필요하므로 국내 판매가와 거의 비슷한 비용이 듭니다. 그러므로 이 제품은 국내에서 구매하는 것도 좋은 방법입니다.

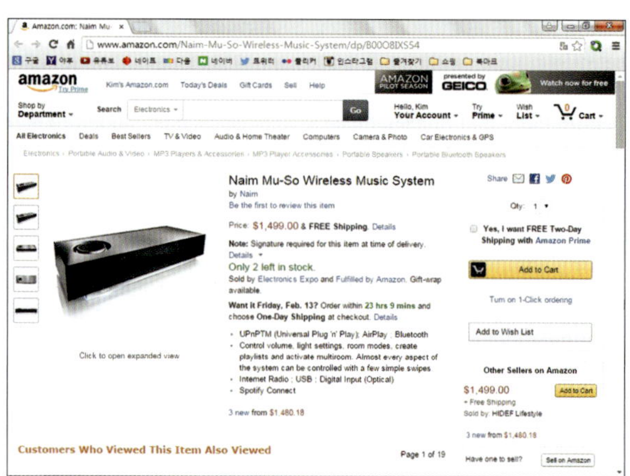

직구가격에 포함되는 Tax(현지 세금) 확인하기

Sales Tax란 우리나라의 부가가치세와 같은 세금입니다.

예를 들어 미국의 경우 '오프라인 상점이 있는 인터넷 쇼핑몰'은 Sales Tax를 부과하고, 아마존 같이 '오프라인 상점이 없는 인터넷 쇼핑몰'은 Sales Tax를 부과하지 않습니다. 그러나 최근 아마존에서 구매한 상품을 LA 지역으로 배송받을 경우 LA에서 아마존 상품에 대해서도 Sales Tax를 부과하기 시작했습니다. 아무래도 세계적인 불경기이다 보니 세입을 확보하는 것이 여의치 않아서일 것입니다. 이와 달리 미국 뉴저지는 아마존 판매상품에 대해 Sales Tax를 부과하지 않기 때문에 뉴저지로 배송받을 경우 Tax 없이 상품가격만 지불하면 됩니다.

국내 배송대행업체 중 몰테일이 뉴저지 배송센터를 운영하므로 아마존에서 구매할 때는 뉴저지에 만든 몰테일 가상주소로 상품을 배송받는 것이 아마존에서 구매한 상품의 Sales Tax를 피할 수 있는 한 방편입니다. 현재는 미국의 LA, Colorado, Oklahoma, South Carolina, South Dakota, Vermont 주가 아마존 상품가격의 약 5~10%에 해당하는 금액을 Sales Tax로 징수하고 있습니다.

그 외의 미국 군소쇼핑몰들은 오프라인 상점으로도 영업하는 경우가 많기 때문에 대부분 판매가의 5~10%에 해당하는 Sales Tax가 붙습니다. 그런데 요즘은 판매가에 Sales Tax를 포함해 표기하는 경우가 많아 마치 세금이 없는듯 보이기도 합니다.

Sales Tax 과세여부는 상품설명 창에 설명되어 있거나 상품을 장바구니에 담을 때 알 수 있습니다. 구매대금을 결제할 때는 일반적으로 제품가+Sales Tax+배송비 합계금액을 결제합니다.

아마존 쇼핑몰에서 세금을 확인하는 방법은 간단합니다. 장바구니 화면에서 [Estimate Your...] 버튼을 클릭하면 현지세금과 현지배송비를 미리 확인할 수 있습니다.

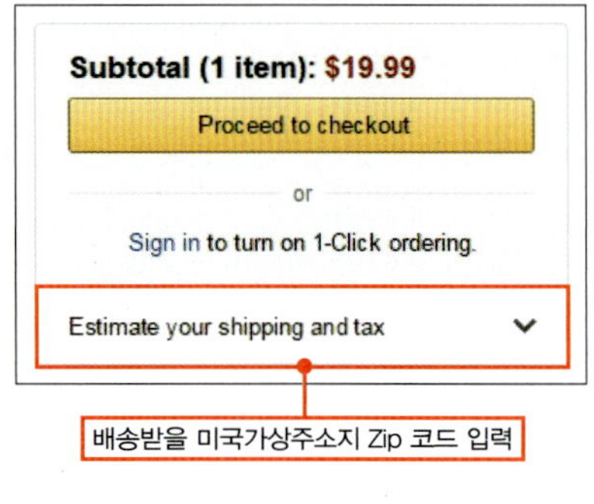

배송받을 미국가상주소지 Zip 코드 입력

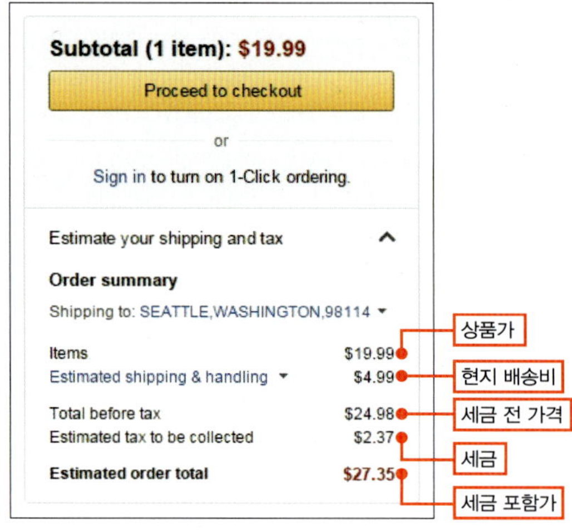

상품가
현지 배송비
세금 전 가격
세금
세금 포함가

빌링 어드레스 입력하기
카드소유자의 주소지 입력

빌링 어드레스(Billing Adress)란 카드소유자의 주소지를 말합니다.

해외쇼핑몰에서 배송지를 설정할 때는 일반적으로 2개의 주소를 입력합니다. 첫 번째는 카드를 만들 때 등록한 주소지(빌링 어드레스 : Billing Adresss)이고, 두 번째는 상품을 배송받을 주소지(쉬핑 어드레스 : Shipping address)입니다.

여기서 빌링 어드레스는 결제에 사용할 신용/체크카드에 등록된 주소지를 말합니다. 신용/체크카드에 가맹할 때 등록한 주소지를 영문으로 정확히 입력하면 됩니다. 중국, 독일, 일본, 프랑스, 이태리 쇼핑몰에서도 빌링 어드레스를 입력할 때는 영문으로 입력합니다.

국제 간 통용되는 빌링 어드레스 작성법은 미국식 주소 작성법에 따릅니다. 즉 한국식 주소와 정반대인 역순으로 입력하면 됩니다. 만일 아파트 주소라면 아파트동명, 호수, 아파트명, 거리번호, 거리이름(동이름), 구이름(읍이름), 도시이름, 도이름(주이름), 국가명 순서로 입력하고, 서울은 도이름이 없으므로 도이름(Prov, State, Country) 부분을 생략하거나 Seoul이라고 입력합니다.

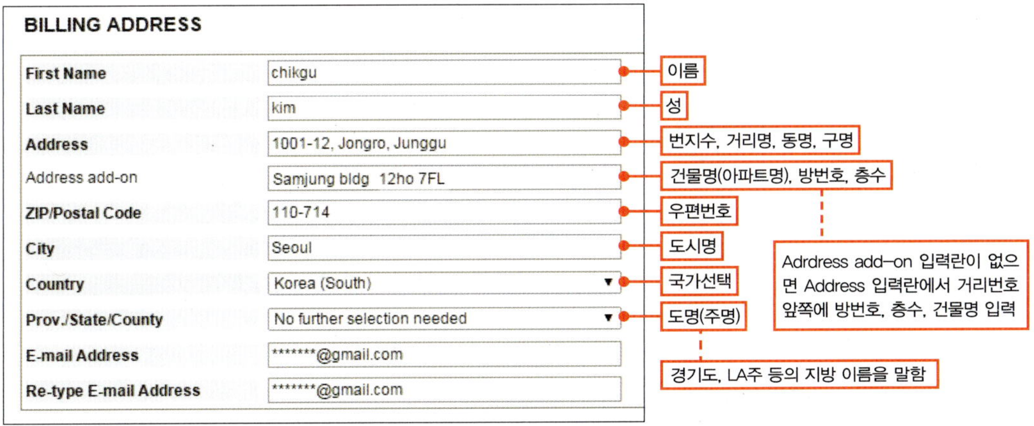

쉬핑 어드레스 입력하기
배송받을 주소지 입력

해외쇼핑몰에서 배송지 작성을 할 때 빌링 어드레스 다음에 입력하는 것이 쉬핑 어드레스(Shipping address)입니다. 쉬핑 어드레스는 상품을 받을 주소지를 입력합니다. 빌링 어드레스와 다른 주소여도 무방합니다.

쉬핑 어드레스는 국제배송이 가능한 쇼핑몰에서 물품을 구매한 경우 한국주소를 입력해 바로 받을 수 있습니다. 만일 국제배송이 불가능한 쇼핑몰에서 상품을 구매한 경우에는 현재 배대지주소를 입력하여 배대지로 배송되게 해야 합니다.

국내주소 작성은 앞의 빌링 어드레스와 같은 방식으로 입력하고 여기서는 미국 현지 배대지로 배송되도록 배대지주소를 쉬핑 어드레스에 입력하겠습니다.

배대지주소는 현지의 가상주소로 배송되게 하는 것이므로 현지 언어로 입력해도 무방합니다. 예를 들어 일본 쇼핑몰에서 물건을 구매한 후 일본 현지 배대지주소로 배송받으려면 배송받을 주소를 현지어인 일본어로 입력해도 무방합니다.

다음은 쉬핑 어드레스 작성 예제이며 미국 뉴저지 배대지주소로 배송받도록 입력한 모습입니다. 뉴저지 배대지주소는 배송대행업체인 몰테일(post.malltail.com)에 가입하면 무료 생성됩니다.

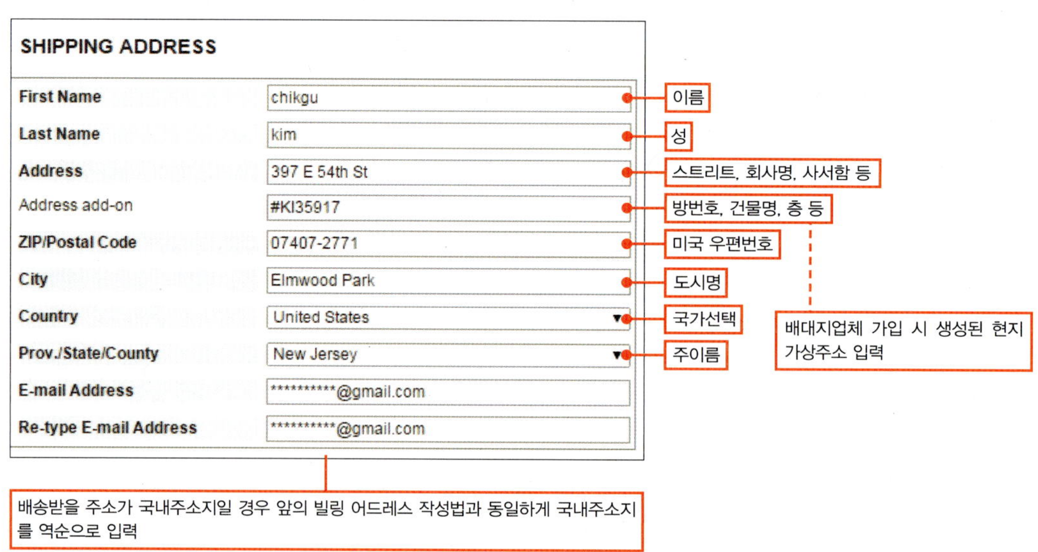

카드결제를 작성하는 방법과
스마트폰으로 카드승인 내역 확인하기

배송지를 설정한 뒤에는 일반적으로 지불도구를 선택한 뒤 해당 지불도구의 정보를 입력하게 됩니다. 지불도구는 전자화폐(페이팔 등) 혹은 신용/체크카드에서 선택합니다.

01 다음은 지불도구를 신용/체크카드로 선택한 경우 카드정보를 입력하는 모습입니다. 카드정보를 입력한 뒤 다음 버튼을 클릭하면 결제가 마무리됩니다.

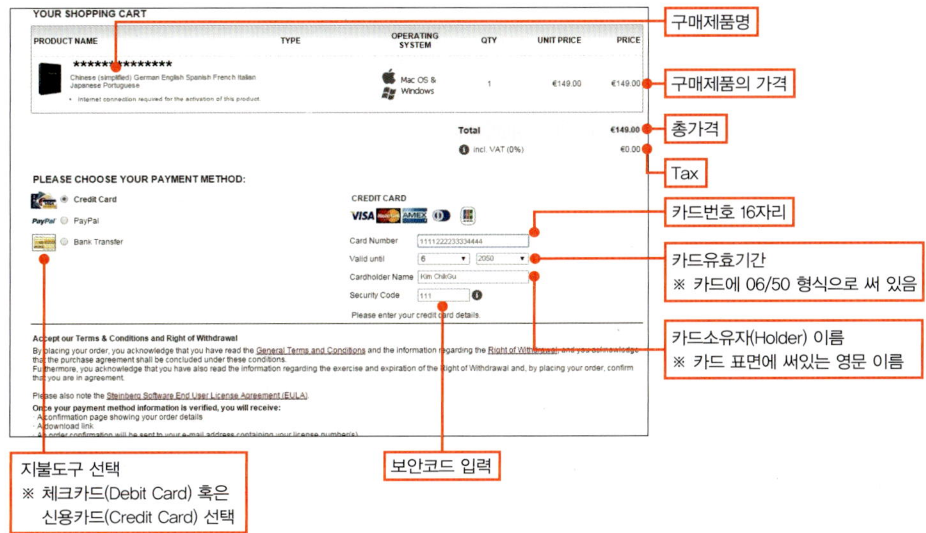

구매제품명

구매제품의 가격

총가격

Tax

카드번호 16자리

카드유효기간
※ 카드에 06/50 형식으로 써 있음

카드소유자(Holder) 이름
※ 카드 표면에 써있는 영문 이름

보안코드 입력

지불도구 선택
※ 체크카드(Debit Card) 혹은
　 신용카드(Credit Card) 선택

---

tip 보안코드란?

카드 뒷면 서명 부분에 도장으로 찍혀있는 0000-000 또는 000 형식의 숫자가 보안코드입니다. 그 숫자 중에서 뒷자리 3자리를 입력하기 바랍니다. 구형 신용카드는 카드번호 16자리 옆에 보안코드 3자리가 표기될 수도 있습니다. 아멕스(Amex) 카드는 보안코드가 4자리입니다.

❷ 앞에서 카드정보를 입력한 뒤 다음으로 넘어가면 그림처럼 카드사 전용 보안프로그램이 실행되면서 카드인증을 하고 안전결제 비밀번호를 입력합니다. BC카드(비자카드 겸용)의 경우 비자카드 전용 보안프로그램이 실행되어 '안심클릭 비밀번호'를 입력합니다. '안심클릭 비밀번호'는 BC카드 홈페이지에서 설정한 안심비밀번호를 입력하면 됩니다. 참고로, 카드사에 따라 카드 인증만 하고 안심클릭 비밀번호의 입력은 없을 수 있습니다.

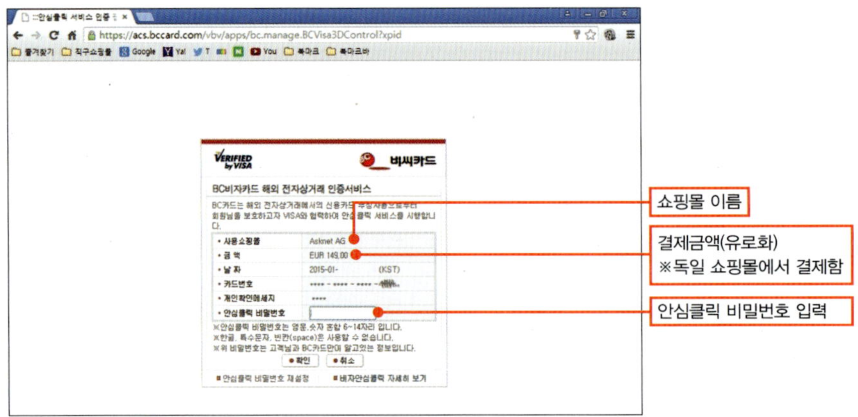

❸ 비밀번호를 입력하면 카드사 시스템이 한도나 잔고 파악 후 승인을 하고 결제를 마무리합니다. 그 후에는 일반적으로 원래 쇼핑몰 창으로 자동으로 돌아간 뒤, Order Number(주문번호), 주문날자, 구매상품 정보 등을 볼 수 있는데 주문번호와 함께 구매 상품이 보이면 주문에 성공한 것입니다.

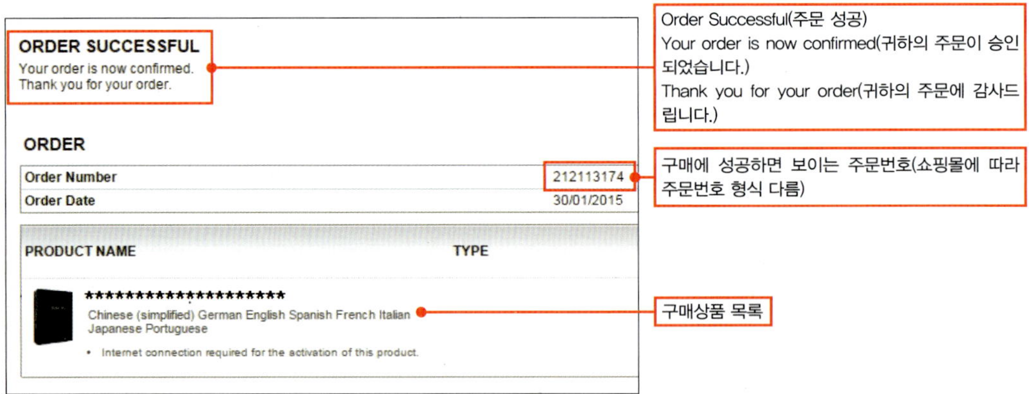

❹ 만일 구매에 성공하지 못하면 'Try Again…' 등의 '다시 결제를 시도하라'는 메시지가 출력됩니다. 이런 메시지가 보이면 카드정보를 다시 입력해보기 바랍니다. 일반적으로 소유한 카드가 해당 쇼핑몰과 호환되지 않을 때 구매에 성공하지 못하는데 3~4회 시도해도 구매가 되지 않으면 해당 카드는 쇼핑몰과 호환되지 않는 카드이므로 다른 카드로 결제해야 합니다.

05 쇼핑몰은 보통 여러분이 구매한 내역을 E메일로 통보해주는 경우가 많습니다. 다음은 구매 내역을 E메일로 통보받은 모습입니다

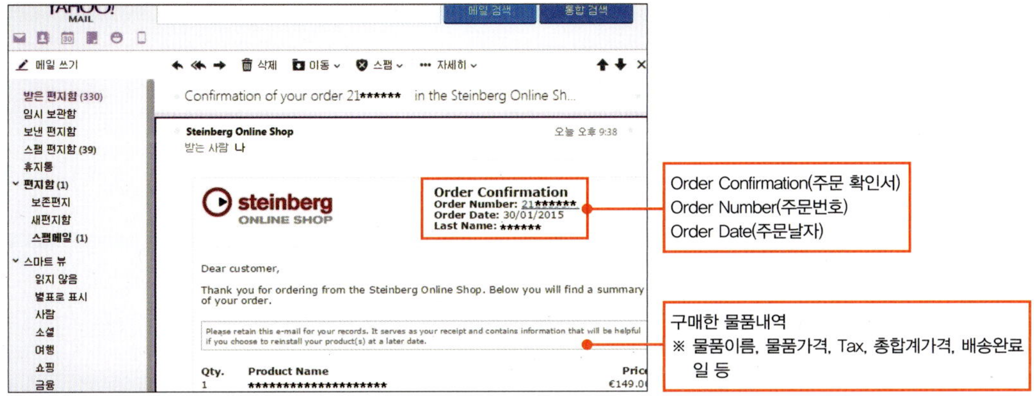

06 카드사에 카드승인 알림 기능을 신청한 상태이면 카드승인 내역이 즉시 스마트폰으로 통보 되어 옵니다.

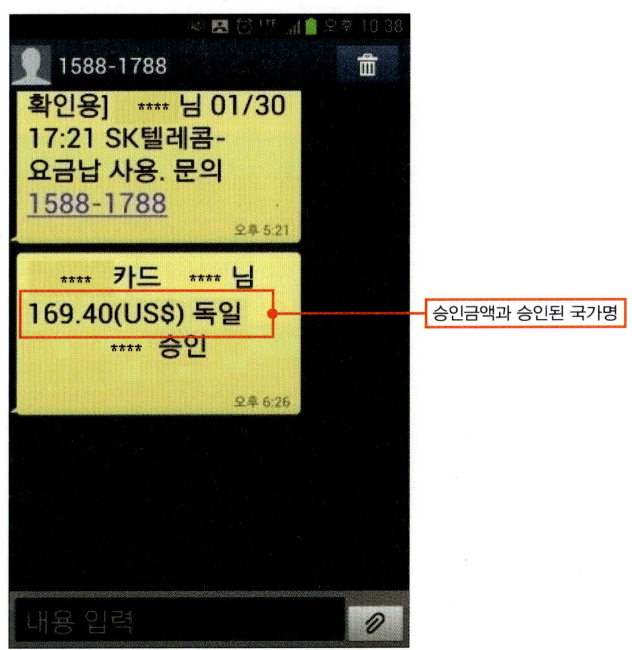

한국 카드가 안 되면
페이팔로 구매대금 결제하기

해외쇼핑몰과 국내카드가 호환되지 않아 결제되지 않는 경우도 종종 있습니다. 이런 경우 다른 카드로 결제를 시도하는 것이 좋으며 그것도 안 되면 페이팔 같은 전자지갑으로 결제해야 합니다.

01 이 쇼핑몰은 페이팔로 구매대금을 지불할 수 있는 쇼핑몰입니다. 페이팔로 지불하려면 그림처럼 [Paypal]을 지불도구로 선택한 뒤 [Continue(계속)] 버튼을 클릭합니다.

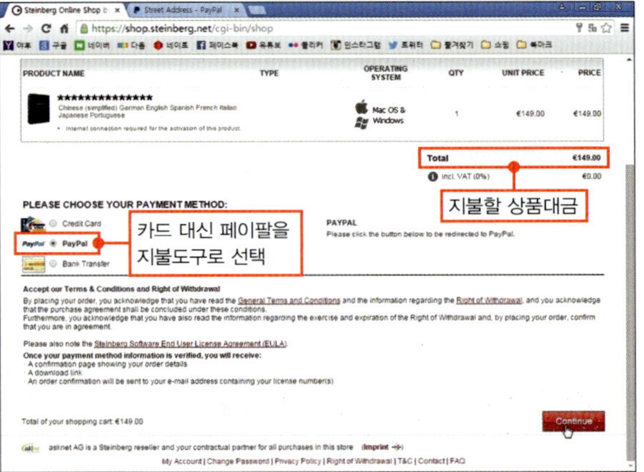

02 바로 페이팔 로그인 창이 나타납니다. 페이팔에서 사용하는 E메일주소와 페이팔 로그인 비밀번호를 입력해 페이팔에 로그인합니다.

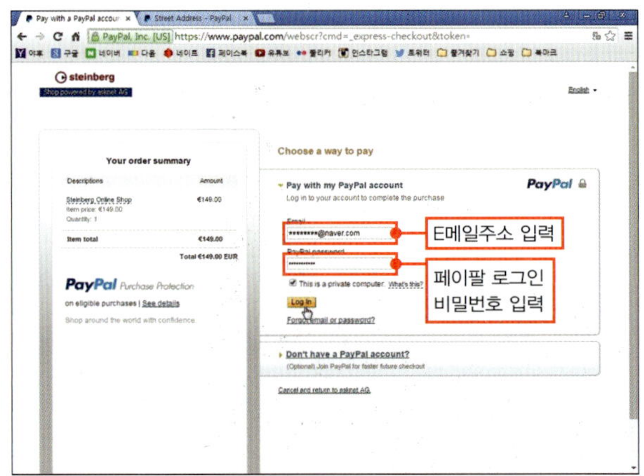

03 결제할 장바구니 내역을 확인한 뒤 [Continue] 버튼을 클릭하면 즉시 구매 대금이 결제됩니다.

페이팔에 자신의 카드정보를 미리 등록한 상태이기 때문에 추가 작업없이 대금이 지불된 것입니다.

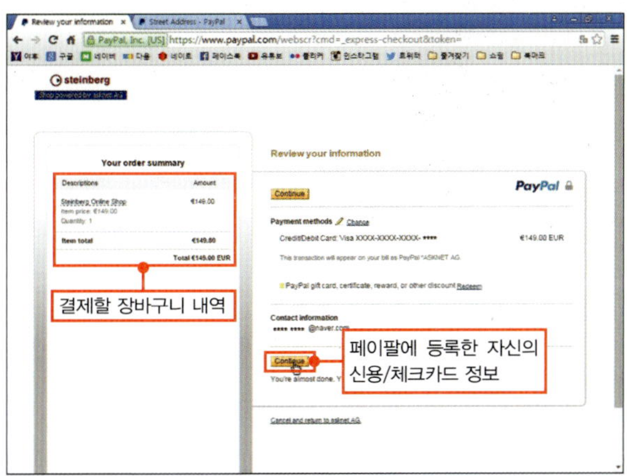

04 페이팔에서 정상지불된 것인지 확인하기 위해 페이팔에 로그인한 뒤 [My Account] - [History] 메뉴를 클릭합니다. 바로 전 지불한 대금 내역을 확인할 수 있습니다. 등록해 둔 카드에서 페이팔이 인출하여 지불을 중계한 것입니다.

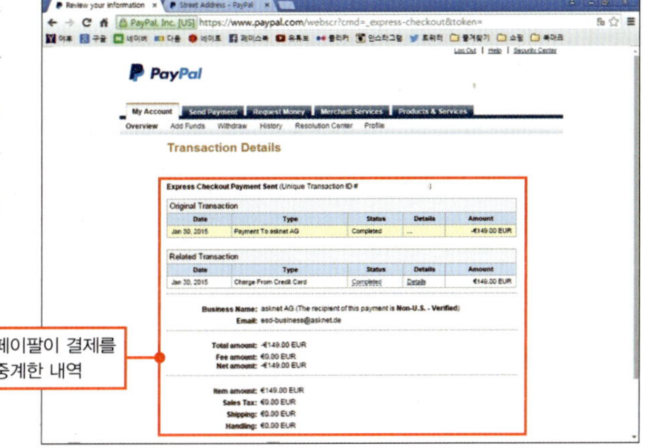

 페이팔이 지불을 중계한 경우(Transaction) 페이팔의 중계수수료는 약 0.5~1%입니다. 페이팔을 중계로 하여 지불하는 방법은 한국 카드가 호환되지 않는 해외쇼핑몰이지만 페이팔 결제를 지원하는 쇼핑몰에서 물건을 구매할 때 유용합니다.
주의할 점은 페이팔 비밀번호만 알면 누구나 마음대로 물건을 구매할 수 있다는 점입니다. 페이팔에 적립금이 없어도 페이팔에 등록한 카드에서 돈이 빠져나가는 방식으로 지불되기 때문에 페이팔 로그인 비밀번호가 타인에게 유출되지 않도록 신경쓰기 바랍니다.

배송기간/배송요금 선택하기

쇼핑몰들은 배송속도가 빠를수록 배송료가 비쌉니다. 요즘은 현지배송비를 상품가에 포함하기 때문에 현지배송비를 별도로 지불하는 경우는 거의 없습니다. 단지 해외직배송의 경우에만 해외직배송 비용을 추가합니다.

현지배송비 및 현지 배송소요시간

현지배송비란 현지 가상주소지로 물건을 보낼 때의 배송비입니다. 현지배송비는 유연하게 선택할 수 있습니다. 보통 현지 지역 간 일반배송은 3~7일이 걸리는데 무료인 경우가 많습니다(상품가에 포함).

현지배송을 2일 배송으로 선택한 경우에는 배송비가 유료일 수 있습니다. 쇼핑몰에서 물건을 준비하는 시간까지 합하면 현지배송에 소요되는 시간은 4~10일이 소요될 수도 있습니다. 일반적으로 상품가격 옆에 별도 배송비가 표시되어 있지 않으면 현지 지역 간 배송비는 무료입니다.

해외배송비 및 해외배송 소요시간

해외직배송이 가능한 쇼핑몰에서 물건을 구입했을 때는 유료인 경우가 많습니다. 해외배송 방법은 장바구니에서 상품을 결제할 때 최종단계에서 선택합니다. 최종 단계에서 해외특송 방법을 선택하면 물건값에 해외특송비가 추가되어 총 결제대금이 청구됩니다.

만일 해외직배송이 안 되는 쇼핑몰에서 물건을 구매할 때는 국내주소를 수령지로 할 수 없으므로 현지 배대지 가상주소로 상품을 배송시켜야 합니다. 그런 뒤 현지 가상주소에 도착한 상품을 국내로 가져오기 위해 국내 배송대행업체에서 배송대행신청서를 작성합니다. 가상주소지에서 국내로 들어오는 특송비는 배송대행업체에 납부합니다.

- **쇼핑몰에서 해외직배송을 하는 경우** : EMS 특송일 경우 3~6일 뒤 한국에 도착하고, 국제항공우편배송일 경우 5~7일, 국제선편배송일 경우 약 30일 소요됩니다.
- **배송대행업체를 낀 경우** : 현지 배송소요시간(쇼핑몰에서 배대지 센터로 배송하는 시간)과 국제항공특송 배송시간(배대지 센터에서 한국으로 특송하는 시간)을 합산합니다. 평균 7~15일 소요됩니다. 일반적으로 유럽 쇼핑몰에서 구매한 상품은 7~10일 내에 국내로 배송되는데 운 좋으면 5일 안에 상품을 받을 수도 있습니다.

계정에서 주문내역 확인하기

주문을 한 뒤에는 주문 내역이 올바른지 그리고 주문번호, 트래킹 넘버 조회를 위해 자신의 쇼핑몰 계정에서 주문내역을 확인해야 합니다.

일반적으로 작은 중견 쇼핑몰에도 회원들이 자신의 회원정보를 볼 수 있는 메뉴를 제 공합니다. 주문내역보기 메뉴는 보통 회원정보 메뉴 하위에 있습니다. 숍밥의 경우 [My Shopbop] - [Orders] 메뉴에서 주문내역, 배송 트래킹 정보를 볼 수 있습니다.

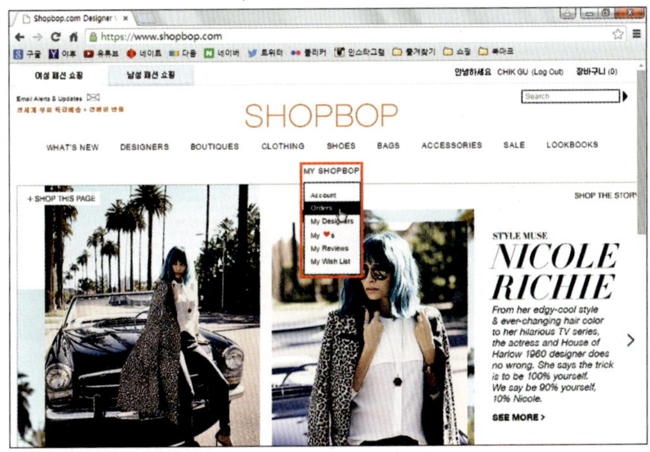

이베이는 [My eBay] 메뉴가 자신의 회원정보를 볼 수 있는 메뉴입니다. [MyeBay] 메뉴 하위에 있는 Purchase History(구매기록) 메뉴에서 자신의 주문 내역을 볼 수 있습니다.

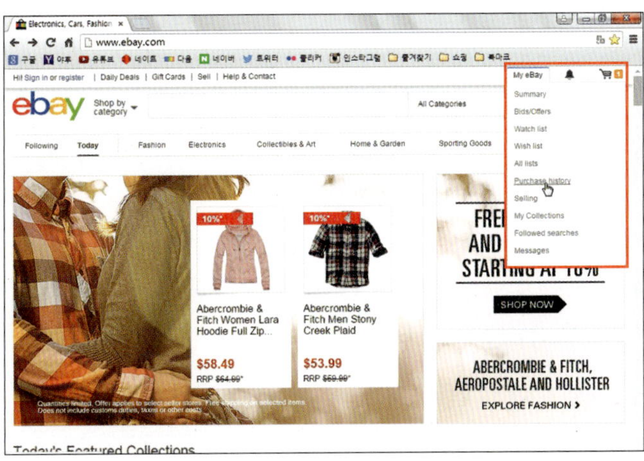

결제한 주문내역 취소하는 방법

아마존 쇼핑몰은 [Your Account] − [Your Order] 메뉴에서 자신의 주문내역을 볼 수 있습니다. 아마존은 아직 배송하지 않은 상품 혹은 주문 후 24시간 이내에는 결제한 주문을 취소할 수 있습니다.

01 아마존에서 주문 취소를 하려면 쇼핑몰 계정에서 [Your Account] − [Your Order] 메뉴를 실행합니다.

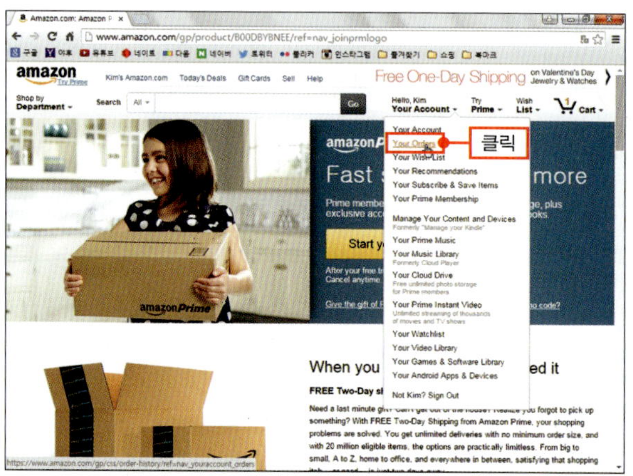

02 주문(구매)한 상품목록이 보입니다. 이중에서 'Not Yet Shipped(배달 전 상태)' 표시가 있는 상품은 [Cancel Items] 버튼을 클릭해 주문을 취소할 수 있습니다.

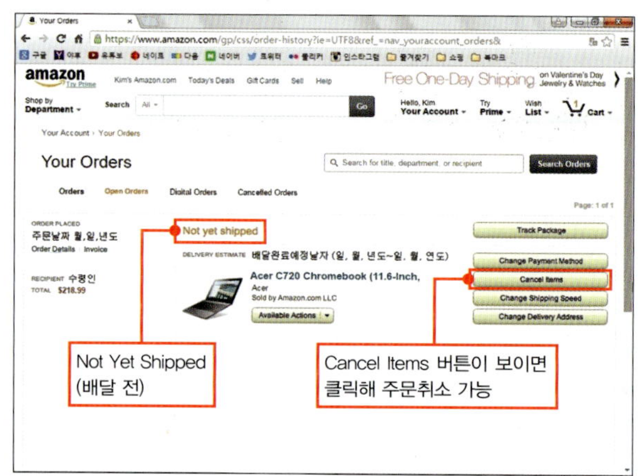

주문 취소한 상품은 [Your Order] − [Cancelled Order] 메뉴에서 모아서 표시됩니다. 만일 셀러가 이미 배송업체를 통해 배송한 상품이라면 'Delivered(배달됨)'으로 표시되므로 배달 중이거나 배달된 상품은 취소할 수 없습니다. 배달 중이거나 배달된 상품은 주문취소가 아니라 반품 등의 다른 방법을 찾아야 합니다.

배송비 확인과 Tax 여부 확인하기

배송비는 상품가격 옆이나 하단에 표시되어 있지만 보통은 여러 개의 배송방법 중 하나를 선택하게 되므로 장바구니에서 결제 창으로 넘어가야만 실제 배송비를 확인할 수 있습니다.

상품가격 옆이나 하단에 배송비가 쓰여있지 않은 경우에는 현지배송비(해당 국가 내에서의 배송요금)는 무료인 경우가 많습니다. Tax 역시 별도로 표시되어 있지 않는 한 무료인 경우가 많지만 이 역시 최종적으로 결제 직전 정확히 파악할 수 있습니다.

01 아마존은 49달러 이상 상품은 미국 내 배송비가 무료입니다. 때에 따라 일반배송이 아닌 2일 배송은 유료일 수도 있습니다. 배송비는 'Shipping' 항목에서 [Details]을 클릭하면 자세한 요금을 알 수 있습니다.

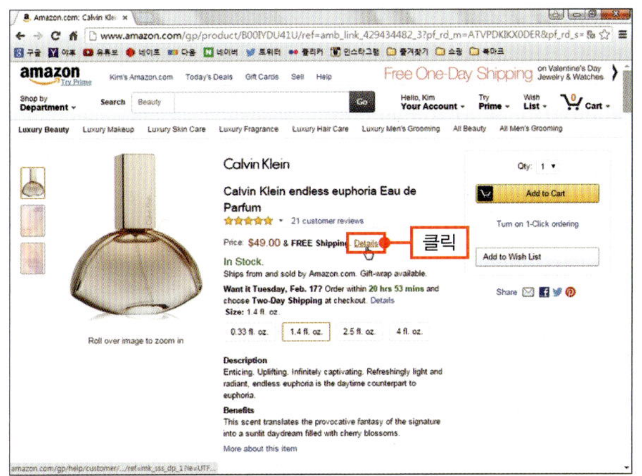

02 상품을 결제하기 위해 [장바구니에 넣기] 버튼을 클릭합니다.

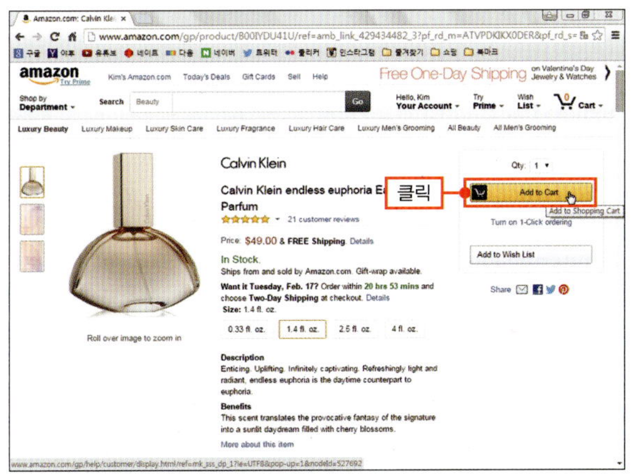

03 장바구니 아이콘을 클릭해 장바구니 창으로 이동합니다.

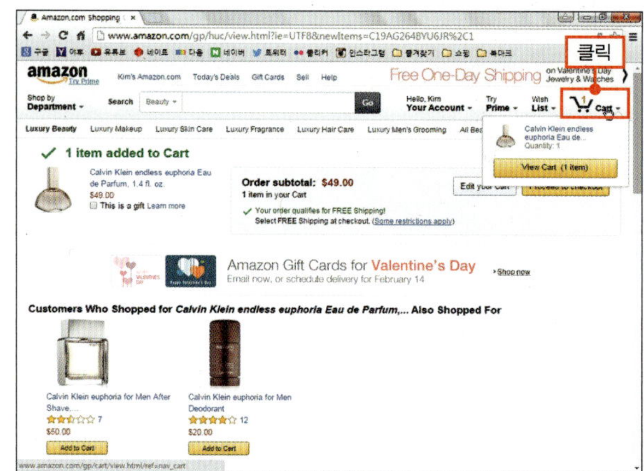

04 아마존은 그림처럼 [Estimate your shipping and tax] 버튼을 클릭하면 배송비와 Tax를 계산할 수 있습니다.

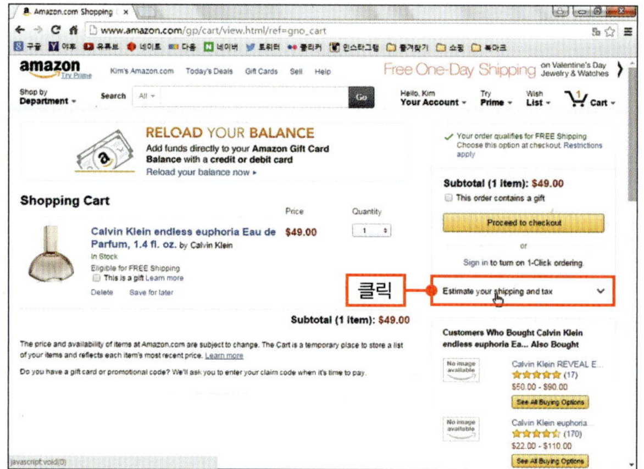

05 아마존 회원가입 시 입력한 한국주소가 표시됩니다. 한국직배송이 안 되는 상품이라면 미국 배대지로 배송시켜야 합니다. 배대지주소의 우편번호를 입력하면 배송요금 및 Tax를 산정할 수 있습니다. [Add an Address] 버튼을 클릭합니다.

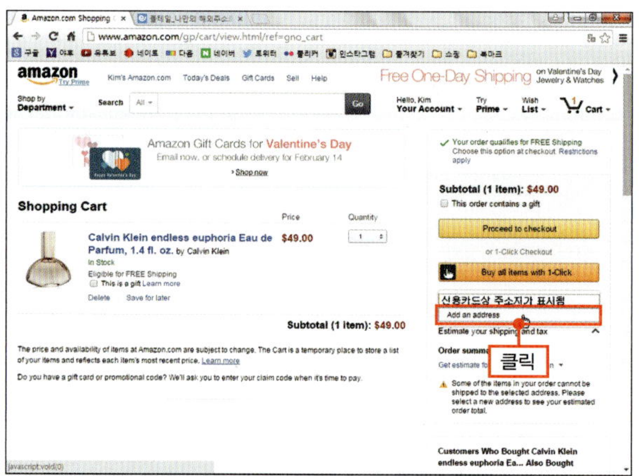

06 배송대행업체에 로그인한 뒤 자신의 미국가상주소 우편번호를 복사합니다.

07 아마존에서 우편번호를 붙여넣고 [Get Estimate] 버튼을 클릭합니다.

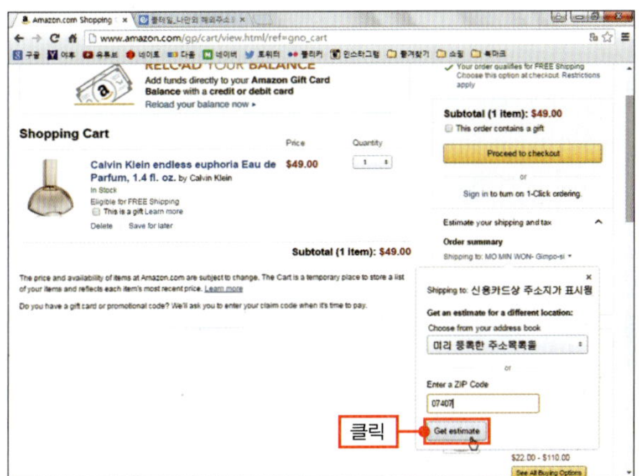

08 배송요금과 현지 세금이 정확히 산정되어 표시됩니다.

쇼핑몰에서 배송을 시작하면 구매자에게 트래킹 넘버(Tracking Number : 운송장 번호)를 E메일로 보내옵니다. 아마존 같이 규모가 큰 쇼핑몰은 오더 창에서 트래킹 넘버를 조회합니다. 트래킹 넘버는 배송을 시작한 경우에만 조회되고 배송 전에는 조회되지 않습니다.

만일 쇼핑몰에서 트래킹 넘버를 보내오지 않으면 해당 쇼핑몰에 로그인한 뒤 자신의 회원정보 메뉴에서 [주문내역]을 확인 바랍니다. 배송을 시작한 상품에는 트래킹 넘버가 표기되어 있으므로 미국내 배송 위치는 이 트래킹 넘버로 추적할 수 있습니다. 배송은 시작했지만 트래킹 넘버를 알려주지 않는 셀러도 가끔 있으므로 이 경우에는 셀러에게 E메일을 보내어 트래킹 넘버를 요청해야 합니다. 트래킹 넘버가 있으면 인터넷 https://i.packagetrackr.com에서 미국 어디에 상품이 운송 중인지 추적할 수 있습니다.

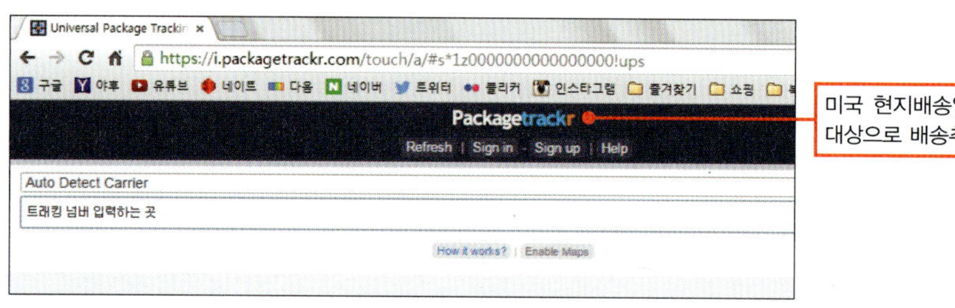

미국 현지배송업체와 미국 우체국을 대상으로 배송추적 가능

만일 국내로 직접 배송받는 것이 아닌 현지 배대지로 배송되는 상품이라면 트래킹 넘버를 받은 1~2일 내로 배송대행업체에 로그인해 트래킹 넘버와 제품명 등을 입력하고 국내로 재배송(항공특송)되도록 설정해야 합니다.

트랙킹 넘버가 다를 때 배송대행신청서 작성 방법

- **여러 상품을 한 번에 결제했는데 나누어 현지 배대지에 도착한 경우** : 각 물품이 트래킹 넘버가 다르지만 모두 하나의 패키지로 취급합니다. 배송대행신청서를 작성할 때 모두 하나로 묶어서 국내로 배송시킬 수 있습니다.

- **여러 쇼핑몰에서 결제했는데 모두 비슷한 날짜에 현지 배대지에 도착한 경우** : 결제한 횟수만큼 나누어서 국내로 배송되도록 배송대행신청서를 작성해야 합니다(묶음배송을 지원하는 쇼핑몰인 경우 하나의 상자로 묶어서 국내로 배송시킬 수도 있습니다).

배송대행업체 몰테일에서 배송대행 신청하기

현지 가상주소지로 배송시킨 제품을 국내로 배송시키는 방법을 알아봅니다.

미국의 경우 배송 속도가 늦기 때문에 미국 쇼핑몰에서 미국내 배대지(가상주소)로 배송되는 시간은 평균 1주일 이상 소요됩니다. 현지 배대지에 도착한 물품을 받아서 몰테일 같은 배송대행업체가 국내로 배송대행하는 데 걸리는 시간은 3~5일이므로 미국 쇼핑몰에서 구매한 물품이 국내로 들어오는 데는 약 15일의 시간이 필요합니다.

01 현지 배대지에 도착하는 물품을 국내에 배송되도록 하기 위해 배송대행업체 홈페이지에 로그인합니다.

여기서는 몰테일을 배송대행업체로 사용하고 있으므로 몰테일에 로그인했습니다. 그런 뒤 [배송대행 신청하기] 버튼을 클릭합니다.

02 [주의사항]을 읽어본 뒤 다음으로 넘어갑니다.

03 [배송대행 신청] 버튼을 클릭합니다.

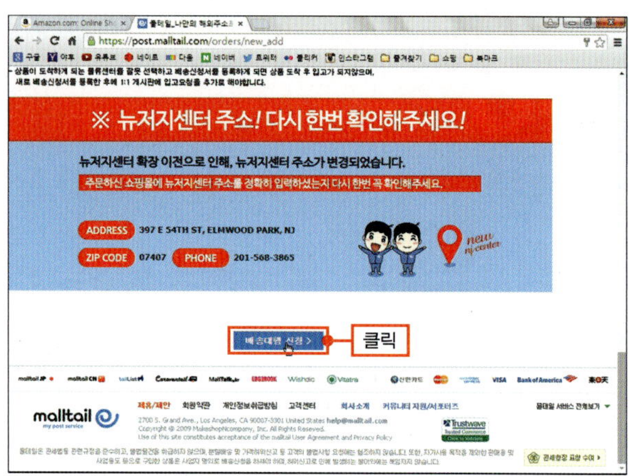

04 자신이 상품을 받을 현지 배대지 센터(가상주소)를 선택합니다. 앞에서 쇼핑을 할 때 뉴저지 가상주소를 입력한 경우 뉴저지 센터를 선택한 뒤 다음으로 넘어갑니다.

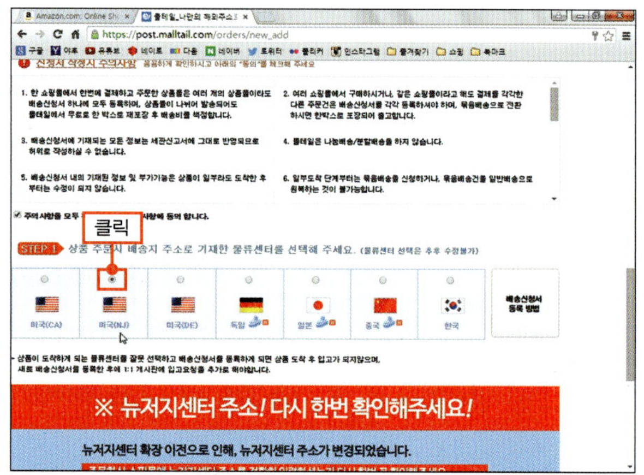

05 그림처럼 신청서 작성화면이 나옵니다. 신청서의 작성방법은 다음 페이지를 참고하세요.

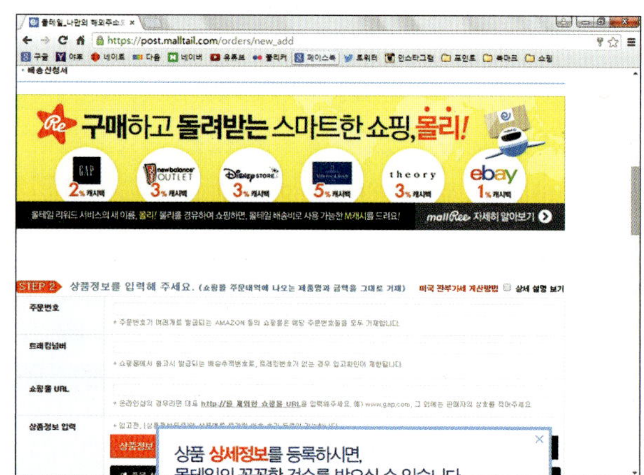

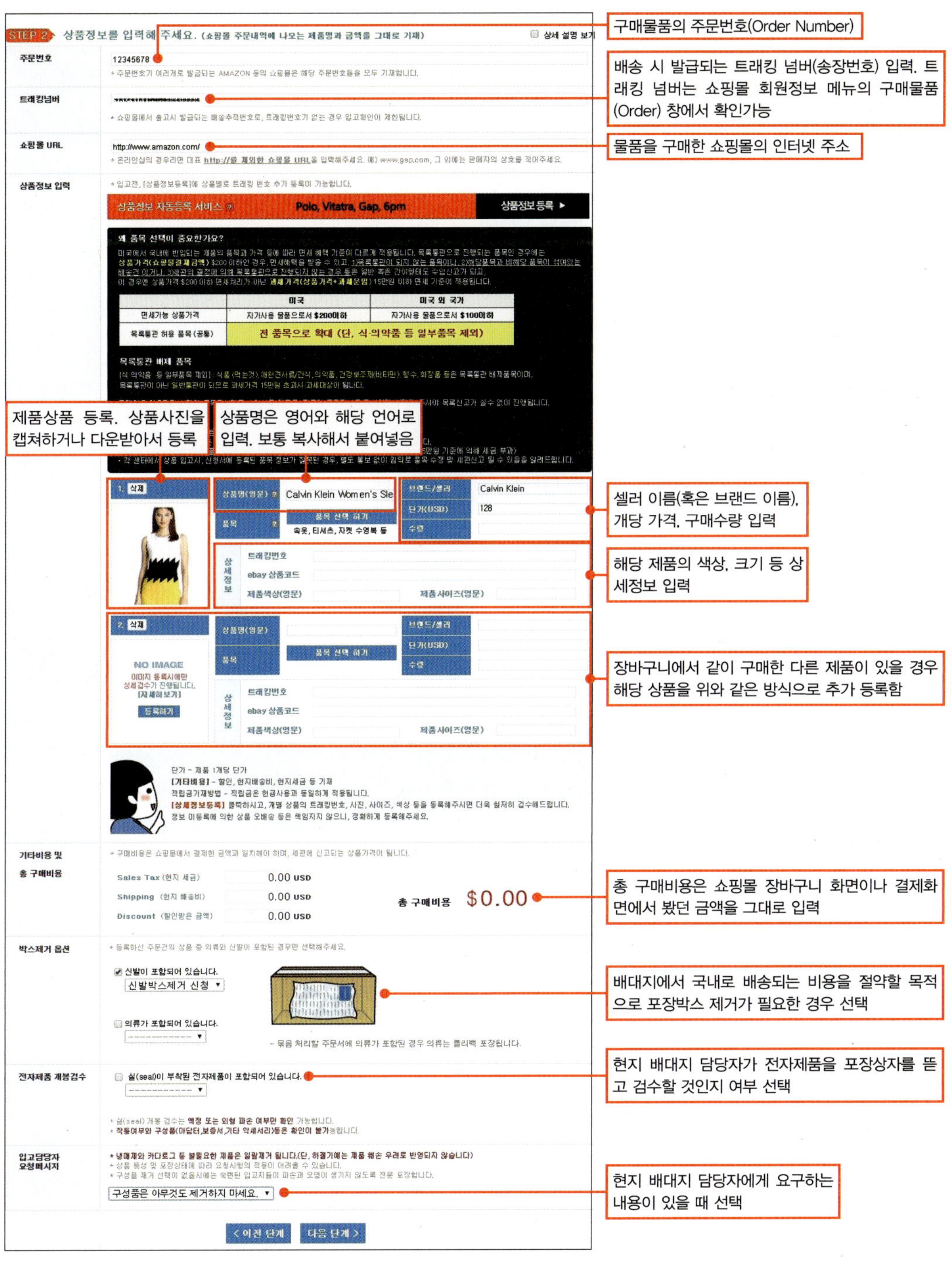

구매물품의 주문번호(Order Number)

배송 시 발급되는 트래킹 넘버(송장번호) 입력. 트래킹 넘버는 쇼핑몰 회원정보 메뉴의 구매물품 (Order) 창에서 확인가능

물품을 구매한 쇼핑몰의 인터넷 주소

제품상품 등록. 상품사진을 캡쳐하거나 다운받아서 등록

상품명은 영어와 해당 언어로 입력. 보통 복사해서 붙여넣음

셀러 이름(혹은 브랜드 이름), 개당 가격, 구매수량 입력

해당 제품의 색상, 크기 등 상세정보 입력

장바구니에서 같이 구매한 다른 제품이 있을 경우 해당 상품을 위와 같은 방식으로 추가 등록함

총 구매비용은 쇼핑몰 장바구니 화면이나 결제화면에서 봤던 금액을 그대로 입력

배대지에서 국내로 배송되는 비용을 절약할 목적으로 포장박스 제거가 필요한 경우 선택

현지 배대지 담당자가 전자제품을 포장상자를 뜯고 검수할 것인지 여부 선택

현지 배대지 담당자에게 요구하는 내용이 있을 때 선택

배송대행업체 몰테일에서 국내수령 주소 작성하기

앞에서 배송받을 상품 내역을 작성한 뒤 [다음 단계] 버튼을 클릭하면 국내 수령지 주소를 작성할 수 있습니다.

국내에서 수령받을 수령인 이름, 상호, 주소 등을 아래와 같이 작성하기 바랍니다.

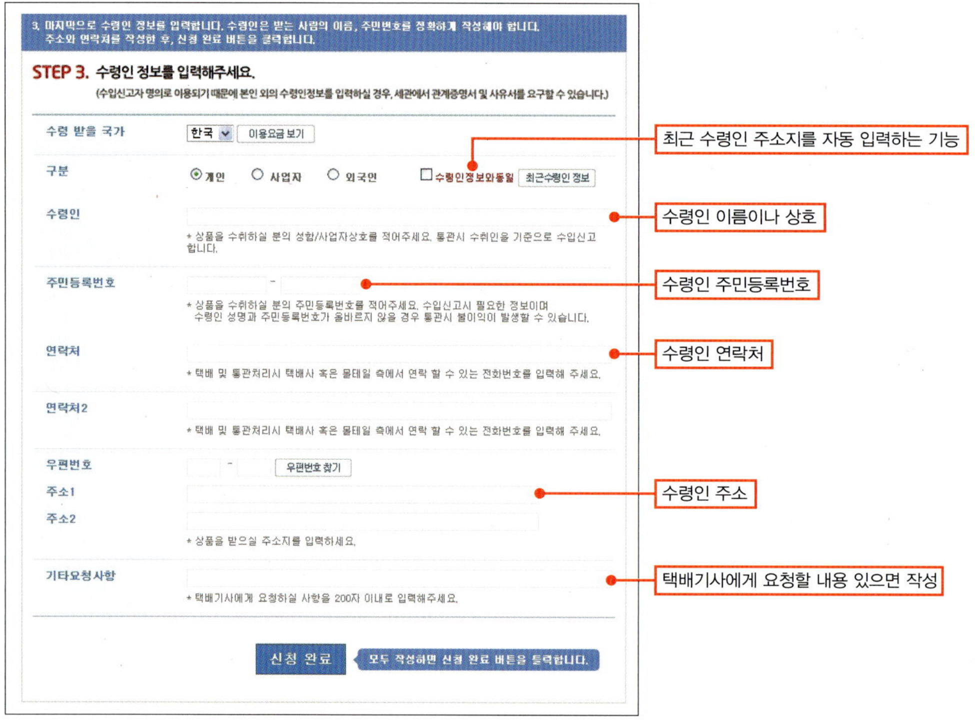

위와 같이 국내 주소를 작성하면 배송대행신청서 신청이 완료됩니다. 작성한 신청서 는 몰테일의 경우 [마이페이지] 메뉴에서 알 수 있습니다.

몰테일에서 국내 수령인 주소의 수정

대송대행업체에서 배송대행신청서 작성을 끝내면 이후 현지 배대지 센터에 도착한 물품을 국내로 항공배송하는 업체는 배송대행업체에서 진행하게 됩니다.

그러므로 현지 배대지 센터에서 한국으로 배송하는 국제 간 배송비는 몰테일처럼 자신이 사용하는 배송대행업체에 납부합니다. 국제 간 배송비는 일단 현지 배대지 센터에 상품이 도착한 뒤 무게 측정 등이 끝나야 산정됩니다. 국제 간 배송비가 산정되면 배송대행업체는 배송대행 신청자에게 산정된 국제 간 배송비를 전화문자로 통보합니다.

만일 배송받을 국내 수령인 주소지를 변경하려면 배송대행업체에 배송비를 결제하기 전 국내 수령인 주소를 변경해야 합니다. 배송비를 결제한 뒤에는 물품이 현지 센터를 떠나 한국으로 향하므로 국내 수령인 주소를 변경할 수 없습니다.

다음은 몰테일의 [마이페이지] 화면입니다. '배송대행신청' 항목을 확인하면 등록한 배송대행신청서가 보이고, 수령인 주소를 변경할 수 있습니다.

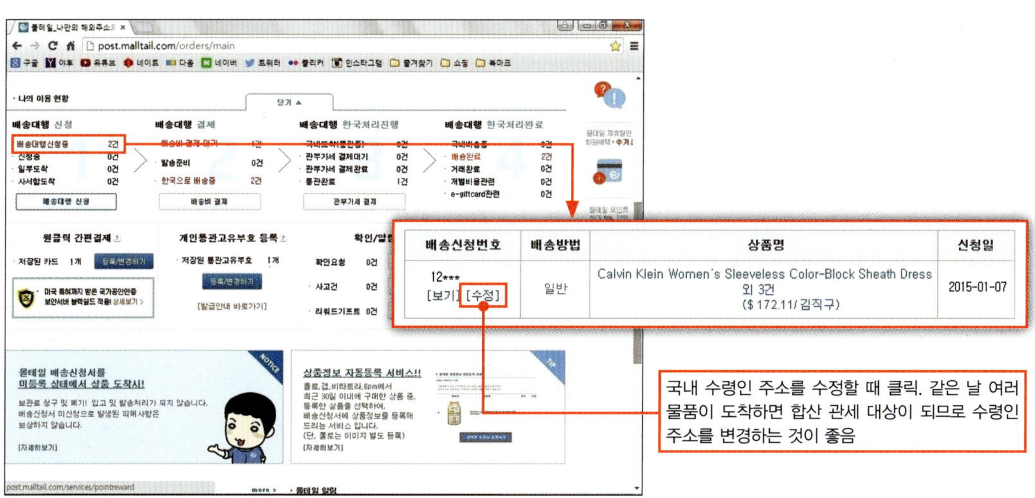

> **tip** 여러 쇼핑몰에서 직구를 했을 때, 같은 날 가족 이름으로 나누어 수령해도 관세는 1일 합산으로 산정됩니다. 15만 원 이하의 무관세 물품을 날짜를 바꿔가며 배송받으면 무관세 대상이지만 15만 원 이하 상품 2건을 같은 날 받으면 물품가가 합산되어 관세를 계산하므로 15만 원을 초과하여 관세 가산 물품이 됩니다. 이 경우 수령인 주소를 변경하여 받는 것도 좋은 방법입니다.

배송대행업체가 현지 배대지 센터(현지 가상주소 집하장)에 도착한 물품의 무게를 잰 뒤 국내로의 배송요금을 산정한 뒤 통보해오면 배송비를 결제해야 합니다. 배송비를 결제하지 않으면 국내로 배송대행되지 않습니다.

산정된 배송비가 전화문자 등으로 통보되어 오면 몰테일의 경우 [마이페이지] 화면에서 해당 물품의 [결제하기] 버튼을 클릭해 결제를 시작합니다.

상품명	계측일	배송비측정내역	
leeveless Color-Block Sheath Dress 외 3건 ($ 172.11/ 김직구)	2015-01-13 12:41:07	실측 : 5.00 lbs (5.00 lbs) 요금 : $15.75	결제하기　반송접수

신용카드 혹은 체크카드 정보 입력

카드정보를 입력한 뒤에는 결제할 내역을 확인하는 [결제할 배송건] 화면이 보입니다. 이때 회원등급이 높으면 배송비 일부가 할인된 것이 표시됩니다. 또한 몰테일 프로모션 쿠폰이 있다면 쿠폰 정보를 입력해 배송비를 할인시킬 수 있습니다. 만일 적립한 포인트가 있다면 포인트로 배송비를 결제할 수 있습니다.

프로모션 쿠폰 입력란

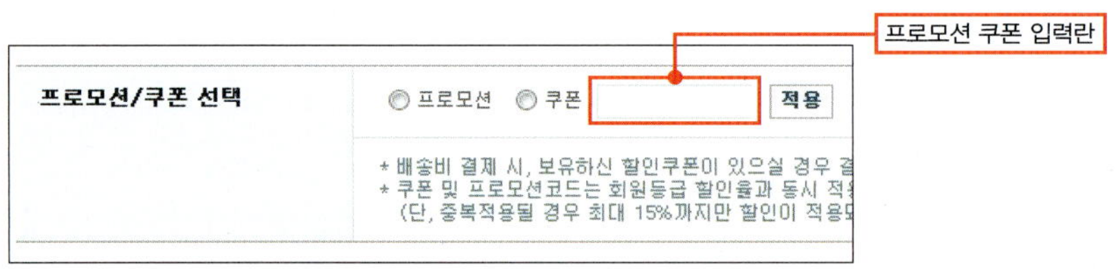

만일 산정된 배송비가 마음에 들지 않으면 결제를 미루고 문의하는 것도 좋지만 몰테일 규약에 의해 배송비, 현지 센터 보관료, 현지 센터 작업료(재포장, 태그 제거, 묶음배송 수수료 등)가 산정되므로 별일 없는 한 [결제하기] 버튼을 클릭해 결제합니다. 결제를 완료해야만 현지 배대지 센터에서 국내로의 항공배송이 시작됩니다. 결제를 미루면 현지 센터에 보관되므로 보관료가 생기게 됩니다.

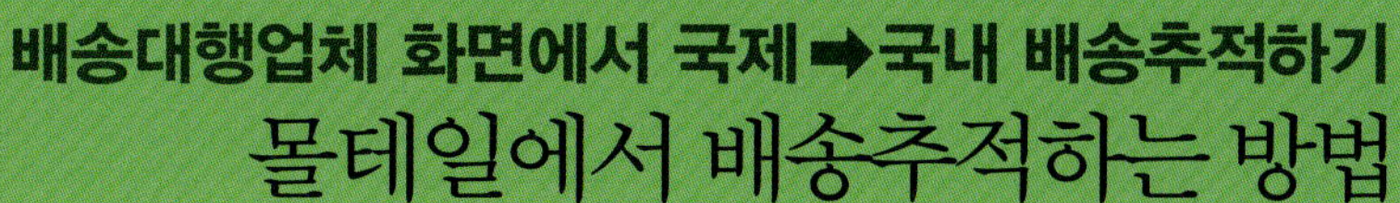

배송비를 결제하면 배송대행업체가 국내로의 배송을 시작합니다. 배송대행업체에 의해 해외에서 국내로의 배송이 시작되면 배송대행업체의 홈페이지에서 배송상품이 어디쯤 오고 있는지 추적할 수 있습니다.

배송대행업체 몰테일의 경우 [마이페이지] 화면에서 한국으로 배송 중인 물품을 추적할 수 있습니다.

상품명	현재상태	최종확인시각	
eeveless Color-Block Sheath Dress 외 3건 ($ 172.11 / 김직구)	한국으로배송중	2015-01-17 12:41:07	배송추적 수취확인

← 배송추적 버튼

배송추적 화면은 배송대행업체와 업무협약 중인 국제특송업체에 따라 다릅니다. 다음은 몰테일과 업무협약중인 대한통운이 항공특송을 담당한 경우 나오는 배송추적 화면입니다.

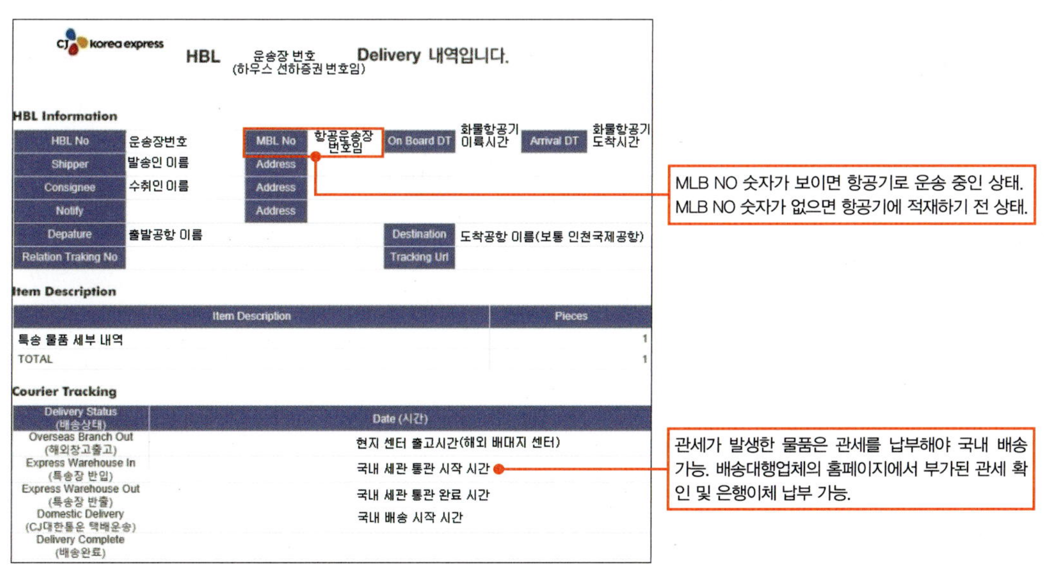

MLB NO 숫자가 보이면 항공기로 운송 중인 상태.
MLB NO 숫자가 없으면 항공기에 적재하기 전 상태.

관세가 발생한 물품은 관세를 납부해야 국내 배송 가능. 배송대행업체의 홈페이지에서 부가된 관세 확인 및 은행이체 납부 가능.

미국 아마존과 이베이에서 직구하기

아마존은 미국 워싱턴주 시애틀에 본사가 있는 세계 최대의 전자상거래 회사로서 '아마존'이라는 브랜드의 온라인 쇼핑 중계몰을 운영하고 있습니다.

1994년 7월 제프 베조스에 의해 창립된 아마존은 1995년 7월 온라인 서점으로 처음 상품을 거래하기 시작한 뒤 1997년에 비디오 테이프, CD, 소프트웨어, 전자제품, 패션 등의 거래를 중계하면서 사세를 키웠습니다.

이베이처럼 경매 거래도 가능하지만 보통은 고정가 방식 거래이며 아마존 자체 내에서 경영하는 상점과 개인 판매자가 입점하여 판매하는 미니숍 형태가 합쳐져 있습니다. 지금은 자회사에서 제작한 전자책 단말기 킨들과 킨들 파이어 태블릿 컴퓨터를 병행 판매하고 있습니다.

아마존닷컴은 국제적인 쇼핑몰인 미국 아마존(amazon.com)이 있으며, 각 국가별로 자회사에 해당하는 캐나다 아마존(amazon.ca), 영국 아마존(amazon.co.uk), 독일 아마존(amazon.de), 프랑스 아마존(amazon.fr), 이테리 아마존(amazon.it), 스페인 아마존(amazon.es), 중국 아마존(amazon.cn), 일본 아마존(amazon.co.jp), 인도 아마존(amazon.in), 브라질 아마존(amazon.com.br), 멕시코 아마존(amazon.com.mx) 등을 운영하고 있으며 한국 아마존은 개설 준비 중입니다.

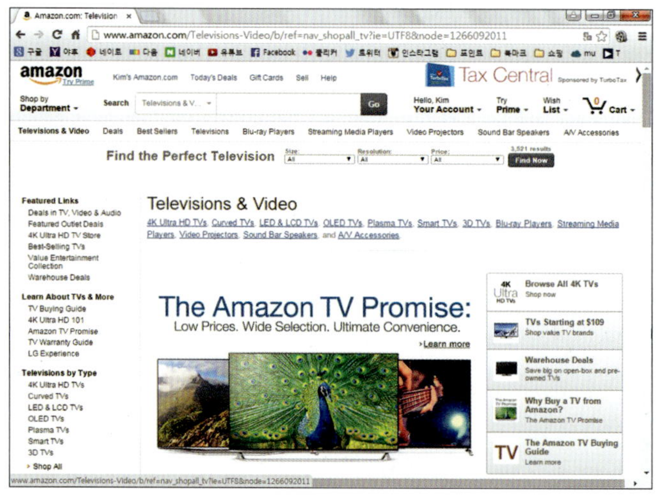

아마존 직구의 매력은 제품가가 미국 오프라인 소매업체에 비해 저렴하다는 점입니다. 가장 저렴하게 구매할 계획이라면 미국 아마존과 미국 이베이에서 먼저 제품가를 검색하는 것이 좋습니다.

아마존은 평상시에도 베스트바이, 타깃 같은 쇼핑몰에서 할인가로 판매하는 상품보다 저렴한 가격으로 판매하는 상품이 많습니다.

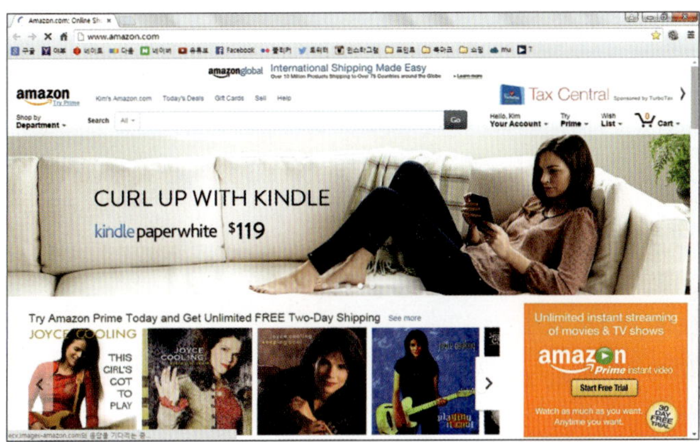

아마존은 판매 가격을 추후 조절해주는 아마존 어저스트먼트와 프라이스 매치 기능을 제공합니다.

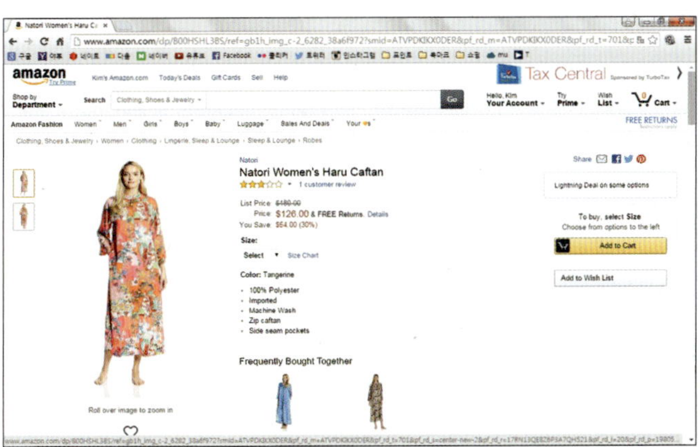

아마존 회원가입하기

아마존에서 쇼핑을 하기 위해 회원가입(계정생성)을 하는 방법을 알아봅니다. 아마존에 가입할 때는 E메일주소를 등록하고 그 E메일주소를 아마존 로그인 ID로 사용합니다.

01 아마존(amazon.com)에 접속한 후 [Your Account] - [Sing in] - [Start Hear] 메뉴를 클릭합니다.

회원가입에 성공하면 Your Account 메뉴 상단에 여러분의 영문 성이 표시됩니다.

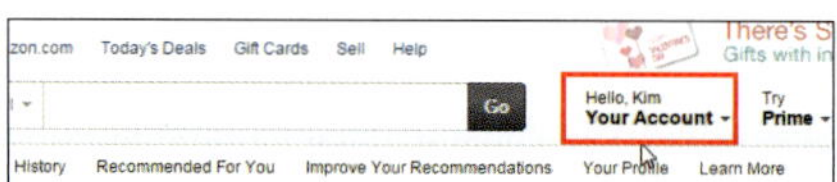

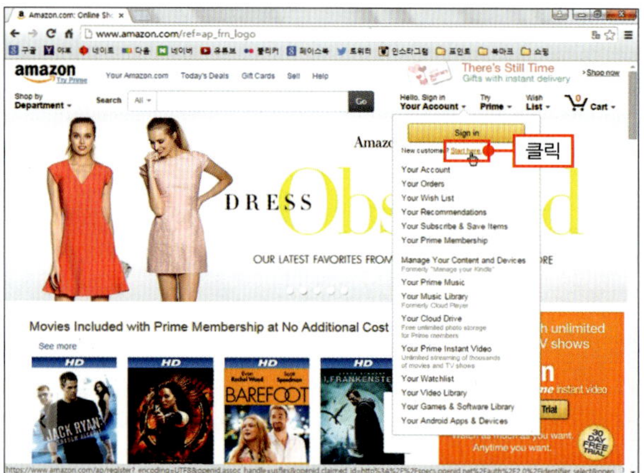

02 회원가입할 때 작성할 내용은 그림과 같습니다. 영문이름은 신용/체크카드에 있는 영문이름을 그대로 입력합니다.

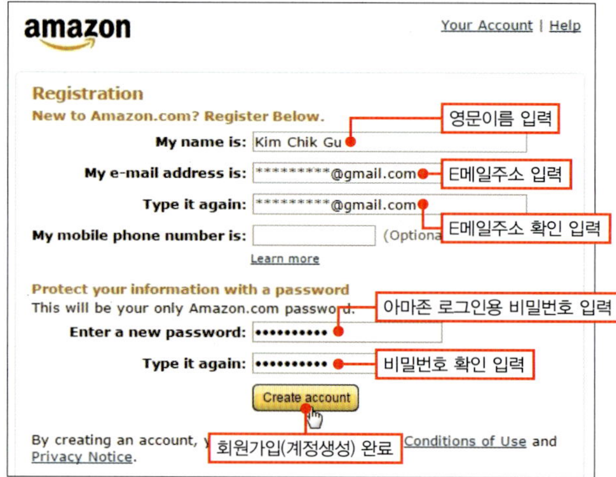

아마존 계정 비밀번호를 잃어버렸어요
새 비밀번호 등록하기

외국 쇼핑몰들은 대개 자신의 E메일주소를 ID로 사용하기 때문에 ID를 잊을 경우는 거의 없지만 비밀번호를 잊는 경우는 종종 있습니다. 비밀번호를 잃어버렸을 때 새 비밀번호를 등록하는 방법을 알아봅니다.

01 비밀번호를 잃어버린 경우, 로그인 창에서 ID(자신의 E메일주소)를 입력한 뒤 하단의 [Forget Your Password] 문자열을 클릭합니다.

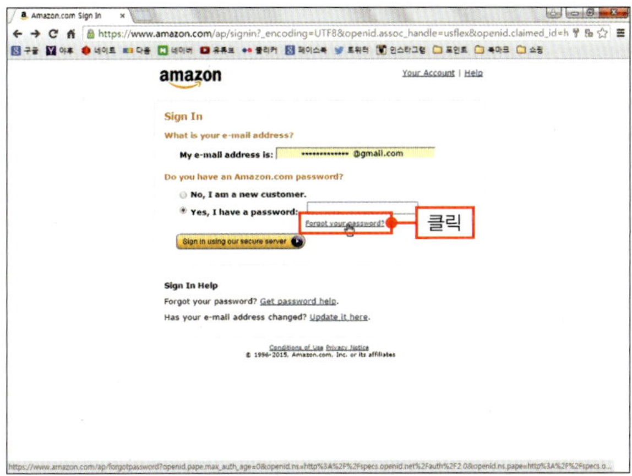

02 화면에 보이는 보안코드 글자를 입력한 뒤 [Continue] 버튼을 클릭합니다.

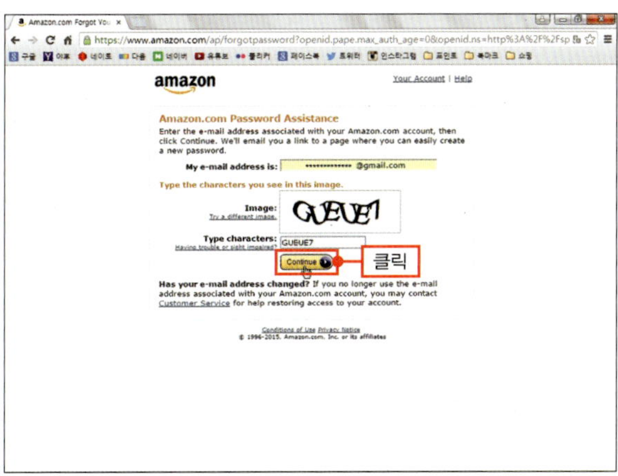

03 'Check Your Email'이란 비밀번호 리셋을 위해 메일을 보냈으니 E메일을 체크해 보라는 뜻입니다.

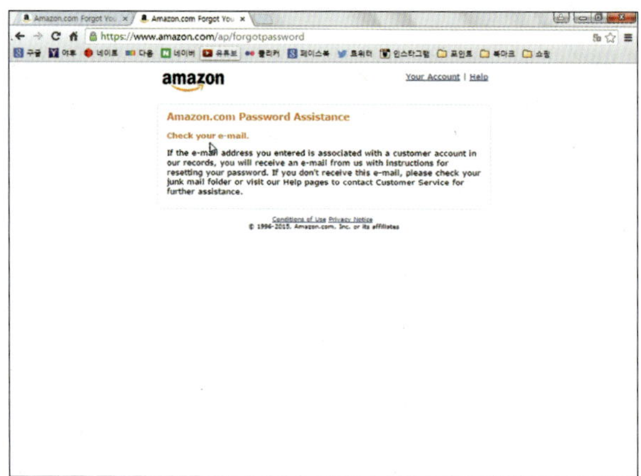

04 E메일을 열어보면 아마존에서 보내 온 메일이 있습니다. 메일 내용은 '하단 문자열을 클릭하면 아마존 보안서버에 서 비밀번호가 리셋된다'는 뜻입니다.

비밀번호를 리셋하기 위해 하단 문자열을 클릭합니다.

05 비밀번호가 리셋되면서 다시 아마 존 창이 나타납니다. 여기서 새 비밀번 호를 등록하면 비밀번호가 교체됩니다.

이제부터 아마존에 로그인할 때는 새 비밀 번호를 입력해 로그인합니다.

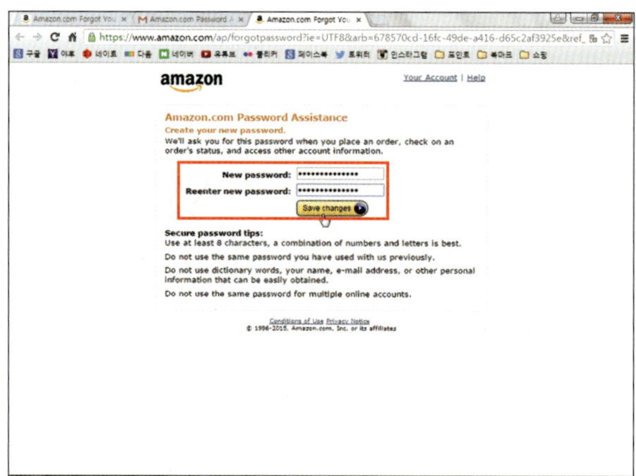

아마존에서 가격표를 읽는 법

아마존 상품설명 창에서 볼 수 있는 추가 옵션들이 무엇을 뜻하는지 알아봅니다.

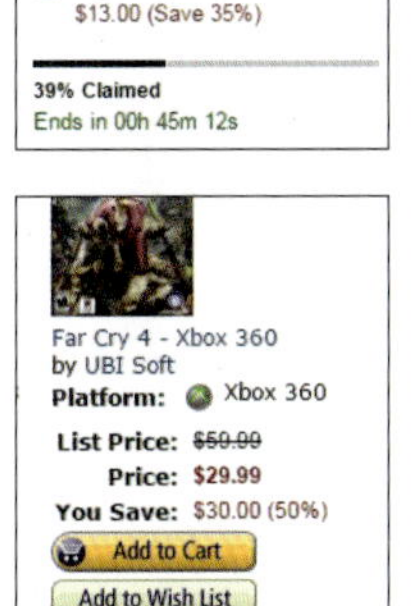

영문	의미
List Price	상품에 인쇄된 가격
Price	아마존에서의 실판매가격
Your Save	할인금액과 할인율
Low Price	최저가 보장상품. 다른 셀러가 더 싸게 판매하면 아마존 어저스트먼트를 제기해 차액을 환불받을 수 있도록 보장된 상품이란 뜻
2% back in Rewards	TV상품 중에서 1,499달러 이상의 상품을 구매할 경우 무조건 구매가의 2%를 구매자의 아마존 계정에 적립하는 상품이라는 뜻
Enhanced Delivery	파손을 방지하기 위해 전문 배송업체가 배송하는 상품이라는 뜻
Free Shipping	미국전역에 무료배송하는 상품(35달러 이상 제품에만 해당)
Deal is 39% Claimed	준비된 딜(할인판매) 상품이 39% 판매되가고 있음을 뜻함
End in 00h 45m 12s	딜판매 종료까지 00시간 45분 12초 남았음을 뜻함
FREE Returns	상품반송 시 반송료 무료 제품이라는 뜻
Add to Cart	보고 있는 상품을 장바구니(카트)에 담기
Add to Wish List	보고 있는 상품을 관심사에 담기
Prime 로고	아마존 프라임(Amazon Prime) 회원에 적용되는 상품일 경우 Prime 로고가 표시됨

아마존 상품설명 창의 각 항목을 읽는 방법입니다.

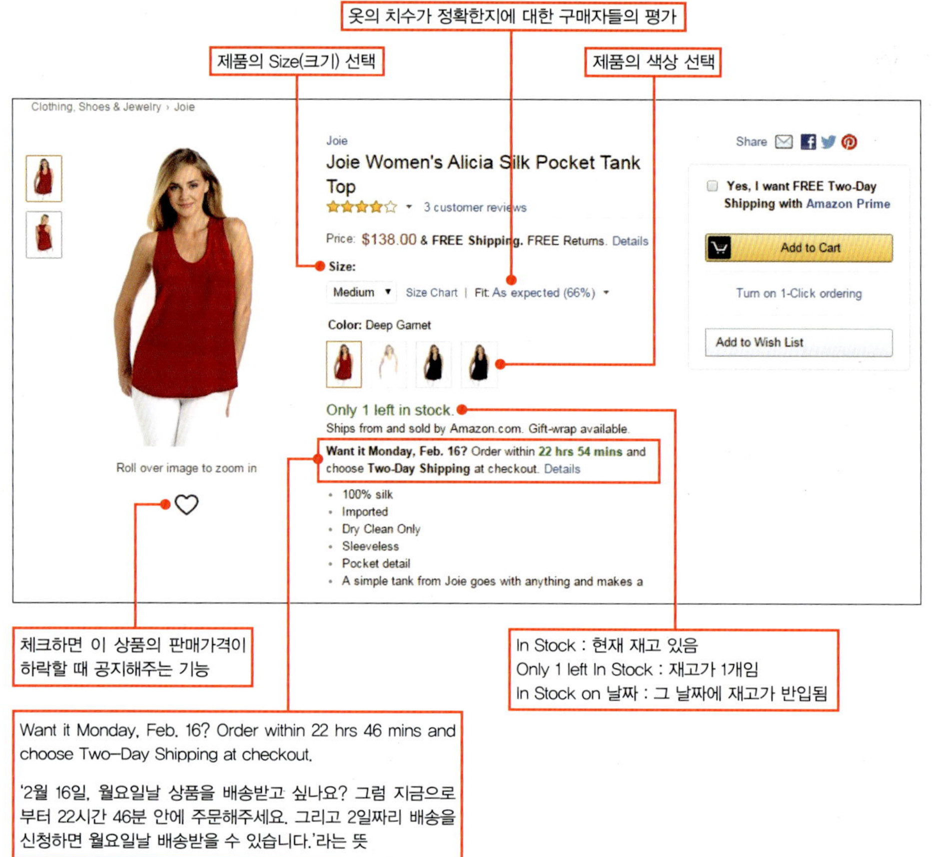

아마존 프라임(Prime) 회원이란?

아마존 프라임 회원이란 일반 회원보다 고급 서비스를 받은 회원을 말합니다.

아마존 프라임 회원은 1년에 99달러의 이용료가 필요한 고급 서비스입니다. 연간 99 달러의 돈이 자동으로 결제되므로 가입 후 프라임 회원제를 탈퇴하려면 [Your Account] – [Manage Prime Membership] 메뉴에서 하기 바랍니다.

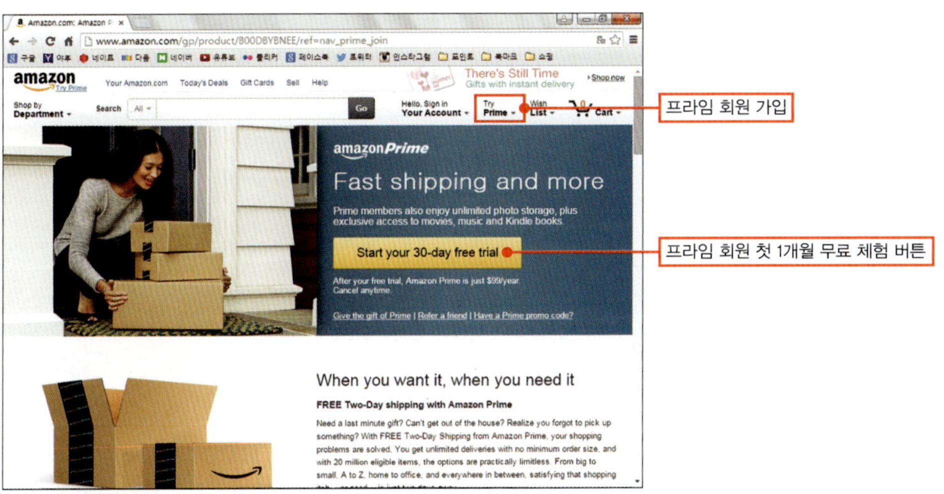

프라임 회원 이용료		연간 99달러(약 10만 원), 가입 첫 1개월은 무료
프라임 회원 특전	2일 배송 보장	미국 전역에 2일 배송 보장.
	영화, TV 무료	아마존에서 판매하는 비디오영화, TV영상물 중 4만 건에 대해 무료 시청권 제공
	무료 음악 감상	아마존에서 판매하는 음악 1백만 개에 대해 무료 스트리밍 제공
	무료 사진 저장	무제한으로 사진을 저장할 수 있는 아마존 클라우드(인터넷 저장공간) 무료 제공
	무료 전자책	50만 권의 전자책 무료 제공
	30분 앞당겨 처리 되는 구매기능	Lightning Deals과 MyHabit.com에서 구매를 할 때 동시에 구매 버튼을 클릭한 사람보다 30분 일찍 구매한 것으로 처리. 구매경쟁이 심한 제품을 구매할 때 유리

아마존에서 쇼핑 시작하기
상품 찾고 장바구니에 담기

아마존에서 원하는 상품을 찾은 뒤 장바구니에 담는 과정을 알아봅니다.

01 아마존에서 상품 카테고리는 Department(상점) 메뉴입니다.

Department 메뉴로 마우스 커서를 이동하면 자동으로 상품 카테고리 메뉴가 나타납니다.

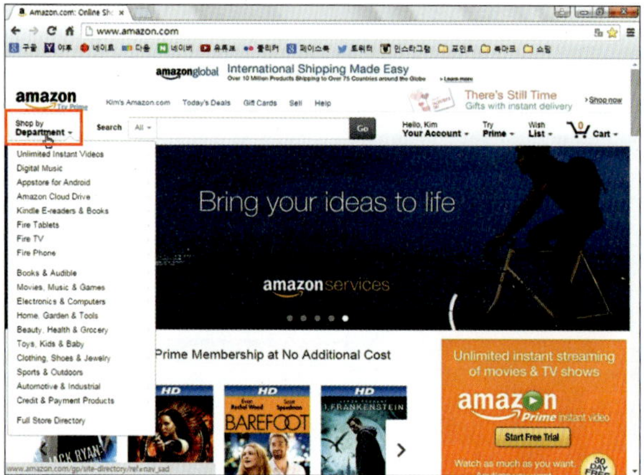

02 상점 카테고리에서 원하는 카테고리를 선택하면 하위 상점들을 또 볼 수 있습니다.

여성제품을 보기 위해 [Clothing] – [Woman] 카테고리를 선택했습니다.

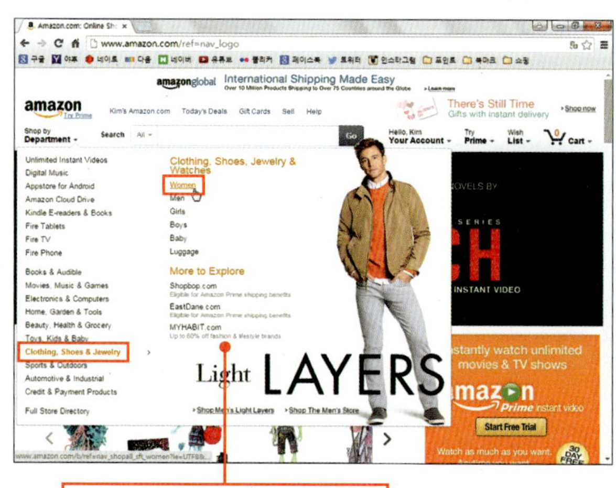

Beauty 디파트먼트에 속하는 하위 메뉴들

03 [Woman] 카테고리 화면입니다.
[Clothing] 을 클릭합니다.

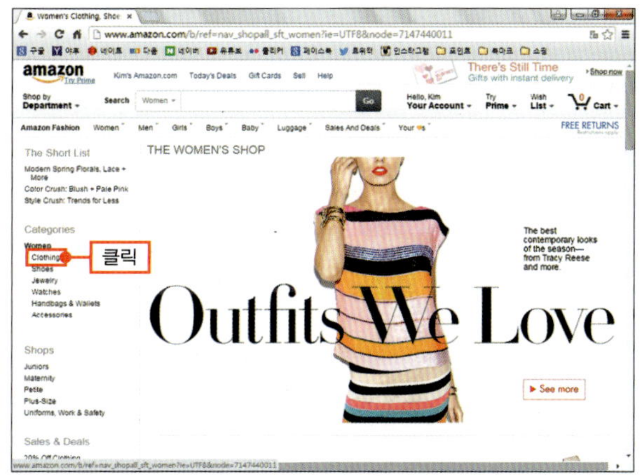

04 판매하는 옷들이 보입니다.

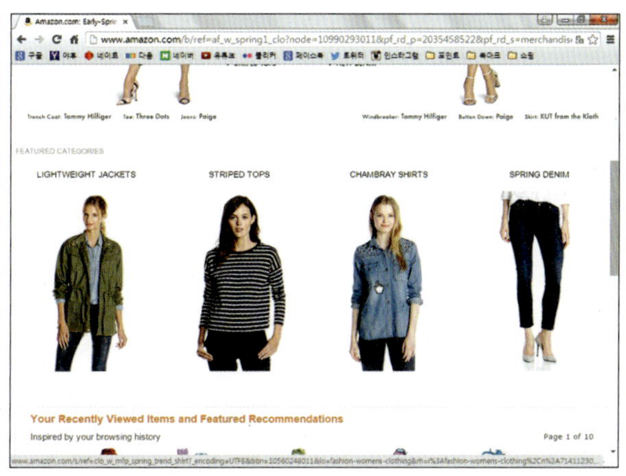

05 구매하고 싶은 옷을 클릭합니다. 이때 Prime 로고가 있는 제품은 아마존 프라임 회원 특전이 있는 제품으로 미국 내 2일 배송이 보장된 제품이란 뜻입니다. 만일 음악 상품에 Prime 로고가 있다면 프라임 회원이 무료로 스트리밍할 수 있는 음악을 의미합니다.

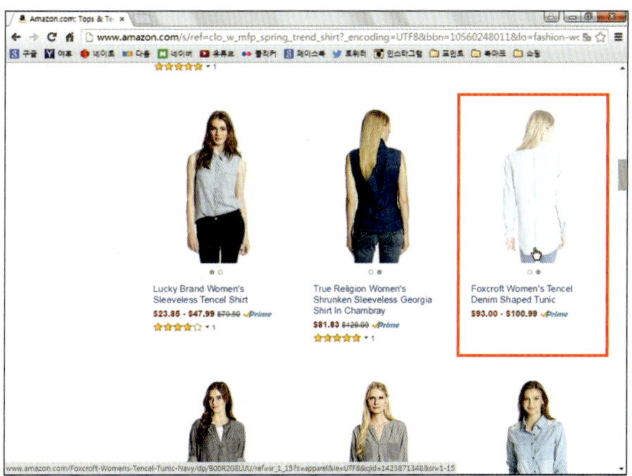

06 제품에 커서를 대면 제품이 확대되어 상세 모양을 알 수 있습니다.

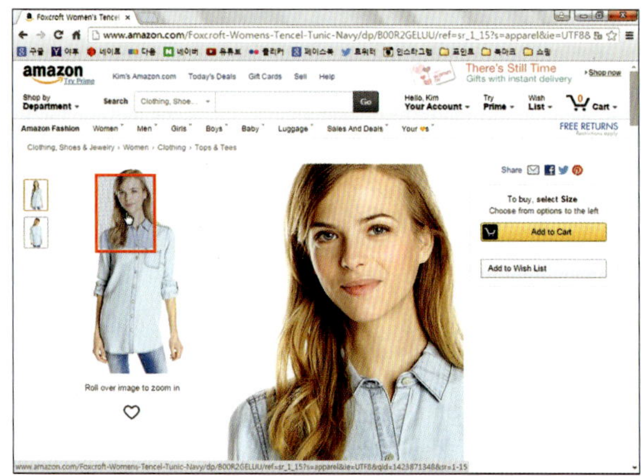

07 옷 종류이므로 구매할 치수를 선택해야 합니다.

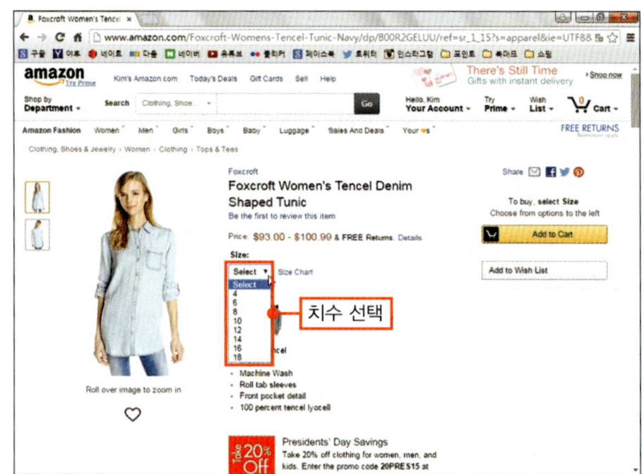

08 다음으로 구매할 색상을 선택해야 합니다. 색상 선택 기능이 없는 옷은 하나의 색상만 있는 옷입니다.

[Add Cart] 버튼을 클릭해 장바구니에 담습니다.

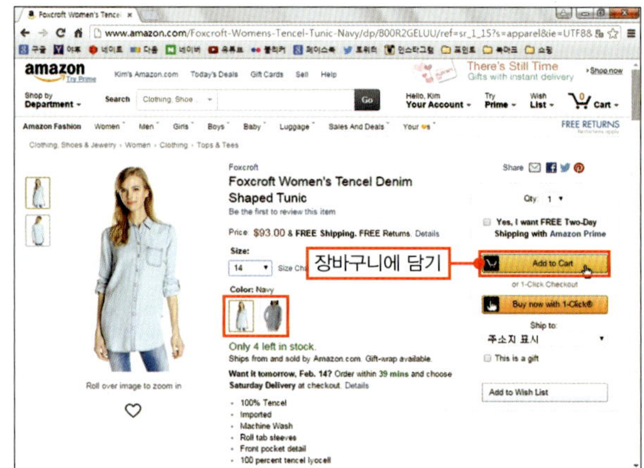

09 상품에 따라 브랜드 매장으로도 들어갈 수 있습니다.

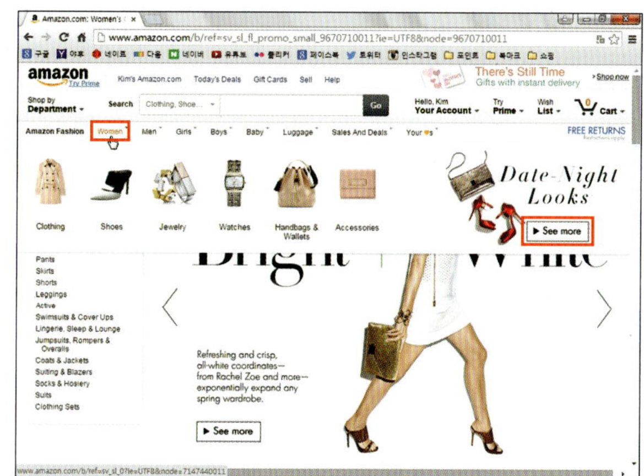

10 브랜드 매장으로 들어온 모습입니다.

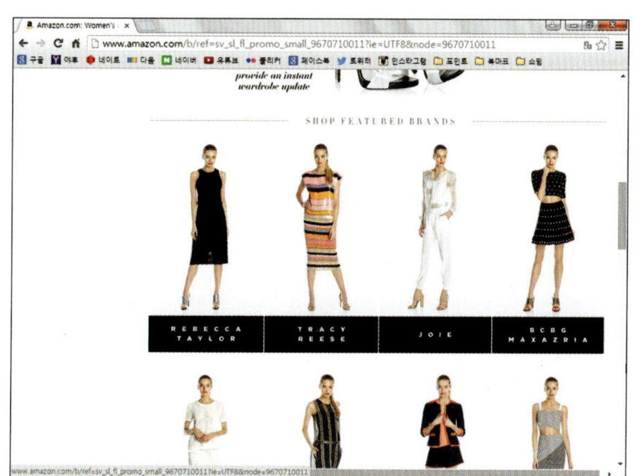

11 화면을 아래로 내리면 크고 작은 브랜드가 보이므로 마음에 드는 브랜드명을 클릭해 해당 브랜드 상품만 볼 수도 있습니다.

밑으로 내려갈수록 하위 브랜드이지만 가격이 저렴하므로 아무거나 클릭해 봅니다.

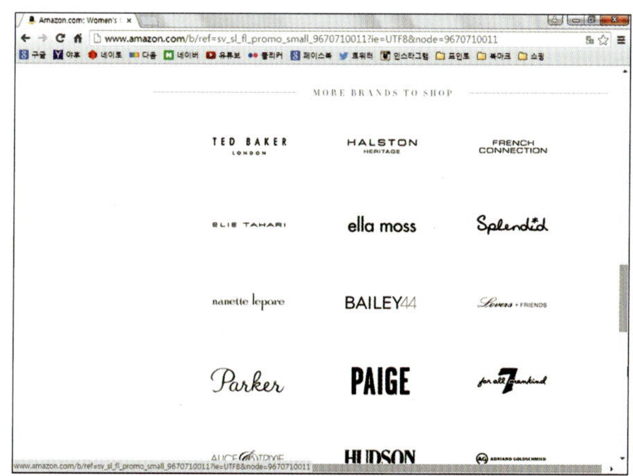

⑫ 하위 브랜드이다 보니 할인율도 높고 그 때문에 저렴한 가격의 제품이 많습니다.

가격순으로 상품을 정렬하려면 [Sort By] – [Pcice:Low to High] 메뉴를 선택합니다.

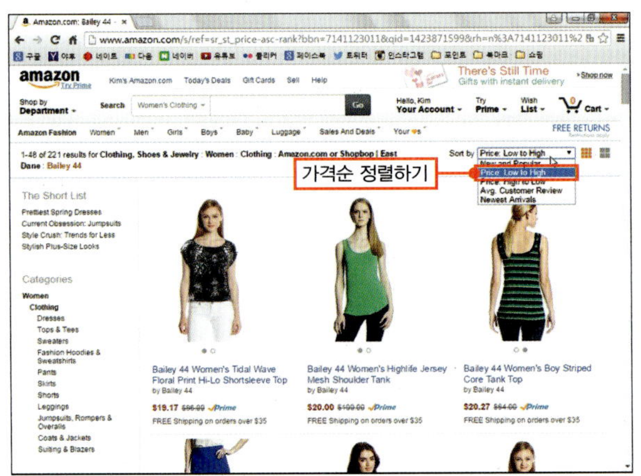

⑬ 하위 브랜드는 국내 쇼핑몰에서도 비슷한 품질의 옷을 많이 판매합니다. 이번엔 중견 브랜드 상품을 클릭해 봅니다.

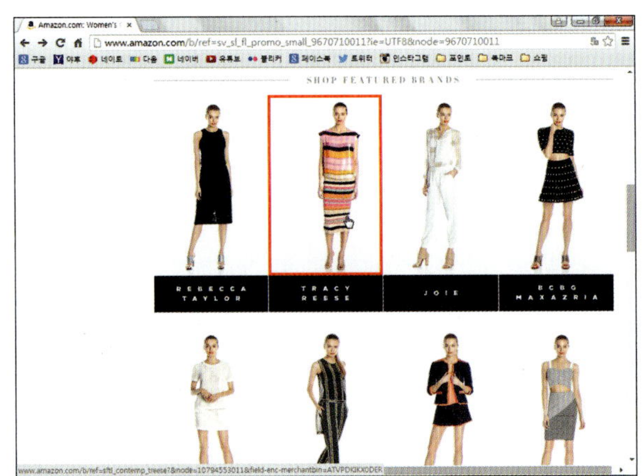

⑭ 중견 브랜드 상품은 할인율이 거의 없거나 할인되지 않는 가격으로 판매되고 있습니다.

이 상품은 해외배송이 안 되는 상품이므로 현지 배대지로 배송한 뒤 국내로 다시 배송해야 합니다.

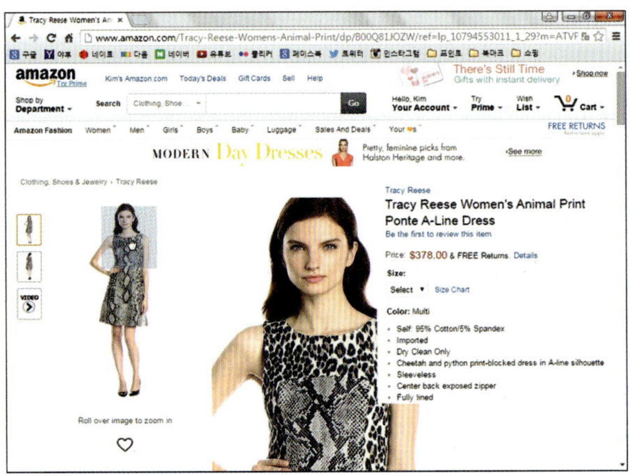

평상 시에 아마존에서 판매하는 할인상품 찾기
아마존 딜 상품(Today's Deals)

아마존의 딜 메뉴는 세일 기간이 아닌 평상시에 할인가로 판매하는 상품들입니다.

아마존 초기화면에서 딜 상품 메뉴는 Today's Deals 메뉴입니다. 매일 딜 상품이 바뀌므로 시간있을 때마다 클릭해서 값싸게 나온 제품이 있는지 확인바랍니다.

01 아마존 메인화면에서 당일자 딜 상품을 보려면 [Today's Deals] 메뉴를 클릭합니다.

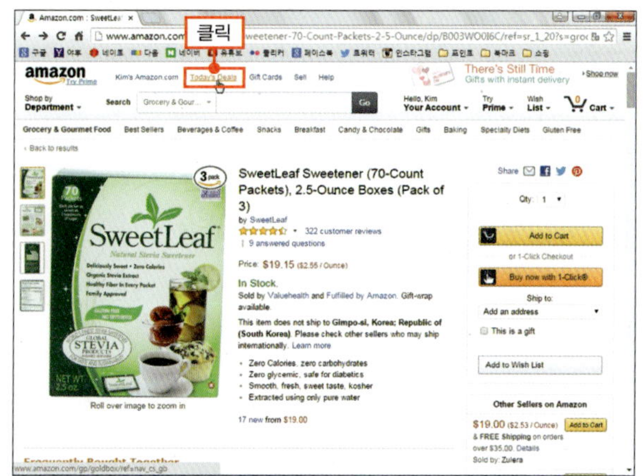

02 당일자 딜 상품 리스트가 보입니다. 마음에 드는 상품을 클릭해서 확인해 봅니다.

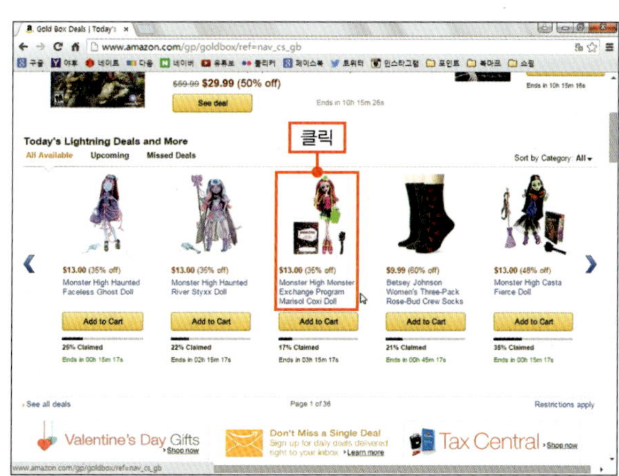

03 상품 내역을 검토하면서 구매 시 특
전이 있는지 파악합니다.

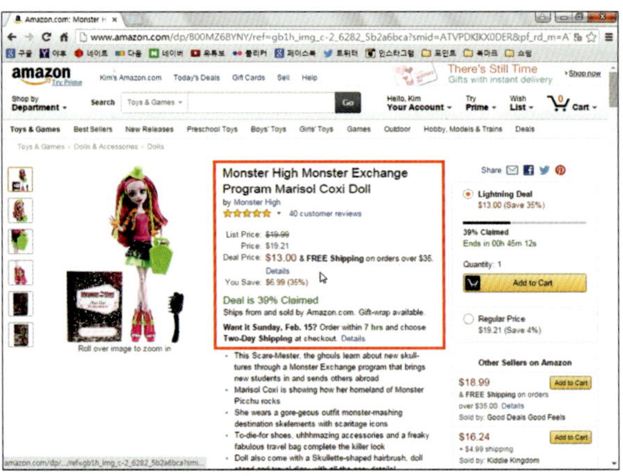

04 만일 자신의 아마존 계정에 주소를
등록한 상태라면 상품을 볼 때 한국직
배송 여부가 표시됩니다.

이 제품의 경우 '한국 도시로 배송이 가능
한 상품'이라고 표시됩니다.

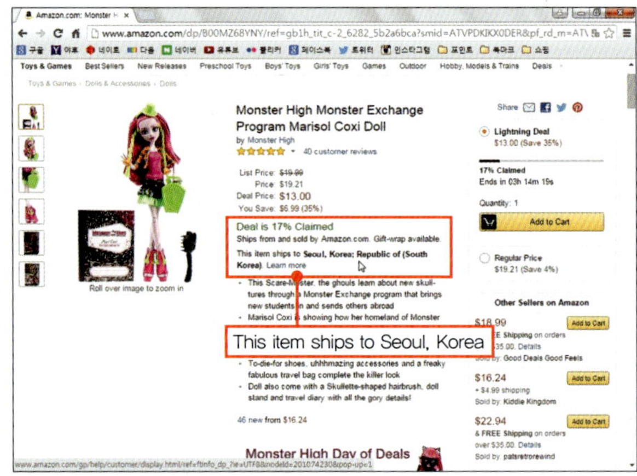

05 이 상품을 구매하려면 [Add Cart]
버튼을 클릭해 장바구니에 담습니다.

직배송 방식과 요금은 결제하기 전 확인할
수 있습니다.

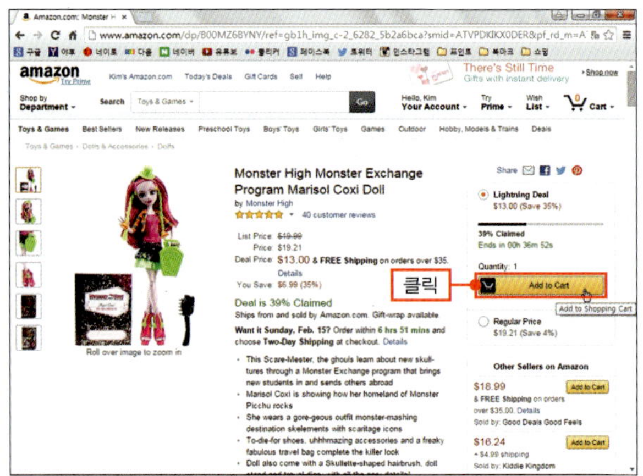

아마존 장바구니 확인하고 결제하기
신용/체크카드 결제화면 작성 방법

아마존에서 구매대금을 지불하기 위해 신용카드 정보를 입력하는 방법을 알아봅니다.

상품을 장바구니에 담은 뒤에는 결제 창으로 이동한 뒤 결제 작업을 해야 합니다. 결제 작업의 순서는 수령인 주소작성, 배송방법 선택, 카드정보 입력 순서로 하게 됩니다.

01 쇼핑몰에서 장바구니 아이콘을 클릭하면 장바구니 창으로 바로 이동할 수 있습니다.

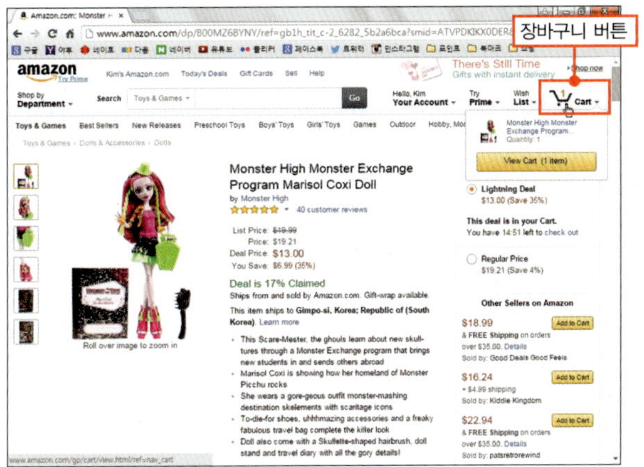

02 이 상품은 해외직배송이 되는 상품이지만 배송료가 비싸므로 현지 배대지로 배송하겠습니다.

배송료와 세금을 산출하기 위해 [Estimate your shipping and tax] 버튼을 클릭합니다.

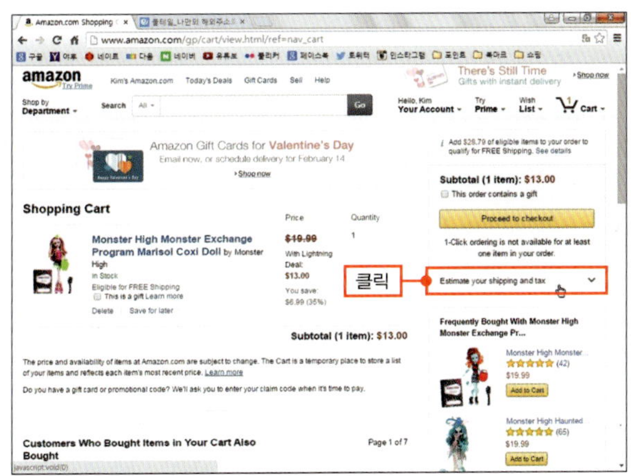

03 배송받을 미국 배대지 가상주소의
우편번호를 입력한 뒤 [Get Estimate]
버튼을 클릭합니다.

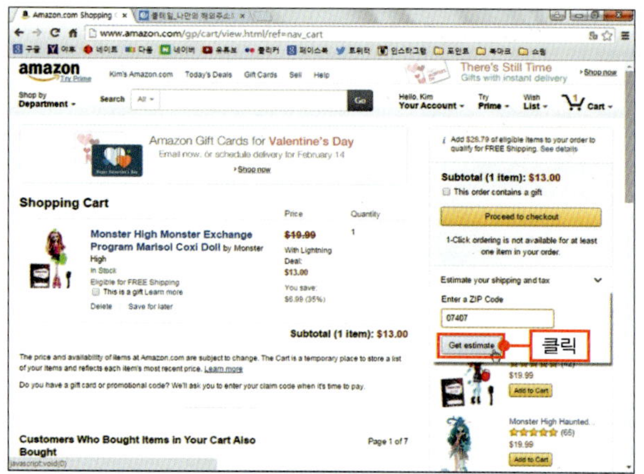

04 현지 배송비와 세금이 산출되었습
니다. 만일 현지 배송비와 세금이 비싸
면 장바구니 상품을 삭제하고 구매를
중단할 수 있을 것입니다.

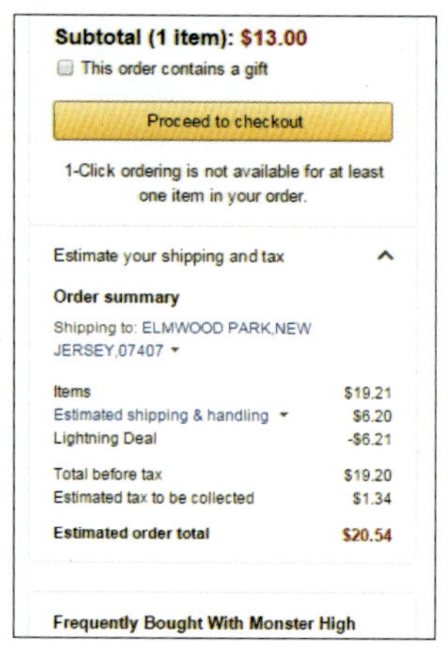

05 구매를 하기로 한 경우 [Proceed to
Checkout] 버튼를 클릭해 결제 창으로
넘어갑니다.

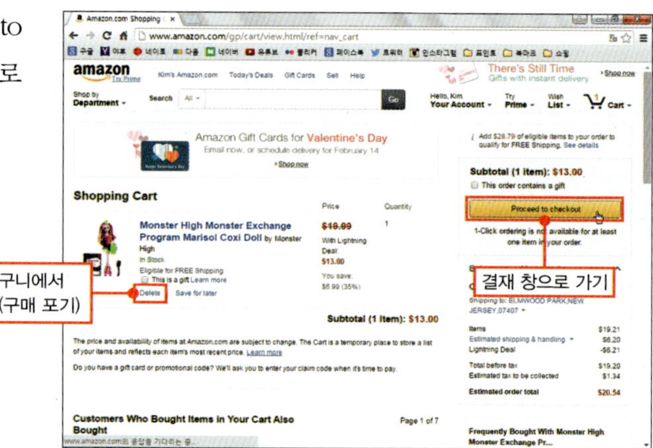

06 결제 창으로 연결될 때는 본인 확인을 위해 다시 한 번 로그인합니다.

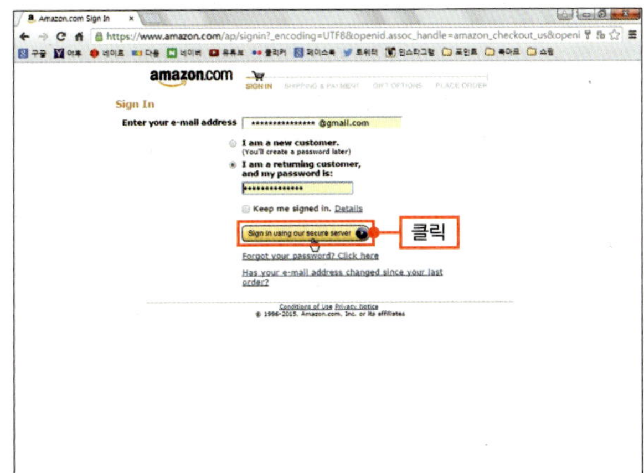

07 아마존 가입 시 한국 주소를 등록했으면 한국주소가 쉬핑 어드레스로 표시됩니다.

현지 배대지 가상주소로 배송받기로 했으므로 새 주소를 추가해야 합니다.

08 이 셀러는 해외직배송을 해주는 셀러이기 때문에 한국 주소를 쉬핑 어드레스로 선택한 뒤 다음 창으로 넘어갈 수 있습니다.

이때 배송소요 시간은 Amazon Global Expedited Shipping을 선택하면 5~10일 (근무일 기준) 소요됩니다.

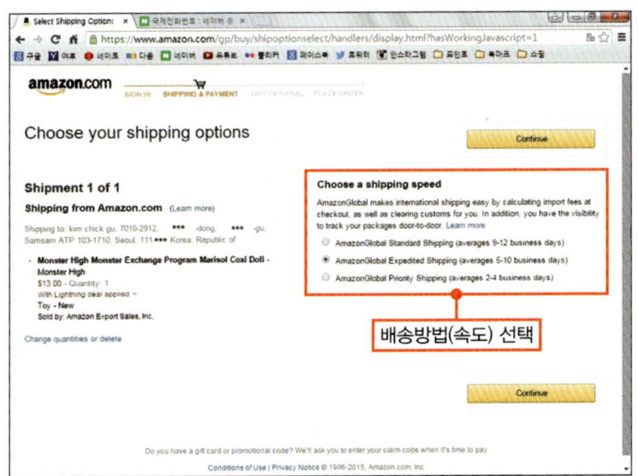

09 아마존 쉬핑 어드레스(수령인 주소)를 새로 추가할 때 작성 방법은 다음과 같습니다.

- **해외직배송이 가능한 셀러에게 구매했을 경우**
  한국에서 직접 수령할 경우 한국 주소지를 쉬핑 어드레스로 작성

- **해외직배송이 불가능한 셀러에게 구매한 경우**
  미국 배대지주소를 쉬핑 어드레스로 작성

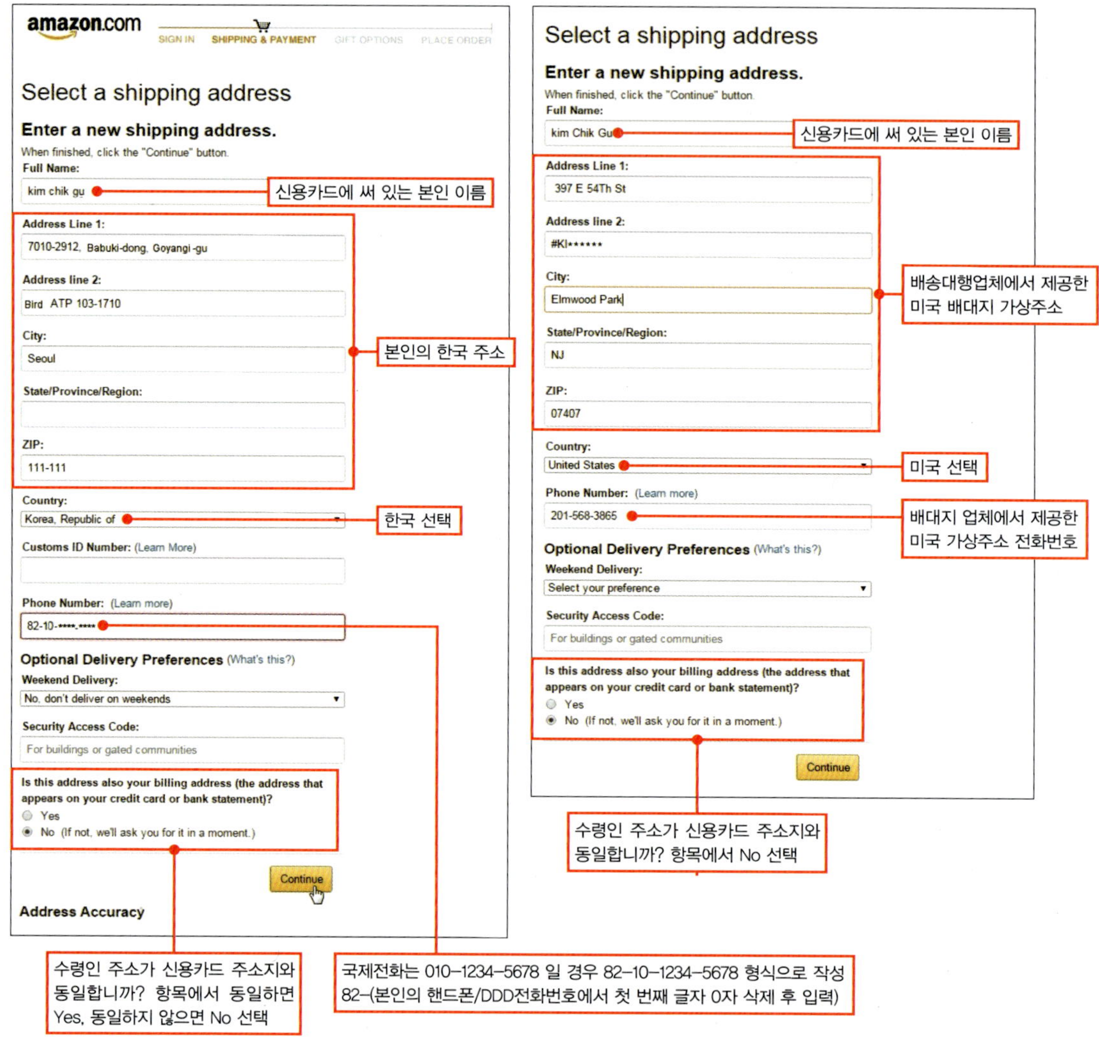

❿ 여기서는 미국 배대지주소를 수령지로 작성한 뒤의 모습입니다.

미국 시간은 'Standard Shipping'을 선택하면 결제일 기준 4∼5일 소요됩니다.

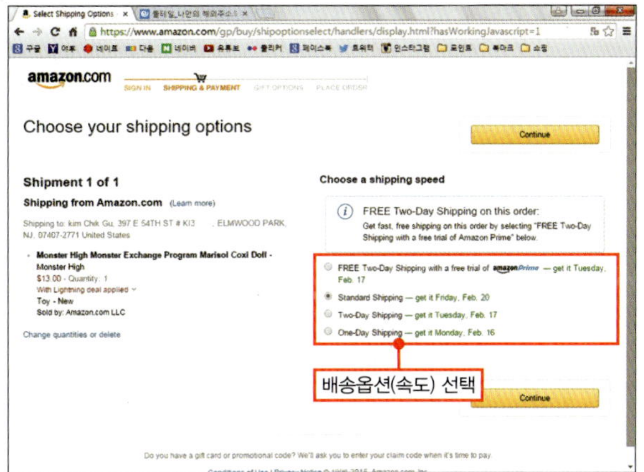

⓫ 앞에서 [Continue(계속)] 버튼을 클릭하면 카드정보를 입력합니다.

카드소유자 영문이름(카드 표면에 쓰여있는 이름), 카드번호, 유효기간란을 입력하고 [Continue(계속)] 버튼을 클릭합니다.

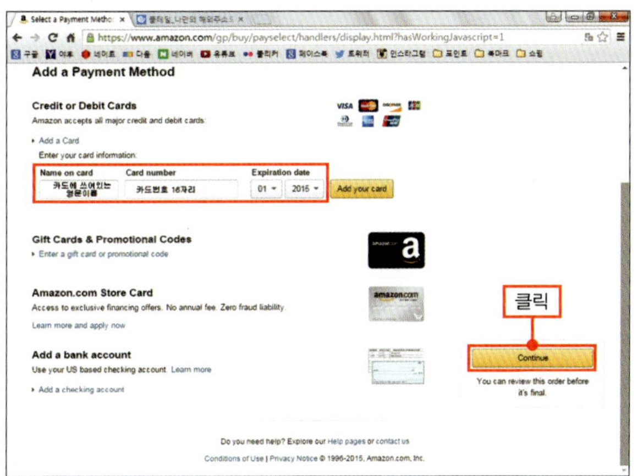

⓬ 작성한 카드정보가 정확한지 확인하고 [Confirm Card(확정)] 버튼을 클릭합니다.

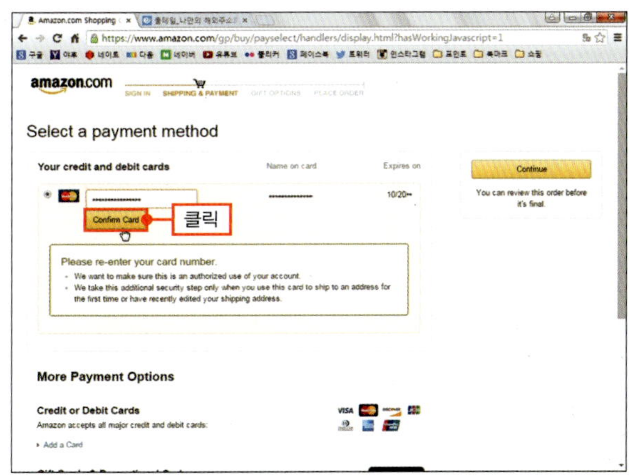

⑬ 당신이 사용할 통화 단위를 원화 혹은 달러화에서 선택한 뒤 [Continue(계속)] 버튼을 클릭합니다.

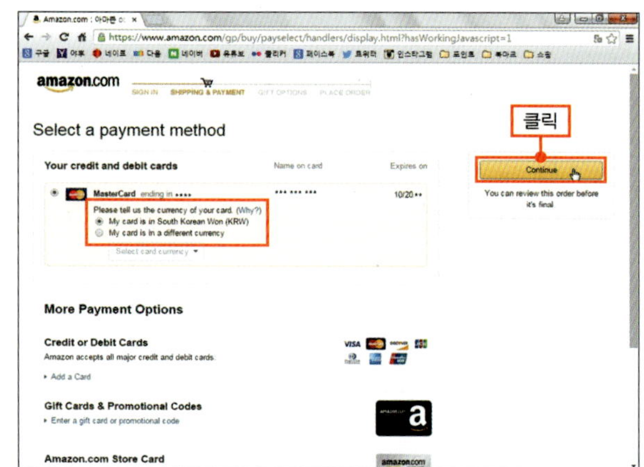

⑭ 다음 창으로 넘어가면 최종적으로 배송지주소, 결제금액을 확인할 수 있습니다.

[Place] 버튼을 클릭하면 안심결제 창으로 넘어간 뒤 안심결제 비밀번호를 입력하고 구매를 마무리할 수 있습니다.

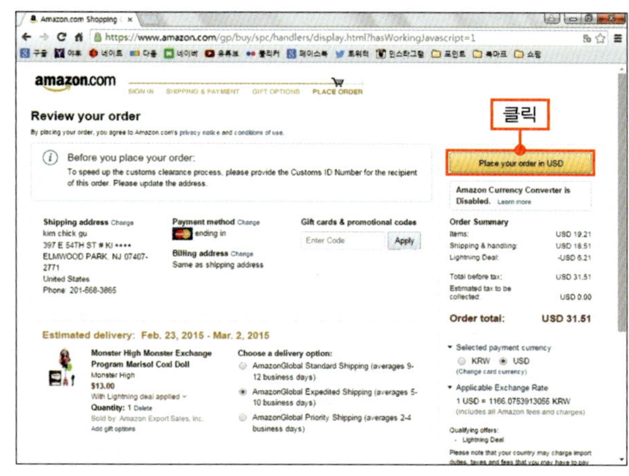

> **tip** 한국으로 직배송받을 경우 배송대행업체에 배송대행을 신청할 필요가 없습니다. 만일 미국 배대지 가상주소로 배송시킨 경우, 1~2일 뒤 아마존에 로그인해 오더 창에서 현지 배송 상태를 확인하고 트래킹 넘버가 있는지 확인바랍니다. 트래킹 넘버가 있으면 미국 현지 배송이 시작된 상태이므로, 배송대행업체에 로그인해 미국 배대지주소로 도착할 상품을 국내로 재배송되도록 배송대행신청서를 작성합니다. 배송대행신청서는 미국 현지배송이 시작되면 조회할 수 있는 트래킹 넘버가 있을 때만 작성할 수 있습니다.

아마존 기프트카드 혹은 할인코드 입력하기

아마존은 결제 마지막 화면에서 아마존 기프트카드나 아마존 할인코드를 입력하는 옵션이 있습니다. 기프트카드나 할인코드를 입력하면 신용카드결제금액이 그만큼 차감됩니다.

01 앞에서 본 카드결제 마지막 화면인 [Place Oder] 화면입니다.

아마존에서는 결제완료를 Place Oder(주문 제출)라고 말합니다. 이 화면에 기프트카드 코드나 할인코드 입력 창이 있습니다. 만일 기프트카드나 할인코드를 입력하면 그만큼 차감되어 결제금액이 확정됩니다.

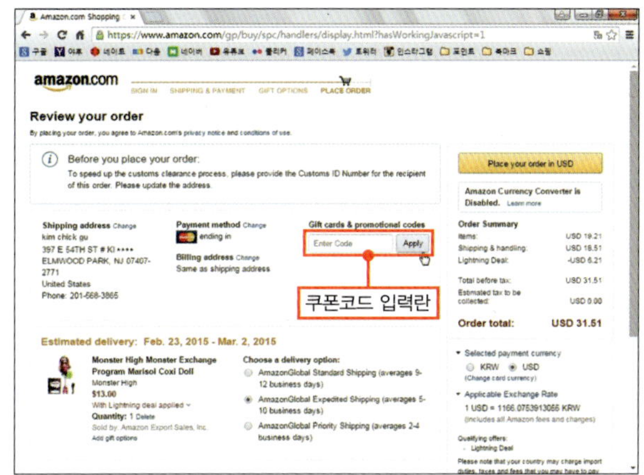

02 만약, 자신의 계정에 아마존 기프트카드 금액을 예치하려면 [Account] - [Gifts Card] - [Apply a Gift Card to Your Account] 항목을 클릭합니다. 그런 뒤 14~15자리로 된 기프트카드 코드를 입력하고 [Apply to Your Account] 버튼을 클릭하면 [Current Balance] 항목의 적립액이 기프트카드 금액만큼 늘어납니다. 'Current Balance'란 '적립금'을 뜻합니다. 적립금은 아마존에서 상품구매를 할 때 마지막 결제 화면에서 코드를 입력해 활용합니다.

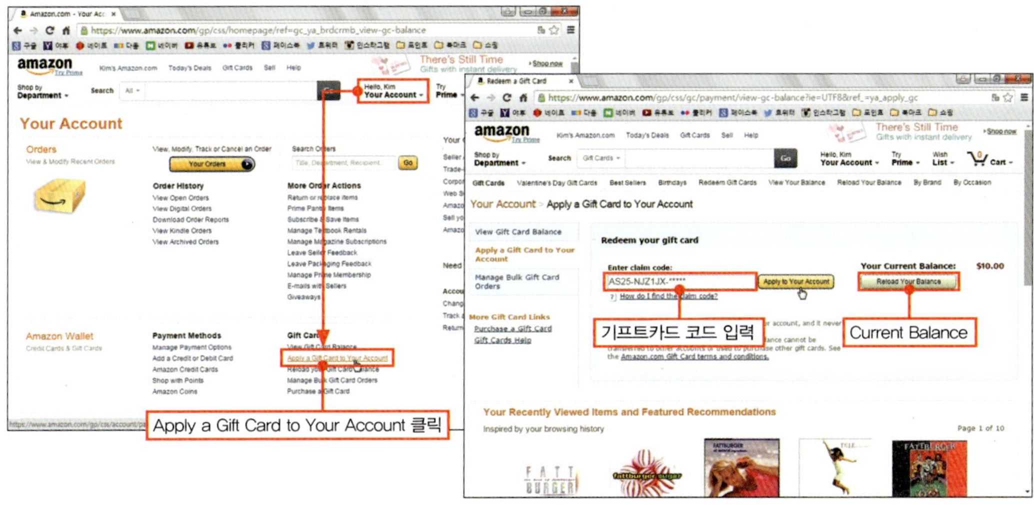

아마존에서 결제통화 변경하기

아마존은 결제화면 마지막 단계에서 결제할 통화 종류를 선택할 수 있습니다. 결제통화를 미화($)로 할 것인지 원화(₩)로 할 것인지 선택하는 것입니다. 환율면에서 유리한 통화로 결제하는데 원화를 받아주는 쇼핑몰은 원화로 결제해도 무방합니다.

01 앞의 [Place Oder] 화면에서 오른쪽 하단을 보면 결제통화를 선택하는 기능이 있습니다.

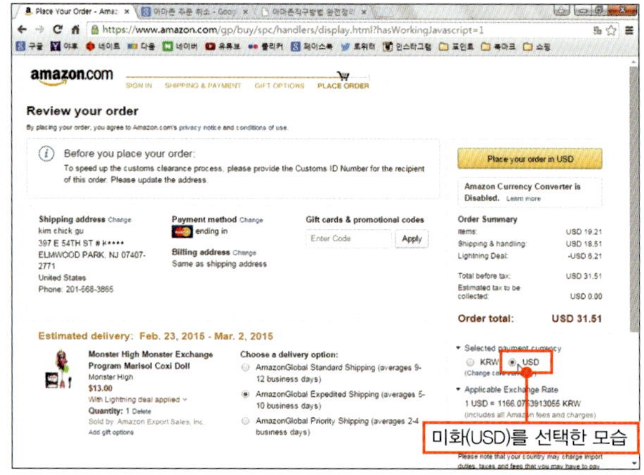

02 결제를 어떤 통화로 할 것인지는 당일 환율을 보고 판단하기 바랍니다.

결제통화를 선택한 뒤에는 [Place your order] 버튼을 합니다. 주문이 완료되고 안심결제 창으로 이동한 뒤 결제를 완료할 수 있습니다.

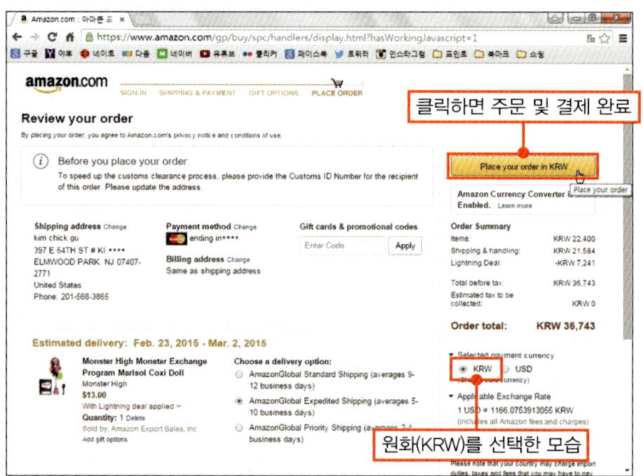

아마존에서 국제배송되는 상품 찾기

해외직배송으로 아마존 상품을 받으려면 먼저 해외직배송이 가능한 상품들을 찾아내야 합니다.

아마존에서 해외직배송 상품을 찾는 방법을 알아본 뒤 해외직배송 상품을 구매해 보겠습니다. 단 해외직배송 상품은 빨리 받을 수는 있지만 아마존 배송시스템을 이용하기 때문에 배대지를 통한 배송요금보다 조금 비쌀 수도 있습니다.

01 아마존 메인화면 상단의 [Amazon Grobal] 로고를 클릭합니다.

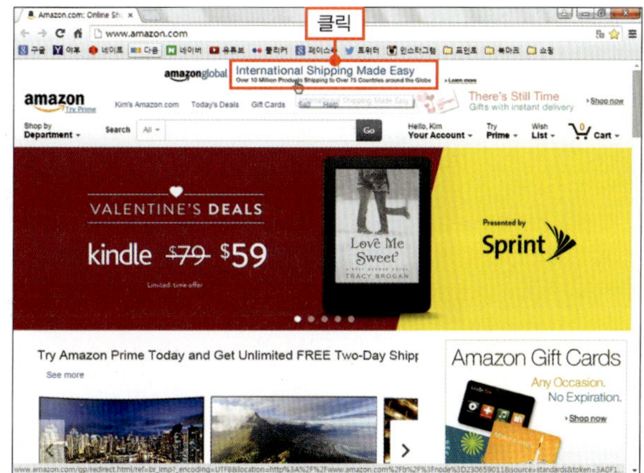

02 해외직배송이 가능한 아마존 상품 화면으로 이동됩니다.

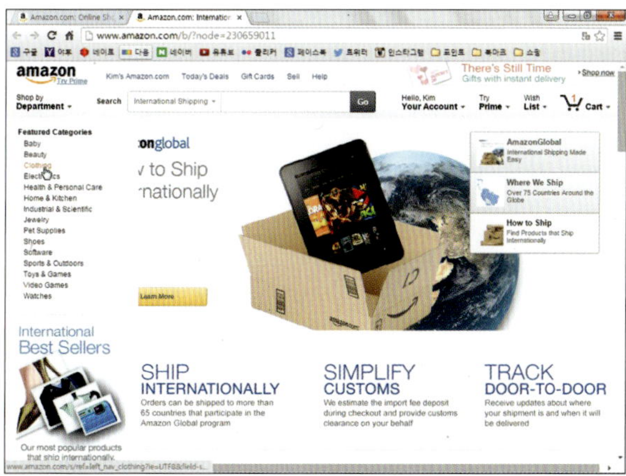

03 카테고리 메뉴에서 원하는 상품 카테고리를 선택합니다.

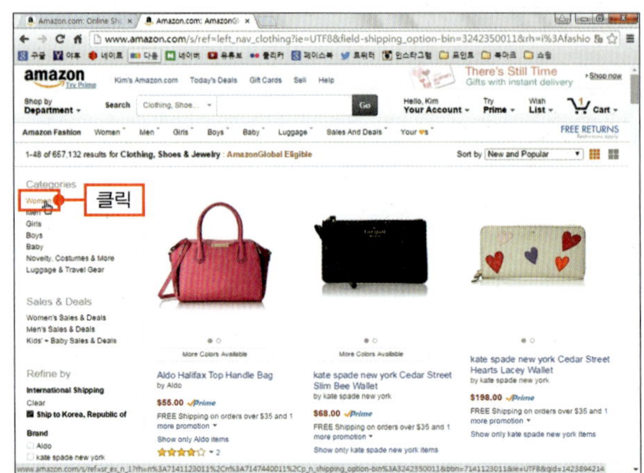

04 구매할 상품을 선택한 뒤 상품상세 설명을 확인합니다.

[Add Cart] 버튼을 클릭해 장바구니에 담습니다.

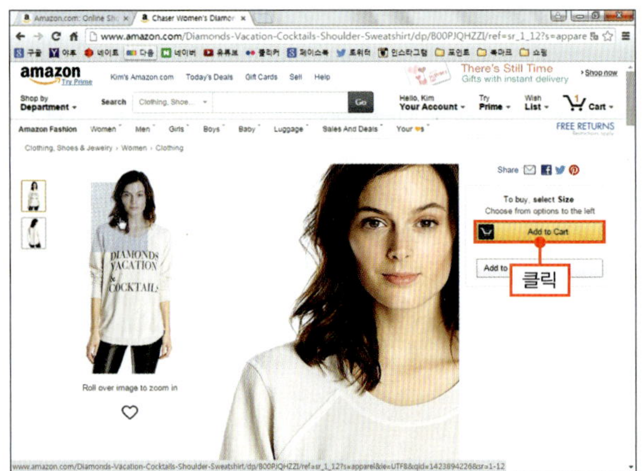

05 [Ship To] 항목에서 배송받을 한국 주소를 선택합니다(아마존 계정에 한국 주소가 등록된 경우에만 확인할 수 있습니다).

배송료와 세금을 산출하기 위해 [Estimate your shipping and tax] 버튼을 클릭합니다.

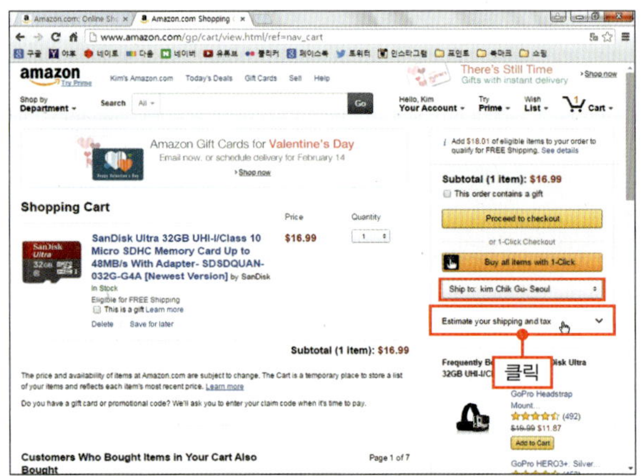

06 이때 여기서 나오는 해외배송요금은 매우 부정확한 것입니다.

왜냐하면 이 다음 화면에서 해외배송방식을 선택하는데 선택한 방식에 따라 해외배송요금이 달라지기 때문입니다.

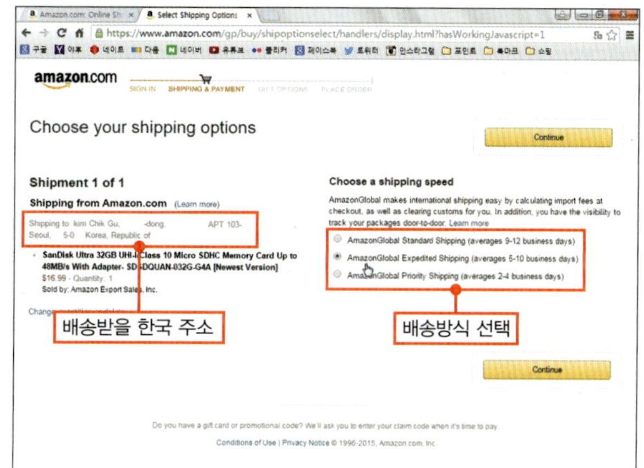

07 앞에서 [Proceed to Checkout] 버튼을 클릭하면 다음 창으로 넘어갈 수 있습니다.

여기서 해외배송방식 중 원하는 것을 선택합니다.

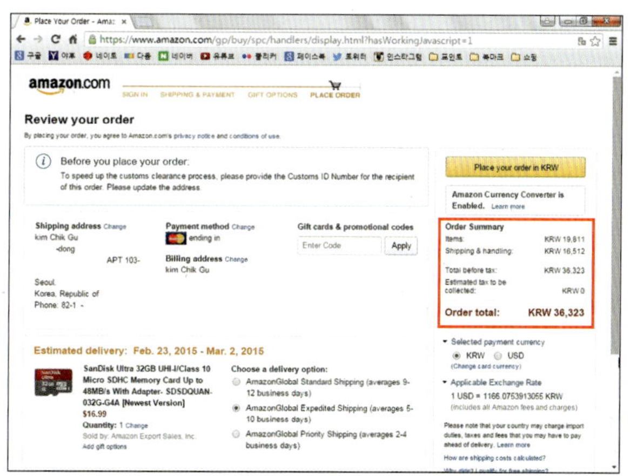

08 앞에서 [Continue] 버튼을 클릭하면 카드정보 등을 입력하고(카드정보가 이미 등록된 상태이면 생략) 최종 결제금액과 배송요금을 확인할 수 있습니다. 해외직배송료는 16,512원으로 나와 있습니다.

[Place....] 버튼을 클릭하면 결제를 마무리할 수 있습니다.

아마존 계정에 카드정보 등록하고 삭제하기

쇼핑몰의 자기 계정에 신용카드 정보를 등록하는 것은 그다지 권할 만한 일이 아니지만 매번 카드 정보를 입력하는 것이 귀찮다면 자기 계정에 카드정보를 등록해놓을 수도 있습니다.

쇼핑몰 계정에 신용카드 정보를 등록하면 물건을 구매할 때 카드정보 입력없이 상품을 구매할 수 있다는 장점이 있습니다. 여기서는 아마존 계정에 신용카드 정보를 등록하는 방법을 알아봅니다.

01 아마존에 로그인한 뒤 자신의 계정으로 가기 위해 [Your Accont] 메뉴를 클릭합니다.

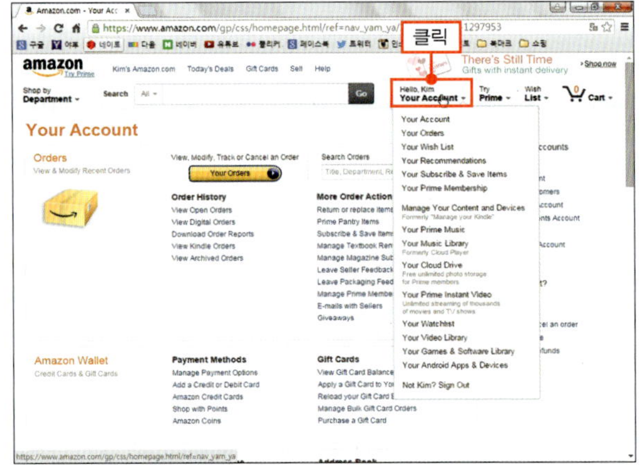

02 [Manage Payment Options] 항목을 클릭합니다.

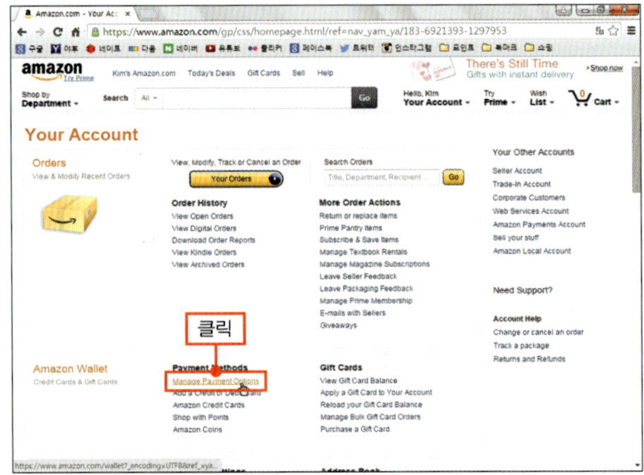

03 [Add Credit/Debit Card] 항목을 클릭합니다.

Debit Card란 체크카드(직불카드)를 말합니다.

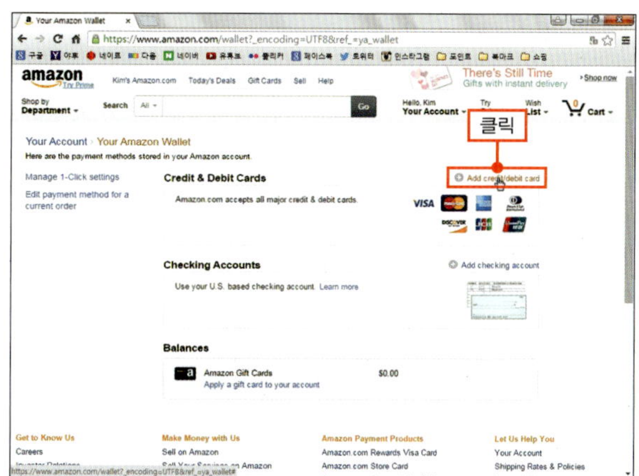

04 카드번호, 카드소유자이름(카드에써 있는 영문이름), 카드유효기간을 입력한 뒤 [Next] 버튼을 클릭합니다.

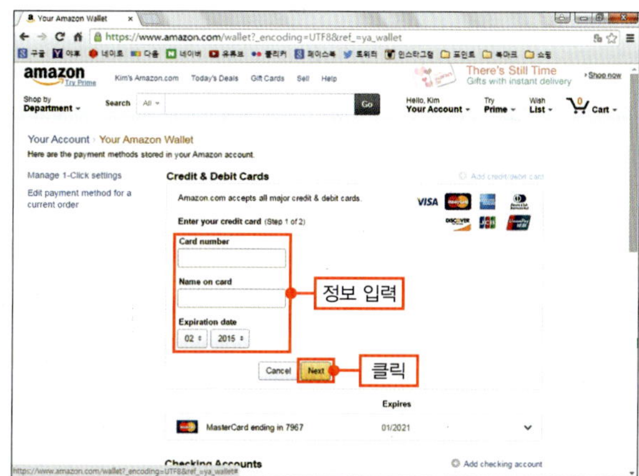

05 카드가 등록되었습니다. 다른 카드를 추가 등록하려면 [Add Credit/Debit Card] 항목을 클릭합니다.

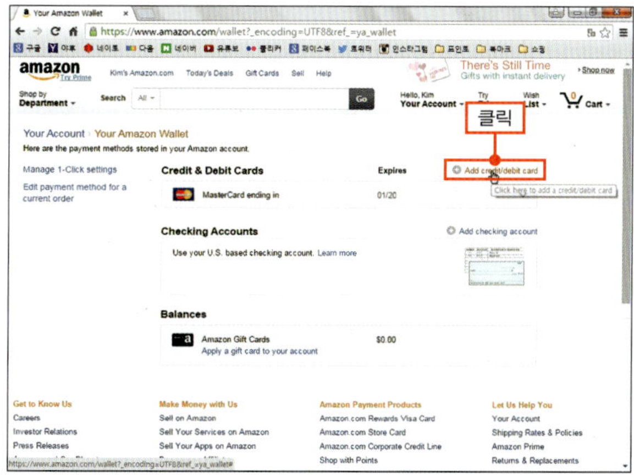

06 등록한 카드정보를 확인하려면 [접기] 버튼을 클릭합니다.

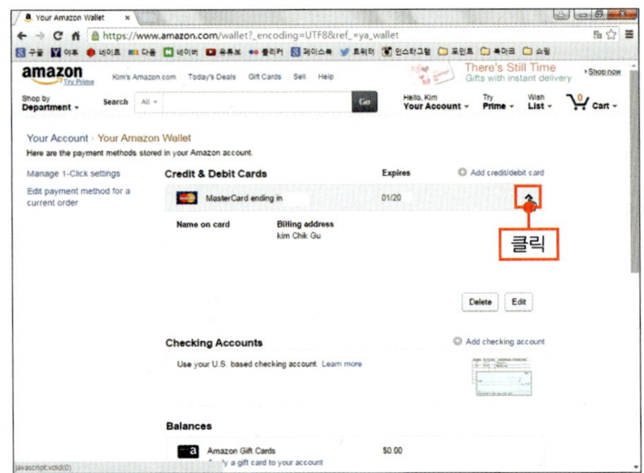

07 등록한 카드를 계정에서 삭제하려면 [Delete] 버튼을 누릅니다.

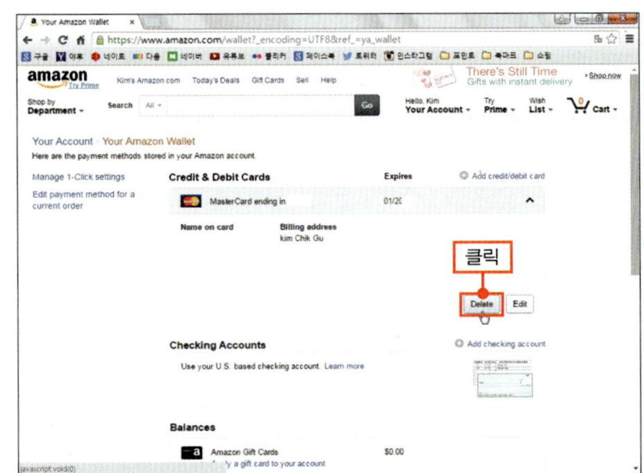

08 카드를 삭제할 때 [Confirm] 버튼을 누르면 계정에서 완전히 삭제됩니다.

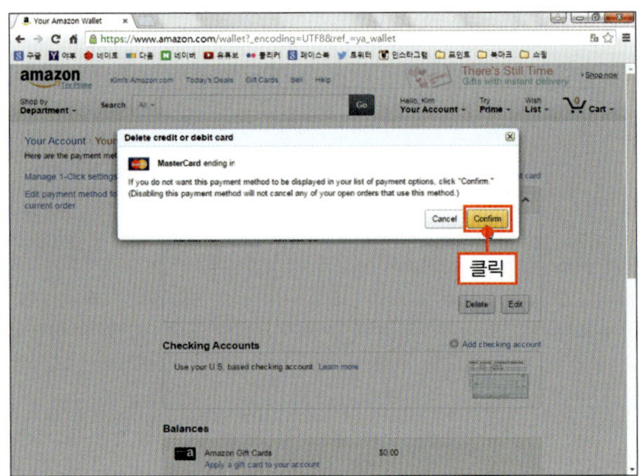

아마존 Account 메뉴 파악하기 ❶
Order(주문) 메뉴

아마존 메뉴들은 대개 쇼핑과 관련되어 있으므로 자세히 살펴보면 대략의 기능을 파악할 수 있습니다. 여기에서는 아마존에서 중요한 계정(Account) 메뉴 위주로 파악해 봅니다.

아마존 계정관리 메뉴는 [Your Account] 메뉴를 클릭하면 나타납니다.

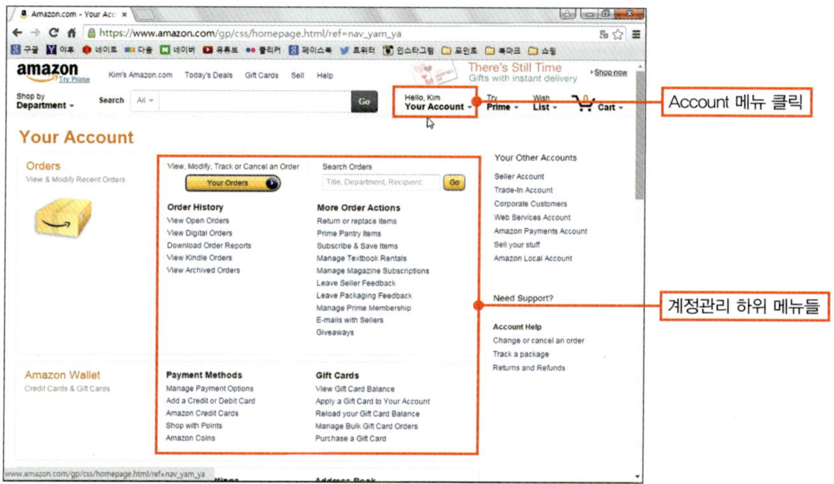

Ordes(주문) 메뉴는 아마존에서 주문(구매)한 물품들과 관련된 메뉴를 제공합니다. 중요한 메뉴로는 'View Open Orders', 'Track Package', 'Request cancellation', 'Return or replace Items', 'Leave Seller Feedback' 등이 있습니다.

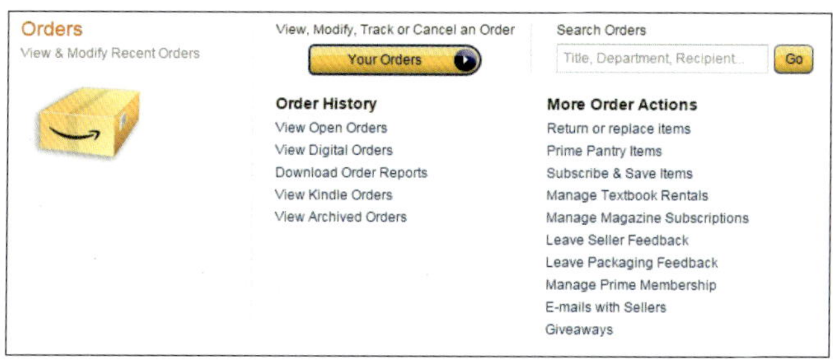

현재 배송 중인 상품이 있을 경우 배송조회를 하거나 주문취소를 할 수 있습니다.

배송이 느리거나 도착한 상품에 하자가 있을 때는 아마존에 중재를 요청하거나 셀러에게 문의할 수 있으며, 셀러가 반품받기로 한 경우 반품 혹은 교환요청을 할 수 있습니다. 또한 배송받은 상품의 품질이나 셀러의 서비스에 대해 피드백(셀러평점)을 남길 수 있습니다.

다음은 Orders 메뉴의 주요기능입니다.

Order History(주문내역) 메뉴	
View Open Orders 주문내역 보기	• Track Package : 배송추적하기 • Request cancellation : 주문취소하기 • File/View claim : 배송불만 혹은 상품하자 등에 대해 아마존에 중재 요청하기 • Contact Seller : 셀러(판매자)에게 문의하기
View Digital Orders 디지털 주문내역 보기	아마존 영화, 게임, 음악, 전자책 등의 다운로드나 스트리밍으로 구매한 디지털 주문내역 보기 등
Download Order Reports 주문내역을 다운로드하기	주문 내역을 보고서 형태로 다운로드하는 기능
View Kindle Orders 킨들 주문내역 보기	킨들 전자책, 매거진, 비디오, 오디오북 관련 주문내역 보기 • 킨들 앱 설정 기능 등
View Archived Orders 주문 보관함 보기	보관 중인 주문건 보기 • 위 여러 가지 주문건 중에서 자신이 보관한 주문 건이 있을 경우 이곳에 영구 보관 (저장)
More Order Actions(추가 주문관련) 메뉴	
Return or replace Items 반품 또는 교환	반품 혹은 교환 요청하기
Leave Seller Feedback 셀러 피드백	셀러(판매자) 후기 남기기
Leave Packaging Feedback 상품 피드백	상품후기 남기기
Giveaways 기부하기	구매한 상품을 자신의 SNS 팬이나 여러 아마존 고객에게 기부하기

아마존 Account 메뉴 파악하기 ❷
Amazon Wallet 메뉴

아마존 전자지갑 메뉴는 신용/선불카드 정보를 자신의 계정에 등록하거나 아마존 기프트카드로 적립금을 예치하는 기능을 제공합니다.

Amazon Wallet 메뉴는 아마존에서 사용하는 신용/체크카드 등의 지불도구와 전자지갑을 등록할 때 사용합니다.

Amazon Wallet Credit Cards & Gift Cards	**Payment Methods** Manage Payment Options Add a Credit or Debit Card Amazon Credit Cards Shop with Points Amazon Coins	**Gift Cards** View Gift Card Balance Apply a Gift Card to Your Account Reload your Gift Card Balance Manage Bulk Gift Card Orders Purchase a Gift Card

Payment Methods(지불도구) 메뉴	
Manage Payment Options 지불도구 관리	자신의 계정에 등록한 여러가지 지불도구를 관리하는 기능
Add a Credit or Debit Card 신용/체크카드 등록하기	자신의 계정에 구매대금 결제용 신용카드나 체크카드를 등록하는 기능
Shop with Points 포인트 보기	우리나라의 신용카드 페이백 혹은 신용카드 포인트와 비슷한 기능 • 적립된 포인트는 아마존에서 상품 구매 시 사용
Amazon Coins 아마존 코인 보기	우리나라의 게임머니와 비슷한 전자화폐 • 아마존에서 판매하는 킨들용 게임이나 앱을 구매할 때 사용
Gift Cards(기프트카드) 메뉴	
View Gift Card Balance 적립액	아마존 기프트카드로 적립한 적립액 보기
Apply a Gift Card to Your Account 기프트카드 금액을 예치하기	아마존 기프트카드에 쓰여있는 금액을 자신의 계정에 적립금으로 예치하는 기능
Reload Your Balance 자동적립 설정	계정에 적립금이 부족할 때 신용/체크카드를 통해 자동으로 예치하는 기능
Purchase a Gift Card 기프트카드 구매	아마존 기프트카드 구매하기

아마존 Account 메뉴 파악하기 ❸
Settings 메뉴

Settings(설정) 메뉴는 아마존에서 사용하는 자신의 계정 설정과 관련된 메뉴입니다.

아마존에 로그인할 때 사용하는 비밀번호를 변경하거나 배송받을 주소를 여러 개 등록할 수 있습니다. 배송받을 주소는 매번 입력하는 것이 귀찮으므로 한국 집주소와 현지 배대지주소 등 여러 개의 주소를 등록하면 결제할 때 배송지를 변경해 배송받을 수 있습니다.

Settings Password, Prime & E-mail	**Account Settings** Change Account Settings E-mail, password, name and mobile phone Forgot Your Password? 1-Click Settings Manage Prime Membership Amazon Student Membership Amazon Mom Membership Manage 'Shipment Updates via Text' Amazon Tax Exemption Program Manage Login with Amazon Register for a Business Account	**Address Book** Manage Address Book Add New Address **E-mail from Amazon** E-mail Preferences & Notifications Amazon Local and Amazon Delivers E-mail Subscriptions Product Availability Alerts

Accounts Settings(계정 설정) 메뉴	
Change Account Settings 계정 설정 변경	자신의 계정에 등록된 본인 이름, E메일주소, 암호, 전화번호를 변경하는 기능
Forgot Your Password?	비밀번호 재설정 기능
Amazon Student Membership 아마존 학생 멤버십	아마존 학생 우대 고객 가입 기능 • 아마존 프라임 고객과 비슷한 유료이나 프라임 요금의 50%로 가입. 첫 6개월은 무료
Amazon Mom Membership 아마존 맘 멤버십	아마존 어머니 우대 고객 가입 기능 • 아마존 프라임 서비스와 비슷한 유료방식의 서비스 • 아이(베이비 레지스트리) 관련 상품 구매 시 할인특전 부여 • 첫 1개월은 무료
Shipment Updates via Text 전화문자 수신설정	배송 시 핸드폰 전화문자로 배송정보를 받을 수 있도록 옵션을 설정하는 기능
Address Book (주소록) 메뉴	
Manage Address Book	배송받을 주소록 관리 및 수정 기능
Add New Address	배송받을 주소를 추가 등록하는 기능
E-mail from Amazon 메뉴	
E-mail Preferences &Notifications	아마존에서 보내오는 홍보 메일에 대한 옵션 설정 기능
Product Availability Alerts	품절상품 등의 재고상품의 신규입고 소식을 빨리 받을 수 있도록 설정하는 기능

아마존 맘 멤버십 서비스는 아기 엄마가 가입하는 우대고객 서비스입니다. 첫 1개월은 무료, 그 뒤는 유료입니다. 아기용품을 많이 구매하는 어머니들이 가입합니다.

아마존 맘 멤버십 서비스는 아마존 프라임 서비스와 비슷한 기능으로 아기엄마 대상 우대고객 서비스입니다. 기저귀 구매에 특히 유리하지만 국내로 배송받기에는 부피가 크므로 우리나라 사람들에겐 다소 무용지물 서비스입니다. 아마존 맘 멤버십 가입 시 특전은 아래와 같습니다.

Accounts Settings(계정 설정) 메뉴	물품가격 구별없이 미국 전국 2일 배송 보장
기저귀 20% 할인	기저귀 구매 시 20% 할인 특전
베이비 레지스트리 15% 할인	갓 태어날 아이를 위해 베이비 레지스트리 품목 구매 시 15% 할인 특전 • 아마존 스토어 중에서 baby store에 해당하는 제품 구매 시 할인
회원전용 쿠폰	유아용품 구매 시 할인받을 수 있는 전용 쿠폰 발행
무료 음악 스트리밍	아마존의 스트리밍 음원 100만 곡 무료 제공
무료 영화 스트리밍	아마존의 스트리밍 영화와 TV쇼 수천 개 무료 제공

아마존 맘 멤버십 서비스는 첫 1개월은 무료이고 그 뒤부터는 프라임 서비스처럼 유료입니다. 무료가입을 하더라도 신용카드 정보를 등록해야 하며, 무료기간이 지나면 유료로 자동 전환됩니다. 가입은 [Account] 메뉴를 클릭한 뒤 화면 중앙의 Account Settings - Amazon Mom Membership 항목에서 할 수 있습니다.

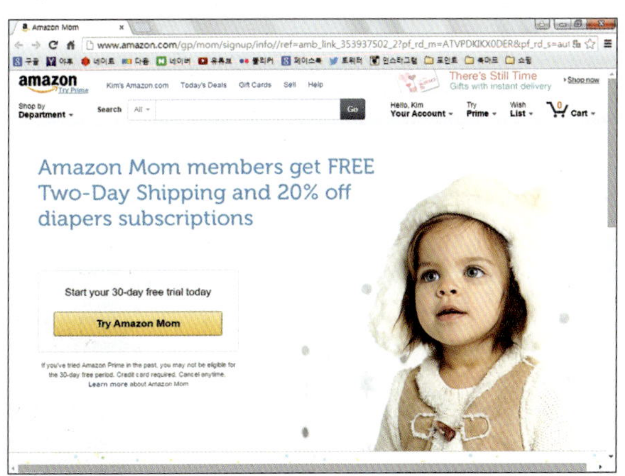

▲ 아마존 맘 멤버십 가입 창

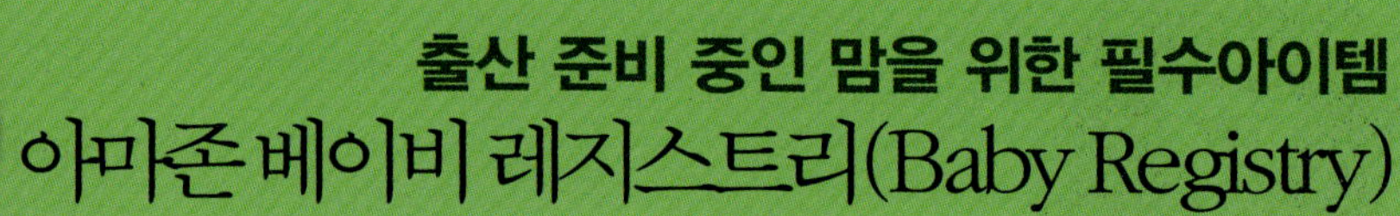

베이비 레지스트리(Baby Registry)는 출산을 준비중인 여성이 출산 60일 전부터 출산 후 90일까지 사용하는 유아용품 10% 할인서비스입니다.

베이비 레지스트리(Baby Registry)가 적용되는 아마존 스토어에서 할인을 받으려면 먼저 아마존 베이비 레지스트리에 가입해야 합니다. 이때 출산 예정일(아기가 태어날 날짜)를 기입하고, 가입승인이 떨어지면 태어날 아이를 위한 육아용품을 베이비 레지스트리 기간동안 10% 할인으로 구매할 수 있습니다. 만일 '아마존 맘 멤버십'에도 중복가입한 상태라면 최대 15% 할인받을 수 있습니다.

아마존에서 육아용품을 구매할 계획이라면 최소 14일 전에 베이비 레지스트리에 가입해야 육아용품 구매 시 10% 할인을 받을 수 있습니다. 가입에 성공하면 아마존 쇼핑몰에서 10% 할인 가능한 아기용품들이 베이비 레지스트리 가입자에게 표시됩니다.

01 베이비 레지스트리에 가입하기 위해 아마존에서 'Your Account' 메뉴를 클릭합니다.

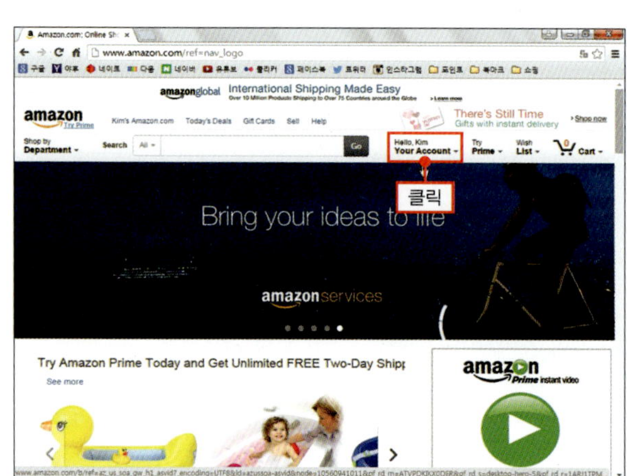

02 [Personalization] - [Baby Registry]
항목을 클릭합니다.

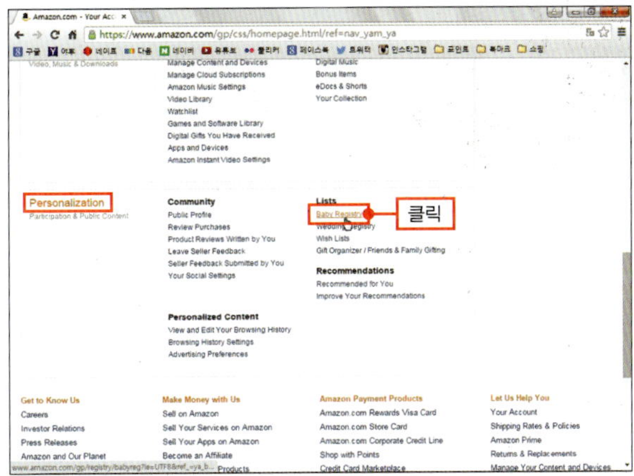

03 베이비 레지스트리 가입 창이 나타
나면 [Create] 버튼을 클릭하고 소정의
양식을 작성한 뒤 가입을 완료합니다.

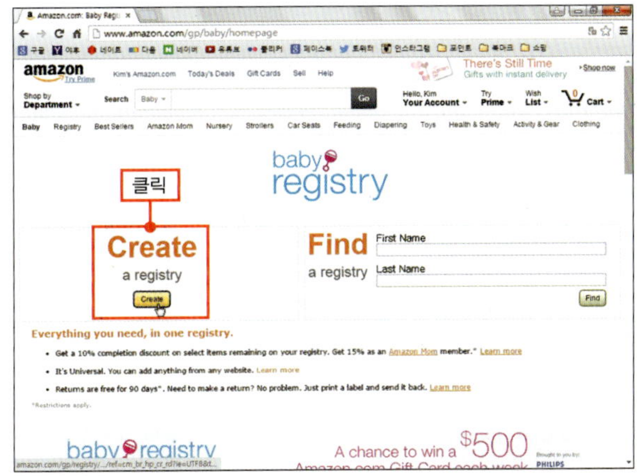

베이비 레이스트리 가입에 성공하면 그 후 아마존 검색 창에서 유아용품 이름, 예를
들면 유모차인 'baby stroller'를 검색하면 검색된 유모차 중에서 10% 할인가로 구매할
수 있는 유아용품이 보입니다. 일반적으로 의류는 할인상품이 거의 없지만 그 외 유아용
품은 베이비 레스트리 10% 할인가가 적용된 상품이 많습니다.

일단 아무 상품이나 검색한 뒤 원하는 상품을 Wish List에 담지말고 Baby Registry
Wish List에 담기 바랍니다. 이때 베이비 레지스트리 10% 할인가가 적용되는 상품들은
별도로 표시되어 알 수 있습니다. 이런 상품들을 장바구니로 옮겨담은 뒤 구매하세요.

아마존의 베이비 레지스트리 상품들
10% 할인가가 적용되는 유아용품들

베이비 레지스트리에 가입한 뒤 상품을 검색할 경우 아래 영문단어로 검색하면 10% 할인된 상품이 있을 때 표시됩니다.

baby strollers(유모차)	Bath Tubs(아기 욕조)	Bottles(젖병)
See Style Options Cosco Umbria Stroller - Pink Zigzag	See Color Options Disney Inflatable Bathtub, Princ	See Size Options Medela Breastmilk Bottle Set, 8 Ounce, 3 Count
Soft Carriers(아기를 등에 업는 배낭)	**Diapers(기저귀)**	**Diaper pail(기저귀 전용 쓰레기통)**
See Color Options Luvable Friends Light Colors Soft Baby Carrier, Pink	See Size & Unit Count Options Pampers Swaddlers Diapers Size 1 Economy Pack Plus 216 Count	Safety 1st Easy Saver Diaper Pail
Bedding(아기침구)	**Playards(아기침대-사각놀이터형)**	**bassinet(아기침대-둥근바구니형)**
Everything Kids 4 Piece Toddler Bedding Set, Dinosaurs	See Color Options Graco Pack 'n Play On the Go Travel Playard, Go Green	Summer Infant Soothe & Sleep Bassinet with Motion, Lila
Sleepwear(아기잠옷)	**Swings(아기전용 그네)**	**그 외 아기용 전자제품 (일부 할인가 적용상품들)**
See Size & Color Options Gerber Baby-Boys Newborn Cute 6 Piece Sleepwear Essential Gift Set	See more choices Fisher-Price Space Saver Swing and Seat, Discover'N Grow	Humidifier(가습기) Monitor(아기감시 모니터) 아마존 검색 창에서 Baby 옵션을 선택한 뒤 검색 요망

이베이에서 직구 시작하기
경매거래, 고정가거래, 흥정거래도 할 수 있어요

미국 이베이(eBay)는 아마존과 쌍벽을 이루는 쇼핑몰입니다. 신상제품은 고정가거래, 중고품은 경매거래 등 두가지 거래시장이 활성화되어 있기 때문에 마음에 드는 제품을 발굴하고 구매할 때 유용합니다.

이베이는 프랑스 출신 이란계 미국인 피에르 오미다이어가 1995년 설립한 옥션웹(AuctionWeb)이 효시입니다. 이 쇼핑몰에서 최초 거래된 상품은 4.83달러짜리 망가진 레이저 포인터였습니다. 재미있게도 그 제품은 '망가진 제품을 수집하는 사람'이 구매한 것이라고 합니다. 순전히 개인적인 중고제품 거래를 위해 만든 옥션웹은 그 후 거래량이 늘면서 직원을 고용하였고 1997년에는 지금의 이베이라는 사명으로 개명하였습니다. 그 뒤 3년 뒤인 1998년에는 직원 수가 30명으로 늘었습니다. 2002년 봄에는 유럽의 경매 사이트 아이바자(IBazar)를 인수, 그 해 가을에는 인터넷 전자지갑으로 유명한 페이팔을 인수했습니다. 2008년 이베이는 전 세계 1만 5천 명의 직원을 거느린 거대한 소매기업이 되었습니다. 이베이 미국쇼핑몰은 www.ebay.com로 접속하고 각 대륙별, 국가별 이베이 쇼핑몰이 존재합니다. 한국 내 자회사로는 '옥션'과 '지마켓'이 있습니다.

이베이의 특징은 경매거래이지만 신상 제품은 정찰가거래 방식으로 거래할 수 있습니다. 또한 페이팔 모회사이기 때문에 페이팔로 구매대금을 결제할 수 있습니다.

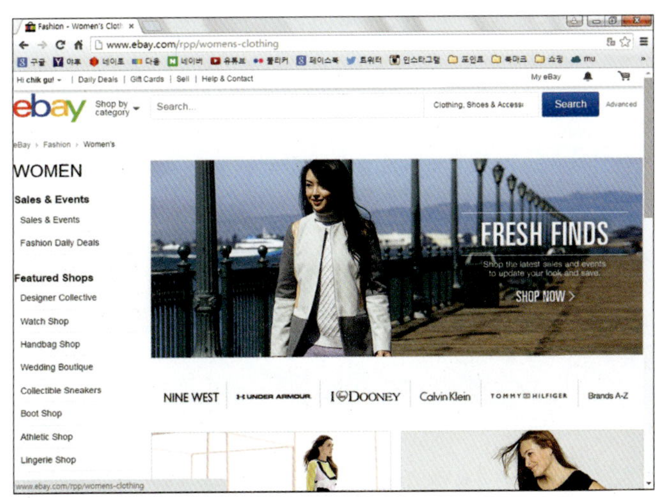

▲ 이베이 쇼핑몰

이것이 바로 이베이 직구의 매력

이베이에서는 새 상품부터 중고 빈티지 상품까지 거래됩니다. 물건을 구입하던 사람도 물건을 판매할 수 있는 것이 이베이의 매력입니다.

매일 있는 어메이징 브랜드 세일

이베이에서는 매일 명품 브랜드가 딜을 할 뿐 아니라 카테고리별로 세일을 합니다.

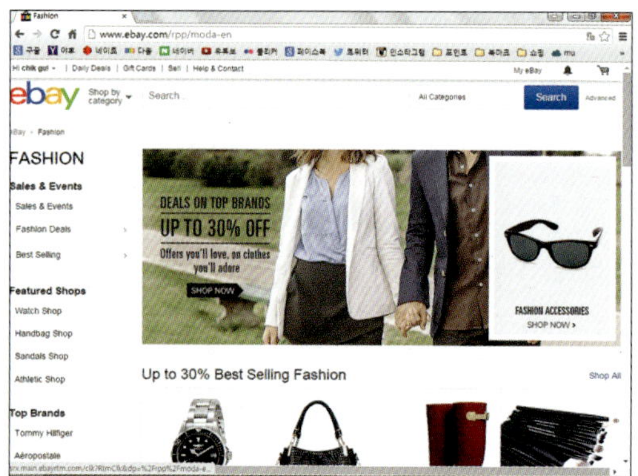

▲ 패션 카테고리의 어메이징 세일

골동품에서 빈티지상품까지

이베이는 지구 최고의 박물관급 골동품 시장이자 빈티지상품 시장입니다.

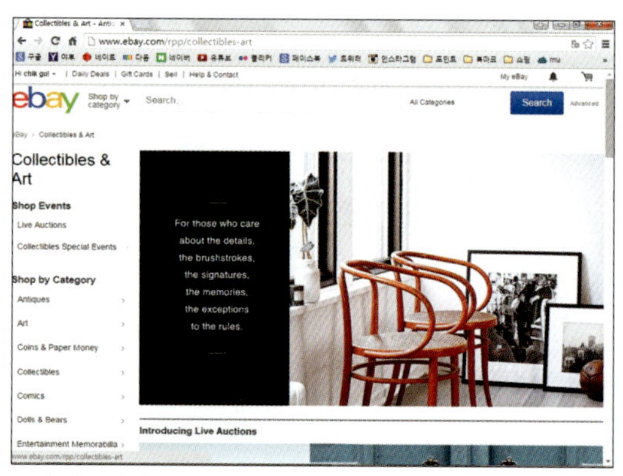

▲ 수집품 카테고리 화면

지구 최고의 경매시장

이베이는 지구에서 가장 큰 경매시장입니다.

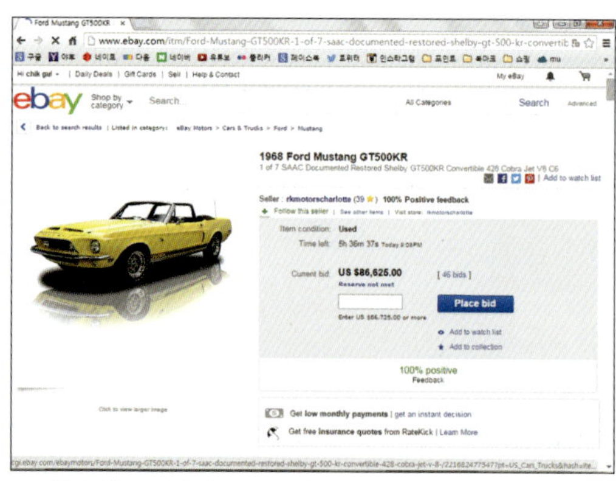

▲ 8천만 원 상당의 자동차 경매

최고급 중고 명품거래까지

쓰레기로 삼아도 될 만한 중고는 물론 최고급 중고제품이 함께 거래됩니다.

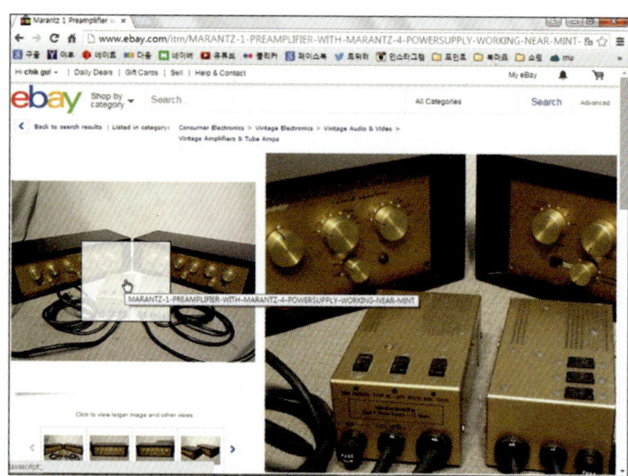

▲ 900만 원 상당의 마란츠 앰프 중고

이베이 회원가입하기

이베이에서 직구를 하려면 먼저 회원으로 가입해야 합니다.

이베이나 아마존, 그 외 미국 유명 쇼핑몰들은 회원가입 양식이 다들 비슷합니다. 앞에서 아마존에 가입한 분들은 손쉽게 이베이 회원가입 창을 작성할 수 있을 것입니다.

01 구글 크롬을 실행한 뒤 이베이(www.eBay.com)에 접속합니다.

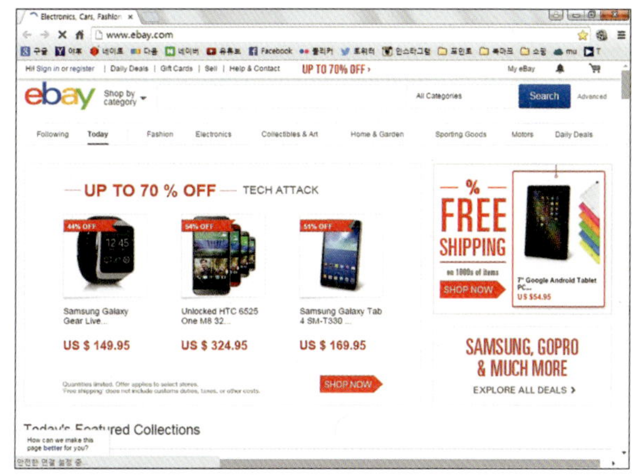

02 Register(등록) 글자를 클릭해 이베이 회원가입을 시작합니다.

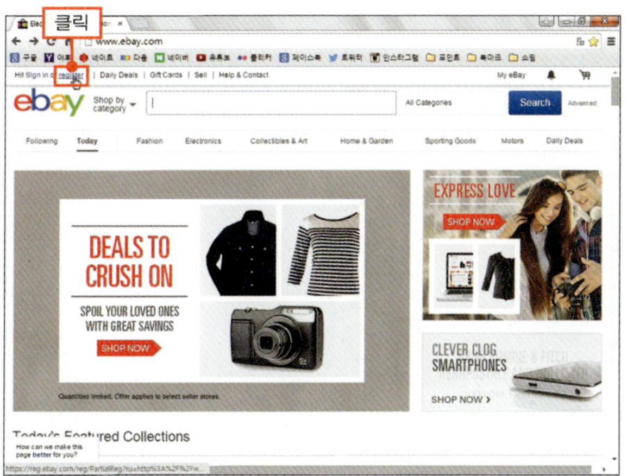

03 이름, E메일주소, 비밀번호를 설정
합니다. 하단 [Register] 버튼을 클릭하
면 회원 가입할 수 있습니다.

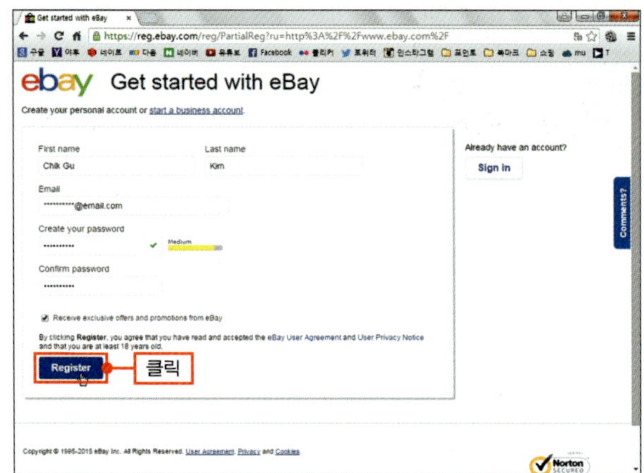

04 회원가입에 성공한 것을 알 수 있습
니다. [Continue] 버튼을 클릭합니다.

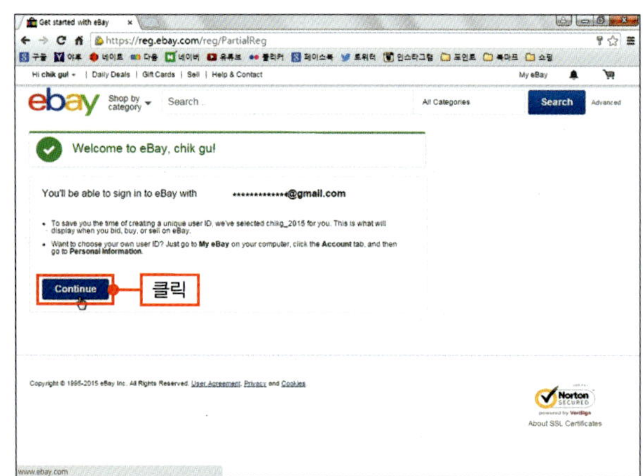

05 [Register] 부분에 자신의 이름이 보
이면 로그인 상태입니다.

자신의 이름 부분을 클릭합니다.

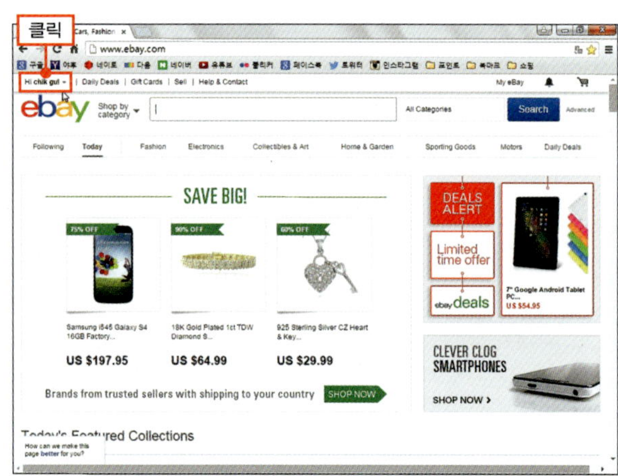

06 이베이의 계정관리 메뉴인 [Account Settings] 메뉴를 클릭합니다.

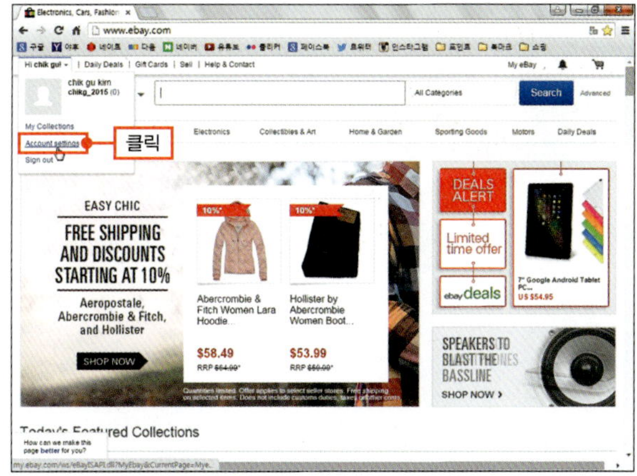

07 계정관리 메뉴에서 중요한 기능은 이베이 전자지갑인 페이팔 등록기능과 주소 등록기능입니다.

페이팔 등록기능은 〈10장〉을 참고하세요.

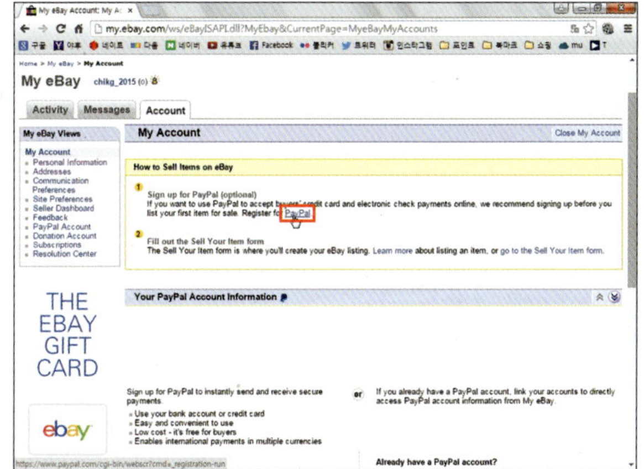

08 [Home] 메뉴를 클릭하면 이베이 쇼핑몰 메인화면으로 돌아갈 수 있습니다. 이후부터 쇼핑을 시작하면 됩니다.

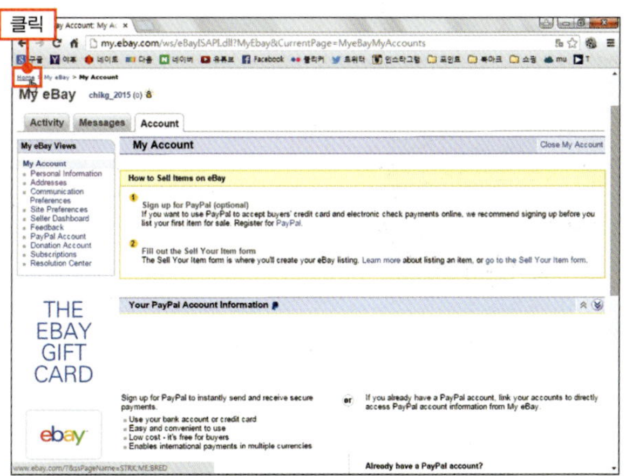

이베이 셀러가 경매로 판매하는 상품을 여러 구매자와 정해진 시간 안에 입찰경쟁을 벌이다가 가장 높은 가격을 써낸 사람이 구매권을 취득하는 것이 이베이 경매입니다. 구매권을 취득한 뒤에는 판매자의 연락을 받고 결제하면 됩니다.

이베이에서 경매로 해외직구를 하려면 경매 용어는 물론 경매를 하는 심리전을 익혀 두어야 합니다. 예를 들어 20달러에 나온 제품이 마음에 들어 50달러에도 사고 싶다면, 바로 50달러로 입찰(Bid)하는 것이 아니라 다른 입찰자(Bidder)가 써낸 금액을 보면서 차츰차츰 높여가며 입찰가를 제출해야 합니다. 자신에겐 50달러 가치가 있는 상품이지만 경쟁 입찰자는 30달러 가치가 있는 상품으로 보고 있을지 모르기 때문입니다.

경쟁입찰자가 제품을 30달러 가치 상품으로 보고 그 이상의 높은 가격으로 입찰하지 않을 때, 자신이 예상하는 투자금 50달러가 아닌 31달러에 낙찰에 성공하는 것이 이베이 경매의 재미입니다. 물론 정말 마음에 드는 제품이라면 바로 50달러를 써낼 수도 있지만 그럴 경우 다른 누군가가 51달러로 입찰할 수도 있을 것입니다. 결국 제품 가격은 더 높아질 수밖에 없으므로 높은 가격으로 입찰하고 싶다면 경매 마감시간을 앞두고 바로 직전에 입찰하는 것이 가장 좋습니다.

01 예를 들어 이베이 검색 창에서 'Samsung tv'로 검색해 봅니다. 검색된 TV 상품 중에서 경매 중인 중고 TV가 보입니다. 가격 하단에 Bids 글자가 있는 상품이 현재 경매 중인 상품입니다.

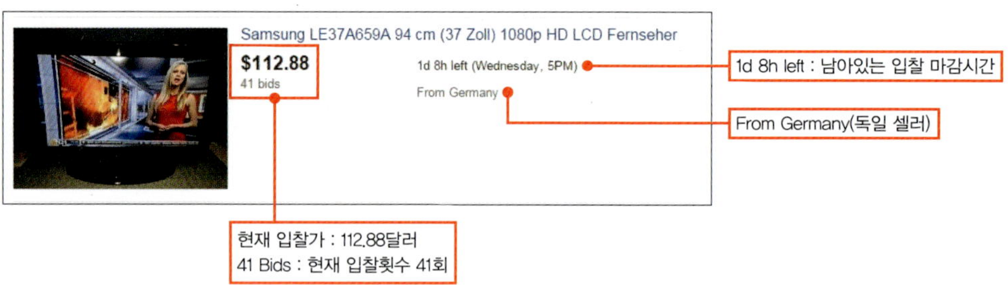

02 앞에서 검색된 상품을 클릭하면 상품 상세설명 창이 나옵니다. 입찰에 참여하려면 입찰액을 입력한 뒤 [Placed Bid] 버튼을 클릭합니다.

💡 tip 이베이의 Item Condition(아이템 상태) 약어

• New : 사용하지 않은 박스포장의 완전 새 제품
• Like New : 박스포장은 뜯었지만 새 것 같은 제품
• Mint, Mint− : 중고지만 새 것 같은 A급으로 부속품 모두 있는 제품
• Ex+, Ex, Ex− : 생활기스, 보통 생활기스, 생활기스 많은 전투형 중고제품
• Vg+ : 사용감이 많으나 정상동작하는 제품
• Vg : 정상동작은 하나 문제가 발생할 수 있는 C급 제품
• OK : D급 제품

03 입찰액을 써넣으려면 그 전에 현재의 입찰진척 상황을 파악해야 합니다. 경쟁 중인 구매자 수도 파악할 수 있을 뿐 아니라 입찰액이 얼마만큼 상승하는지 파악할 수 있습니다.

[Bids] 부분을 클릭하면 입찰진척 상황을 파악할 수 있습니다.

04 해외배송이 되는 상품인지 확인하기 위해 상품설명 창 하단의 Shipping and payments 탭을 클릭합니다.

한국으로의 직배송이 되는 제품은 [Get Rates] 버튼을 클릭하면 배송료가 산출되어 표시됩니다. 해외배송이 안 되는 제품이라면 배송료가 나타나지 않습니다.

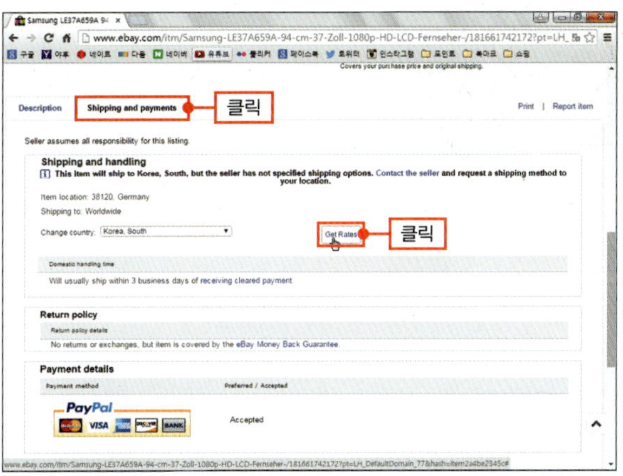

05 입찰액을 쓰려면 현재 화면에 보이는 입찰가(99유로)보다 높은 금액을 써야 합니다. 현재 화면에 보이는 금액보다 낮은 가격을 쓰면 입찰액이 등록되지 않습니다.

여기서는 99유로보다 높은 가격인 100유로라고 쓰고 [Place Bid] 버튼을 클릭해 입찰등록했습니다.

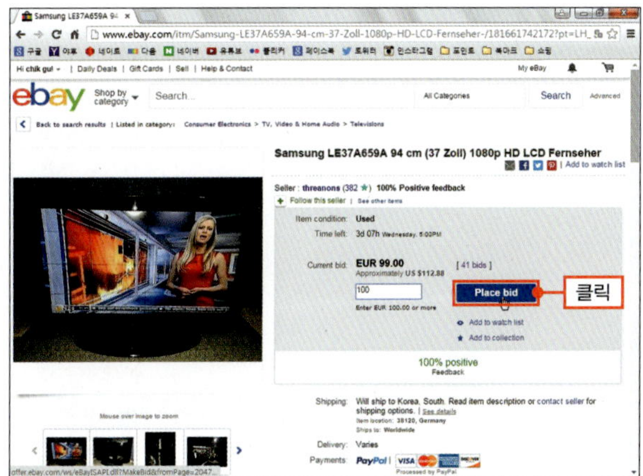

06 처음 이베이를 사용하는 사람은 자신의 집주소를 등록해야 합니다. 주소 작성을 한 뒤 [Continue] 버튼을 클릭합니다.

이어서 영문으로 된 입찰확인 창이 나오면 별다른 추가수정 없이 [Confirm] 버튼을 눌러 입찰을 완료합니다.

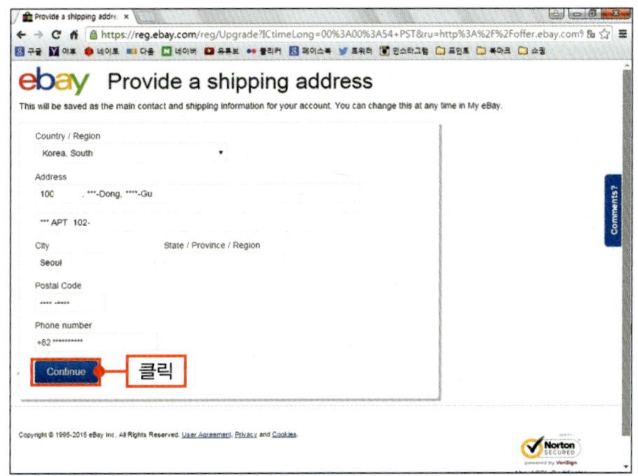

이베이 경매입찰 결과 확인하기
경매입찰 결과는 어디서 확인할까?

입찰한 경매의 결과가 궁금하다면 아래의 방법으로 확인할 수 있습니다.

01 이베이에서 구매한 내역이나 거래 내역, 입찰내역을 보려면 [My eBay] – [Bids/Offers] 메뉴를 클릭합니다.

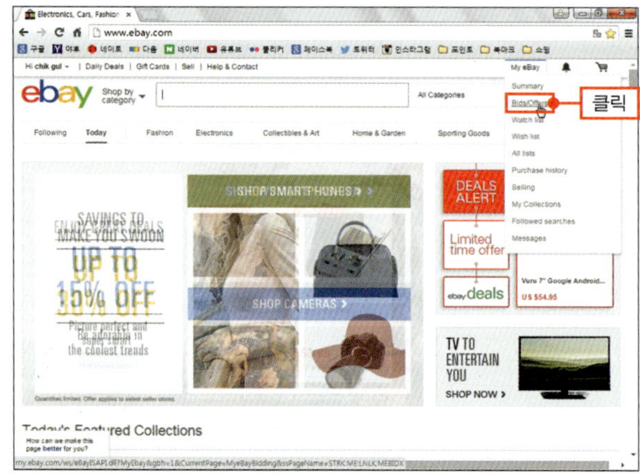

02 [Buy] – [Birds/Offers] 메뉴에 낙찰 (입찰성공)한 물건이 보이고, 입찰에 실패한 물건은 [Didn't win] 메뉴에 표시됩니다.

낙찰에 성공한 경우 My eBay로 메시지가 날아와 알려주고 [Pay Now] 버튼이 보이면 클릭해서 배송받을 주소를 입력하고 결제하는데 결제도구는 신용카드보다는 페이팔을 권장합니다.

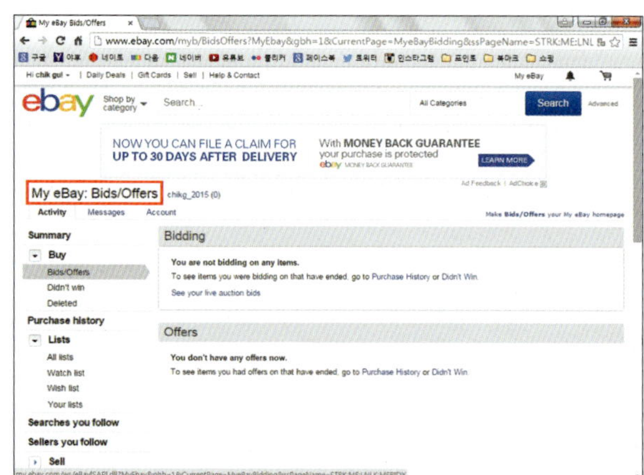

> **tip** 이베이에서의 상품결제는 카드보다는 페이팔 결제를 권장합니다. 중고거래도 활발하기 때문에 카드를 잘못 사용하면 사기당할 확률이 있기 때문입니다. 페이팔로 결제하면 그만큼 안전할 뿐 아니라 상대방의 신원도 깨끗할 확률이 높습니다.

이베이 경매입찰 취소하기
입찰취소는 왜 하고 어디서 할까

일반적으로 이베이에서 입찰금액을 써넣으면 취소할 수 없지만 몇몇 예외 시에는 취소를 할 수 있습니다.

이베이에서 입찰취소는 다음과 같은 경우일 때 가능합니다.

❶ 실수로 금액을 높게 입력한 경우

❷ 셀러(판매자)가 입찰진행 중인 상품의 사양이나 부속품 설명을 변경한 경우

❸ 셀러와 E메일, 전화가 연락되지 않는 경우

입찰 취소는 이베이에 로그인된 상태에서 아래 인터넷 주소에서 합니다.

http://offer.ebay.com/ws/eBayISAPI.dll?RetractBidShow

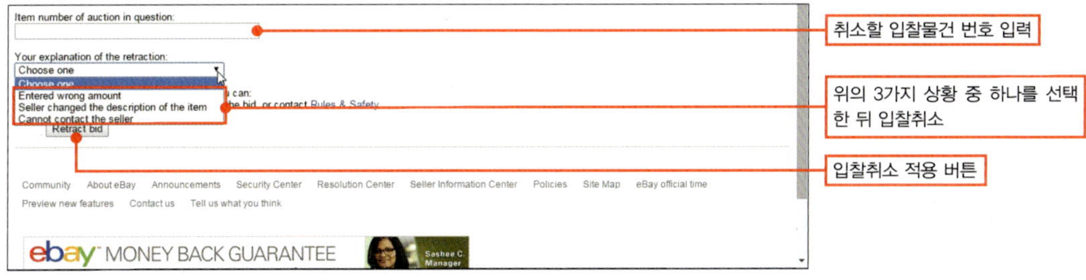

이베이는 잔여 경매시간이 얼마 남았느냐에 따라 입찰취소를 못할 수도 있습니다.

❶ 입찰마감 시간이 12시간 이상 남아있는 경우 - 바로 입찰취소 가능

❷ 입찰마감 시간이 12시간 이하로 남은 경우 - 입찰 후 1시간 내 취소 가능

이베이 경매는 입찰에 성공한 뒤 낙찰을 받은 뒤에는 어떠한 이후로든 취소할 수 없습니다. 취소를 많이 하거나 낙찰 받은 뒤 결제를 피하면 셀러가 'Unpaid item strike'를 이베이에 신청해 불성실한 구매자로 만듭니다. Negative Feedback이 많이 쌓이면 추후 이베이 계정을 정지당합니다. 이베이의 경우 사용하는 신용카드를 사용할 수 없도록 하므로 다른 신용카드로 재가입해야 합니다.

고정가거래와 베스트오퍼 구별하기

이베이에는 고정가거래와 베스트오퍼 거래가 있습니다.

즉시 구매가(Buy It Now, 고정가거래)

보통 중고가 아닌 일반 신상제품이 즉시 구매가 거래로 Buy It Now라고 쓰여있는 제품들이 이에 해당합니다. 바로 장바구니에 담고 해당 금액을 결제하면 배송받을 수 있습니다.

베스트오퍼(Best Offer, 흥정거래)

상품가격 아래에 Best Offer라고 쓰여 있는 제품은 흥정이 가능한 상품을 말합니다. 흥정거래는 보통 48시간 이내입니다. 48시간 이내에 최고 3번 이상 가격을 수정해 제시해서 셀러가 승낙하면 거래가 이루어지는 구조입니다. 새 제품은 1% 라도 깎으면서 구매할 수 있고, 중고제품은 10~20% 깎으면서 구매할 수 있습니다.

이베이에서 흥정하면서 카운터오퍼하기
베스트오퍼하는 방법

베스트오퍼는 최고 3회까지 흥정을 걸 수 있습니다. 3회 시도하면서 표시된 가격보다 낮은 가격을 제시해 셀러의 OK를 받아내는 전략이죠. 물론 셀러가 응답조차 안 하는 경우도 있습니다. 응답을 안 하면 가격을 다시 책정한 뒤 카운터오퍼를 제시해 보세요.

01 상품가격에 'Best Offer'라고 쓰여 있으면 흥정이 가능한 상품이지만 일일이 찾는 것이 귀찮으면 검색하는 것이 좋습니다.

여성복 중에서 흥정가능한 상품을 찾기 위해 [Shop by category] − [Fashion] − [Woman] 메뉴를 실행합니다.

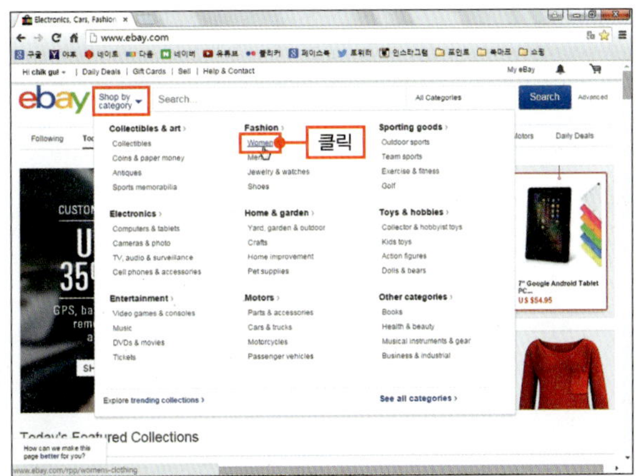

02 여성복 카테고리입니다. 이 카테고리에서 베스트오퍼 상품을 검색하기 위해 검색 창에 'Best Offer'라고 입력한 후 검색합니다.

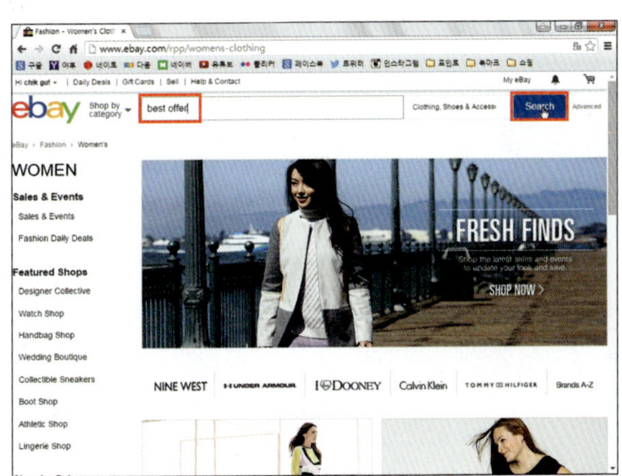

03 마음에 드는 상품이 발견되었으므로 클릭합니다.

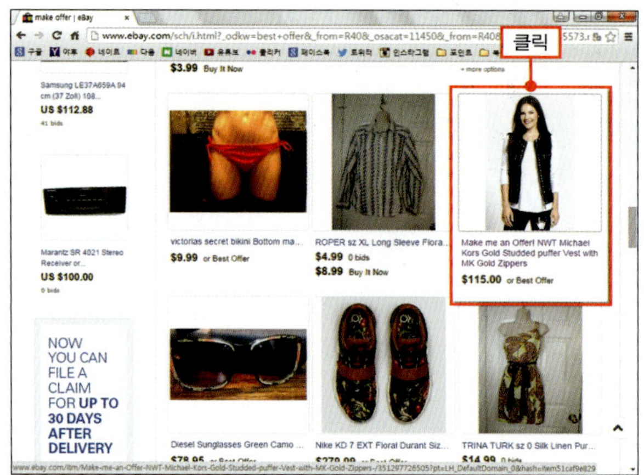

04 아이템 컨디션을 보면 태그가 있는 새 제품(New With tags)입니다.

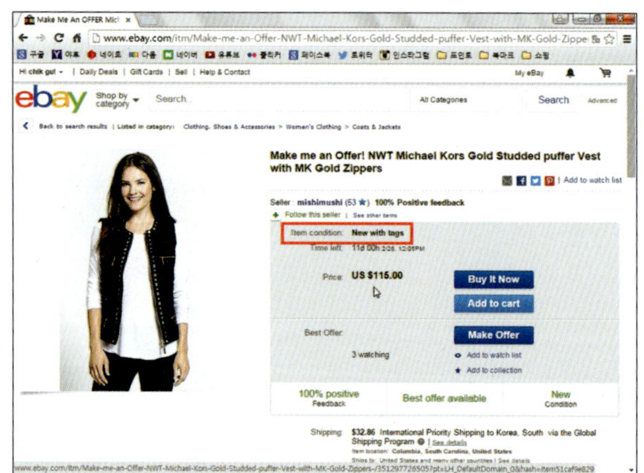

05 하단 Description 탭을 클릭해 상품 제원(크기, 색상) 등을 읽어봅니다.

상품 상태(Item Condition)도 자세히 설명되어 있으니 읽어보기 바랍니다.

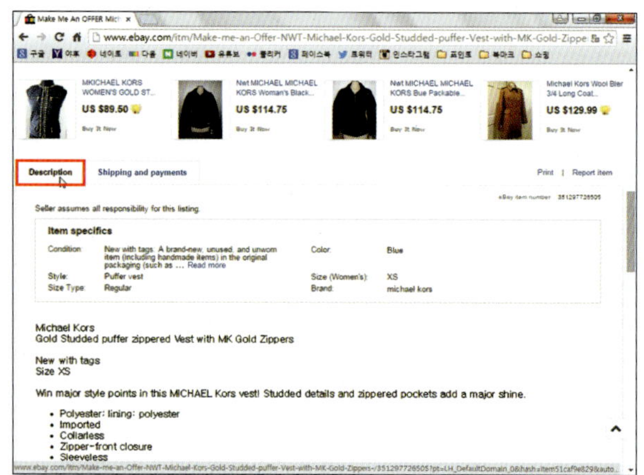

06 [Shipping and payments] 탭을 클릭하면 배송할 수 있는 국가명에 한국이 보입니다.

[Get Rates] 버튼을 클릭해 한국으로의 배송료를 산출합니다. 별도의 Import charge가 붙는 제품입니다. Import charge는 이베이가 관부가세를 대행납부하는 것을 말하며 이베이가 글로벌 배송을 하는 물건에 붙습니다.

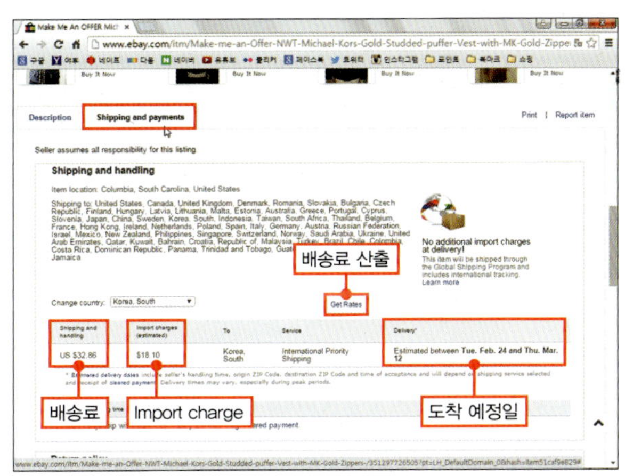

07 흥정을 걸기 위해 [Make Offer] 버튼을 클릭합니다. 일단 흥정을 걸때는 10% 낮은 가격에 팔라고 요청을 하지만 심한 경우에는 반값에 팔라고 흥정 걸기도 합니다. 여기서도 반값인 70달러에 팔라고 흥정을 걸어봅니다. 물론 응답도 안하겠죠?

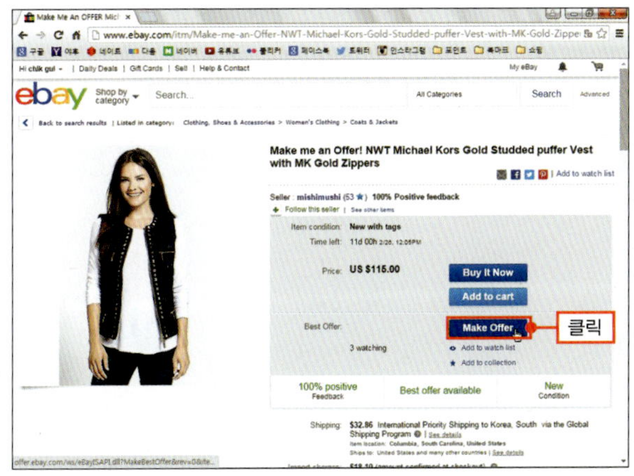

08 70달러라고 금액을 입력한 뒤 [Review offer] 버튼을 클릭해 작성한 내용을 다시 검토하고 [Submit offer] 버튼을 클릭해 정식 제안합니다. 메시지를 받은 셀러가 OK를 하면 거래가 성사됩니다.

셀러가 OK 메시지를 보내오면 [My ebay] 메뉴에 도착하고 결제안내와 함께 [Pay Now] 버튼이 보이면 클릭해서 배송받을 주소를 입력하고 결제합니다.

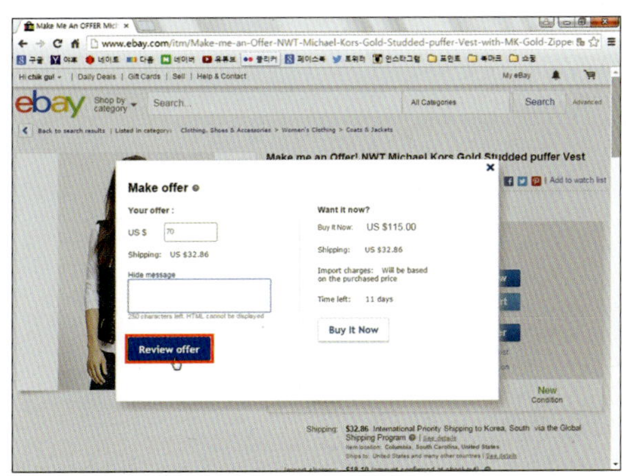

이베이의 상품대금 지불 화면은 경매, 베스트오퍼, 즉시구매가 등 어떤 방식으로 구매를 하든 동일합니다. 아마존과 비교하면 대금지불 절차가 산뜻하고 쉬운 편입니다.

앞에서도 말했듯 이베이에서 구매대금을 지불할 때는 카드결제보다는 페이팔 결제를 권장하지만, 신용카드로도 구매하는 방법을 알아봅니다.

01 이번에는 경매나 흥정거래가 아닌 즉시구매가 상품을 검색하고 구매해보겠습니다.

[Category] – [Woman] 메뉴를 실행합니다.

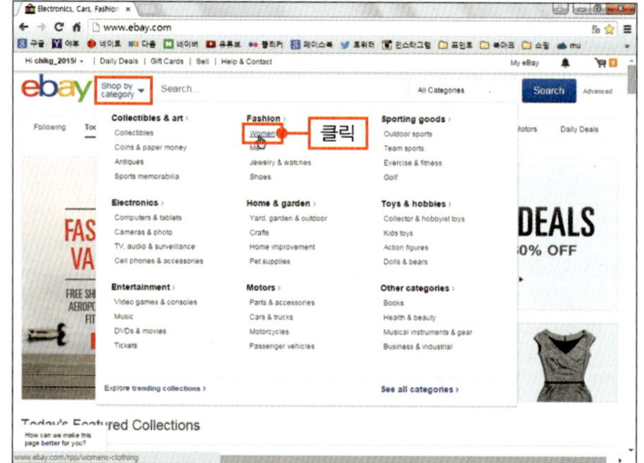

02 [Designer Collective]는 전문 디자이너숍 제품을 볼 수 있는 곳입니다.

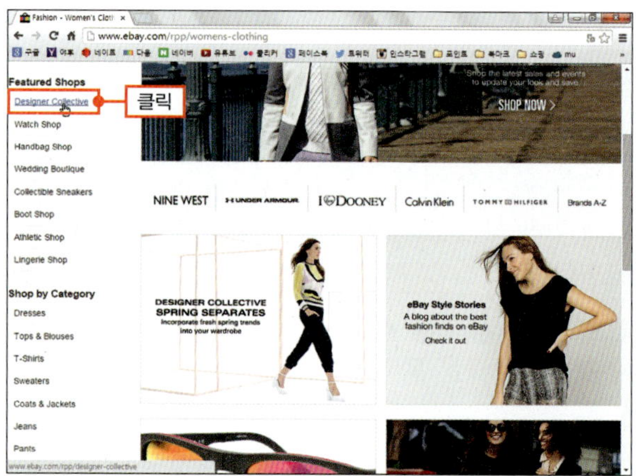

03 원하는 상품의 치수, 배송방법 등을 선택한 뒤 [Add Cart] 버튼을 클릭해 장바구니에 담습니다.

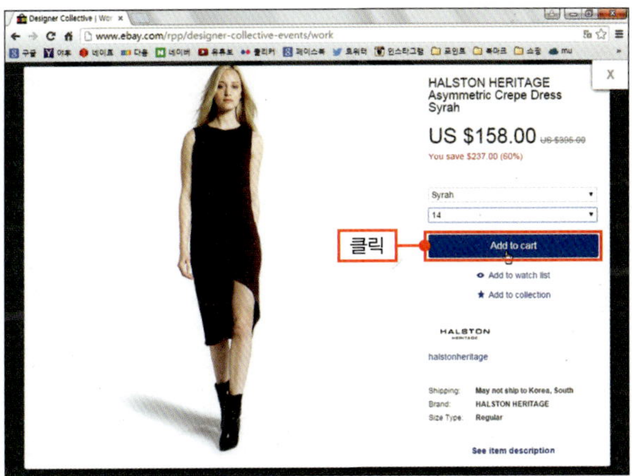

04 장바구니 화면에서 [Proceed to Checkout] 버튼을 클릭해 결제 창으로 넘어갑니다.

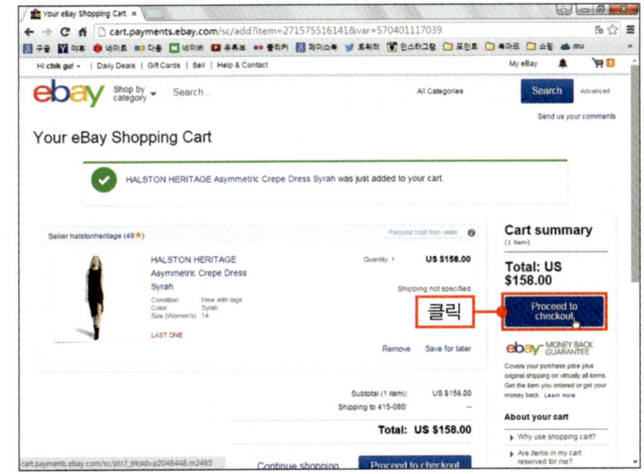

05 처음 구매를 할 때는 이베이에 주소를 등록해야 합니다. 여기서는 미국에 있는 배대지 가상주소를 등록했습니다.

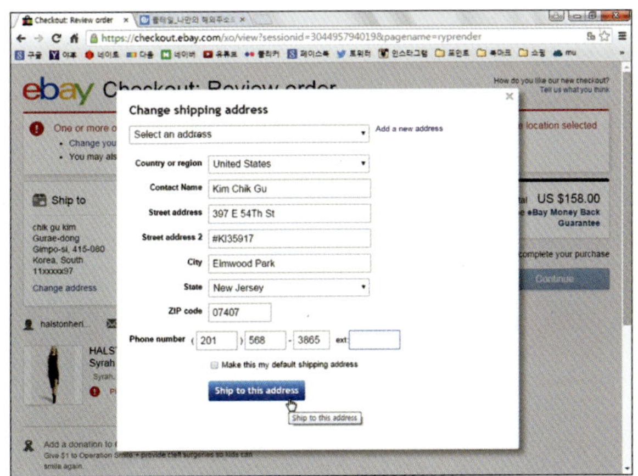

06 주소를 여러 개 등록한 경우 원하는 주소를 배송받을 주소로 선택할 수 있습니다.

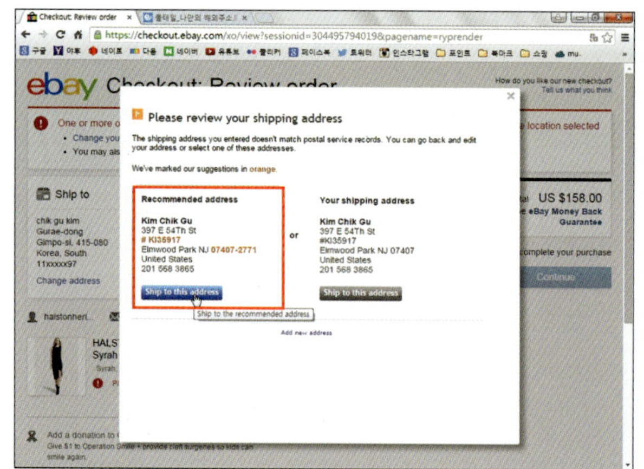

07 지불도구로는 신용(체크)카드를 선택합니다. 배송방법은 무료를 선택하거나 유료를 선택합니다.

[Continue] 버튼을 클릭해 다음 창으로 이동합니다.

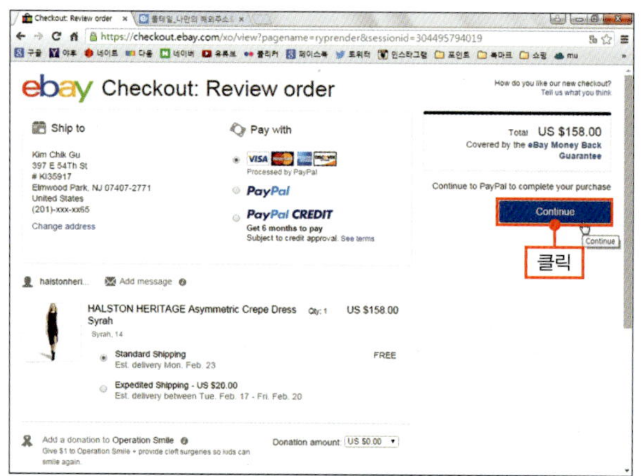

> **tip** 이베이에서 중고거래를 할 때는 주의하세요.
>
> 이베이는 새 제품 뿐 아니라 중고상품도 같이 거래되기 때문에 종종 사기를 당하는 경우가 있습니다. 중고상품은 업자가 판매하는 것이 아니라 개인이 판매하기 때문입니다. 따라서 중고상품을 구매할 때는 가급적 페이팔로 결제하는 것이 안전하고, 중고제품을 구매할 때 이베이 쇼핑몰 밖 다른 곳에서 신용카드로 결제해달라고 요구하면 십중팔구 사기이므로 결제를 피하기 바랍니다. 중고거래라고 해도 개인적인 E메일로 거래하지 말고 일단 이베이 안의 메시지 기능으로 거래상담을 하는 것이 좋으며, 페이팔로 결제를 하면 일정기간 돈이 잠겨있기 때문에 피해를 방지할 수 있습니다.

08 카드정보를 등록합니다. 이때 빌링 어드레스(카드를 만들 때 등록한 주소지)가 틀린 경우에는 결제가 안 되므로 [Billing Adress] 항목의 [Change] 버튼을 클릭해 카드상의 주소지를 정확히 등록해야 합니다. 쉬핑 어드레스는 미국 배대지로 설정된 상태입니다. 정보를 입력한 뒤 하단 [Pay] 버튼을 클릭하면 안심결제 창이 실행되면서 결제가 마무리됩니다.

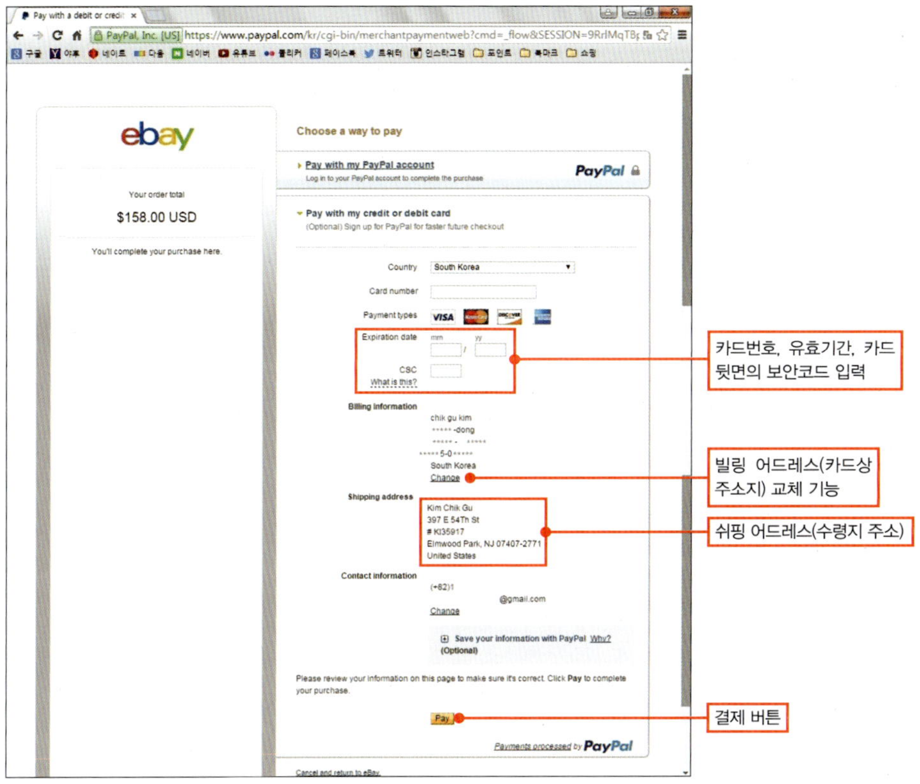

카드가 아닌 페이팔로 결제하는 과정은 매우 간단합니다. 앞에서 지불도구로 [Paypal]을 선택하면 페이팔에 로그인하는 것으로 바로 결제할 수 있습니다.

01 앞에서 지불도구를 신용카드가 아닌 [Paypal]로 선택한 뒤 [Checkout] 버튼을 클릭했습니다.

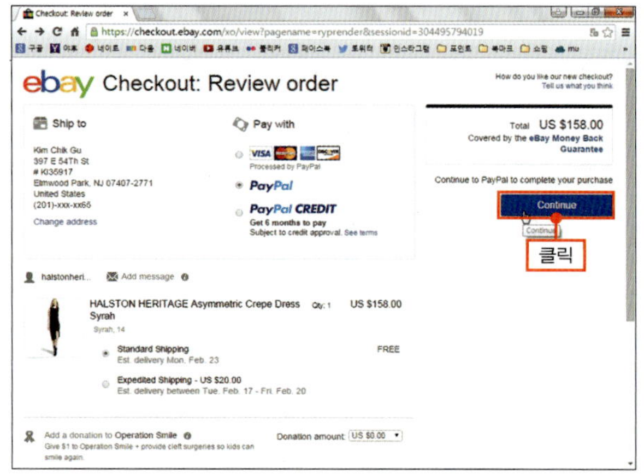

02 페이팔 로그인 창이 나타나면 페이팔로 로그인합니다. 그러면 결제할 내역이 표시되고 거기서 결제버튼을 클릭합니다.

안심결제화면이 실행되면 비밀번호를 입력해 결제를 완료합니다.

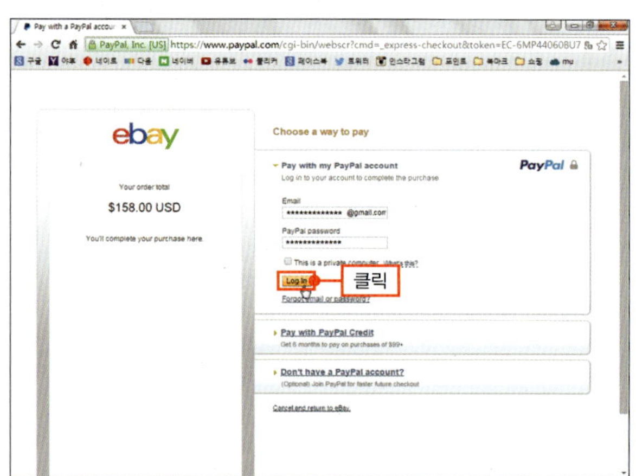

> **tip** 페이팔로 결제하려면 페이팔에 가입한 후 페이팔 계정에 신용카드 정보가 등록된 상태여야 합니다.

미국 직구 상품의 반품과 취소, 환불하기

배송지연이나 실수로 주문한 내역 취소하기

어제 주문한 제품을 오늘 다른 쇼핑몰에서 파격할인을 하면 어제 한 주문을 취소해야 합니다. 또한 배송이 지연되고 있을 때도 주문취소를 할 수 있습니다.

아마존의 경우 주문내역 중 Not Yet Ship(아직 배송되지 않은 상품), Shipping Now(배송 준비가 된 상품) 등 배송 전 상품만 주문취소할 수 있습니다. 배송 중인 상품(Shipped), 배송 종료한 상품(Delivered)은 주문취소할 수 없으므로 리턴(반품) 처리를 해야 합니다.

01 주문 취소를 하기 위해 아마존에 로그인한 뒤 [Your Account] - [Your Orders] 메뉴를 클릭합니다.

02 아직 배송 전이면 [Cancel Items] 버튼이 보이므로 클릭하여 주문취소를 합니다.

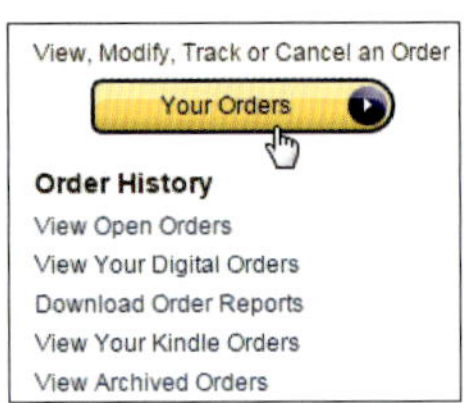

03 장바구니에 여러 상품을 담은 뒤 주문한 경우 주문취소할 아이템에 체크 표시를 합니다. 만일 전체 아이템을 취소하려면 체크표시를 전부합니다. 그 후 [Reason for Cancellation(취소 이유)] 옵션을 클릭해 '실수로 주문했음' 또는 '배송 지연' 등의 사유를 선택합니다.

04 하단의 [Cancel checked items] 버튼을 클릭하면 주문취소가 처리됩니다. 아마존이 'Confirmation(확인)' 메시지를 E메일로 보내와 정상처리되었음을 알려주고, [Your Orders] - [Cancelled Orders] 탭에 취소한 주문건이 표시됩니다.

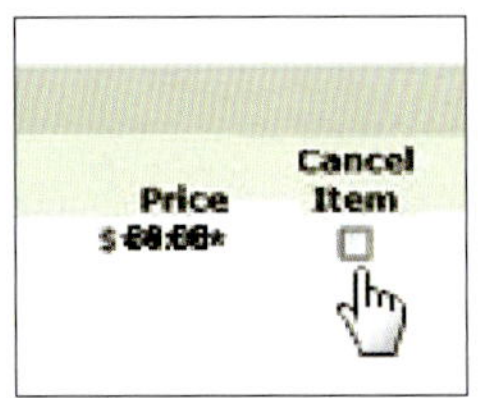

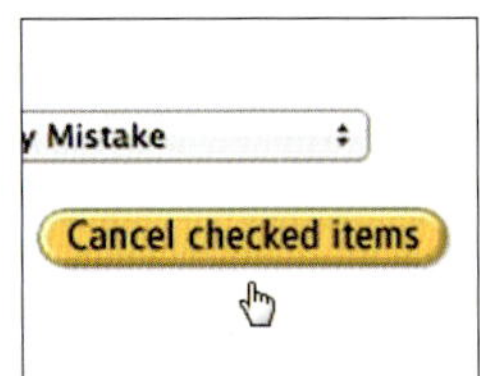

배송받을 수령인 주소변경, 배송속도 변경하기

아직 배송 직전의 상품이라면 배송받을 수령인 주소를 변경하거나 배송속도를 변경할 수 있습니다.
이미 배송 중인 상품이라면 수령인 주소 및 배송방법을 변경할 수 없습니다.

01 아마존에 로그인한 뒤 [Your Account] – [Your Orders] 메뉴를 클릭합니다.

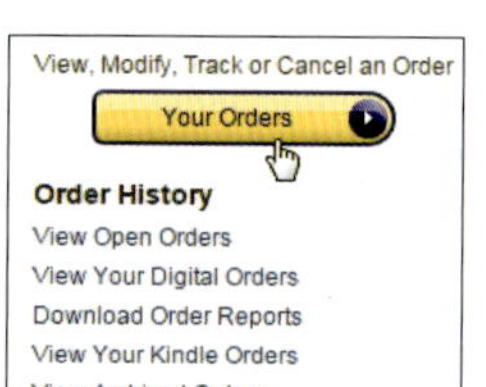

02 주문 내역에 Not Yet Ship이나 혹은 Shipping Now 등의 아직 출고되지 않은 표시가 있는 상품들이 수령인 주소나 배송속도를 변경할 수 있는 물건입니다.

03 아직 배송 전이면 [Change Delivery Address] 버튼이 보이므로 클릭하여 수령인 주소를 변경할 수 있습니다.

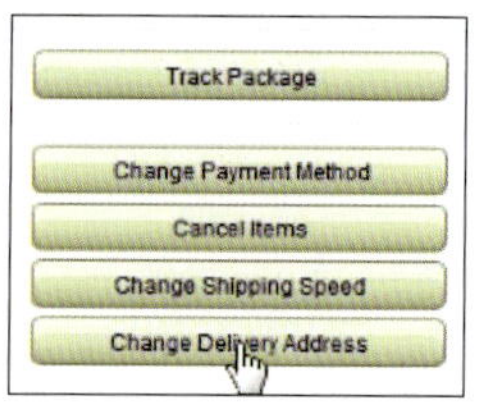

04 아직 배송 전이면 [Change Shipping Speed] 버튼이 보이므로 클릭하여 배송 방식(빠른 속도의 배송과 느린 속도의 배송)을 변경할 수 있습니다.

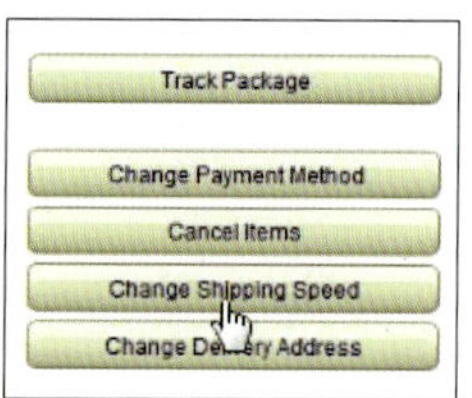

배송 중인 상품을 반송으로 돌려보내기

이미 배송 중인 상태일 때는 주문취소가 아니라 리턴(반품)으로 돌려보내야 합니다. 아마존은 리턴 기능을 제공하지만 군소 쇼핑몰에서는 리턴 기능이 없으므로 먼저 E메일로 반품 가능성 여부를 문의해야 합니다.

01 배송 중인 상품을 돌려보내기 위해 아마존에 로그인한 뒤 [Your Account] - [Your Orders] 메뉴를 클릭합니다.

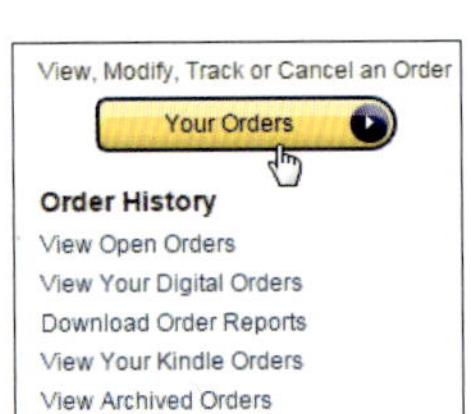

02 배송을 시작했으면 [Cancel Items] 버튼이 [Returns or Replace Items] 버튼으로 변해있습니다. [Returns or Replace Items] 버튼을 클릭해 반송설정 창으로 들어갑니다.

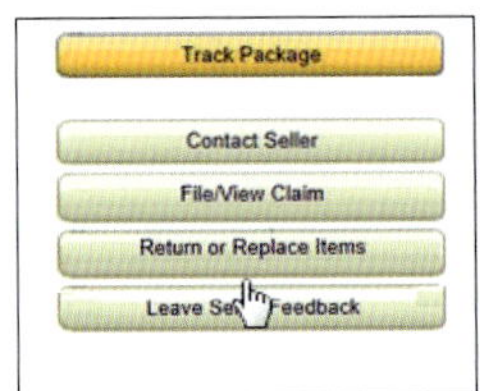

03 반송설정 창에서 Reason for Return(반품사유)를 적당히 선택합니다. 크롬 번역기를 돌리고 있으면 대충 무슨 내용인지 알 수 있으므로 적당한 사유를 선택하기 바랍니다.

04 다음 설정 창에서는 반송 후 '환불', '교환', '다른 물건으로 교체' 등의 옵션을 선택하는데 재고가 없는 상품은 '환불'만 선택할 수 있습니다. 그 후 반송처리 후에 아마존에서 'Return Table' 파일 두 장을 보내옵니다.

---

tip 만일 제품이 배대지에 도착해 있다면?

반송해야 할 제품이 만일 배대지주소로 가고 있거나 배대지주소에 도착해 있다면 배대지 홈페이지에 로그인해 배송대행신청서를 한국주소로 작성한 뒤 '결제' 대신 '반송' 버튼을 클릭해 반송처리합니다. 반송수수료는 평균 5천 원 내외로 납부하고, 만일 아마존에서 리턴 테이블 파일 두 장을 보내왔다면 이를 배송대행업체에 첨부하면 바로 반송처리됩니다.

제품 수령 후에
하자가 발견된 제품 반품하기

제품을 수령해보니 배송 시 사고로 파손 및 훼손이 있거나, 잘못 배송하여 다른 물품이 도착한 경우도 있습니다. 하자로 인한 반송은 대부분 무료로 할 수 있습니다.

제품 하자로 인한 반품은 반송료를 쇼핑몰 측에서 지불하기 때문에 무료반송이 가능합니다. 무료반송을 하려면 쇼핑몰 고객센터에 제품 하자를 찍은 증거사진과 함께 제품의 문제점을 E메일로 보내면서 리턴 테이블(Return Table)을 요구합니다. 쇼핑몰 측에서 E메일로 보내준 Return Table은 Return Mailing Label(반송용 주소라벨), Return Authorization Label(반송허가증) 두 장으로 되어 있습니다. 참고로 브랜드 쇼핑몰들은 리턴 테이블을 보내주지만, 중소 셀러들은 응하지 않기도 하므로 E메일로 문의할 때 합리적 설명 하에 리턴 테이블을 요청하기 바랍니다.

01 리턴을 요청하는 과정입니다. 아마존에 로그인한 뒤 [Your Account] 메뉴를 클릭합니다.

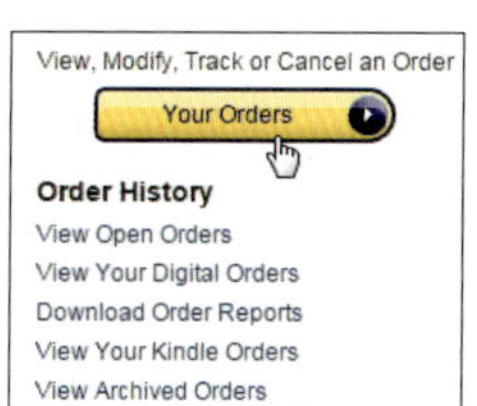

02 Account 화면 오른쪽 하단에서 [Returns and Refunds] 버튼을 클릭합니다.

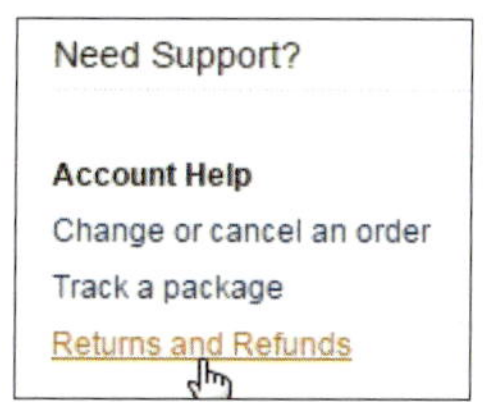

03 Returns Items 버튼을 클릭합니다. 이후 크롬 번역기를 실행해 번역된 웹페이지를 보면서 반품 설정을 하기 바랍니다. 반품할 아이템을 선택한 뒤, Reason for Return(반품 사유)를 클릭해 적절한 사유를 선택합니다.

04 반품 후 처리는 '환불' 또는 '교환' 등에서 선택하고, 배송방법은 UPS Pickup(UPS가 집까지 와서 픽업해가는 것) 혹은 Drop off(UPS가 지정한 장소로 갖져다 놓는 옵션)에서 선택합니다. 리턴 테이블 두 장 중 Return Authorization Label은 반품과 함께 소포 안에 첨부하고, Return Mailing Label은 소포를 받는 사람 위치에 붙인 뒤 UPS에 인계하면 무료반송이 가능합니다.

환불처리 진행상황 파악하기

결제에 사용한 카드에 따라 환불처리된 금액이 즉각적으로 돌아오는 경우도 있지만 보통은 15~30
일 사이에 환불처리된 금액이 돌아옵니다.

아마존은 신용카드로 결제한 경우 반품 후 2~15일 이내에 환불처리해줍니다. 환불은
카드승인 취소로 하거나 신용카드 계좌와 연결된 은행으로 입금처리합니다.

체크카드로 결제한 경우에는 일반적으로 30일 뒤쯤 체크카드의 은행계좌로 환불금이
들어옵니다. 아마존의 경우는 환불시스템이 명확하기 때문에 반품처리가 정상적으로 이
루어진 경우 환불금도 정상적으로 돌아옵니다.

이베이나 그 외 쇼핑몰들은 고객센터나 셀러에게 E메일을 보내어 반품이나 환불 등을
개별적으로 문의해야 합니다. 이베이의 경우는 고객센터에 E메일을 보내는 것이 좋으며
그럴 경우 개별적으로 이베이 고객센터가 구매자와 판매자 사이를 중재합니다. 만일 중소
쇼핑몰에서 구매한 경우에는 판매자에게 E메일을 보내어 환불처리를 요청해야 합니다.

아마존에서 반품 후의 환불 처리 상황을 미리 보려면 다음과 같이 합니다.

01 아마존에 로그인한 뒤 [Your Account] - [Your Orders] 메뉴를 클릭합니다.

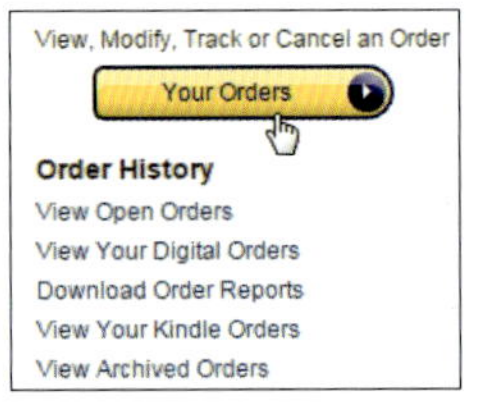

02 반품된 물건의 [View return/refund status] 버튼을 클릭합니다.

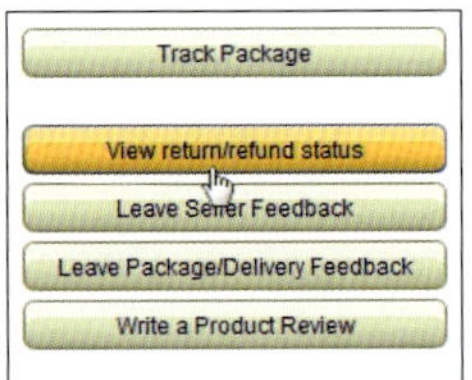

03 해당 물건의 [Order Details] - [Order Summary] - [Refund status] 항목을 보면 환불처리 상
황을 알 수 있습니다.

주문은 취소했는데
카드승인은 취소되지 않으면?

아마존은 셀러가 배송을 한 전후에 카드승인이 이루어지는 구조이므로 배송 전 주문을 취소하면 카드결제는 없었던 것으로 처리되지만 간혹 카드승인이 이루어지는 경우도 있습니다.

주문취소는 완료되었는데 카드승인이 이루어진 경우에는 카드승인을 취소시켜야 합니다. 일반적으로 아마존에서 주문취소가 정상완료되었다는 메일이 오면 카드승인도 며칠 뒤 자동으로 취소됩니다. 만일 여의치 않으면 아마존 고객센터에 E메일을 넣어 카드취소 여부를 문의해야 합니다. 물품반품 후의 환불금 문제도 아래와 같은 방식으로 합니다.

01 아마존에 로그인한 뒤 [Help] 메뉴를 클릭합니다.

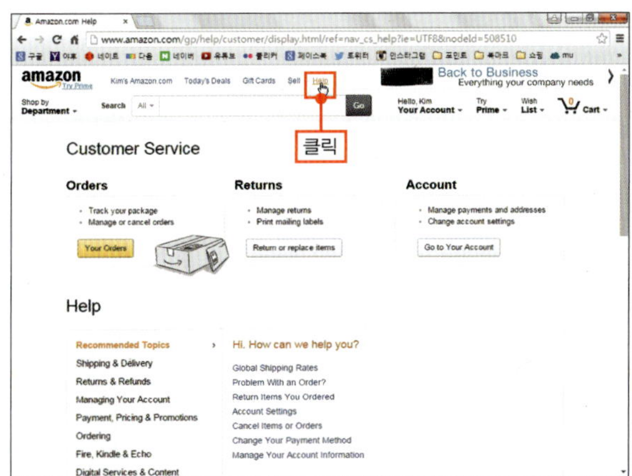

02 [Need More Help?] - [Contact Us] 메뉴를 클릭합니다.

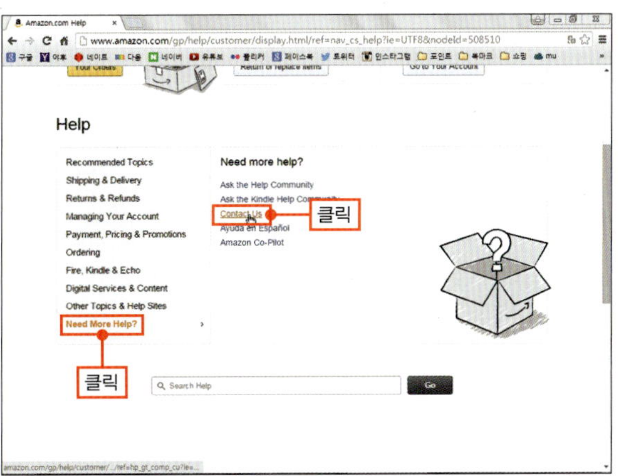

03 [Choose an Older Order] 버튼을 클릭한 뒤 주문취소한, 혹은 반품한 물건을 선택하면 오더번호가 자동으로 삽입됩니다.

이후 크롬 번역기를 돌려가면서 작성하기 바랍니다.

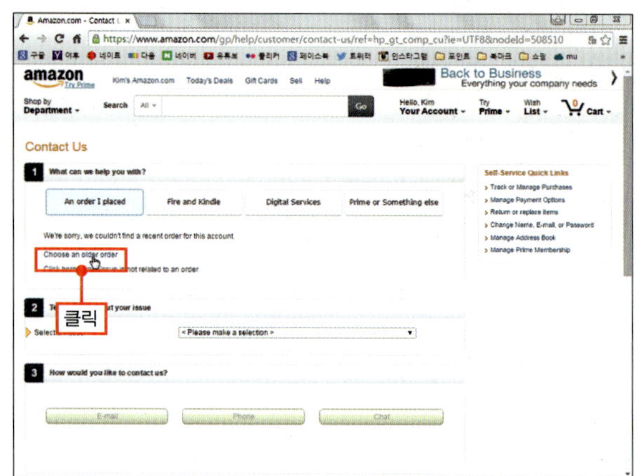

04 이슈 항목에서 [Returns and Refunds (반품 및 환불)] 항목을 선택합니다.

디테일 항목에서 [Check status of a refund(환불 진전상태를 확인해주세요)] 항목을 선택하고 하단의 [E메일] 버튼을 클릭합니다.

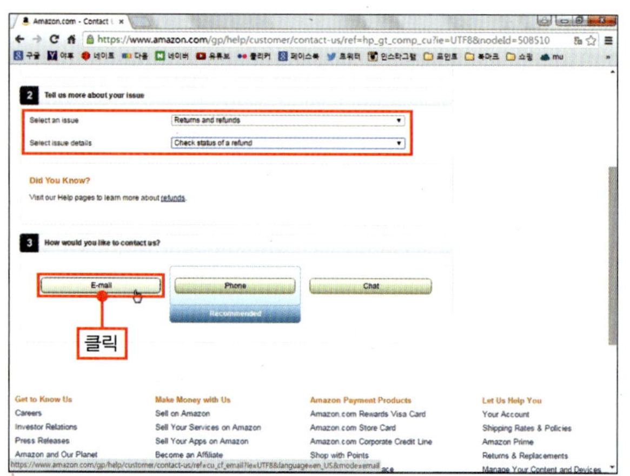

05 E메일 창에서 문의할 내용을 영문으로 입력합니다. 대략 옆과 같은 내용을 영어로 작성하여 메일을 보내면 아마존 고객센터에서 답이 날아옵니다.

참고로 일반 중소쇼핑몰은 이런 절차가 없으므로 영문 E메일로 문의하기 바랍니다.

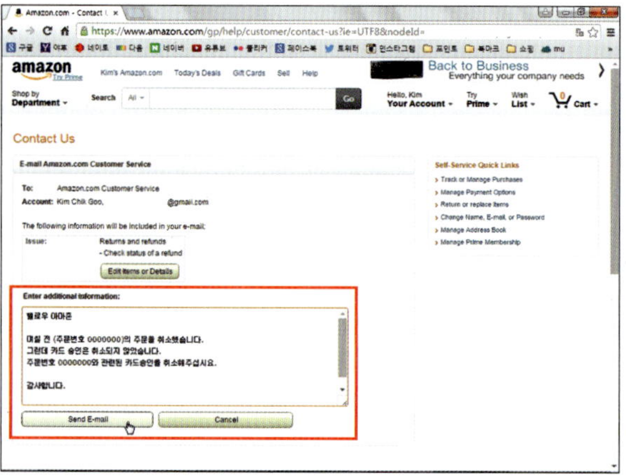

주문금액보다 승인금액이 많다면?
아마존 고객센터에 승인금액 오류 물어보기

제품주문 후 확인해보니 주문금액과 카드승인 금액에서 많은 차이가 발생했습니다. 이런 경우 아마존 고객센터에 문의하여 해결해야 합니다.

예를 들어 주문금액은 배송비 포함 150달러인데 카드승인 금액이 200달러가 나오는 경우가 있습니다. 이런 경우 아마존 고객센터에 메일을 넣어 문의를 하고 카드승인 금액을 재조정받아야 합니다.

01 아마존 화면 상단의 [Help] 메뉴를 클릭한 뒤 화면 하단의 [Need More Help?] - [Contact Us] 메뉴를 클릭합니다.

[Choose an Older Order] 버튼을 클릭한 뒤 문제가 발생한 물건을 선택하면 오더번호가 자동으로 삽입됩니다.

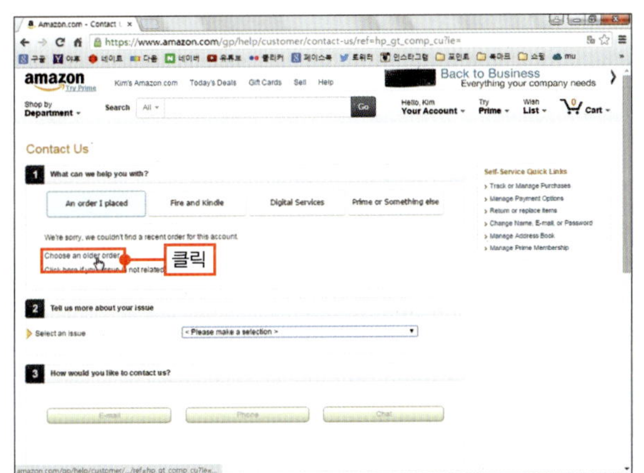

02 이슈 항목에서 [Problem with an Order(주문에서 문제 있음)]를 선택하고 디테일 항목에서 [Payment issues(지불 문제)]를 선택합니다.

추가 디테일 항목에서는 [Unknown charge(알 수 없는 요금)]를 선택한 후 하단 [E메일] 버튼을 클릭합니다.

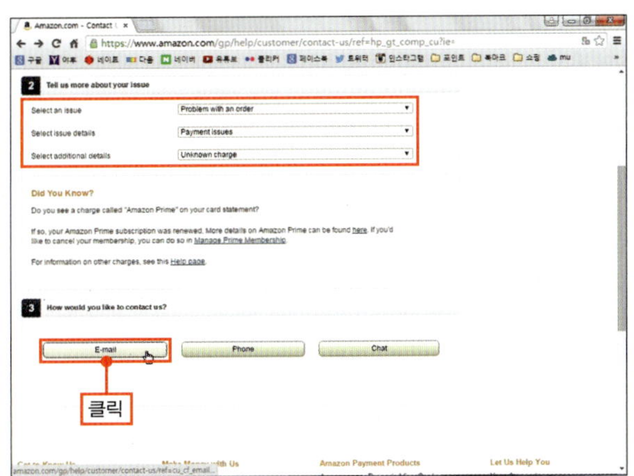

03 알 수 없는 요금이 발생한 카드번호, 알 수 없는 요금이 발생한 날짜, 발생한 금액을 입력한 뒤 그 밑에 주문금액보다 카드승인 금액이 높게 나왔다는 내용을 작성합니다.

[Send Email] 버튼을 클릭해 전송하면 아마존 고객센터에서 답변이 옵니다.

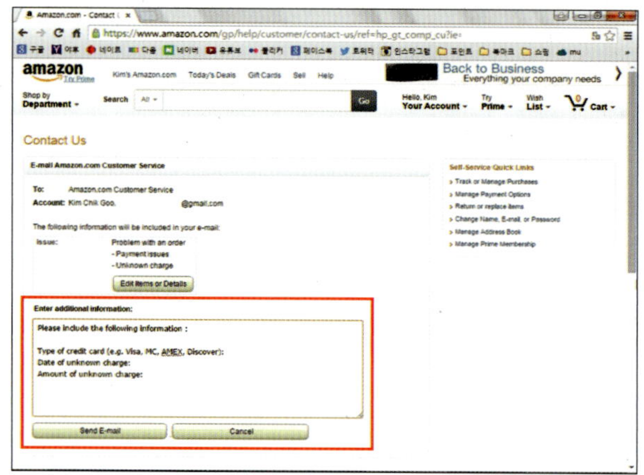

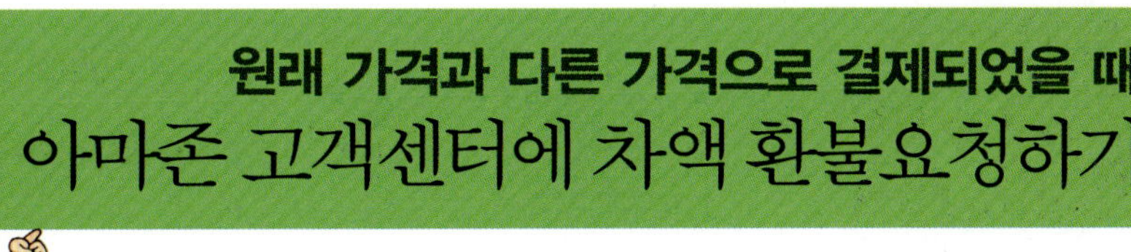

아마존에서 구입한 상품의 제품 가격이 원래 가격이 아닌 다른 가격으로 결제되는 경우도 있습니다. 이런 경우 아마존 고객센터에 문의하여 차액을 요구해야 합니다.

쇼핑몰에 따라 직접 E메일을 보내 문의하기도 하지만 아마존은 고객센터를 통해 문의합니다.

01 아마존 화면 상단의 [Help] 메뉴를 클릭한 뒤 화면 하단의 [Need More Help?] - [Contact Us] 메뉴를 클릭합니다.

[Choose an Older Order] 버튼을 클릭한 뒤 문제가 발생한 물건을 선택하면 오더번호가 자동으로 삽입됩니다.

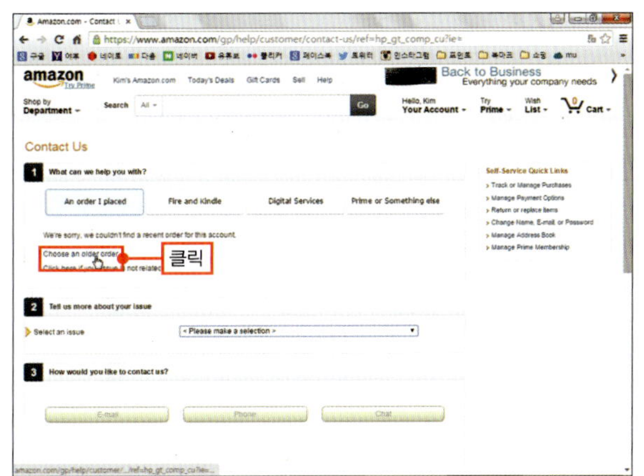

02 이슈 항목에서 [Problem with an Order]를 선택하고 디테일 항목에서 [Payment Issue Late(지불 문제)]를 선택합니다. 세부 디테일 항목에서는 [Charged wrong price(가격 계산이 잘못되었음)]을 선택합니다.

하단 [E메일] 버튼을 클릭한 뒤 '원래 가격과 다른 가격으로 카드가 승인났다.'고 문의하고 차액환불을 요청합니다.

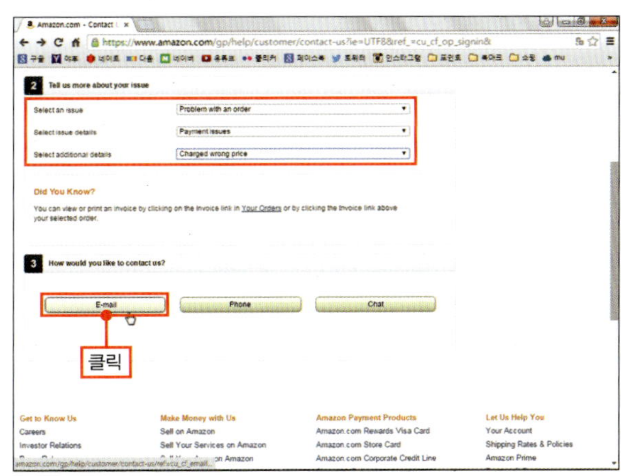

원래 환불액보다 적은 금액이 환불되었을 때
아마존 고객센터에 환불액 문의하기

물건을 반품한 뒤 환불액이 도착하기를 기다리다가 마침내 환불액이 입금되었습니다. 그런데 원래 구매대금보다 적은 금액이 도착하는 경우도 있을 것입니다. 그 차액을 환불받는 방법입니다.

중소 쇼핑몰에서는 문제가 있으면 직접 E메일로 문의해야 하지만 아마존은 고객센터를 통해 문의합니다.

01 아마존 화면 상단의 [Help] 메뉴를 클릭한 뒤 화면 하단의 [Need More Help?] - [Contact Us] 메뉴를 클릭합니다.

[Choose an Older Order] 버튼을 클릭한 뒤 환불받은 물건을 선택하면 오더번호가 자동으로 삽입됩니다.

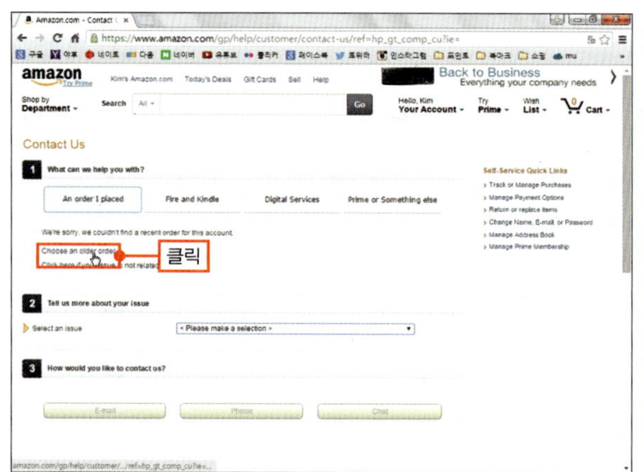

02 이슈 항목에서 Returns and Refunds (반품 및 환불)를 선택합니다. 디테일 항목에서 Incorrect Refund(잘못된 환불액)을 선택합니다.

하단 [E메일] 버튼을 클릭한 뒤 결제금액과 환불금액에서 차이가 발생했다고 설명하고 차액을 입금하던가 아마존 기프트카드로 보내달라고 요청합니다.

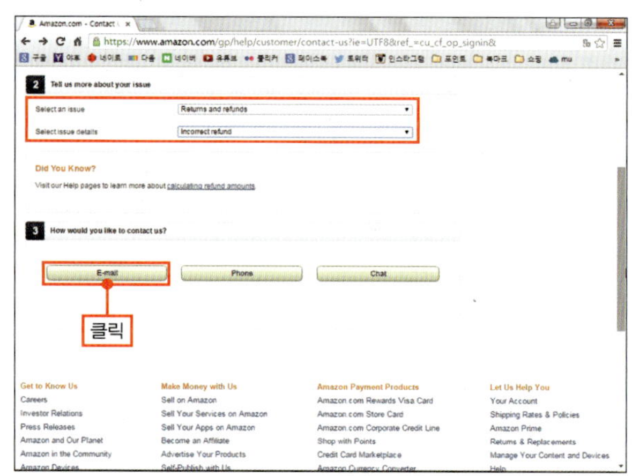

배송이 대기 중(Pending)일 때 문의하기

배송이 펜딩(Pending) 중인 이유는 창고에 재고품이 없기 때문인 경우가 많습니다. 보통 오더 창에서 5~10일 이상 배송 준비 중인 상태로 표시되는 경우 펜딩된 것으로 볼 수 있습니다.

쇼핑몰에 따라 본사 물류창고에 재고가 없으면 지방 대리점에서 제품을 수배해 배송하기도 하는데 수배하는 시간 때문에 배송이 계속 펜딩 상태가 됩니다. 아마존에서 배송이 펜딩되고 있을 때 문의하는 방법입니다.

01 아마존 화면 상단의 [Help] 메뉴를 클릭한 뒤 화면 하단의 [Need More Help?] - [Contact Us] 메뉴를 클릭합니다.

[Choose an Older Order] 버튼을 클릭한 뒤 문제가 발생한 물건을 선택하면 오더번호가 자동으로 삽입됩니다.

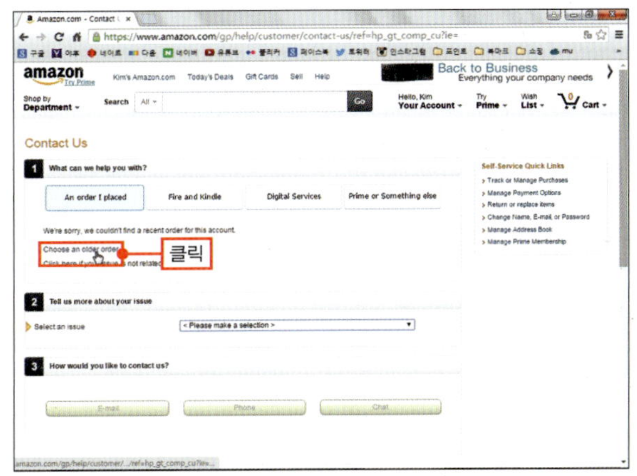

02 이슈 항목에서 [Where is my stuff?(내 화물은 어디에?)]를 선택하고 디테일 항목에서 [Shipment is Late(화물이 늦다)]를 선택합니다.

하단 [E메일] 버튼을 클릭한 뒤 영어로 '배송이 계속 펜딩되고 있으니 언제쯤 배송이 되는지 문의'하는 글을 작성한 뒤 전송합니다.

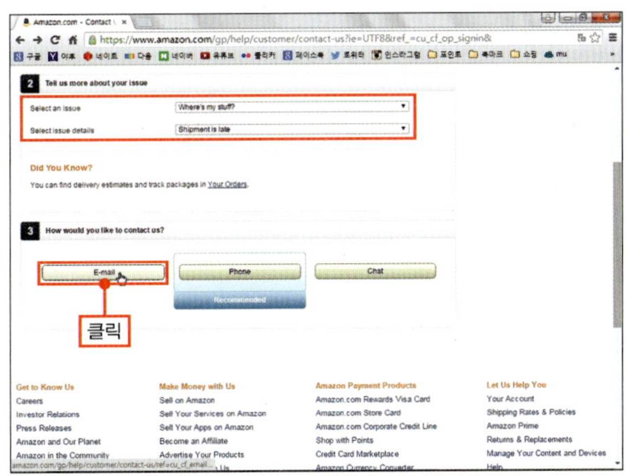

엉뚱한 곳으로 배송된 경우에는 배송이 완료되었다고 표시되고 물건은 수령을 못하게 됩니다.

아마존 오더 창에서 '배송완료(Delivered)'라고 표시되었는데 물건을 받지 못한 경우, 엉뚱한 곳으로 배송되었거나 배송 중 사라진 경우입니다. 다음과 같이 아마존 고객센터에 문의합니다. 일반 중소 쇼핑몰은 E메일을 보내어 문의합니다.

01 아마존 화면 상단의 [Help] 메뉴를 클릭한 뒤 화면 하단의 [Need More Help?] – [Contact Us] 메뉴를 클릭합니다.

[Choose an Older Order] 버튼을 클릭한 뒤 문제가 발생한 물건을 선택하면 오더번호가 자동으로 삽입됩니다.

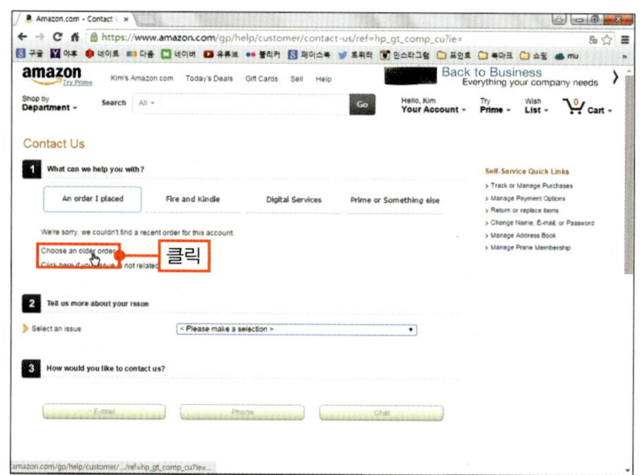

02 이슈 항목에서 [Where is my stuff?]를 선택합니다.

디테일 항목에서 [Tracking Show Delivered but Shipment not Received(배송추적에는 배송완료로 나오는데 화물은 받은 적 없다)]를 선택합니다.
하단 [E메일] 버튼을 클릭한 뒤 영어로 '화물을 수령 못했는데 배송이 된 것으로 나오므로 확인해달라.'고 작성한 뒤 전송합니다.

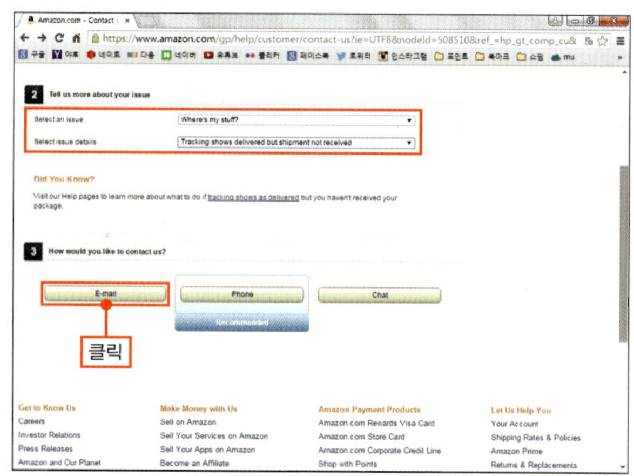

배송이 진행 중인 상태에서 뒤늦게 수령인 주소를 잘못 쓴 것을 발견하는 경우도 있습니다. 이 경우 급히 쇼핑몰 고객센터에 문의를 해야 합니다.

01 아마존 화면 상단의 [Help] 메뉴를 클릭한 뒤 화면 하단의 [Need More Help?] – [Contact Us] 메뉴를 클릭합니다.

[Choose an Older Order] 버튼을 클릭한 뒤 문제가 발생한 물건을 선택하면 오더번호가 자동으로 삽입됩니다.

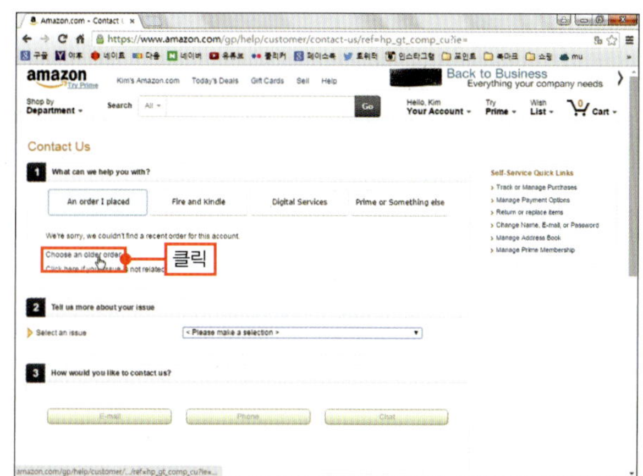

02 이슈 항목에서 Problem with an order를 선택한 후 디테일 항목에서 Shipping or Delivery issues를 선택합니다.

추가 디테일 항목에서 Incorrect shipping address를 선택합니다.
하단 [E메일] 버튼을 클릭한 뒤 사유를 간략히 설명하고 올바른 수령인 주소를 입력한 다음 그쪽으로 배송이 가능한지 문의합니다.

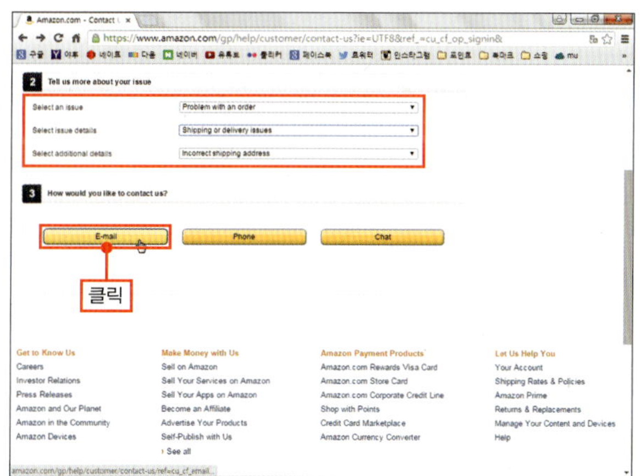

배송에서 누락된 아이템이 있을 때 요청하기

장바구니에 여러 개의 상품을 담고 배송시켰는데 몇 개가 누락된 채 도착하거나, 부품 중 일부가 누락된 채 도착하는 경우도 있습니다.

중소 쇼핑몰은 직접 E메일을 보내 사진이나 글로 누락분이 있었음을 증명하고 누락분을 요청하기 바랍니다. 만약 누락분이 없었다면 상품의 무게가 더 나갔을 것이라는 등 합리적 설득을 시도하는 것이 좋습니다.

01 아마존 화면 상단의 [Help] 메뉴를 클릭한 뒤 화면 하단의 [Need More Help?] - [Contact Us] 메뉴를 클릭합니다.

[Choose an Older Order] 버튼을 클릭한 뒤 문제가 발생한 물건을 선택하면 오더번호가 자동으로 삽입됩니다.

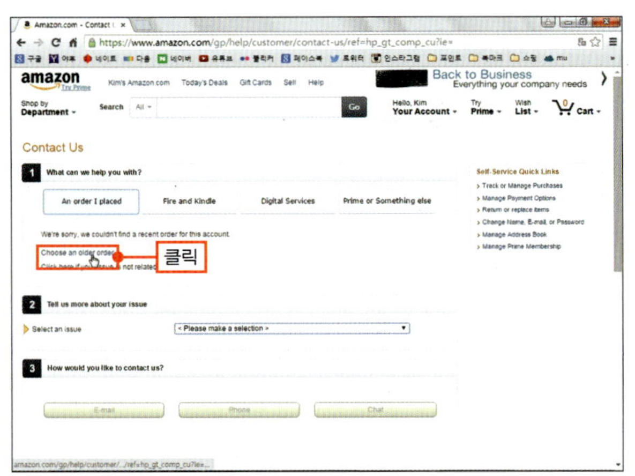

02 이슈 항목에서 [Where is my stuff?]를 선택하고 디테일 항목에서 Received Incomplete Shipment (누락분이 있는 화물 받음)을 선택합니다.

추가 디테일 항목에서 누락된 요소가 전체인지 부분 부품인지 선택합니다.
하단 [E메일] 버튼을 선택한 후 누락분 이름이나 누락된 부품을 설명하고 추가배송을 요청합니다.

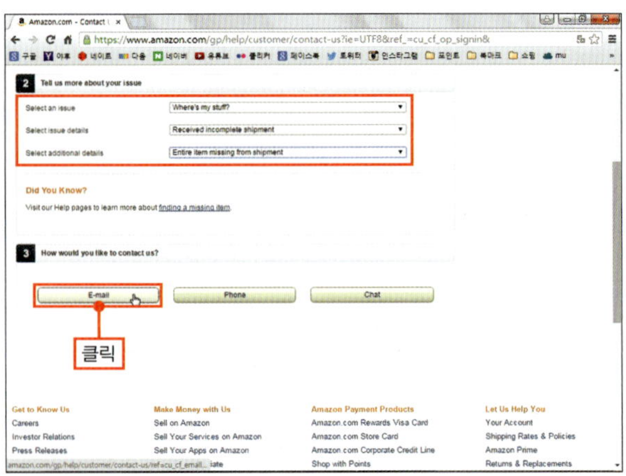

배송불량, 제품파손, 훼손으로 인한 재배송 요청

배송불량으로 배송도중 제품이 파손되거나 혹은 원래부터 훼손된 제품을 받는 경우도 있습니다.

배송불량으로 인해 파손되었거나 원래부터 훼손된 제품은 아마존 고객센터에 다음 방법으로 문의합니다. 중소 쇼핑몰에서 구매한 제품은 쇼핑몰 관리자에게 E메일을 보내 직접 문의합니다.

01 아마존 화면 상단의 [Help] 메뉴를 클릭한 뒤 화면 하단의 [Need More Help?] - [Contact Us] 메뉴를 클릭합니다.

[Choose an Older Order] 버튼을 클릭한 뒤 문제가 발생한 물건을 선택하면 오더번호가 자동으로 삽입됩니다.

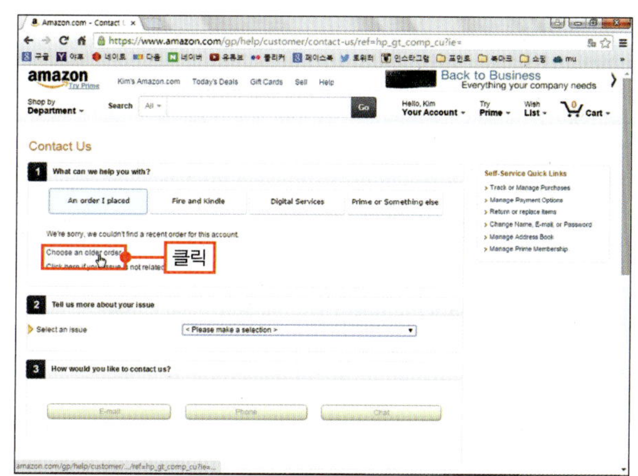

02 이슈 항목에서 [Problem with an Order]를 선택한 후 디테일 항목에서 Damaged item(아이템 손상)을 선택합니다.

추가 디테일 항목에서 어떤 부분이 손상된 것인지 선택합니다. 하단 [E메일] 버튼을 클릭한 후 손상 부분을 설명하고 반송방법 및 재배송을 요청합니다.

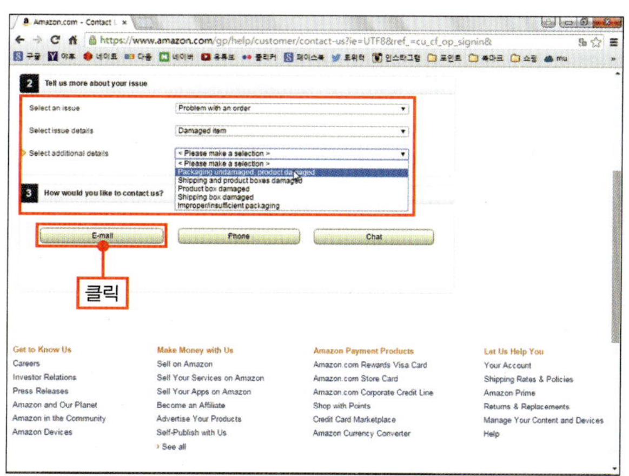

주문한 상품과 다른 제품이 왔을 때
재배송 요청하기

간혹 주문한 상품과 다른 제품이 왔을 때는 재주문을 요청하고, 이미 받은 제품은 어떻게 반송시킬 것인지 문의해야 합니다.

주문한 제품과 다른 제품이 도착했을 때는 아마존 고객센터에 아래 방법으로 문의합니다. 중소 쇼핑몰에서 구매한 제품은 쇼핑몰 관리자에게 E메일을 보내 직접 문의하기 바랍니다.

01 아마존 화면 상단의 [Help] 메뉴를 클릭한 뒤 화면 하단의 [Need More Help?] – [Contact Us] 메뉴를 클릭합니다.

[Choose an Older Order] 버튼을 클릭한 뒤 문제가 발생한 물건을 선택하면 오더번호가 자동으로 삽입됩니다.

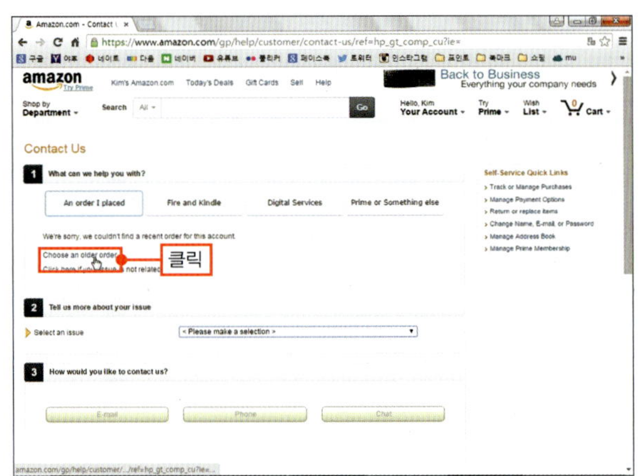

02 이슈 항목에서 [Problem with an Order]를 선택한 후 디테일 항목에서 [Wrong item or not as Expected(잘못 온 상품 또는 예상 못한 상품)]을 선택합니다.

추가 디테일 항목에서 어떤 요소가 잘못된 것인지 선택한 후 하단 [E메일] 버튼을 클릭합니다.
구매하려는 상품과 다른 상품이 도착했다고 설명하고 반송방법 및 원래 상품의 재배송을 요청합니다.

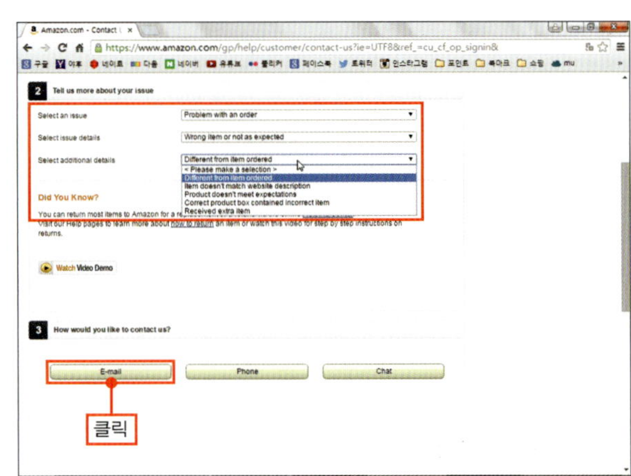

가격차가 많이 나면
반송 혹은 차액만큼의 환불 요청하기

간혹 상품을 주문한 뒤 혹은 상품을 받은 뒤 다른 쇼핑몰에서 훨씬 싸게 파는 것을 보았습니다. 이럴 때 대처하는 방법입니다.

이런 경우 아마존은 반송을 요청하거나 차액만큼 환불을 요청할 수 있습니다. 그 외 많은 쇼핑몰에서 차액만큼 환불받거나 반송할 수 있습니다. 단 배송받은 후 며칠 내에만 가능하고 그 이후에는 불가능합니다.

01 아마존 화면 상단의 [Help] 메뉴를 클릭한 뒤 화면 하단의 [Need More Help?] - [Contact Us] 메뉴를 클릭합니다.

[Choose an Older Order] 버튼을 클릭한 뒤 문제가 발생한 물건을 선택하면 오더번호가 자동으로 삽입됩니다.

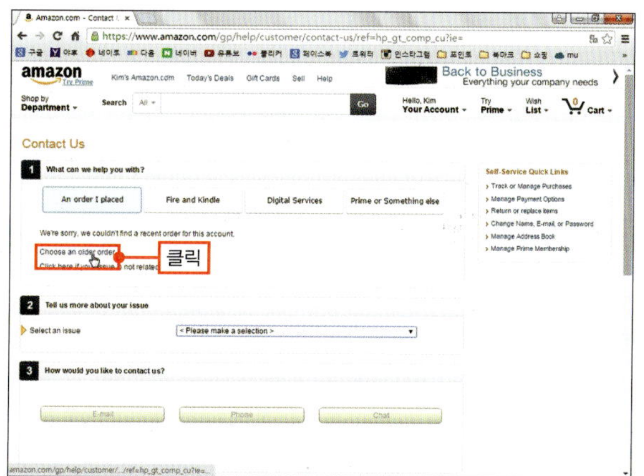

02 이슈 항목에서 [Payment issues]를 선택한 후 디테일 항목에서 [Better price found elsewhere(다른 곳에서 더 싸게 파는 것을 발견했음)]을 선택합니다.

하단 [E메일] 버튼을 클릭합니다. 구매한 가격과 싸게 파는 쇼핑몰 가격을 비교한 뒤 반송 혹은 차액을 환불 요청합니다.

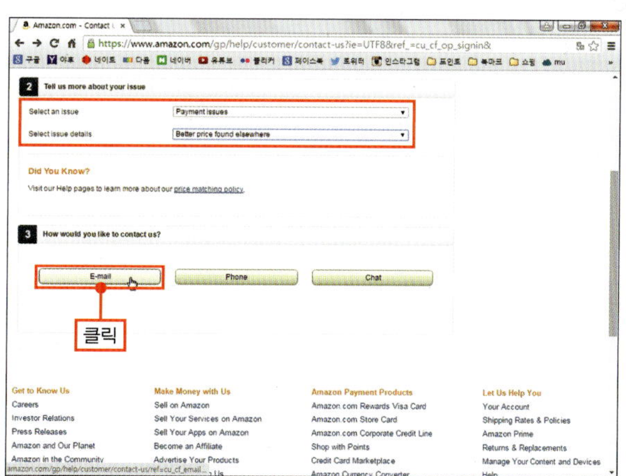

중복으로 주문했을 때 하나 취소하기

주문을 하다보면 하나의 물건을 중복으로 주문하는 경우도 있습니다. 이 경우 배송되기 전 주문 하나를 취소시키던가, 혹은 제품을 받은 경우에는 바로 제품 하나를 반송시켜야 합니다.

중복주문으로 동일 물품 2개를 받았을 때, 하나를 반송시키려면 무료반송이 되지 않고 반송료는 자신이 납부해야 합니다. 먼저 중복주문 후 하나를 취소할 수 있는지 문의를 해야 하며, 그렇게 해야만 중복승인된 카드결제도 하나가 취소되기 때문입니다. 아마존은 고객센터를 통해 문의할 수 있습니다.

01 아마존 화면 상단의 [Help] 메뉴를 클릭한 뒤 화면 하단의 [Need More Help?] - [Contact Us] 메뉴를 클릭합니다.

[Choose an Older Order] 버튼을 클릭한 뒤 문제가 발생한 물건을 선택하면 오더번호가 자동으로 삽입됩니다.

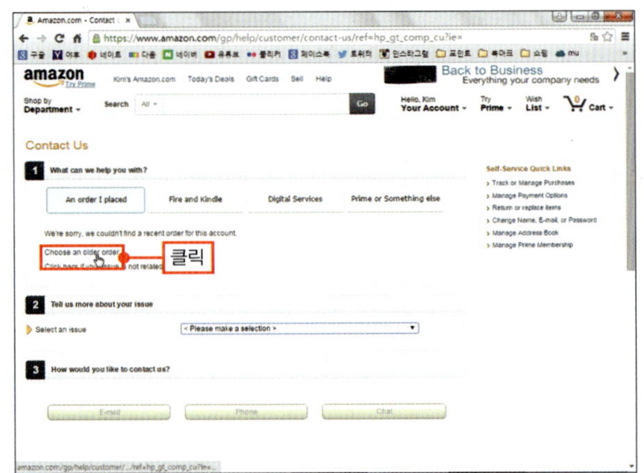

02 이슈 항목에서 [Problem with an Order]를 선택한 후 디테일 항목에서 [Duplicate order(중복주문)]을 선택합니다.

하단 [E메일] 작성버튼을 클릭합니다. 중복주문한 내역을 설명한 뒤 그 중 하나(주문번호입력)를 취소할 수 있는지 문의합니다.

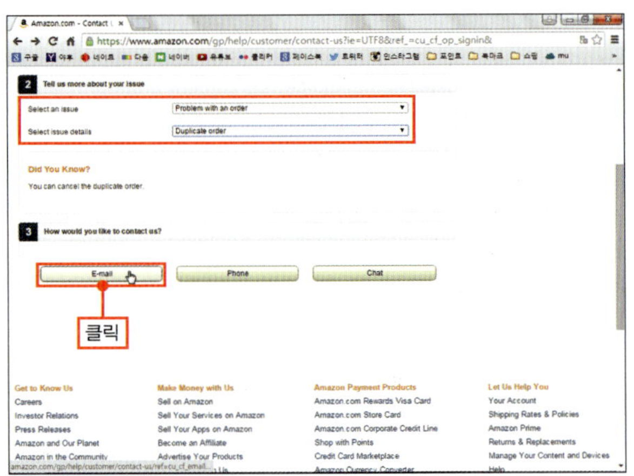

단순변심에 의한 반송도 가능할까?

물건수령 후 혹은 물건이 배송 중인 상태일 때 단순변심으로 반품을 하기도 하는데 이 경우 반송비는 모두 본인 부담입니다.

국내에서 상품을 받은 뒤 단순변심으로 반송하기

단순변심으로 반송할 때는 물건의 포장을 뜯지 않아야 합니다. 아마존 역시 단순변심에 의한 반송을 받아주지만 이 경우 반송비는 본인 부담입니다. 반송 후 빨리 환불처리를 하려면 본인 부담 하에 특송으로 보내는 것이 좋습니다.

리턴 테이블(반품허가증과 주소딱지)이 보장된 반송은?

보통 다음과 같은 경우 쇼핑몰에 리턴 테이블을 요청해 무료반송할 수 있습니다.

리턴 테이블이 보장된 반품(리턴 테이블을 요구할 경우 보내줌)	
오배송	주문한 것과 다른 상품, 다른 크기, 다른 색상이 도착한 경우
제품하자	제품의 동작 이상, 제품훼손 등이 보일 때
배송불량	배송 도중 물품파손이 있었을 때
본인이 반송료를 써야하는 경우(리턴 테이블 보장 안 됨)	
사이즈 선택 실수	본인의 실수로 자신에게 맞지 않은 사이즈를 구매한 경우
마음이 갈대라서	단순변심에 해당하는 사유임
다른 상품이 탐나서	단순변심에 해당하는 사유임

배대지를 통해 반품하기

국내 도착한 물품을 단순변심으로 반품할 때, 배송료를 절감하기 위해 배대지를 통해 반송할 수도 있습니다. 배송비는 저렴하지만 이 경우 반송하는 데 오랜 시간이 소요되므로 환불처리가 느려질 수 밖에 없습니다. 배대지를 통한 반송은 배송대행지 홈페이지의 반품 메뉴로 할 수 있습니다.

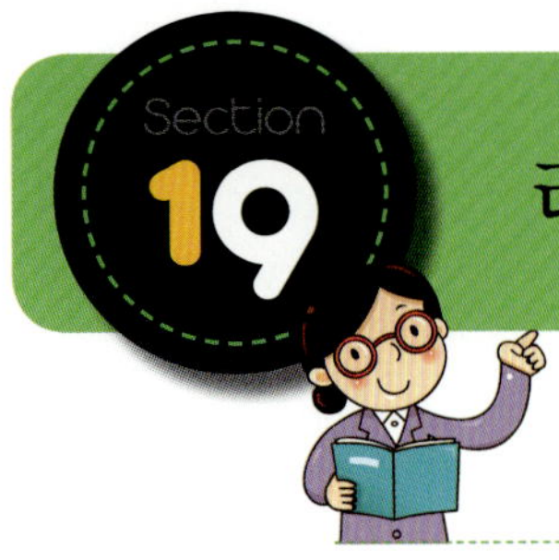

리턴 테이블(무료반송 용지) 요청하기

대부분의 해외쇼핑몰은 상품하자, 배송오류 등에 의한 반품은 무료반송할 수 있도록 리턴 테이블을 전송해 줍니다.

만일 리턴 테이블을 보내주기로 했는데 도착하지 않았다면 E메일로 문의해야 합니다. 아마존은 고객센터를 통해 도착하지 않은 리턴 테이블을 요청할 수 있습니다.

01 아마존 화면 상단의 [Help] 메뉴를 클릭한 뒤 화면 하단의 [Need More Help?] - [Contact Us] 메뉴를 클릭합니다.

[Choose an Older Order] 버튼을 클릭한 뒤 반송할 물건을 선택하면 오더번호가 자동으로 삽입됩니다.

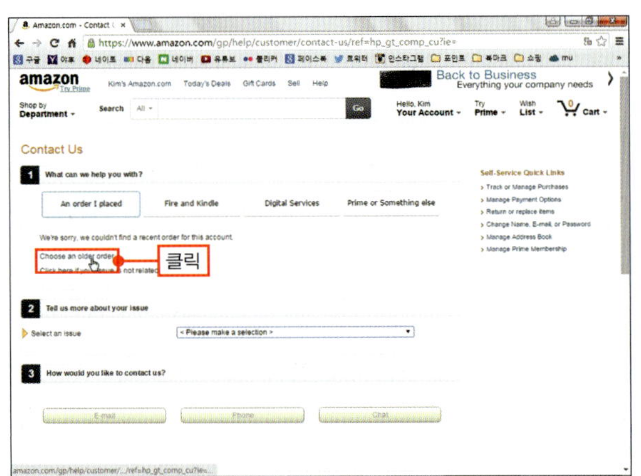

02 이슈 항목에서 [RFeturns and Refunds]를 선택한 후 디테일 항목에서 [Request return mailing label(리턴 테이블 라벨 요청)]을 선택합니다.

하단 [E메일] 작성버튼을 클릭합니다. 메일창에는 반송하기로 한 오더번호를 입력한 뒤 아직 리턴 테이블 파일이 도착하지 않았으므로 보내달라고 요청합니다.

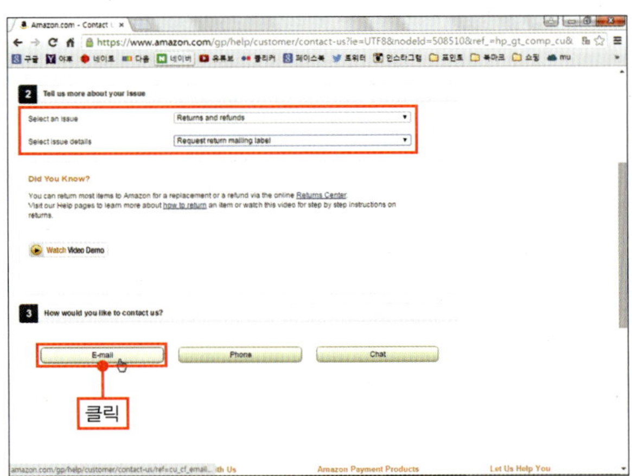

일본 쇼핑몰에서 직구하기

이색적이고 흥미로운 일본 쇼핑몰의 재미

일본 쇼핑몰은 특유의 이색적이고 재미 있는 쇼핑몰이 많습니다.

여성패션상품 집합체 패션워크

다양한 일본 브랜드를 만날 수 있습니다.

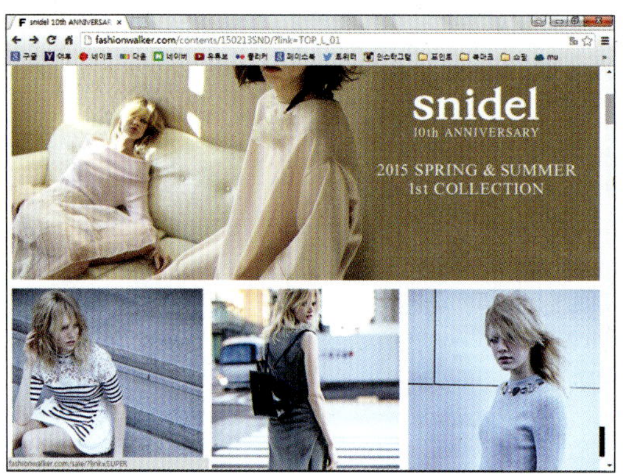

▲ http://fashionwalker.com/

일본 과자 전문몰 스위트포켓

일본 과자 바구니가 해외배송도 됩니다.

▲ http://sweetspocket.com/

일본 최고 쇼핑몰 라쿠텐

라쿠텐에서는 전자만화책도 거래됩니다.

▲ http://books.rakuten.co.jp/

일본 장난감 전문몰 산 X

일본 특유의 귀여운 장난감을 볼 수 있습니다.

▲ http://shop.san-x.co.jp/

일본의 대표 종합쇼핑몰 라쿠텐
라쿠텐에서 직구하기

라쿠텐은 일본 최고의 종합쇼핑몰로 일본 인터넷 쇼핑몰 시장의 70%를 장악하고 있습니다. 운영방식은 국내의 지마켓과 11번가 같은 오픈마켓 형태의 쇼핑몰입니다.

일본 최고 쇼핑몰인 라쿠텐은 패션용품부터 자동차까지, 생필품은 물론 보험상품과 부동산까지 거래됩니다.

라쿠텐에서는 해외배송되는 상품들을 별도의 카테고리로 뽑아서 볼 수 있는 것이 매력입니다.

라쿠텐은 날마다 딜이 있는데 이것이 라쿠텐 슈퍼딜입니다. 슈퍼딜은 할인가로 판매하는 것이 아니라 정상가로 판매한 다음 3개월 뒤 판매가의 30%를 포인트로 환급하는 세일입니다. 3개월 뒤 들어온 포인트는 현금처럼 상품구매에 사용합니다.

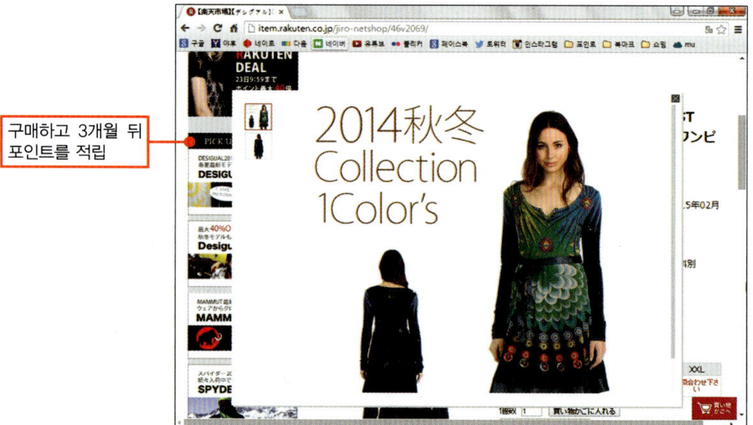

tip 슈퍼딜 판매상품은 포인트 적립제로 환불하기 때문에 라쿠텐 회원만 구매할 수 있고 비회원은 구매할 수 없습니다.

라쿠텐 회원가입하기

라쿠텐은 일본 라쿠텐 쇼핑몰 혹은 라쿠텐 글로벌에서 회원가입할 수 있습니다. 여기서는 일본 라쿠텐 쇼핑몰에서 회원가입하는 방법을 알아봅니다.

01 먼저 일본 라쿠텐 쇼핑몰인 www.rakuten.co.jp에 접속합니다.

오른쪽 중간의 [楽天会員に登録(無料)] 글자가 라쿠텐 회원무료등록 버튼입니다. 클릭합니다.

02 회원가입 창이 일본어이면 일본 내국인용 가입 창입니다. [English] 버튼을 클릭해 영문가입 창으로 전환합니다.

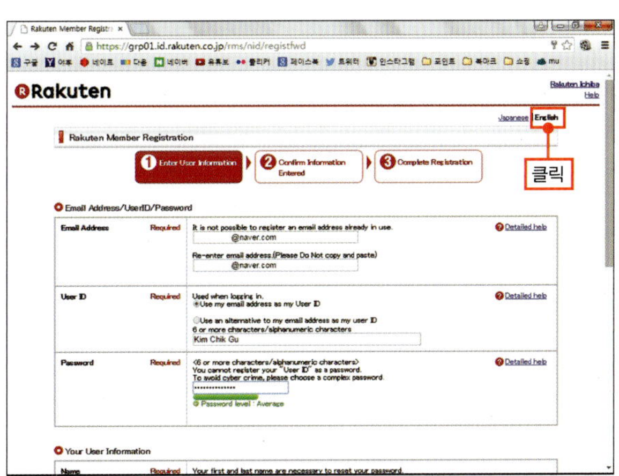

03 회원가입 신청서를 작성합니다. 본인이 자주 사용하는 E메일주소를 라쿠텐 로그인용 ID로 등록하고 비밀번호(라쿠텐 로그인용 비밀번호)를 설정합니다.

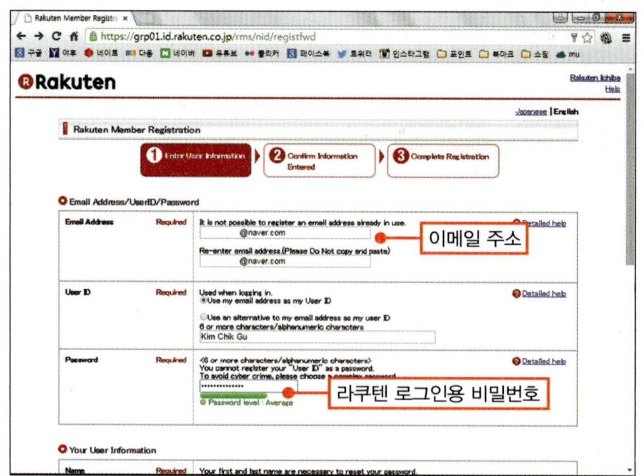

04 만일 라쿠텐 글로벌에서 회원가입 중이라면 주소, 나이도 설정해야 하지만, 일본 라쿠텐에서 가입할 경우에는 이 부분이 생략됩니다.

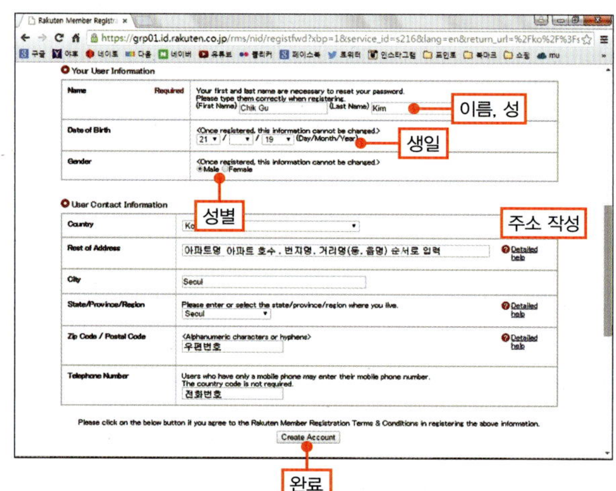

05 다음 창으로 이동하면 입력한 내용을 최종 확인하게 됩니다.

[Register] 버튼을 클릭해 회원등록을 완료합니다.

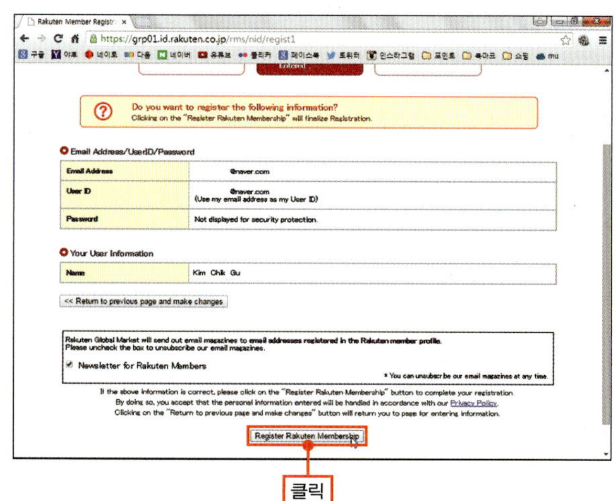

라쿠텐 쇼핑몰 기본 사용하기

회원가입할 때 등록한 E메일주소는 앞으로 일본 라쿠텐에 로그인할 때 사용하는 ID입니다.

01 일본 라쿠텐에 처음 접속하면 일본어를 모르기 때문에 로그인 버튼을 찾느라 헤매게 됩니다.

일단 [My 쿠폰] 버튼을 클릭해 로그인하겠습니다.

02 [My 쿠폰] 버튼을 클릭하면 로그인 창이 나탑니다.

가입 시 등록했던 E메일주소를 입력하고 비밀번호를 입력해 로그인합니다.

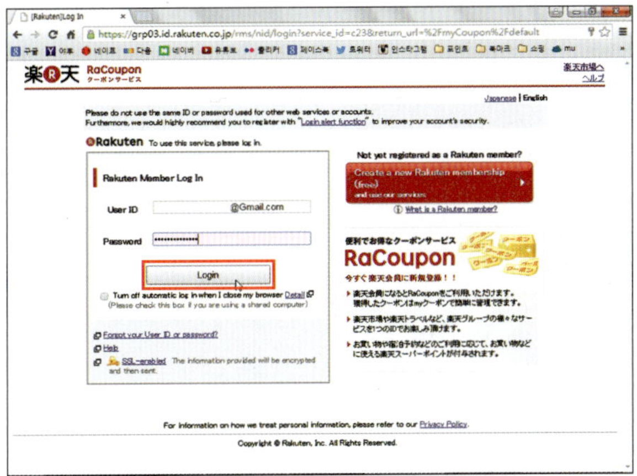

03 로그인 되었습니다.

일본 라쿠텐에 처음 로그인하면 비밀번호를 잊었을 때 본인인증을 할 수 있는 비밀질문을 등록해야 합니다. 비밀질문으로 '애완동물 이름'을 선택했고 답변으로 집에서 기르는 필자의 애완동물 이름을 입력했습니다.

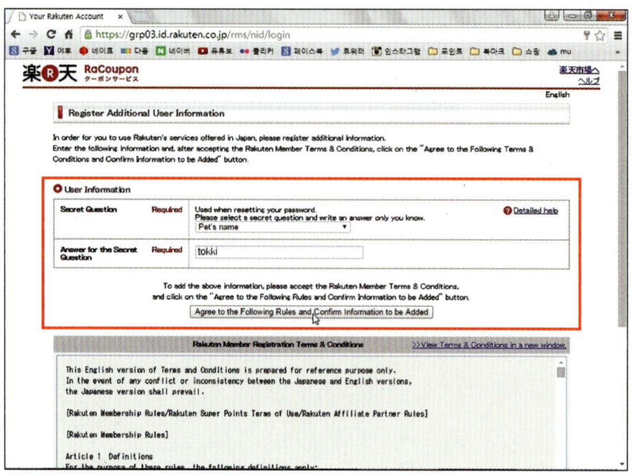

04 나중에 로그인 비밀번호를 잊어 라쿠텐에 로그인이 안 될 때, 라쿠텐은 '애완동물 이름'을 물어오면서 본인인증을 요구하는데 이때 방금 입력한 애완동물 이름을 입력하면 본인인증이 되어 로그인 비밀번호를 재교부 받을 수 있습니다.

설정을 마무리하기 위해 비밀번호를 입력하고 버튼을 클릭합니다.

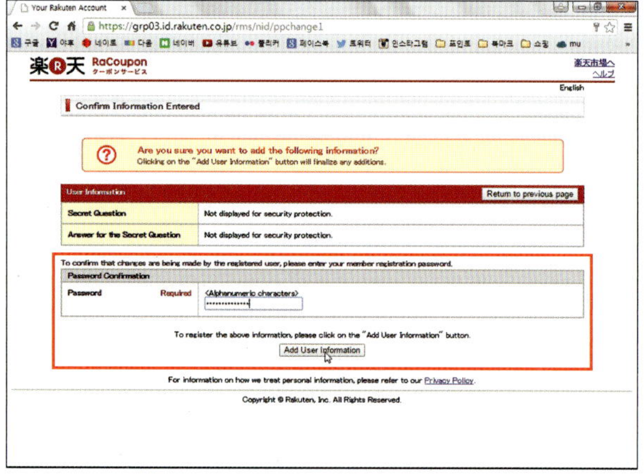

05 [Continue] 버튼을 클릭해 다음 화면으로 넘어갑니다.

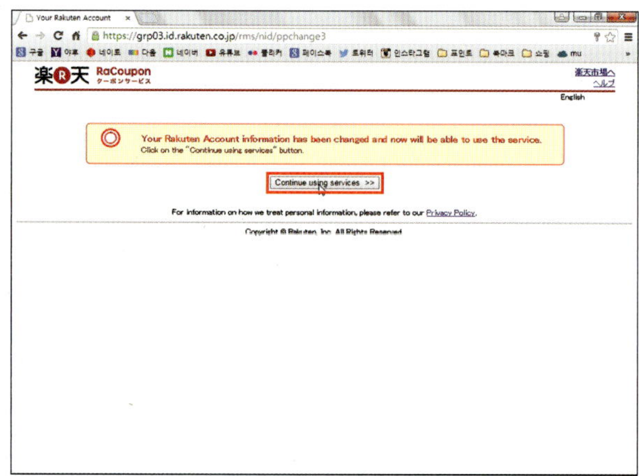

06 [My 쿠폰] 버튼을 클릭해 로그인했
으므로 마이 쿠폰 창이 나타납니다.

07 쿠폰 창은 영어 페이지가 제공되므
로 [English] 버튼을 클릭하면 영어로
볼 수 있습니다.

글로벌 라쿠텐으로 가입한 사람도 같은 화
면을 보게 되므로 일본 라쿠텐 계정과 글로
벌 라쿠텐 계정은 서로 호환됩니다.

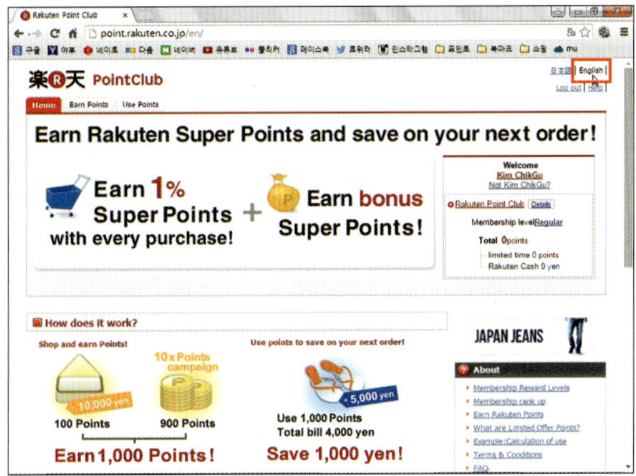

08 영문 창에서는 일본 라쿠텐 메인화
면으로 돌아가는 버튼이 안 보이므로
www.rakuten.co.jp를 입력해 일본 라쿠
텐 메인화면으로 돌아간 뒤 쇼핑을 합
니다.

쇼핑을 끝낸 후 로그아웃하려면 오른쪽 중
간의 자신의 이름 아래에 있는 ログアウト
(로그아웃) 버튼을 클릭합니다.

라쿠텐에서 직구할 때 크롬 번역기 활용하기

일본어를 모르는 사람은 라쿠텐에서 쇼핑을 원할히 할 수 없습니다. 그러므로 라쿠텐 쇼핑을 할 때는 크롬 번역기를 사용하는 것이 좋습니다.

최신 버전의 구글 크롬은 크롬 번역기가 내장되어 있어 타국어 홈페이지에 접속하면 자동으로 [이 페이지 번역하기] 버튼이 나타납니다.

01 [이 페이지 번역하기] 버튼을 클릭한 뒤 [번역] 버튼을 클릭해 현재 보이는 화면을 번역시킵니다.

02 라쿠텐 화면이 번역되었습니다. 한글로 번역된 라쿠텐 쇼핑몰은 우리나라의 오픈마켓과 비슷한 형태의 쇼핑몰임을 알 수 있습니다(일부 번역되지 않는 부분은 텍스트가 아니라 그림이기 때문입니다).

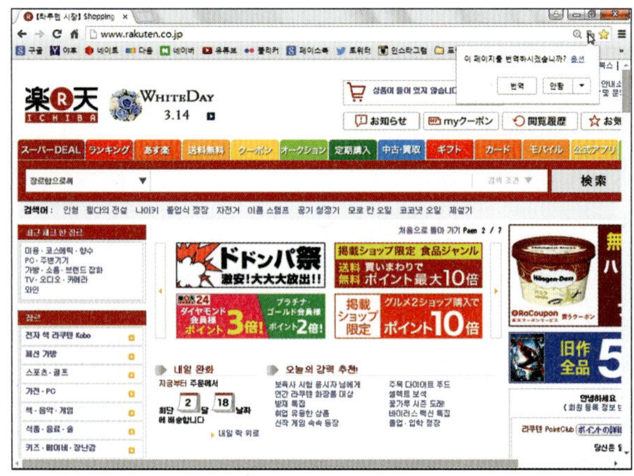

03 번역되기 전 원래 일본어 화면으로
돌아가려면 [이 페이지 번역하기] -
[원본 보기] 버튼을 클릭합니다.

04 번역되기 전의 원래 일본어 화면으
로 돌아옵니다.

05 쇼핑을 한 뒤 라쿠텐에서 다시 로그
아웃 하려면 오른쪽 중간의 ログアウト
(로그아웃) 버튼을 클릭합니다.

라쿠텐에서 장바구니에 담기

이제 라쿠텐에서 본격적인 쇼핑을 해보겠습니다. 일단 앞서 배운 방법으로 라쿠텐에 접속한 뒤 한국어로 번역을 해 놓고 시작합니다.

01 한국어로 번역된 라쿠텐에서 구매할 상품을 찾아봅니다. [패션] 메뉴를 클릭한 뒤 탐색해보니 포에버21 브랜드 매장이 보입니다.

라쿠텐 포에버21 매장에서 마음에 드는 상품을 골라보겠습니다.

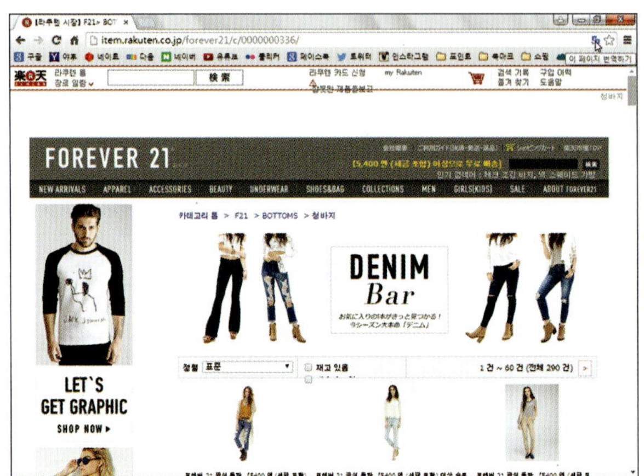

02 라쿠텐은 상품설명 창 제일 하단에 상품옵션과 [장바구니에 넣기] 버튼이 있습니다.

오른쪽 하단 장바구니 아이콘을 클릭하면 상품설명 창 하단의 [장바구니에 넣기] 버튼이 있는 위치로 이동할 수 있습니다.

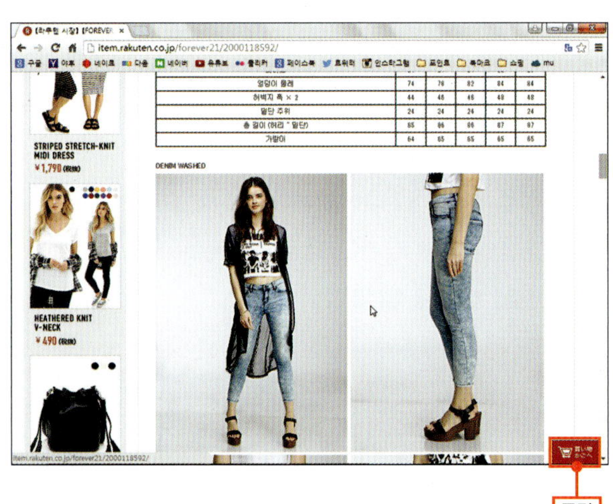

03 구입할 사이즈 등을 선택했습니다.

현재 크롬 번역기로 번역된 상태에서 라쿠
텐 쇼핑을 하고 있습니다. 일본어는 우리말
과 어순이 같기 때문에 번역결과물도 알아
보기 쉬운 편입니다.

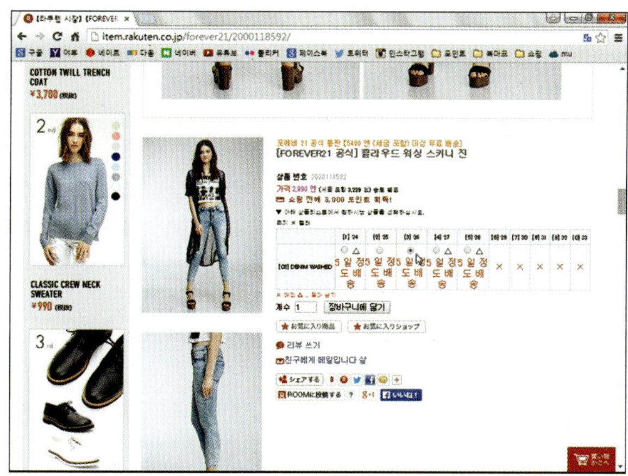

04 [장바구니에 담기]를 클릭해 장바
구니에 담아줍니다.

05 장바구니(買い物かご)에 상품이 들
어가면 그림처럼 [장바구니 화면]이 나
타나고 장바구니에 담은 상품 목록이
보입니다.

장바구니에 등록된 상품을 취소하려면 체
크 표시를 한 뒤 [삭제(削除)] 버튼을 클릭
합니다.

06 장바구니에 등록된 상품을 지금 결제하면서 구매하려면 목록 하단의 [구입절차] 버튼을 클릭합니다.

Section 07 라쿠텐에서 배송정보(주소) 입력하기

일본 라쿠텐에서 상품을 구매한 경우에는 배송대행지에서 무료제공한 일본 가상주소를 수령인 주소로 등록합니다.

앞의 작업을 계속 이어서 하면 주소를 등록하는 장면이 나옵니다. 등록한 주소가 상품 수령주소가 되지만 나중에 다른 주소를 추가할 수 있습니다.

01 앞에서 [구입절차] 버튼을 클릭한 모습입니다.

02 ID와 비밀번호를 다시 입력해 본인 확인을 하고 다음으로 넘어갑니다.

이때 하단에 주소입력 창이 보일수도 있는데 그것은 회원가입하지 않고 구매하는 사람들이 송부처(수령인) 주소를 작성하는 곳이므로 무시하기 바랍니다.

03 회원가입할 때 영문가입 창에서 가입을 했으므로 영문주소작성 창이 나옵니다.

주소는 한국 주소를 입력해도 무방한데 이때 우편번호(Postal Code)는 000–0000(공 7개)로 입력해야 합니다. 한국우편번호를 입력하면 일본 본토와 우편번호 및 형식이 다르기 때문에 다음 화면으로 넘어가지 못합니다.

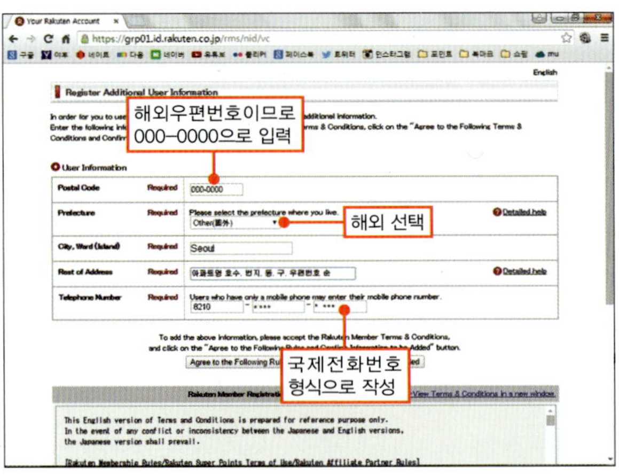

04 앞에서 버튼을 클릭하면 입력한 내용을 확인할 수 있습니다.

이상이 없으면 다시 [Add Your Information] 버튼을 클릭합니다.

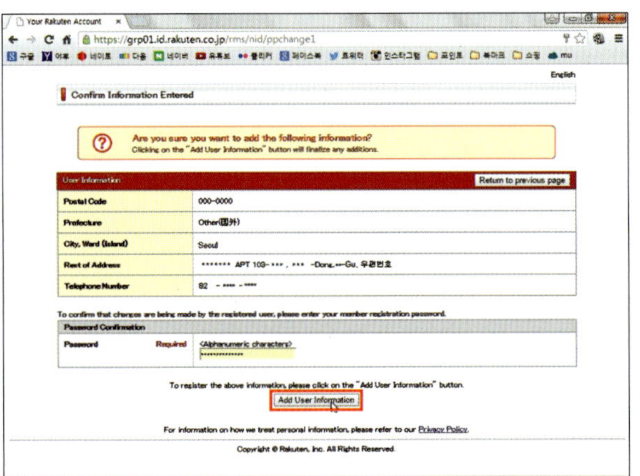

05 배송받을 주소선택 창이 나옵니다. 한국으로 배송이 안 되는 상품이므로 일본 가상주소지를 새 배송받을 주소지로 등록해야 합니다.

> **tip** 라쿠텐 글로벌 사이트에서 회원가입한 경우 이 화면이 나오지 않으므로 배송받을 신규 주소는 카드정보 입력 후 추가해야 합니다.

06 배송받을 주소를 선택합니다. 현재 주소가 1개만 등록되어 있기 때문에 1 개만 표시됩니다.

07 새 송부처(수령인) 주소를 추가하려 면 옆의 [新...] 버튼에 체크합니다. 송부 처 주소로 일본 배대지주소를 추가하겠 습니다.

08 일단 주소추가 창의 내용을 파악하 기 위해 [이 페이지 번역하기] 버튼을 클릭합니다.

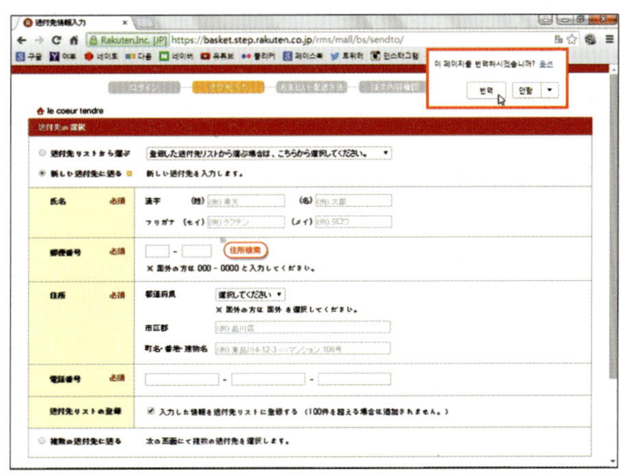

09 브라우저 창을 하나 더 열고 자신의 배송대행업체 홈페이지로 로그인한 뒤 배송대행업체에서 제공하는 일본 가상 주소를 복사합니다.

10 라쿠텐 주소추가 창에서 복사한 일본 주소를 각 항목에 맞게 붙여줍니다.

배송대행업체에서 제공한 일본 가상주소에는 우편번호가 없는 경우도 있으므로 이 경우 자신의 일본 가상주소를 구글에서 검색해 봅니다. 그러면 해당 일본주소의 우편번호를 찾을 수 있습니다.

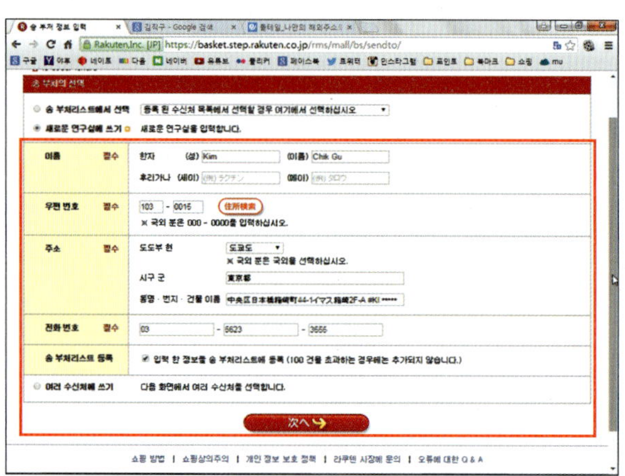

11 새 송부처 추가 등록을 한 뒤 앞에서 [다음] 버튼을 클릭하면 결제 창으로 넘어갑니다.

⑫ 결제 창을 아래로 스크롤하면 카드 정보 입력 창이 나옵니다.

⑬ 화면을 제일 아래로 스크롤하면 배송받는 날짜와 배송받을 시간을 설정할 수 있습니다.

⑭ 일단 카드정보 입력 창이 일본어로 되어 있으므로 뭐가뭔지 알 수 없습니다. [이 페이지 번역하기] 버튼을 클릭해 번역합니다.

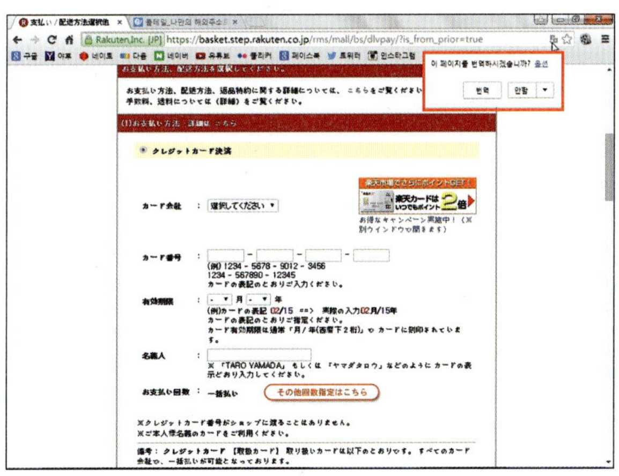

라쿠텐에서 결제 카드정보 입력하기

카드정보 입력 창은 중요한 부분입니다. 일본어를 모르는 분은 크롬 번역기의 [이 페이지 번역하기] 버튼을 클릭해 번역한 뒤 카드정보를 작성하기 바랍니다.

01 앞에서 페이지를 번역해보니 무슨 내용인지 읽을 수 읽게 되었습니다.

[선택하세요] 버튼을 클릭한 뒤 결제할 카드 브랜드를 선택합니다.

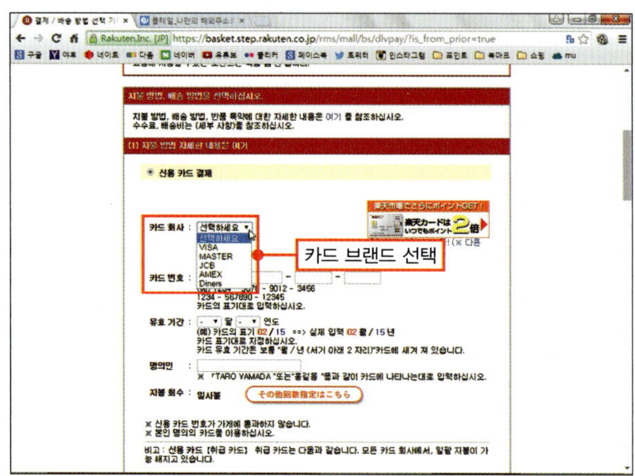

02 각 항목에 맞게 카드정보를 입력합니다.

순서대로 카드번호 16자리, 카드 유효기간, 카드소유자 이름(카드 표면에 있는 영문자 이름)을 입력합니다.

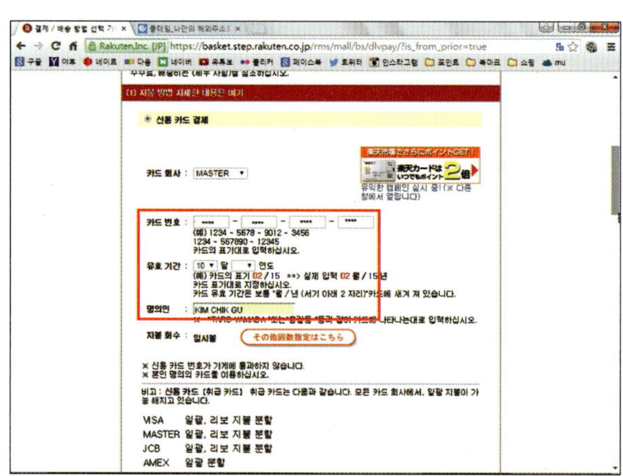

라쿠텐에서 송부처(수령인) 교체와 결제완료하기

앞에서 등록한 일본주소는 배송대행지 업체에서 제공한 일본 현지 배대지주소입니다. 만일 국내나 다른 곳으로 배송시키려면 수령인 주소를 추가합니다. 그럴 경우 수령인 주소가 2개가 되므로 둘 중 하나를 배송받을 주소지로 지정할 수 있습니다.

01 앞에서 계속하면 결제할 내역을 최종 확인하는 창이 이어집니다.

02 일본어로 되어 있으므로 [이 페이지 번역하기] 버튼을 클릭해 번역합니다.

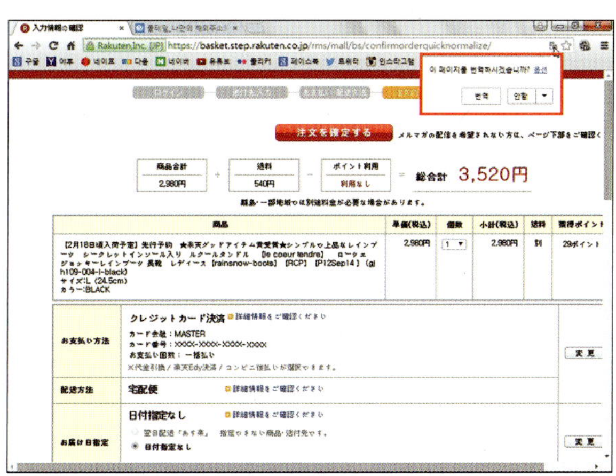

03 페이지가 번역되었습니다. 결제할 내역을 정확히 확인할 수 있습니다.

04 앞에서 주소를 2개 등록했으므로 [송부처] 버튼을 클릭해 배송받을 주소를 취사선택할 수 있습니다.

해외배송이 되는 업체라면 한국수령지 주소를 선택하고, 일본 내 배대지주소로 보내려면 일본 주소를 선택합니다.

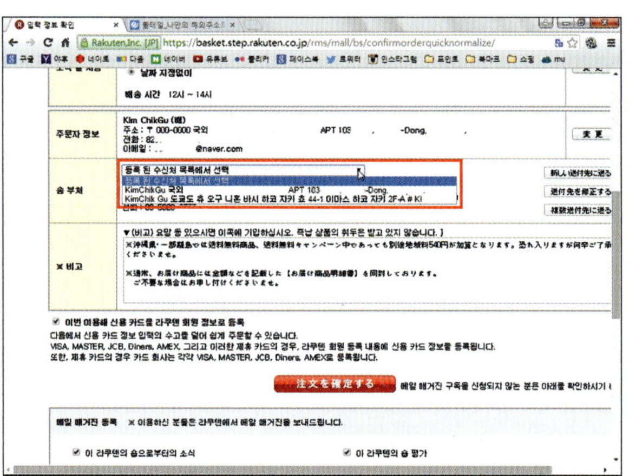

05 이 화면에서도 신규 수령지 주소를 등록할 수 있습니다. [신송부처] 버튼을 클릭하면 새 수령인 주소의 등록이 가능합니다.

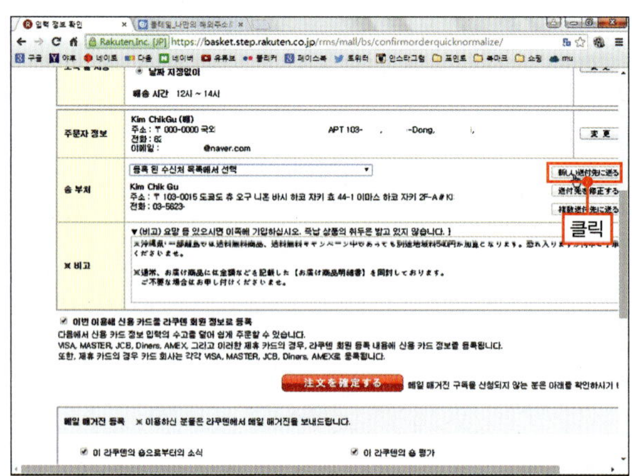

06 앞에서 [신송부처] 버튼을 클릭해 새 송부처 추가등록 창을 실행했습니다.

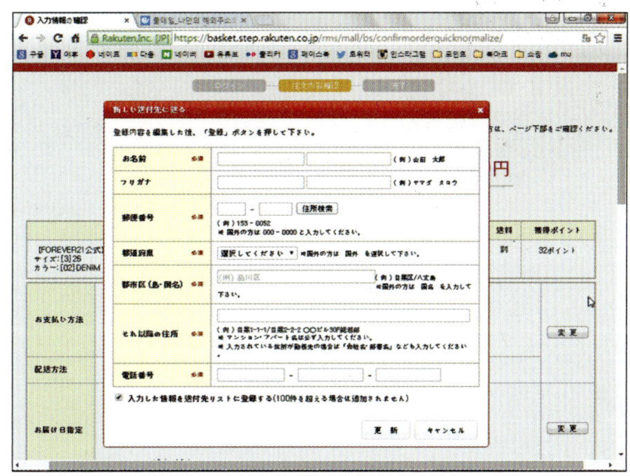

07 [이 페이지 번역하기] 버튼을 클릭해 화면을 번역한 뒤 새 수령인 주소를 입력하기 바랍니다. 송부처 주소는 총 100개까지 등록할 수 있습니다.

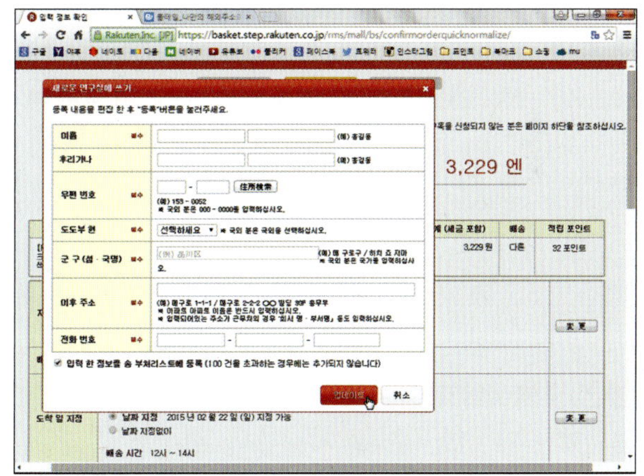

08 [송부처] 옵션을 클릭해 수령받을 송부처 주소를 원하는 것으로 변경합니다.
하단의 [주문확정] 버튼을 클릭하면 결제와 주문이 완료됩니다.

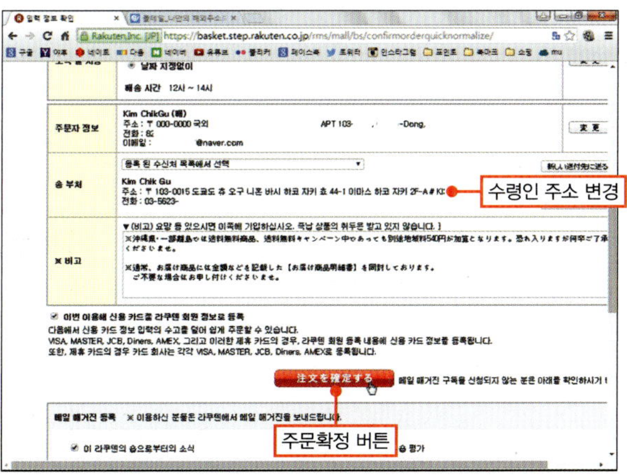

라쿠텐에서 회원정보 수정하기

일본 라쿠텐에서 회원정보 수정 방법을 알아봅니다.

01 라쿠텐에 로그인한 상태에서 오른쪽 자신의 이름 밑에서 会員登録情報・変更(회원등록정보변경) 문자열을 클릭합니다.

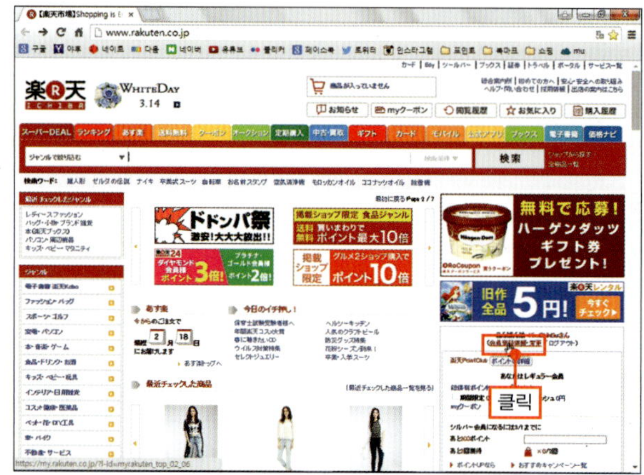

02 会員情報管理(회원정보・관리) 메뉴를 클릭하면 하위 메뉴를 선택할 수 있습니다.

> **tip** 라쿠텐 홈페이지에서는 해외배송 상품을 찾을 수 있지만 수량도 많지 않고 실제 구매에는 어려움이 많으므로 보통은 일본 현지 배대지주소로 배송받은 뒤 한국으로 다시 배송시켜야 합니다. 만일 해외직배송이 가능한 상품을 찾으려면 라쿠텐 글로벌 쇼핑몰(global.rakuten.com/ko)에서 구매하기 바랍니다.

03 크롬 사용자는 [이 페이지 번역하기] 버튼을 클릭해 현재 페이지를 번역한 후 [등록내용의 확인·변경] 메뉴를 클릭합니다.

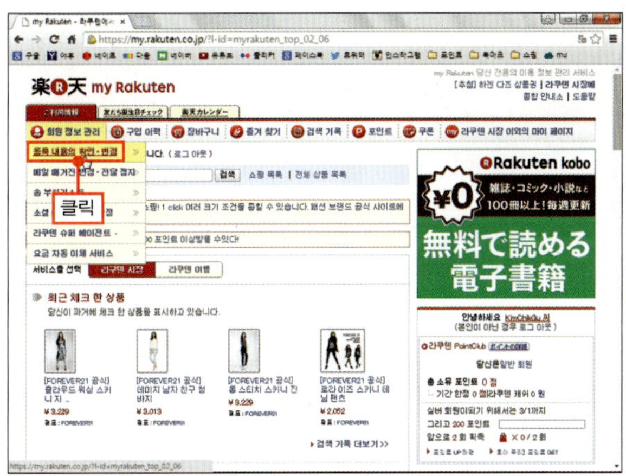

04 회원가입할 때 영문에서 가입했으므로 회원정보확인·변경도 영문입니다. 하단으로 스크롤하면 신용카드 등록, 등록삭제 등의 메뉴를 사용할 수 있습니다.

신용카드 정보는 가급적 등록을 피하고 결제할 때만 잠깐 등록하기 바랍니다.

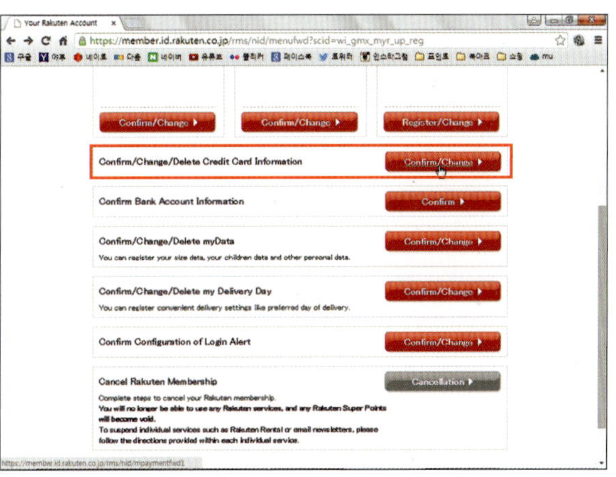

일본 셀러에게 배송문제나 여러 가지 문의를 할 때는 번역기로 번역해서 E메일을 보내봅니다. 일본어는 한국어와 어순이 같기 때문에 인터넷 번역기 기계번역 품질이 제법 높은 편입니다.

일본어로 번역할 때는 장문보다는 짧고 간결한 단문을 작성한 뒤 번역하기 바랍니다. 복문이나 긴 장문은 번역이 되더라도 번역 품질이 좋지 않습니다. 가급적 단문 내용을 입력해 번역한 후 그것을 복사해서 E메일로 보내는 것이 좋습니다.

참고로 영어나 중국어는 우리나라와 어순이 반대이기 때문에 인터넷 번역기의 번역 품질이 좋지 않습니다.

💬 구글 번역기로 번역한 모습(https://translate.google.com/)

질문할 내용을 짧고 간결하게 정리해 입력한 뒤 일본어로 번역시켰습니다. 번역 품질이 비교적 좋습니다.

💬 MS 빙 번역기로 번역한 모습(http://www.bing.com/)

같은 내용을 빙 번역기로 번역한 모습입니다. 필자의 경험에 의하면 영어번역은 구글 번역기, 일본어 번역은 빙 번역기가 조금 더 품질이 좋았습니다.

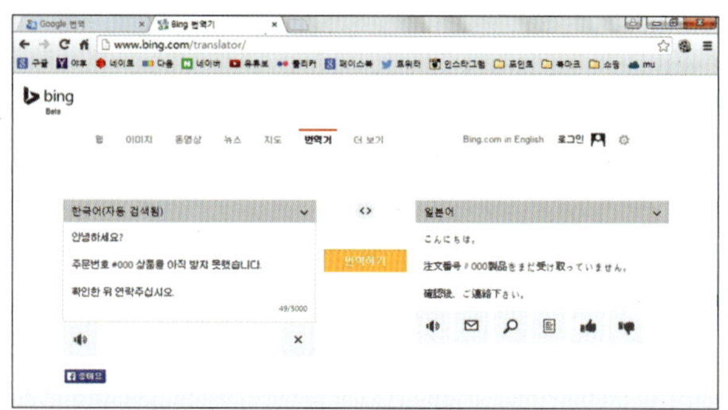

중국 타오바오에서 직구하기

아시아 최대 인터넷 쇼핑몰 타오바오

타오바오는 중국 최대 전자상거래업체인 알리바바 그룹의 자회사로 온라인 소매 쇼핑몰 중 아시아 최대 규모를 자랑합니다. 매출 규모면에서도 아마존에 버금가는 쇼핑몰로 우리나라의 11번가나 지마켓 같은 쇼핑몰입니다.

중국에서 운영되는 타오바오는 홍콩, 대만, 마카오, 싱가포르 등의 중화권 사람들이 많이 사용합니다. 값싼 제품부터 최고급 제품까지 만날 수 있지만 일반적으로 저렴한 제품을 구매할 때 유용합니다. 특히 1인용 저가의 전자제품과 아웃도어 텐트 종류를 구매할 때 여러가지 강점이 있습니다. 쇼핑몰 특성상 중국에서 제조한 제품을 많이 판매합니다.

타오바오는 셀러가 입점하여 판매하는 오픈마켓 형태의 쇼핑몰이므로 구매 전 셀러의 신용점수(구매자의 댓글)를 잘 보고 구매하기 바랍니다. 구매자의 댓글은 구글 크롬의 [이 페이지 번역하기] 기능으로 번역하면 어느 정도 알아볼 수 있도록 번역됩니다.

▲ 타오바오 쇼핑몰

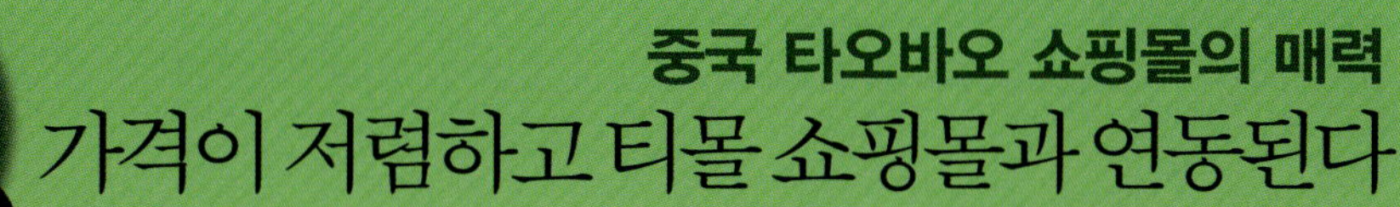

타오바오의 매력은 티몰 쇼핑몰이 연동된다는 점입니다. 어떤 상품을 검색했을 때 티몰 쇼핑몰 상품을 함께 볼 수 있습니다.

티몰(www.tmall.com)은 타오바오 쇼핑몰의 상위 쇼핑몰로서 같은 알리바바 그룹이 운영하는 쇼핑몰입니다. 티몰은 비교적 고급, 정품 제품을 판매하는 경우가 많고 타오바오는 저렴한 제품을 도매와 소매로 판매하는 경우가 많습니다.

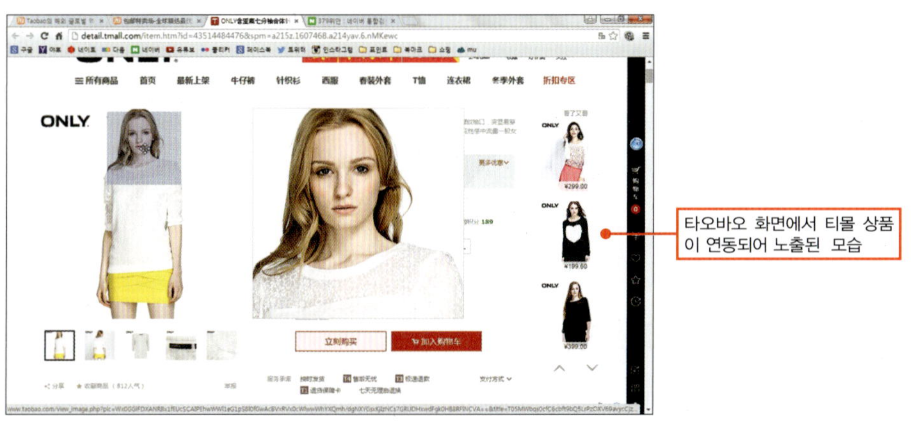

타오바오 화면에서 티몰 상품이 연동되어 노출된 모습

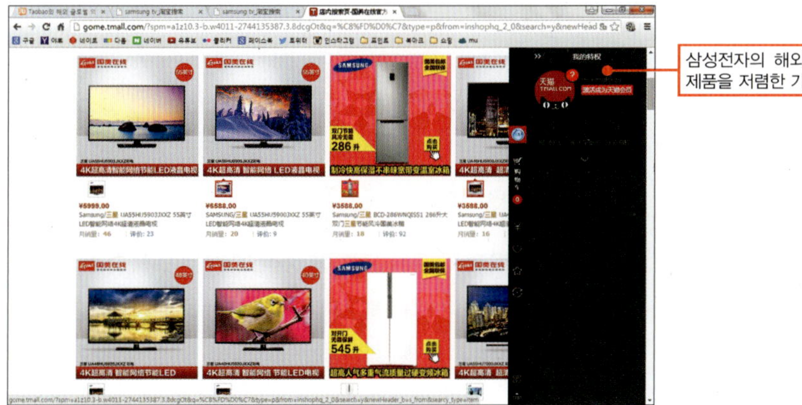

삼성전자의 해외수출용 최신 전자 제품을 저렴한 가격으로 만난 모습

주문취소와 인터넷 번역 오류

타오바오 쇼핑몰에서는 주문을 취소하거나 주문진행 중 중단한 상품이 장바구니에 남는 것이 아니라 결제보류 창에 남아 있습니다. 따라서 주문을 완전히 취소하려면 결제보류 창에서 삭제해야 합니다.

주문취소 상품은 장바구니가 아닌 결제보류 창에

대부분의 쇼핑몰, 이베이나 아마존은 주문 중 중단한 상품이 장바구니에 남아 있기 때문에 장바구니에서 삭제하면 주문을 완전 취소할 수 있습니다.

타오바오는 주문 중 중단한 상품, 예를 들어 주소를 작성하다가 중단한 상품이 장바구니에서 사라지므로 주문이 저절로 취소된 것으로 착각합니다. 그러나 타오바오에서 보류한 상품은 결제보류 창으로 이동해 있으므로 결제보류 창에서 주문작성을 계속하거나 상품을 완전히 삭제해야 주문취소가 가능합니다. 이 점이 다른 쇼핑몰과 다른 점이므로 주문을 취소할 상품이 있으면 반드시 결제보류 창에서 삭제하기 바랍니다.

구글 크롬 번역기가 오역하는 타오바오

타오바오에서 쇼핑을 하다 보면 신용카드 외에 알리페이로도 결제가 가능한 것을 알 수 있습니다. 이 때문에 타오바오는 알리페이 가입을 권장하는 E메일을 종종 보내옵니다. 그런데 한문으로 된 안내장이기 때문에 간혹 번역기를 돌려 읽는 경우가 있습니다.

번역기를 돌리면 타오바오의 전자지갑인 '알리페이'가 '페이팔'로 번역되어 출력됩니다. 페이팔은 미국 이베이의 전자결제 시스템이므로 이베이의 페이팔이 타오바오에서도 사용되는 것으로 착각하기 마련입니다. 실은 구글 번역기가 타오바오의 결제시스템인 알리페이를 기계번역할 때 '페이팔'로 번역하기 때문에 발생하는 일입니다. 즉 타오바오에서 쇼핑을 하다가 화면을 번역했을 때, 번역화면에서 보이는 페이팔은 알리페이임을 유념해야 합니다.

타오바오 쇼핑에서는 전자지갑 알리페이가 그리 필요하지 않습니다. 결제는 신용카드로도 할 수 있기 때문입니다. 그러나 환불이 발생할 때는 환불금을 국내 은행계좌로 보내주지 않고 알리페이 계정으로 보내주기 때문에 필요한 경우도 있습니다.

타오바오 쇼핑몰에 회원가입하기

타오바오는 핸드폰으로 간단히 가입하는 방법과 E메일로 가입하는 방법이 있습니다. 핸드폰으로 가입하면 핸드폰 번호가 타오바오 로그인 ID가 되고, E메일주소로 가입하면 E메일주소가 로그인 ID가 됩니다.

구글 크롬을 실행한 뒤 www.taobao.com을 입력해 타오바오 쇼핑몰로 접속합니다.

01 [免费注册(무료가입)] 글자를 클릭합니다.

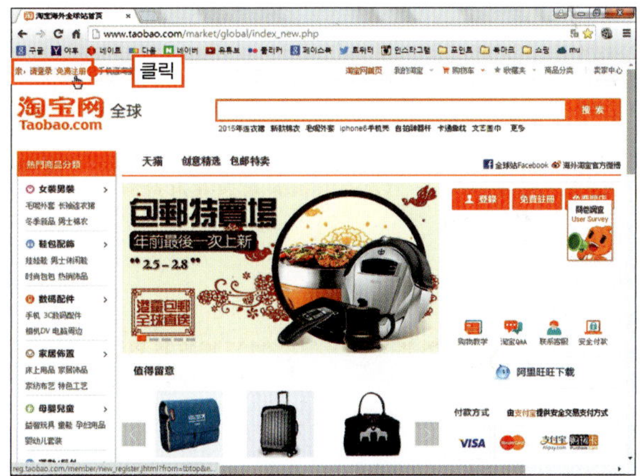

02 국적은 [한국], 핸드폰번호는 첫글자 0자 한글자 빼고 나머지 10자리를 입력합니다. 화면에 파란색으로 보이는 자동가입방지 글자를 입력하고 [下一步(다음)] 버튼을 클릭합니다.

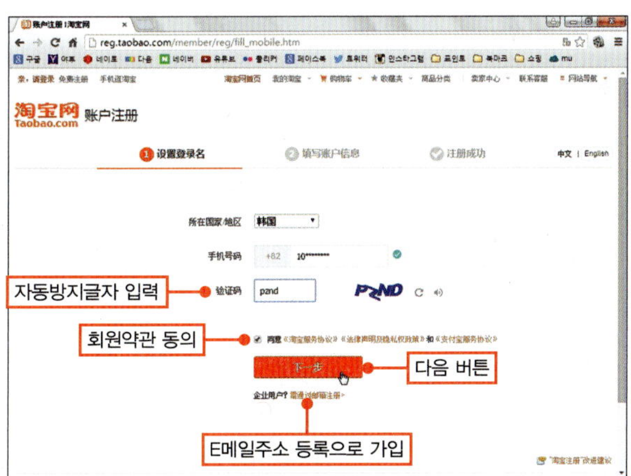

> **tip** 핸드폰이 아닌 이메일주소로 가입하려면 [다음] 버튼 아래의 [需通过邮箱注册(E메일주소 등록으로 가입)]을 클릭합니다.

03 등록한 핸드폰 번호로 인증번호가 날아옵니다.

화면에서 인증번호를 입력하고 하단 [확정] 버튼을 클릭합니다.

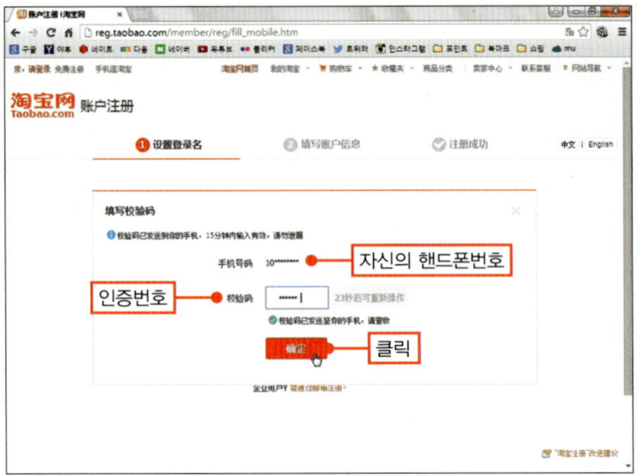

04 만일 앞에서 'E메일주소로 가입'했다면 E메일 등록 창이 나오므로 E메일 주소를 등록하고 [다음] 버튼을 클릭합니다. 타오바오는 본인인지 확인하기 위해 바로 E메일을 보내옵니다.

05 타오바오가 보내온 E메일을 열어봅니다.

E메일 내용에서 문자열을 클릭하면 본인인증이 성공하면서 타오바오 ID등록 창으로 넘어갑니다.

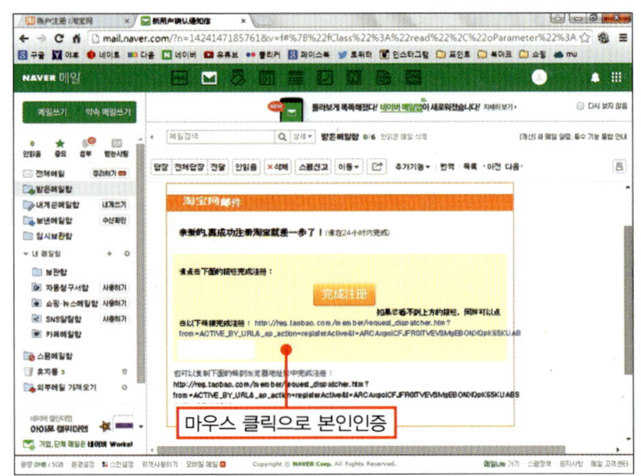

06 E메일주소로 가입하면 그 E메일주소는 타오바오 로그인 ID가 됩니다.

이름 입력란은 영문 글자수가 제한되어 있으므로 영문이름이 등록되지 않으면 글자수를 줄여 입력합니다.

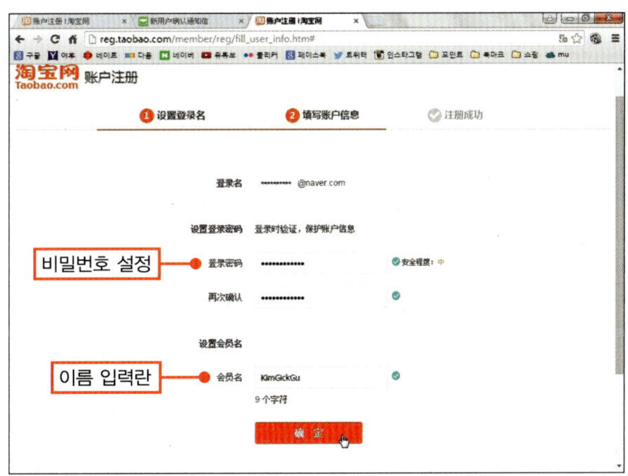

07 그림의 버튼은 [무료셀러 등록] 버튼입니다. 타오바오에서는 외국인 셀러가 판매대금을 회수하는 절차가 복잡하므로 [무료셀러 등록] 버튼을 실수로 누르지 않도록 주의하세요.

08 [淘宝网首页(타오바오홈)] 버튼을 클릭하면 쇼핑몰 홈으로 돌아갈 수 있습니다.

하단 버튼들은 쓸데없는 버튼이므로 잘못 누르지 않도록 주의하세요.

05 즉시구매 버튼과 장바구니에 담기 버튼

타오바오에서 상품을 선택한 뒤 장바구니에 담는 방법을 알아봅니다.

01 타오바오에 접속한 뒤 [亲，请登录 (로그인)] 버튼을 클릭해 로그인합니다.

02 핸드폰번호로 가입한 사람은 핸드 폰 번호와 로그인 비밀번호를, E메일주 소로 가입한 사람은 E메일주소와 로그 인 비밀번호를 입력합니다.

03 로그인하면 [亲，请登录(로그인)] 버튼이 자신의 이름으로 변경됩니다.

04 한자만 보이므로 내용을 알아볼 수 없습니다. [이 페이지 번역하기] 버튼을 클릭해 페이지를 번역해봅니다.

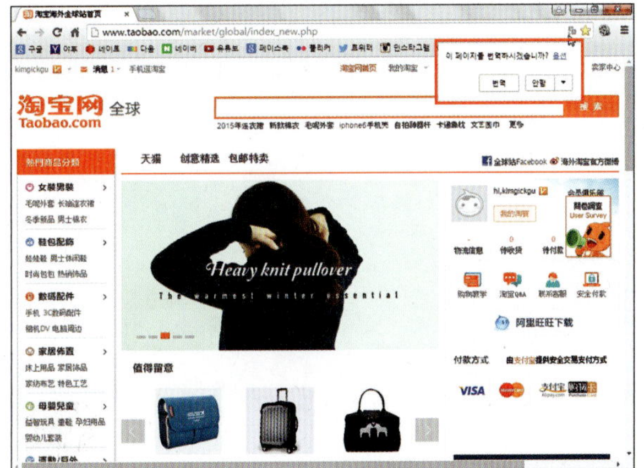

05 중국산 아웃도어는 가격이 저렴합니다. 아웃도어 상품을 구경하기 위해 [운동] - [야외 액세서리] 카테고리를 클릭합니다.

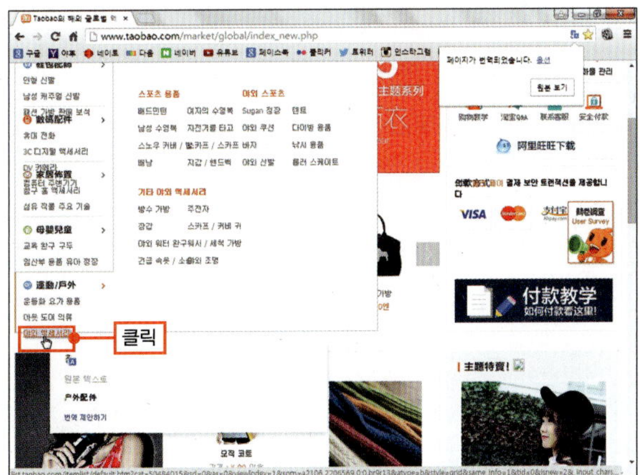

06 다음 페이지로 넘어가면 다시 한자 페이지로 바뀝니다.

만일 계속 한글로 자동 번역시키려면 [이 페이지 번역하기] – [옵션] – [항상 번역하기]를 선택하면 됩니다.

07 여기서는 한자로 된 메뉴도 분석해야 하므로 필요할때만 번역해서 보겠습니다. [배낭 등반 야외] 메뉴를 클릭합니다.

08 만일 직접 상품을 검색하려면 그림과 같이 영어로 입력하고 검색합니다. 'Tent'(텐트상품)라고 입력한 뒤 검색합니다.

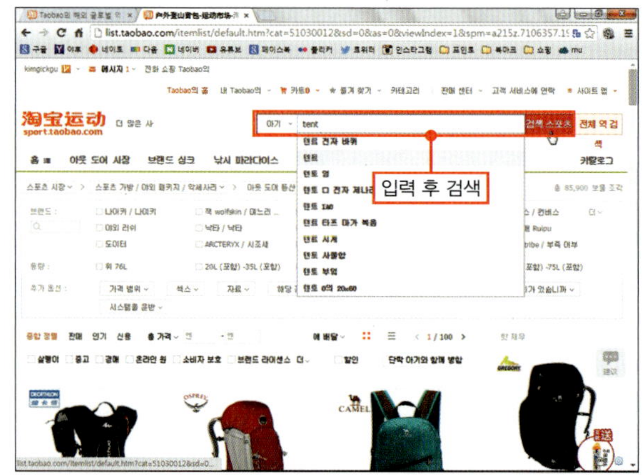

09 텐트 상품이 검색되었습니다. 국내에서 구하기 어려운 저가 텐트를 많이 볼 수 있습니다. 대개 중국에서 가내공업 형태로 제조된 제품일 것입니다.

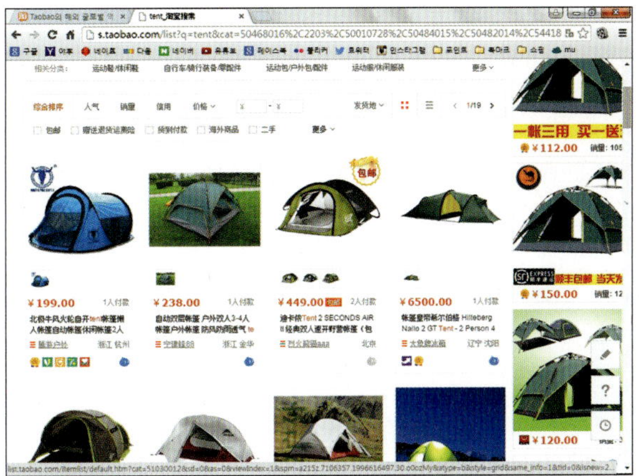

10 정말 저렴한 텐트가 보입니다. 가격은 179위안입니다.

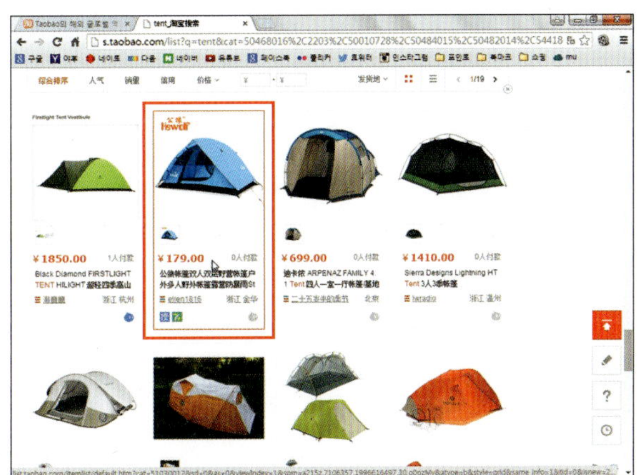

11 크롬에서 다른 창을 열고 네이버로 접속한 뒤 '179위안'이라고 입력하고 검색했습니다. 우리나라 돈으로 31,480원이므로 아주 저렴한 텐트입니다.

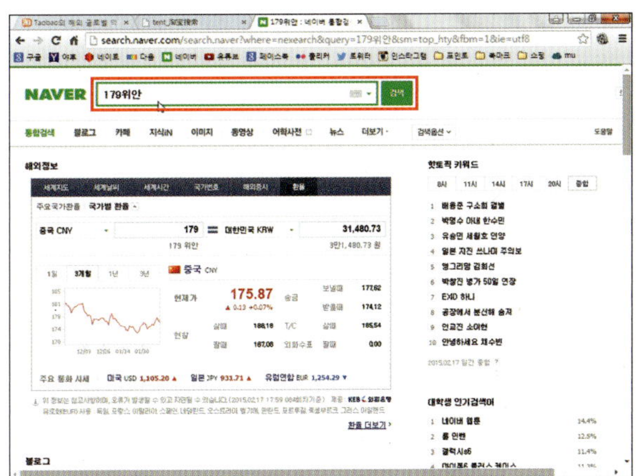

⑫ 타오바오로 돌아온 뒤 해당 상품을 클릭해 상세설명 창을 읽어봅니다. 이 제품이 해외직배송되는지 알아보겠습니다. 配送(배송) 옵션에서 [전국] → [해외] 버튼을 클릭합니다.

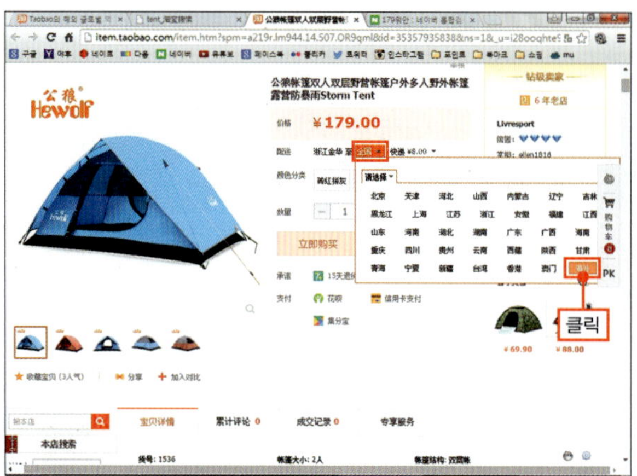

⑬ 해외로 설정했지만 배송비 부분이 변경되지 않았습니다. 해외배송이 되는 제품은 보통 배송비가 변경되면서 EMS 배송이라는 항목이 나타나는데 나타나지 않았으므로 중국 내에서만 배송되는 제품임을 알 수 있습니다. 이 제품을 구입하려면 중국 배대지주소를 끼고 구매해야 합니다.

⑭ 하단으로 화면을 내리면 상품의 제품사양이 설명되어 있습니다.

텐트 무게가 2.9Kg이므로 배송받으려면 텐트 값과 비슷한 배송비가 나올 것 같습니다.

⑮ 누적댓글 탭을 클릭하면 댓글이 없고 거래기록 탭에도 기록이 없습니다. 아마 인기 없는 제품인 것 같습니다.

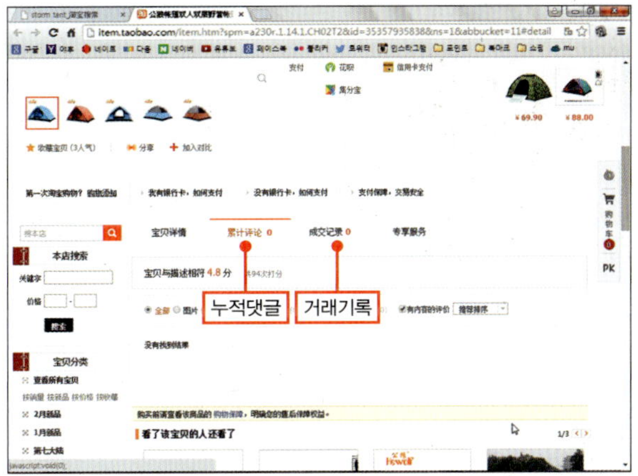

⑯ 화면 위로 올라가서 셀러의 신용을 확인합니다. 다이아몬드가 4개이므로 나쁘지 않습니다. 다이아몬드를 클릭하면 셀러의 신용과 정보를 더 자세히 볼 수 있습니다.

타오바오에서 장바구니에 담고, 배송주소 작성하기

이번에는 여성 신발을 구매한 후 장바구니에 담고 배송주소를 작성해보겠습니다.

타오바오에서 국내 주소를 작성할 때는 보통 영문으로 작성합니다. 한글로 작성하면 셀러가 읽지 못하기 때문에 영문으로 작성하는 것입니다. 이와 달리 중국 배대지주소를 작성할 때는 배송대행업체가 제공하는 가상주소를 한자로 작성합니다.

01 [淘宝网首页(타오바오홈)] 버튼을 클릭해 쇼핑몰 홈으로 돌아옵니다.

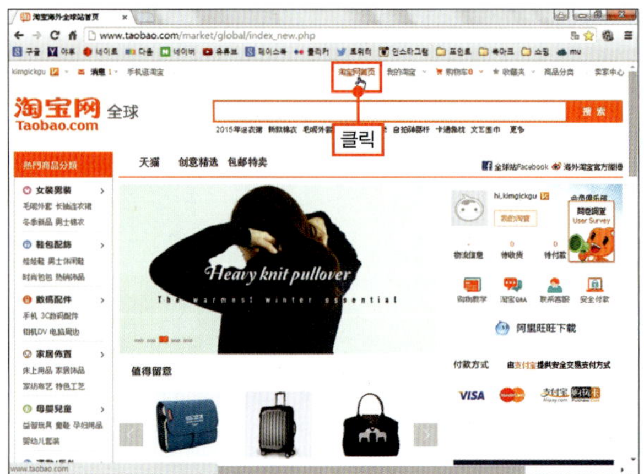

02 [鞋包配飾(신발가방과 액서사리)] 카테고리를 클릭합니다.

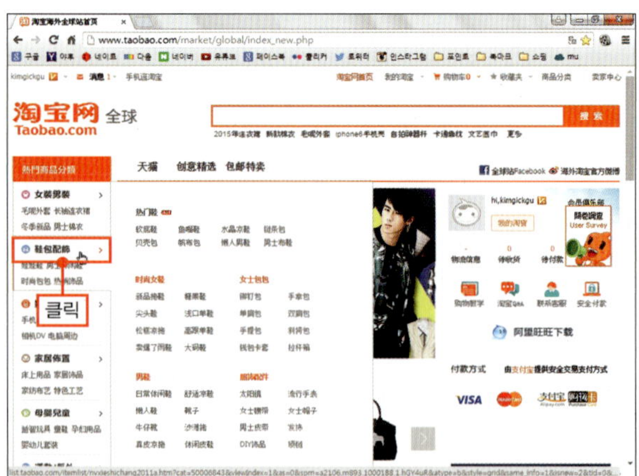

03 소카테고리로 이동되었습니다. 무
슨 내용인지 알 수 없으면 [이 페이지
번역하기] 버튼을 클릭합니다.

[패션신발] 메뉴를 선택해 보겠습니다.

04 패션신발 상품들이 보입니다.

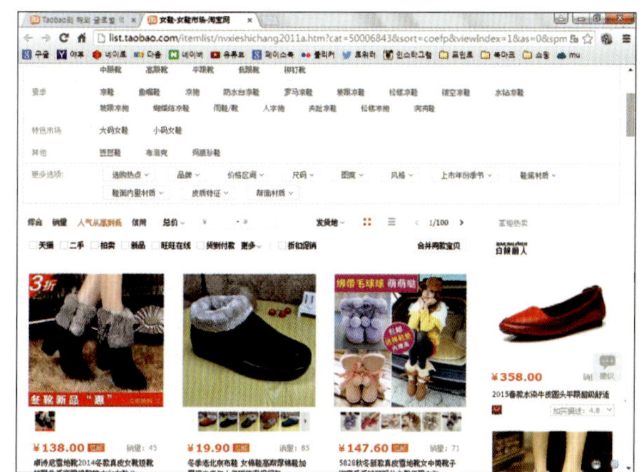

05 마음에 드는 상품을 클릭해 상품상
세설명 창으로 이동합니다.

06 상품 가격은 98위안(1만 7천 원)입니다. 미리보기 이미지를 클릭해 상품 이미지를 살펴봅니다.

07 해외배송이 되는지 [배송] – [전국]을 클릭해 [해외]로 선택했는데 배송료가 변함이 없으므로 해외배송이 안 되는 제품입니다.

해외 직배송이 되는 제품은 해외로 변경하면 EMS 배송료 등 해외 배송료가 표시되는데 보통 100위안 넘는 배송료가 표시되면 해외배송이 되는 제품입니다.

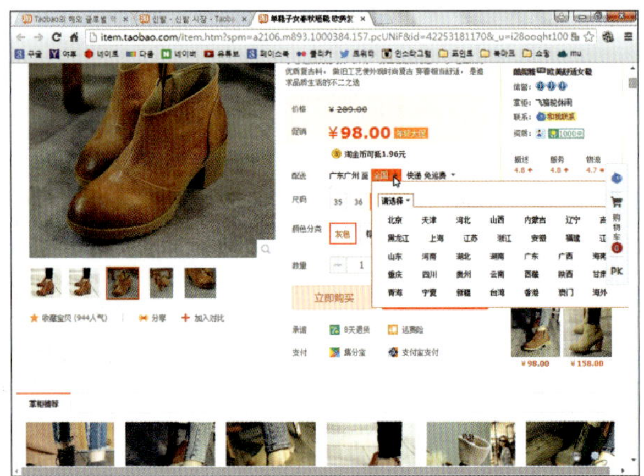

08 중국 배대지로 배송시킨 뒤 국내로 배송시켜보겠습니다.

신발 사이즈와 색상을 선택합니다.

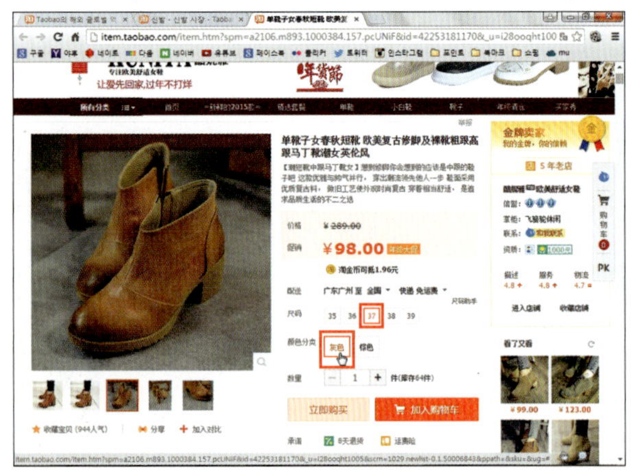

09 2개의 버튼 중 오른쪽 [장바구니에 담기] 버튼을 클릭합니다.

10 상품을 장바구니에 담으면 장바구니 창이 나타납니다.

[去购物车结算(카드결제하기)] 버튼을 클릭합니다.

11 이 제품은 타오바오에서 판매하는 상품이므로 타오바오 장바구니에서 타오바오 결제 창으로 이동됩니다. 결제할 상품을 체크해 선택합니다.

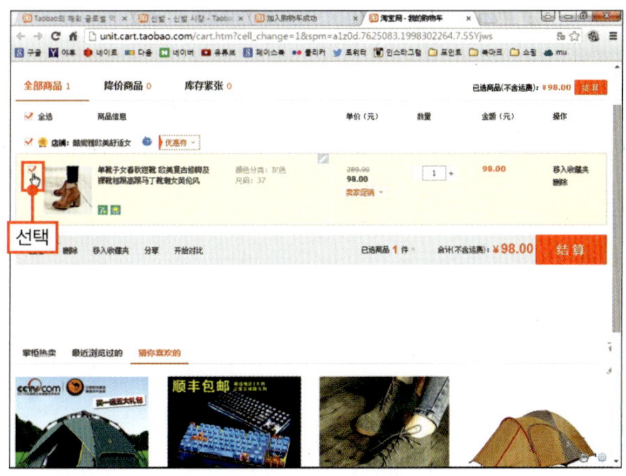

⑫ 이제 계산을 위해 [结算(결산, 총계 계산하기)] 버튼을 클릭합니다.

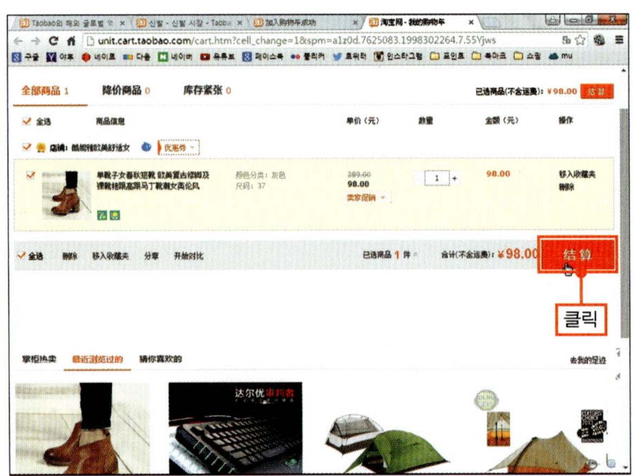

⑬ 총계 화면이 나타나납니다. 배송비 부분을 클릭해 해외배송일 경우 해외배송을 선택하면 총계가 달라집니다.

이 상품은 해외직배송이 되지 않고, 중국 내에서는 무료 배송되는 상품입니다. 따라서 배송비가 무료이므로 총계는 상품가와 동일합니다.

⑭ 상단에 배송받을 주소가 표시되는데 이 주소는 타오바오 가입 시 적은 한국주소입니다.

이 제품은 해외직배송이 안 되는 상품이므로 [修改本地址(수령인 주소 개정하기)] 글자를 클릭해 배송지를 한국이 아닌 중국 배대지주소로 변경해야 합니다.

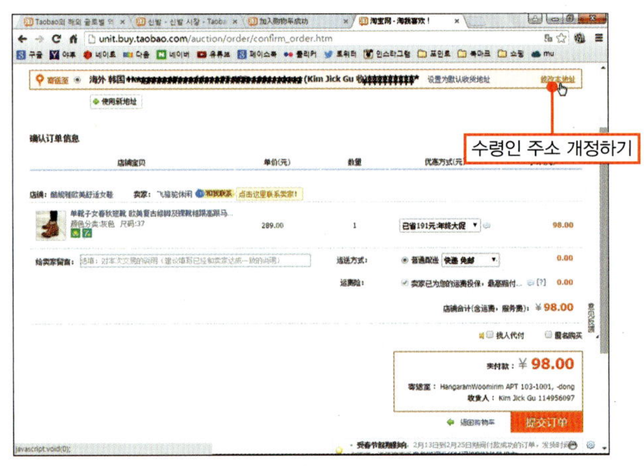

⓯ [所在地区(소재지구)]를 클릭해 [중국대륙]으로 변경합니다.

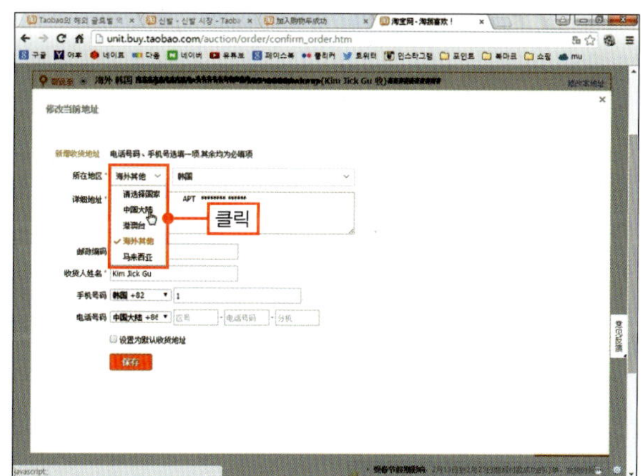

⓰ 자신이 가입한 배송대행업체에 로그인한 후 배송대행업체에서 제공한 중국주소를 확인하기 바랍니다.

⓱ 배송업체에서 자신에게 제공한 가상주소를 순서대로 입력하거나 선택합니다.

예를 들어 가상주소가 '上海市 闵行区 虹桥镇 万源路 2163号 22幢 B座503室'이라면 먼저 [上海市(상해)]를 선택합니다.

⑱ 상해시의 구 지역인 閔行区(민항구)를 선택합니다.

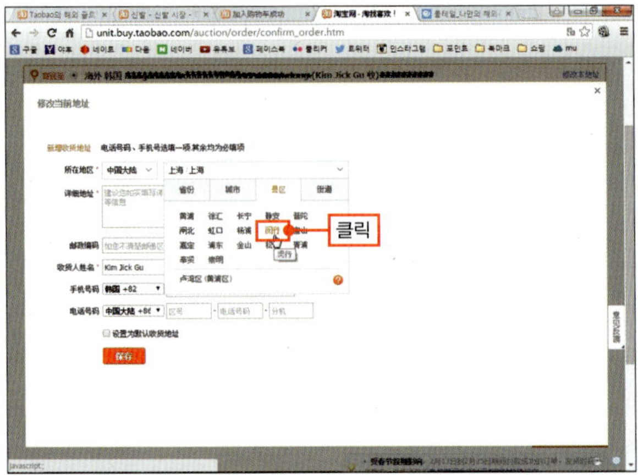

⑲ 민항구 안에 있는 우리나라의 동 지역인 虹桥镇(홍교타운)을 선택했습니다.

⑳ 나머지 주소 항목은 배대지 홈페이지에서 복사한 뒤 詳细地址(상세지지) 항목에 붙여줍니다.

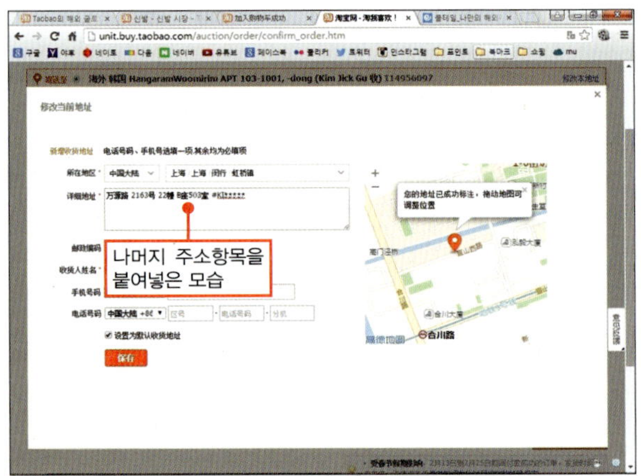

㉑ 나머지 항목은 다음 순서로 작성합니다.

① 收货人姓名(수화인성명)에 자신의 이름을 입력하는데 이때 영문이나 한자로 입력합니다.

② 邮政编码(중국우편번호) 항목은 중국 우편번호를 입력하는데 배대지 가상주소의 우편번호를 복사해서 붙여주면 됩니다.

③ 手机号码(핸드폰번호)는 배대지 중국 가상주소에 있는 핸드폰번호를 입력합니다. 먼저 [중국] 국제전화를 선택한 뒤 배대지 중국주소 전화번호를 입력하는데 이때 전화번호 사이의 − 표시는 입력하지 않고 숫자만 입력합니다.

电话号码(전화번호) 항목은 중국 집전화번호이므로 생략합니다. 제일 하단의 设置为默认收货地址(지금 입력한 주소를 기본배송주소로 설정)은 필요한 경우 체크 표시를 합니다.

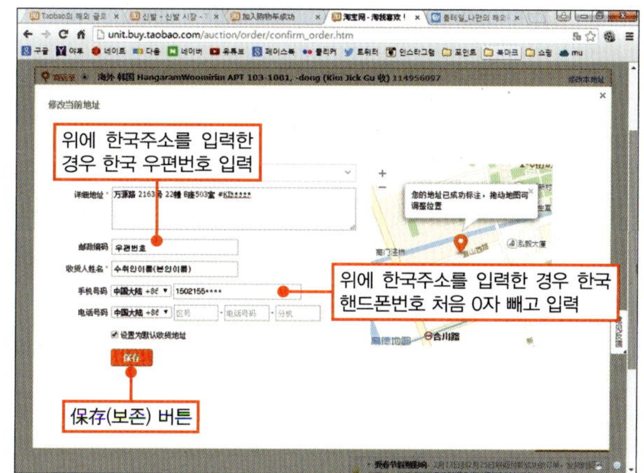

④ 주소를 모두 입력한 뒤에는 [保存(보존)] 버튼을 클릭해 새 주소로 등록합니다.

㉒ 화면을 보면 寄送至(보내기, 수령인) 주소가 중국 배대지주소로 수정되었습니다. 화면 아래로 스크롤해서 다른 옵션이 있는지 확인합니다.

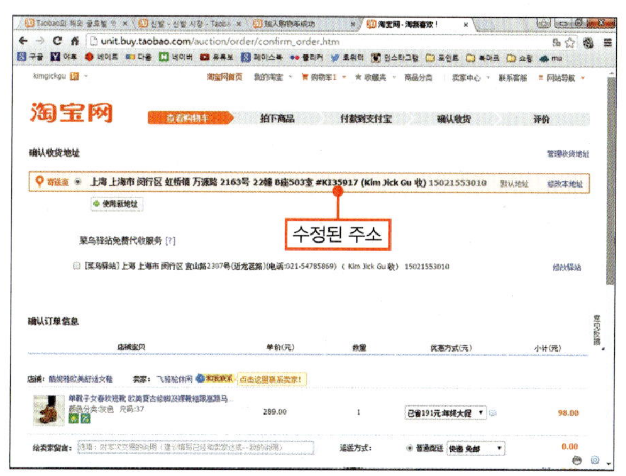

㉓ 화면을 아래로 스크롤하면 해외직배송 가능한 상품은 [运送方式(운송방식)] 옵션을 클릭해 EMS 등의 해외직배송 방식을 선택할 수 있습니다. 해외직배송 방식을 선택하면 총지출(결제대금) 항목에 해외배송료가 합산되어 표시됩니다. 물론 해외직배송을 받을 때는 앞의 수령인 주소를 한국주소로 교체해야 합니다.

현재 이 상품은 중국대륙 한정 무료배송 상품이기 때문에 运送方式(운송방식) 옵션에서 선택할 수 있는 항목이 없습니다.

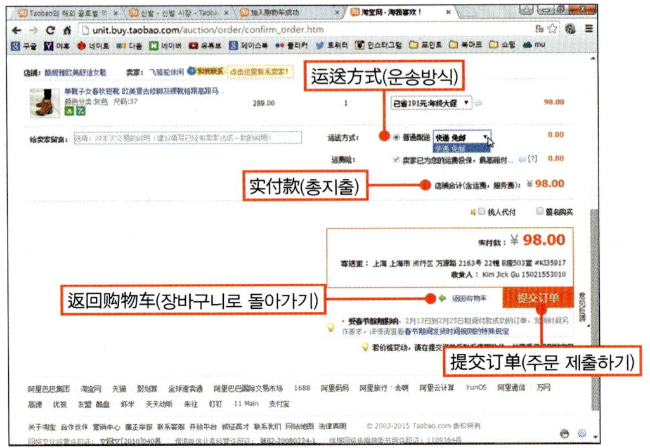

타오바오에서 결제정보 입력하기

원활한 결제를 위해 신용카드 정보를 입력하는 방법입니다. 타오바오에서의 결제는 전자지갑시스템인 알리페이와 연동된다는 것이 특징입니다.

인터넷 쇼핑몰에서 신용카드 정보를 입력하는 방법은 전 세계가 공통입니다. 아마존과 이베이에서 신용카드 정보를 입력하는 것과 같은 방법으로 입력하면 됩니다. 단, 타오바오에서는 자체 전자지갑시스템인 알리페이 계정을 통해 카드정보를 입력하는 것이 다른 점입니다.

01 앞의 과정에서 [提交订单(주문제출)] 버튼을 클릭합니다.

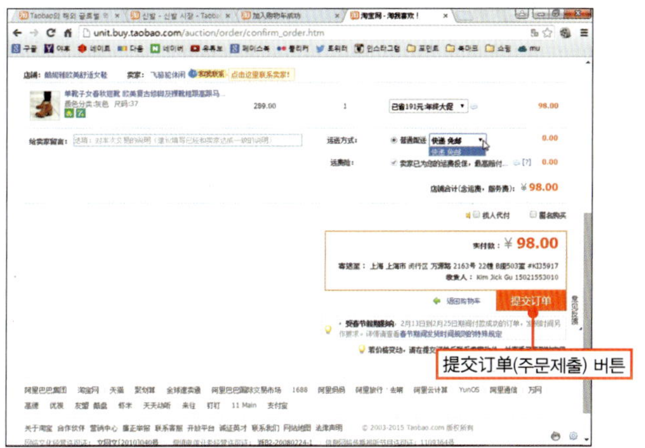

02 타오바오의 결제시스템이자 전자지갑인 알리페이로 자동연결됩니다.

타오바오에서의 구매대금 결제는 타오바오 전자지갑인 알리페이를 경유해야 하기 때문입니다.

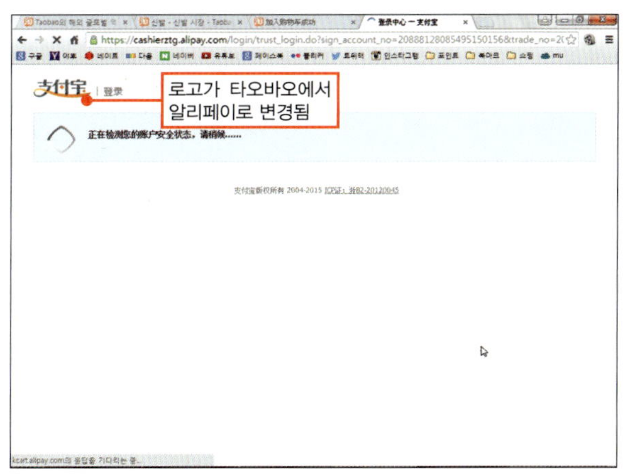

03 알리페이에서 결제할 때 사용할 비밀번호를 입력합니다.

비밀번호는 최대 6자리 숫자로 만들어야 하고 잘못 설정하면 그림처럼 오류가 나옵니다.

04 비밀번호를 다시 설정했습니다. 그 밑에 비밀번호를 확인 입력합니다.

지금 설정한 알리페이 비빌번호는 나중에 결제할 때마다 입력하므로 반드시 외워두기 바랍니다.

05 카드정보를 입력합니다. 먼저 16자리로 된 카드번호를 입력하고 [다음] 버튼을 클릭합니다.

❻ 그림의 버튼을 클릭하면 실제 결제되는 대금을 확인할 수 있습니다.

나중에 원화–위안화 환전비용과 국내카드 이용료까지 합산되기 때문에 카드명세서를 받아보면 3~5% 높은 금액이 결제되어 있습니다.

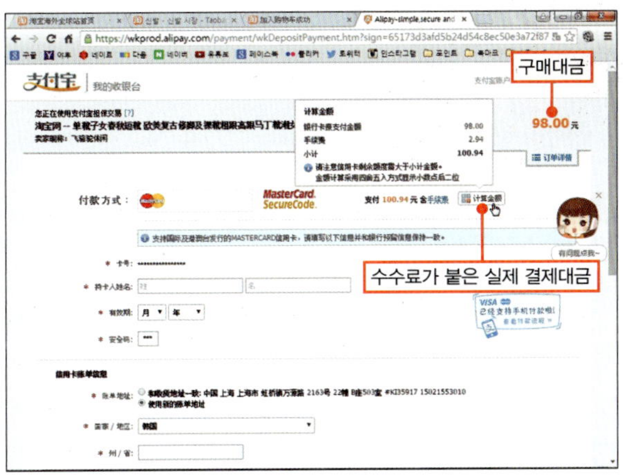

❼ 카드정보를 입력합니다. 먼저 카드 소유자 이름(카드에 써 있는 영문이름) 카드유효기간, 보안번호를 입력합니다.

중간 '信用卡账单信息(신용카드청구정보 입력)' 항목에서 신용카드 청구지주소지(신용카드 개설 때 사용한 실제 주소지)를 입력합니다.

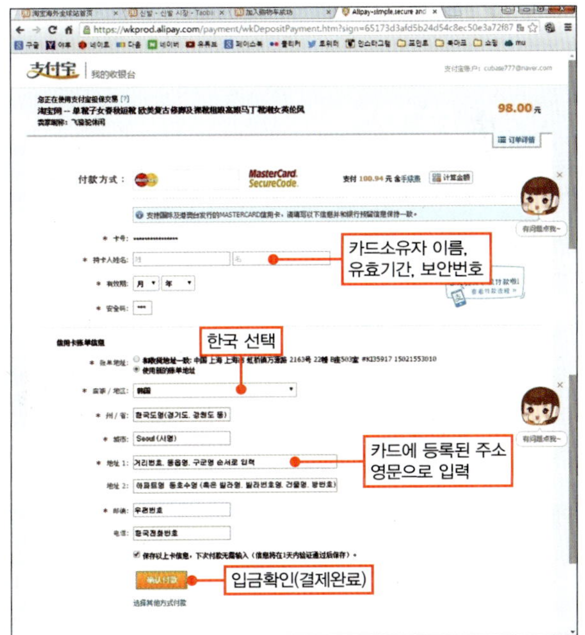

이때 '账单地址(장단지지)' 항목을 보면 2가지 옵션이 있습니다. '和收货地址一致(상품수령지를 신용카드주소지로 사용)' 옵션은 수령지 주소가 중국 배대지주소이므로 선택하지 않습니다. 그 밑의 '使用新的账单地址(카드주소지 새로 설정)' 옵션을 선택한 뒤 신용카드 개설에 사용한 주소지를 영어로 입력합니다.

제일 밑의 주황색 [입금확인] 버튼을 클릭하면 결제가 완료됩니다. 이 버튼 아래의 파란색 글자 选择其他方式付款은 지불수단을 카드가 아닌 다른 것으로 변경할 때 클릭합니다.

타오바오에서 지불보류한 상품 완전 삭제하기

타오바오는 장바구니에 상품을 담은 뒤 구입하기 싫으면 장바구니에서 삭제할 수 있지만 결제 과정을 거치다가 결제를 중단한 경우 해당 상품이 장바구니가 아닌 지불보류 창에 등록됩니다.

지불보류 창에 등록된 상품은 나중에 지불작성을 다시 할 때 사용합니다. 만일 구매를 하지 않으려면 지불보류 창에서 완전히 삭제해야 합니다.

01 쇼핑몰 홈에서 [待付款(보류지급)] 버튼을 클릭하면 지불보류 창으로 이동할 수 있습니다.

그 옆의 物流信息(물류정보), 集运管理(화물관리) 등의 메뉴에서는 구매한 상품의 배송 등을 확인할 수 있습니다.

02 지불보류 창입니다. 원하는 상품에 체크한 뒤 [立即付款(지금 지불)] 버튼을 클릭하면 결제정보를 다시 작성할 수 있습니다.

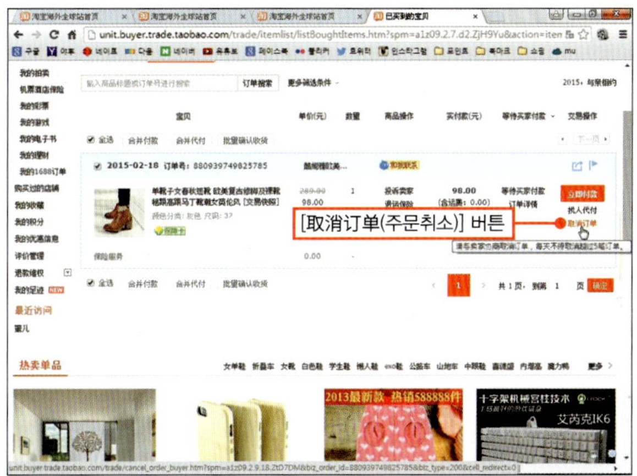

03 만일 지불보류중인 상품을 이 창에서 완전히 삭제하려면 [取消订单(취소정단/주문취소)] 버튼을 클릭합니다.

04 [주문취소] 버튼을 클릭하면 취소하는 사유를 물어옵니다. 취소사유 중에 어떤 것을 선택할 수 있는지 확인하기 위해 [이 페이지 번역하기] 버튼을 클릭합니다.

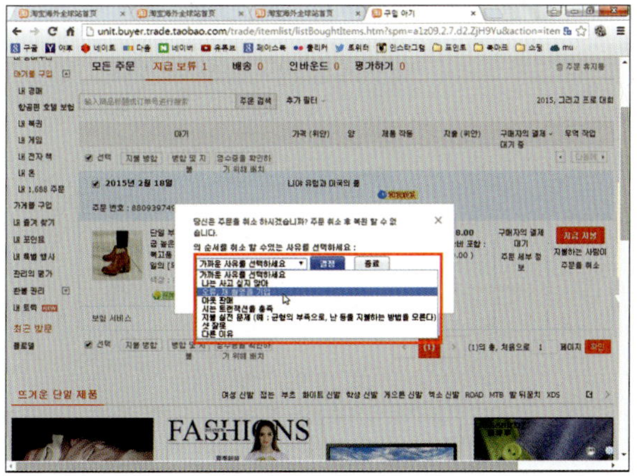

05 취소사유 중에서 적당한 사유를 선택합니다.

06 [결정] 버튼을 클릭해 주문취소 사
유를 제출합니다.

07 쇼핑몰 홈에서 확인하면 '待付款(보
류지급)' 항목에 있던 1개의 상품이 삭
제되고 0개로 변한 것을 알 수 있습니다.

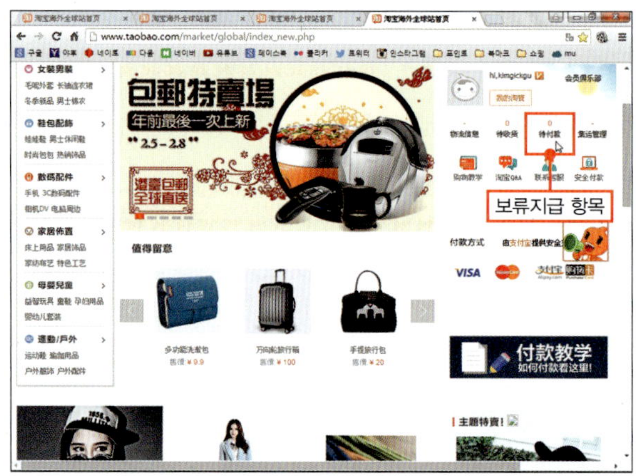

타오바오의 동생이자
고급 쇼핑몰인 티몰

티몰은 중국 내륙에서 제조한 제품을 홍콩, 마카오, 대만 등에 판매하기 위해 설립된 인터넷 쇼핑몰로 알리바바 그룹의 자회사입니다.

사업 초기 알리바바 그룹은 자회사인 타오바오 쇼핑몰을 B2B 도매사이트로, 또다른 자회사인 티몰은 중화권 대상 B2C 소매사이트로 육성했지만 지금은 인터넷 국경선이 무너지면서 서로 구분하는 것이 무의미해졌습니다. 타오바오에서 상품을 클릭하다보면 티몰 상품이 검색되는 경우도 많은데 이 두 회사가 같은 자회사이기 때문입니다.

타오바오는 일반 상품부터 고급제품까지 모두 판매하는 크고 작은 개인숍 위주의 쇼핑몰이고, 티몰은 브랜드숍 위주의 판매전략을 가지고 있어 타오바오에서 성공한 개인숍들이 티몰에 입성합니다. 예들 들어 티몰에서 삼성 브랜드숍을 열면 그 셀러 외에는 삼성 브랜드숍을 열 수 없습니다. 이 때문에 티몰이 정품 위주의 고급상품을 판매하고 가격도 더 비싼 쇼핑몰로 알려져 있지만 티몰에서도 짝퉁 상품이 많이 유통됩니다. 물론 타오바오도 짝퉁 상품이 많습니다. 중국 쇼핑몰에는 짝퉁이 많다는 말에 알리바바 그룹은 화들짝 놀라면서 앞으로 짝퉁 상품의 유통을 방지하겠다고 말하기도 했습니다.

▲ 티몰과 마스코트 天猫(살퀭이)

▲ 티몰 여성복 카테고리

타오바오 쇼핑몰에서 크롬 번역기를 실행하면 '살퀭이'라는 카테고리가 보이는데 살퀭이는 티몰의 마스코트인 '天猫'의 우리말입니다. 살퀭이 표시가 있는 상품들은 티몰에서 판매되는 상품이므로 타오바오보다 품질이 좋은 상품일 확률이 높습니다.

티몰은 별도 가입 없이 타오바오에서 사용한 E메일과 핸드폰번호로 로그인할 수 있습니다.

타오바오 셀러는 영세업자가 많고 그만큼 짝퉁이 많으므로 정품을 구매하려면 티몰을 이용하기 바랍니다. 타오바오 셀러 중에서 성공한 셀러들이 티몰에 개인 브랜드숍을 열고 판매하므로 제품의 질과 배송 서비스가 더 좋을 수밖에 없습니다.

티몰은 쇼핑몰 디자인이 타오바오에 비해 더 고급스럽습니다.

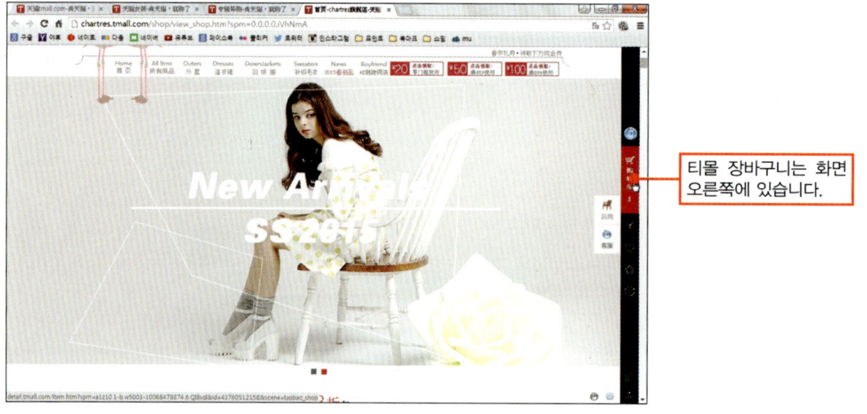

티몰 장바구니는 화면 오른쪽에 있습니다.

타오바오·티몰에서 환불금을 받으려면?
알리페이 사용하기

이베이는 환불금이 페이팔 전자지갑으로 들어오고 아마존은 때에 따라 환불금을 기프트카드로 받을 수 있습니다. 타오바오·티몰은 환불금이 알리페이 전자지갑으로 들어옵니다.

타오바오에 가입하면 알리페이(www.alipay.com) 계정 역시 자동으로 만들어지므로 타오바오에서 사용한 ID로 알리페이에 로그인할 수 있습니다. 알리페이 계정은 어떤 물건을 구매한 뒤 물건의 하자로 환불금을 받아야 할 때 환불금이 들어오는 전자지갑입니다.

인터넷에는 알리페이와 유사한 사이트가 많으므로 알리페이로 로그인할 때는 반드시 타오바오의 账号管理(계정관리) 메뉴에서 알리페이 계정으로 들어가기 바랍니다. 그럴 경우 별도의 로그인 없이 알리페이 전자지갑 계정으로 들어간 뒤 환불금이 있을 경우 환불금을 확인할 수 있습니다.

알리페이로 들어온 환불금을 인출하려면 중국, 홍콩에서 만든 중국은행 계좌가 필요하며 중국은행 계좌로 이체하려면 알리페이 계정에서 본인인증을 여권으로 해야 합니다. 따라서 환불금이 알리페이로 들어온 경우 국내 은행으로 이체할 방법이 없으므로 알리페이 예치금은 타오바오 혹은 티몰의 구매대금 지불용으로 사용합니다.

01 타오바오에 로그인하고 상단 왼쪽 자기 이름을 클릭한 뒤 [账号管理(장호관리/계정관리)] 메뉴를 클릭합니다.

02 [支付宝绑定设置(지부보방정설치/
알리페이연동설정)] 메뉴를 클릭합니다.

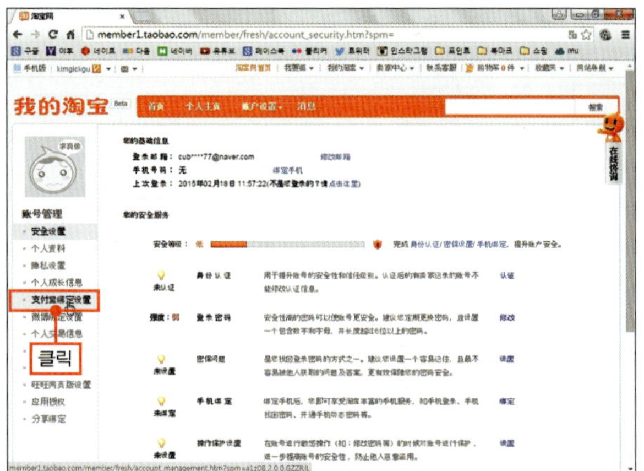

03 [进入支付宝(진입지부보/알리페이
로 진입하기)] 버튼을 클릭합니다.

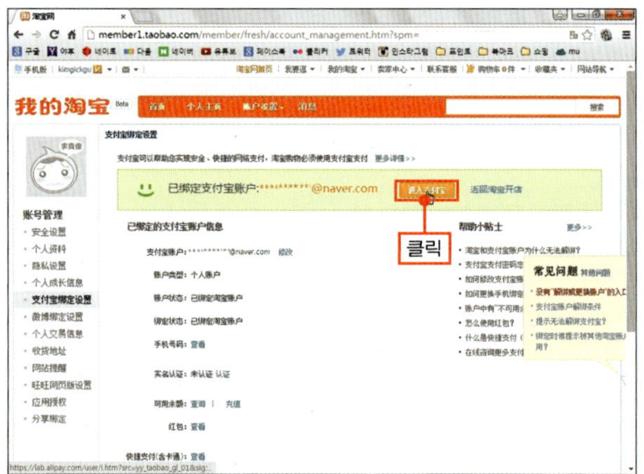

04 알리페이 계정화면으로 들어온 모
습입니다. 현재는 본인인증을 하지 않
았고 환불금도 없으므로 예치금은 0위
안입니다.

05 무슨 내용인지 알수 없다면 [이 페이지 번역하기] 버튼을 클릭해 번역해 봅니다.

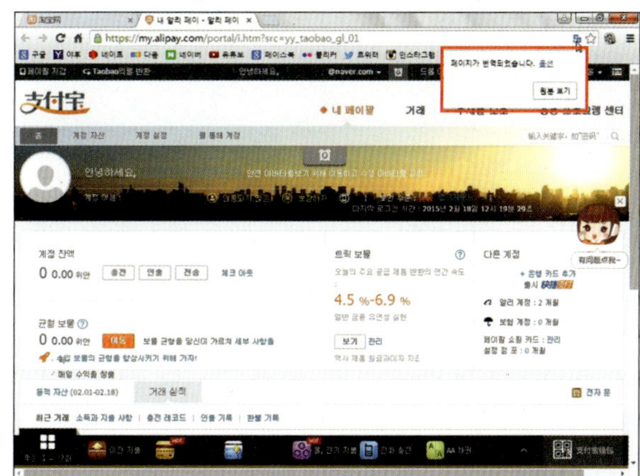

06 이베이의 페이팔처럼 예치금 이체 등의 다양한 기능이 있습니다.

중요한 기능은 [계정설정] 메뉴에 있는데 본인인증 기능과 알리페이 결제 비밀번호 변경 기능이 있습니다.

07 알리페이에서의 본인인증은 여권사진을 파일로 보내어 할 수 있습니다. 본인인증 등의 까다로운 작업은 타오바오, 티몰에서 판매자로 입점할 때 필요한 기능입니다.

알리페이에 환불금이 들어왔고 그 돈으로 물품을 구매할 때는 본인인증이 필요없으므로 대부분의 옵션을 기본값으로 설정해도 무방합니다.

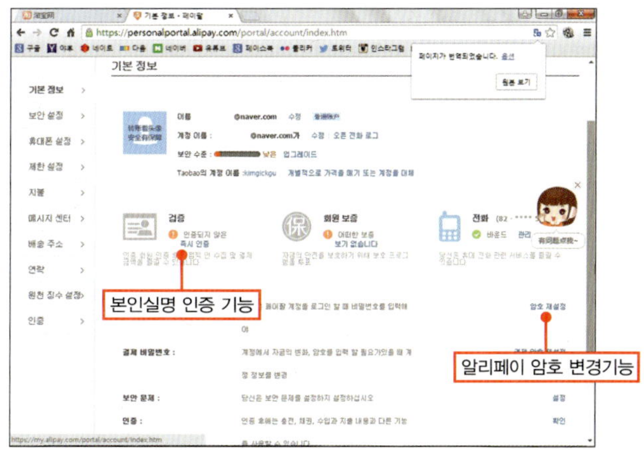

세계적인 도매쇼핑몰 알리바바

알리바바닷컴은 타오바오와 티몰의 본사에 해당하는 쇼핑몰로서 도매전문 쇼핑몰입니다. 타오바오나 티몰에서 사용하는 로그인 ID는 알리바바닷컴에서 호환되지 않으므로 알리바바닷컴에는 새로 가입해야 합니다.

알리바바는 소매쇼핑몰인 타오바오나 티몰과 달리 소매판매를 하지 않고 도매판매만 전문으로 하는 B2B 사이트(기업 간 거래사이트)입니다.

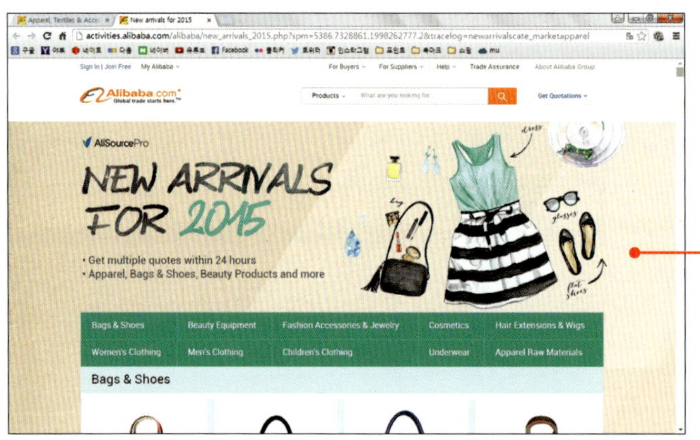

상품은 1백 장 단위나 몇백만 원 단위로 구매해야 거래 가능

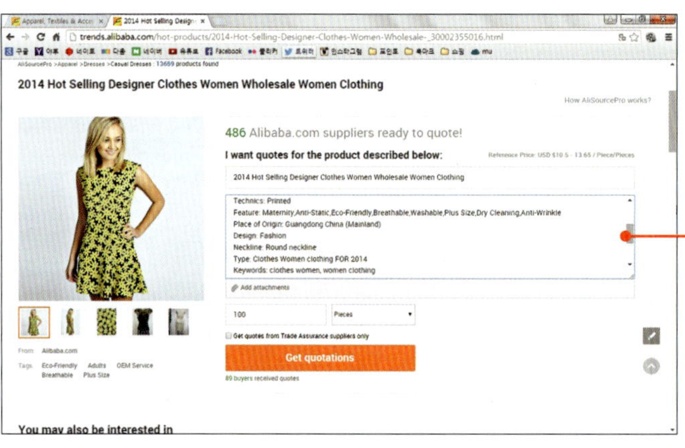

100장 단위로 구매할 수 있는 옷. 거래금액이 몇백만 원 단위이면 신용장개설 등의 무역거래 방식으로 거래하는 것을 권장

알리바바 취급상품 확인하기
도매상품만 취급

알리바바는 중국 내 중소가내공장과 제조업체에서 만들어진 모든 제품이 판매되는 곳이자 전 세계의 중소제조업체들이 상품을 판매하는 도매창고입니다. 지구상의 모든 중소제품을 취급한다고 봐도 무방합니다.

자동차부품부터 아동복까지 모든 제품을 도매가로 판매합니다.

100장짜리 물티슈가 단돈 500원. 그러나 5,000팩 단위로만 주문 가능합니다.

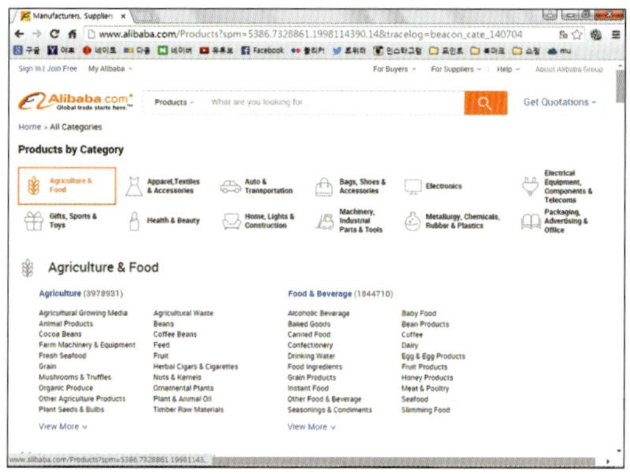

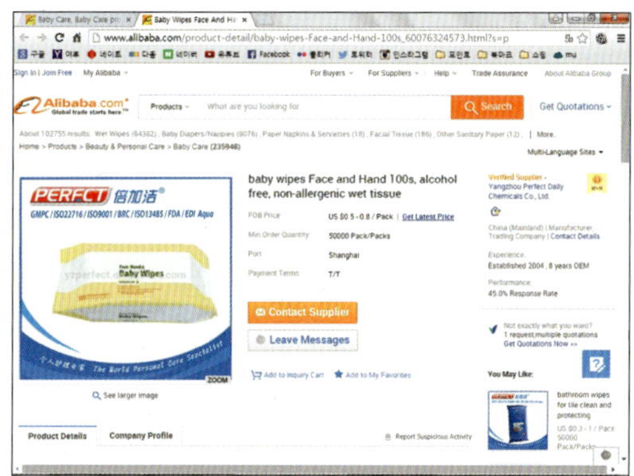

여성 브라우스가 1장에 단돈 6천 원. 그러나 최소 33장 단위로만 주문 가능합니다.

샌들이 컬레당 2~6천 원. 하지만 최소 1,500컬레 단위로만 주문 가능합니다.

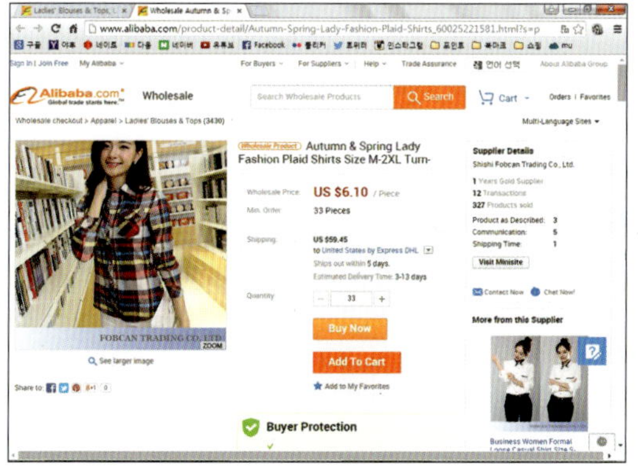

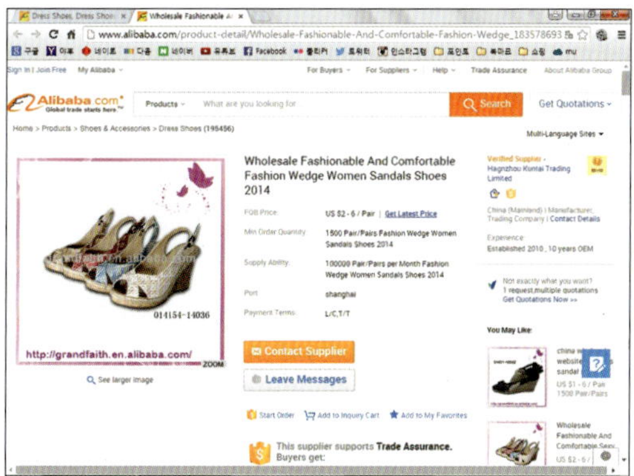

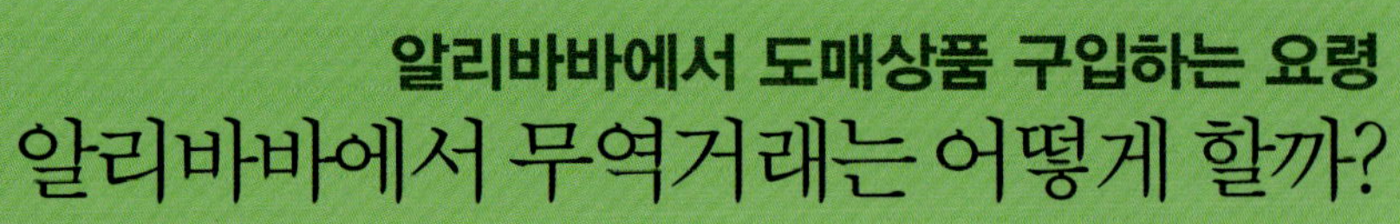

알리바바에서 물품을 구매하는 것은 몇백만 원 단위의 대량거래이므로 보통은 현금이체(T/T)로 수입대금을 주지 않고 신용장 발행으로 거래할 것을 추천합니다.

❶ 알리바바에서 구매할 상품 선정

"1만 원짜리 구두를 500컬레 주문하려면 최소 500만 원이 필요해요."

❷ 셀러(제조업체)의 신원이 확실한지 조사

"셀러(제조업체)의 홈페이지 등을 방문해 신원과 거래실적을 비밀리에 조사"

❸ 대금지불 방법은 신용카드, T/T(현금), 신용카드, 페이팔, 신용장 중 선택

"거래금액이 500만 원 단위이므로 신용장으로 거래 권장"

❹ 문의할 내용은 상품설명 창의 [Contact Supplier(제조업체에게 연락하기)] 버튼을 클릭한 뒤 E메일을 보내는 형식으로 작성

"문의할 내용은 영문으로 작성"

 **⑤ 제조업체에게 처음 문의를 할 때는 기본적으로 다음 사항 문의**

a. 최소 주문수량은 몇개인가?
b. OEM이 가능한가?
c. 구매하려고 생각 중인 상품의 샘플을 먼저 보내줄 수 있는가?
d. 제품 리스트와 가격이 나와있는 견적서와 전자카탈로그를 보내주세요.

 **⑥ 제조회사에서 샘플을 보내오면 원단, 색상, 바느질 상태 등을 면밀히 분석**

"샘플이 마음에 들면 수정 없이 수입하도록 결정"
"샘플이 마음에 들지 않으면 국내 트렌드에 맞게 일부 수정해주도록 요청"

 **⑦ 가격조율 시작, 결제방법 조율 시작**

"서로 E메일을 주고 받으면서 협상"

 **⑧ 정식 거래계약서를 주고 받으며 계약완료**

"주문량 발주"

 **⑨ 셀러(제조업체)가 자신의 국가에서 화물을 선적하면**

"수입대금 지불"

 **화물 국내에 도착**

"수입허가제품일 경우 수입허가 절차 진행"
"전자제품일 경우 전자파인증 절차 진행(몇백만 원 소요될 수 있음)"

 **정식수입 통관절차를 거친 뒤 관세 납부**

"수입한 물품에 대한 10% 부가세는 당년도 부가세납부일에 맞추어 납부"

 **도착한 화물은?**

"국내 도매시장에 유통하거나 인터넷 쇼핑몰에서 판매"

 **만일 의류를 수입했고 의류에 자사 상표를 붙이고 싶다면**

"동대문 라벨가게에서 라벨을 주문하여 붙일 수 있어요."

---

tip 알리바바에서의 무역거래 시 참고사항

알리바바는 중소제조업체가 직접 판로개척을 위해 상품을 판매하는 도매쇼핑몰이기 때문에 기본적으로 몇십 개 혹은 몇백 장 단위로 판매합니다. 그래서 알리바바에서 구매하는 것은 1인 해외직구가 아니라 1인 수출입무역에 해당합니다. 말 그대로 소상공인이나 중소제조업 집단들의 무역거래장이므로 무역업에 준한 절차를 밟습니다. 아무튼 무역거래는 영어가 세계 공통어이기 때문에 알리바바 셀러에게 문의할 때는 무역실무영어를 사용하는 것이 좋습니다.

참고로 알리바바의 회원으로 가입한 뒤 수입할만한 상품을 고르다보면 여러 가지 상품들을 구경하게 됩니다. 예를 들어 어떤 물건이 마음에 들어 [Contact Supplier(제조업체에게 문의하기)] 버튼을 클릭했다가 취소를 하는 경우도 왕왕 있습니다. 그럴 경우 종종 어떻게 알았는지, 그 상품을 판매하는 제조업체가 E메일을 보내와 자신의 물건을 구매해 달라고 요청할 때가 있습니다.

유럽 유명 쇼핑몰에서 직구하기

구매 전 독일 배대지주소 등록하기

독일 유명 쇼핑몰을 경험하는 의미에서 판매자 신원이 비교적 확실한 독일 이베이에서 직구하는 방법을 알아봅니다. 독일의 다른 쇼핑몰에서 직구하려면 회원가입 후 직구하면 됩니다.

미국 이베이에 가입할 때 등록한 E메일주소와 암호는 다른 국가 이베이에서도 호환됩니다. 그러므로 독일 이베이에서 물건을 구매하려면 기존 이베이 ID로 로그인합니다.

01 크롬 브라우저를 실행한 뒤 www.ebay.de를 입력해 독일 이베이에 접속합니다.

그런 다음 [Einloggen] 메뉴를 클릭해 로그인합니다.

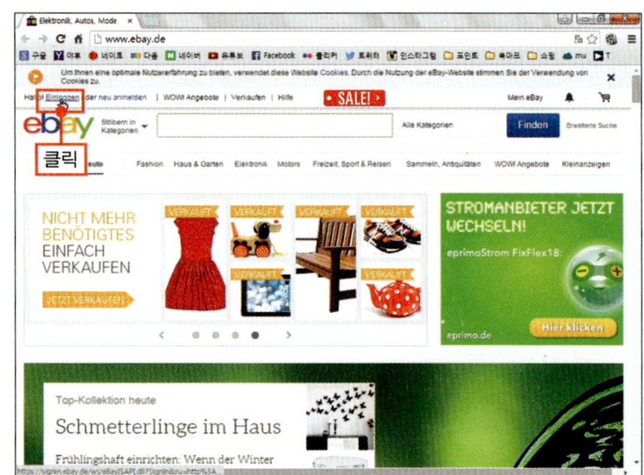

02 미국 이베이에서 등록한 E메일주소와 비빌번호를 입력해 로그인합니다.

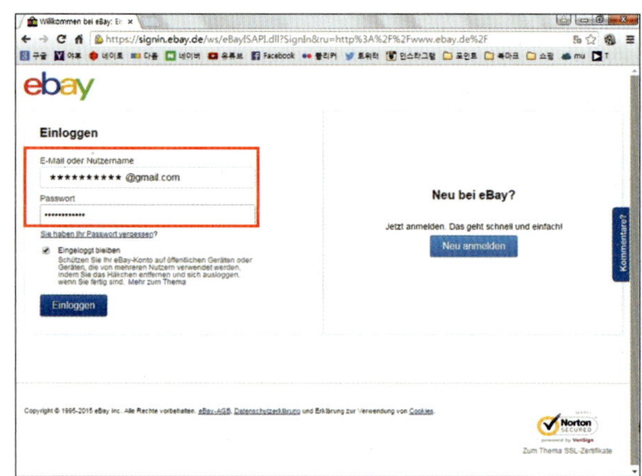

03 독일 이베이 셀러들은 해외배송을 하는 셀러가 별로 없으므로 독일 배대지주소를 등록해야 합니다.

독일 대배지 주소를 등록하기 위해 자신의 이름 부분을 클릭한 뒤 [Kontoeinstellungen(계정설정)] 메뉴를 클릭합니다.

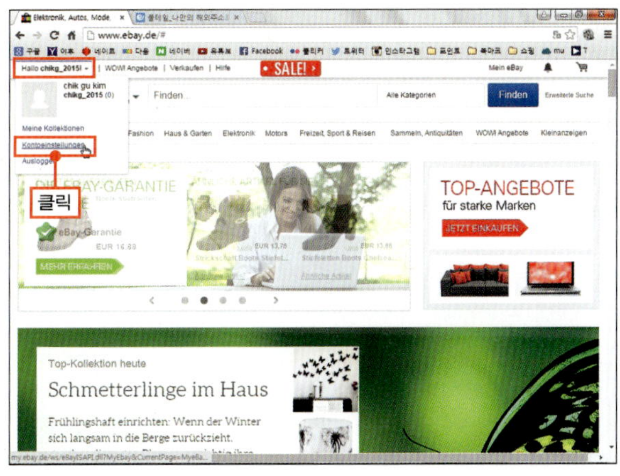

04 [Adressen] 메뉴를 실행합니다. 일단 2~3개의 주소가 보이는데 첫 주소는 미국 이베이에 등록할 때 사용한 한국주소이고, 그 아래 주소는 Bevorzugte Lieferadresse(배송받을 주소) 주소입니다.

만일 미국 이베이에 미국 배대지주소를 등록한 경우 등록한 주소가 3개일 수도 있으므로 제일 밑 주소에서 [Ändern(변경)] 버튼을 클릭합니다.

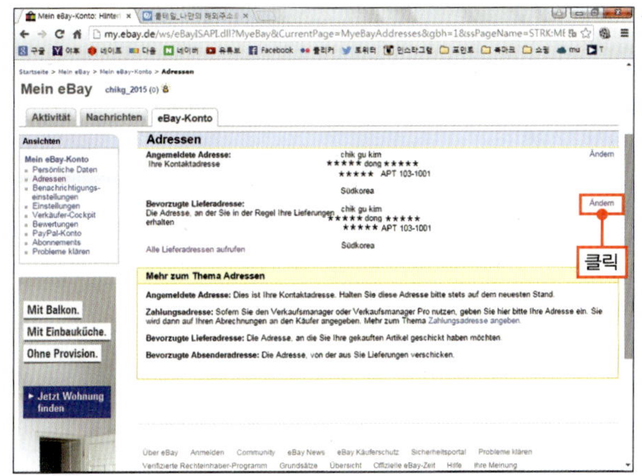

05 몰테일은 독일 배송대행을 하므로 다른 창을 연 뒤 몰테일에 로그인해 독일 가상주소를 복사합니다.

그것을 이베이 독일의 새 주소 등록 창에다 붙여넣으면 됩니다.

06 배대지주소는 그림처럼 작성합니다. 먼저 [Land oder Region] 버튼을 클릭해 국가가 한국(SudKorea:남한)으로 되어 있으므로 독일(Deutschland)로 선택합니다.

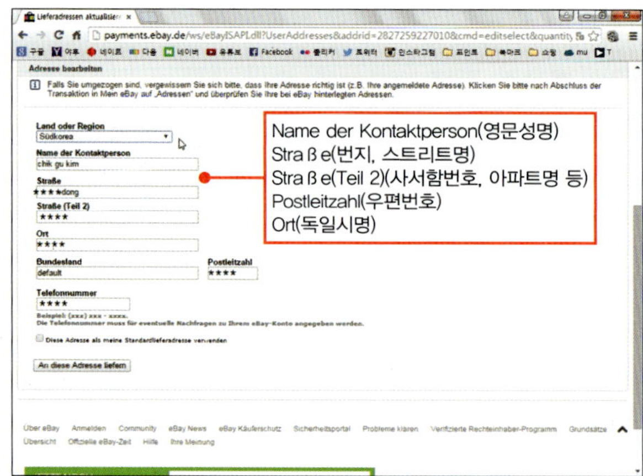

07 아래에 있는 [Diese Adresse als meine Standardlieferadresse verwenden(지금 등록하는 주소를 내 기본 배송 주소로 함)] 옵션에 체크합니다. 그런 뒤 버튼을 클릭하면 지금 작성한 주소가 독일 이베이에 등록됩니다.

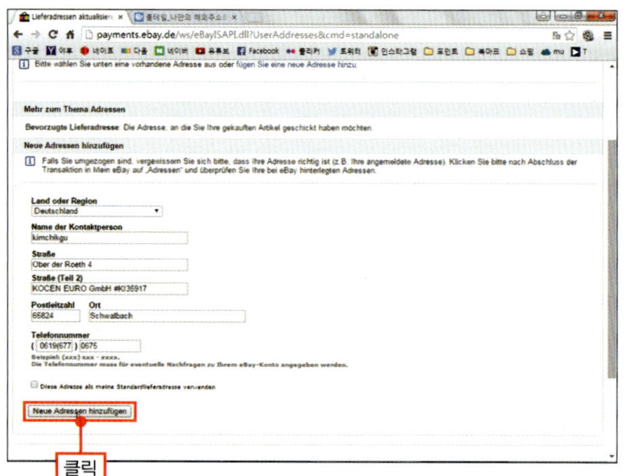

08 방금 입력한 주소가 등록되었습니다. 주소 옆에 [Adresse bearbeiten(주소수정)] 버튼과 [Adresse löschen(주소삭제)] 버튼이 있으므로 주소를 수정하고 삭제할 수 있습니다.

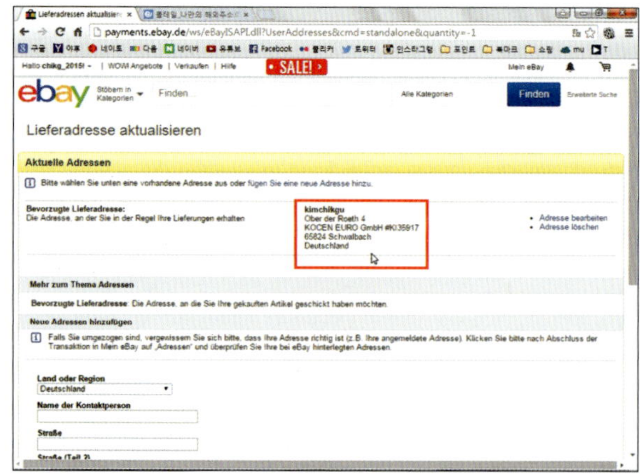

독일 이베이에서 구매할 때 주의할 점
경매상품, 즉시 주문상품,
새 상품인가 확인하자

이베이의 특징은 즉시 주문(지금 주문) 상품과 경매입찰 상품이 있고 새 상품과 중고상품이 같이 판매된다는 점입니다. 그러므로 제품을 구매할 때는 반드시 경매 혹은 즉시 주문가능 상품인지 확인하고 아울러 새 상품인지 확인 바랍니다.

01 독일 배대지주소를 등록했으므로 지금부터 독일 이베이에서 쇼핑을 해보겠습니다. eBay 로고를 클릭해 쇼핑몰 메인화면으로 돌아갑니다.

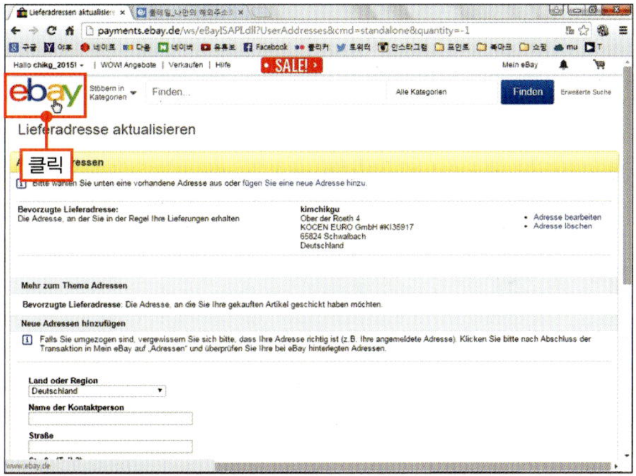

02 구두를 구매한다고 가정하겠습니다.

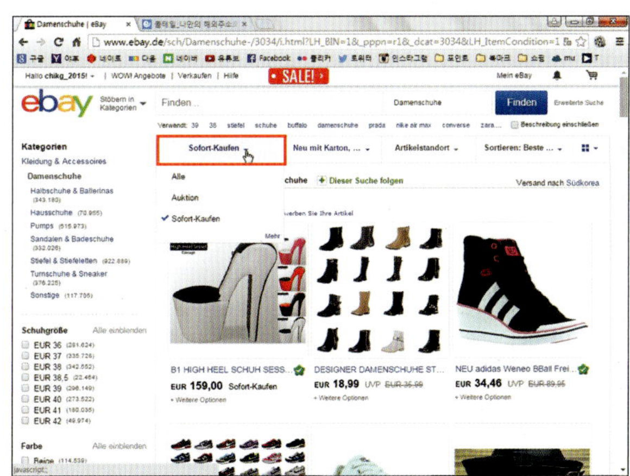

03 독일어를 읽는 것이 힘들면 [이 페이지 번역하기] 버튼을 클릭해 현재 보이는 화면을 번역합니다.

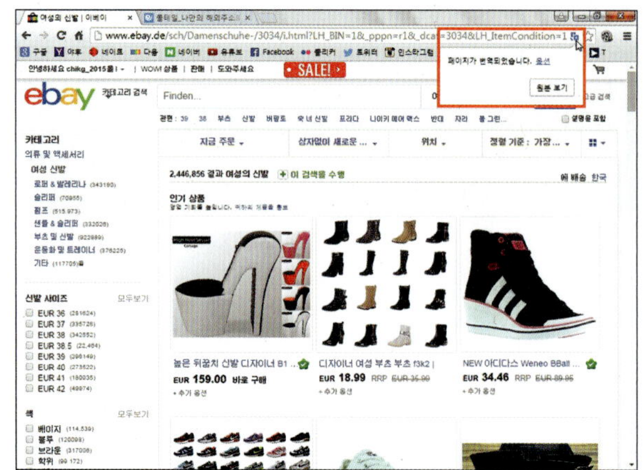

04 상품정렬 메뉴에서 경매 상품을 피하려면 그림처럼 [지금 주문] 상품을 선택하기 바랍니다. 독일어로는 그림과 같이 표시됩니다.

05 Sofort-Kaufen(지금 주문) 상품들로 정렬시킨 뒤 원하는 상품을 클릭했습니다.

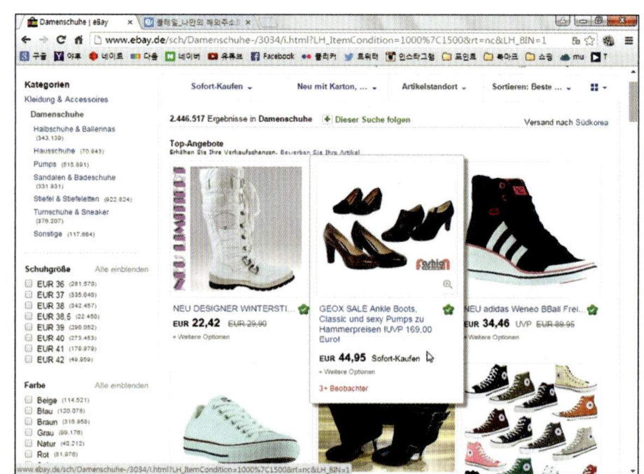

06 가격이 44.95유로이므로 우리나라 돈으로는 약 5만 6천 원입니다. 다행히 환율이 많이 떨어져서 구매하기 좋은 가격입니다.

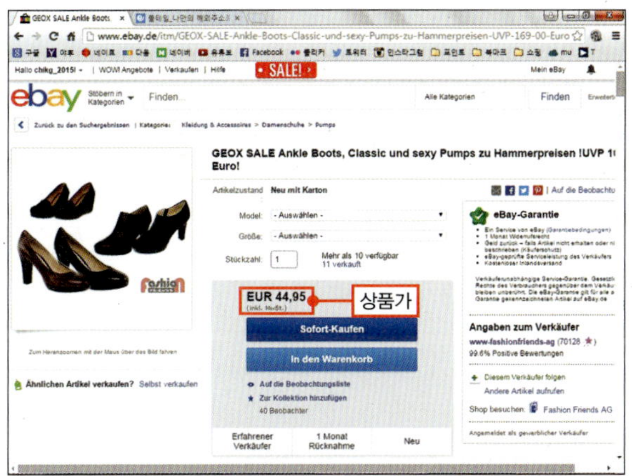

07 이 상품이 새 상품인지 중고인지 확인하려면 [Artikelzustand(상태)] 항목을 확인합니다. Neu mit Karton (상자가 있는 새 제품)이란 뜻이므로 새 제품입니다.

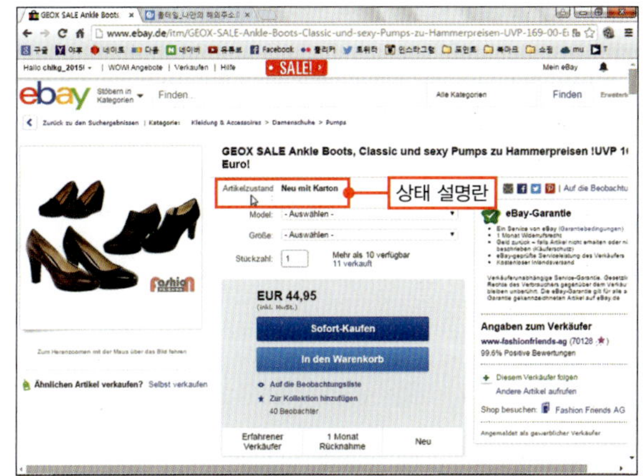

08 해외직배송이 되는지 확인하기 위해 Versand(배송) 항목을 읽습니다. 한국직배송이 안 되는 상품이므로 셀러에게 문의하라고 합니다.

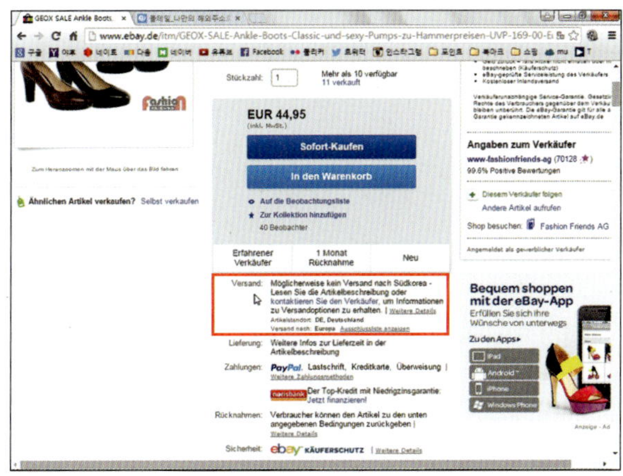

09 페이지를 번역해 읽어 봅니다. 셀러
(판매자)의 신뢰성을 확인해보니 구매
자의 99%가 긍정적으로 댓글을 단 셀
러이므로 신뢰할 수 있는 셀러입니다.

10 이 제품을 구매하기로 결정했습니
다. [쇼핑카트에 담기] 버튼을 클릭하면
장바구니로 상품이 담아집니다.

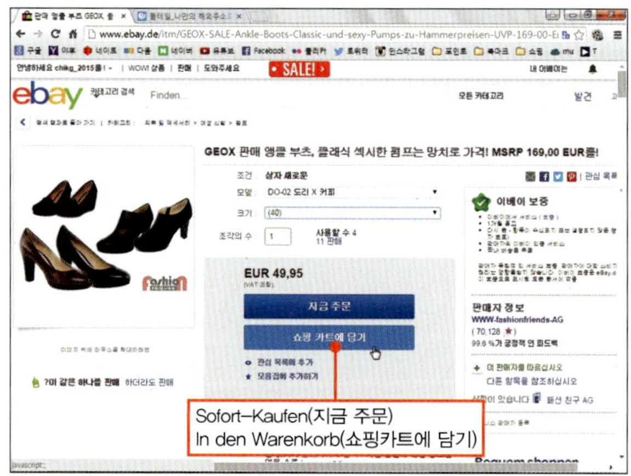

독일 이베이에서 장바구니 상품결제하기
페이팔 혹은 카드로 결제하기

독일 이베이에서 장바구니에 담은 상품을 구매하기 위해 페이팔 혹은 카드결제정보를 입력하겠습니다.

이베이의 특징은 페이팔 결제가 가능하다는 점에 있습니다. 만일 페이팔 계정을 만들고 페이팔 계정에 신용/체크카드를 등록했다면 페이팔에 로그인한 뒤 1회 클릭으로 구매대금을 결제할 수 있을 것입니다.

01 다른 상품을 구경하다가 장바구니 화면으로 돌아가려면 그림처럼 장바구니 아이콘을 클릭합니다.

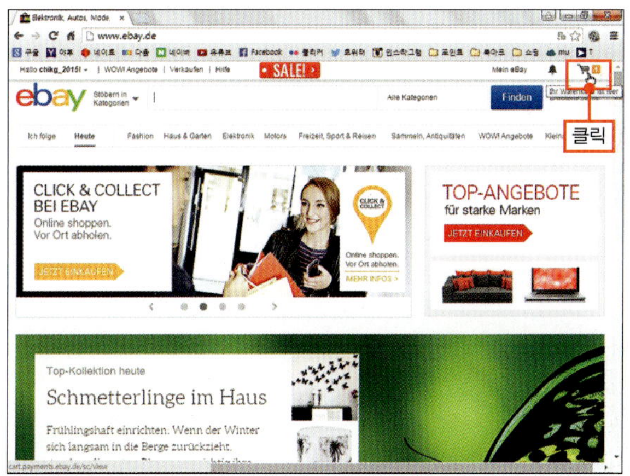

02 장바구니 화면입니다.

Zwischensumme(소계)는 EUR 49,95이고, Versand(독일 내 배송)은 Kostenlos(무료)라고 나와 있습니다.

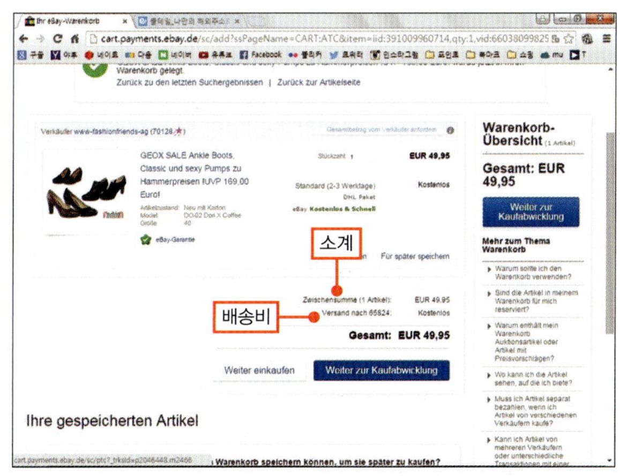

03 아래 흰색 버튼은 [Weiter einkaufen
(쇼핑 계속)]이고 파란색 버튼은 [Weiter
zur Kaufabwicklung(체크아웃[결제]진
행)] 버튼입니다.

파란색 버튼을 클릭합니다.

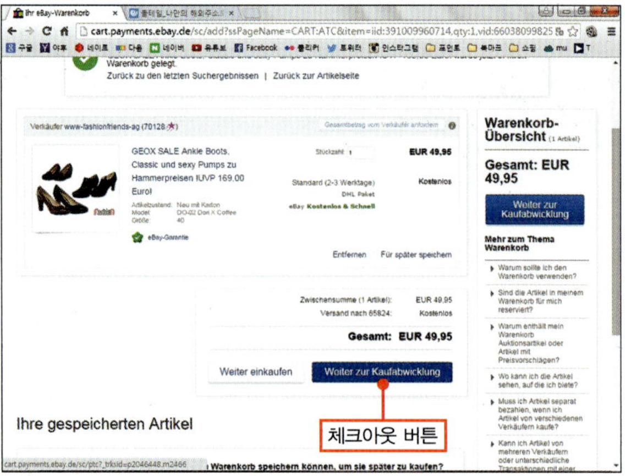

04 다음 화면에서 배송받을 주소지와
결제금액을 확인하는 모습입니다.

[Weiter(다음)] 버튼을 클릭해 결제방법 선
택 창으로 넘어갑니다.

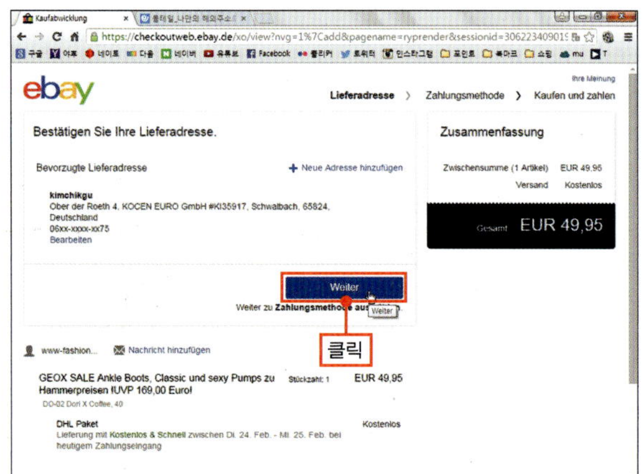

05 Zahlungsmethode auswählen(결제
방법 선택) 창입니다.

페이팔로 결제하려면 'Paypal'을 선택한 뒤
[Weiter(다음)] 버튼을 클릭합니다.

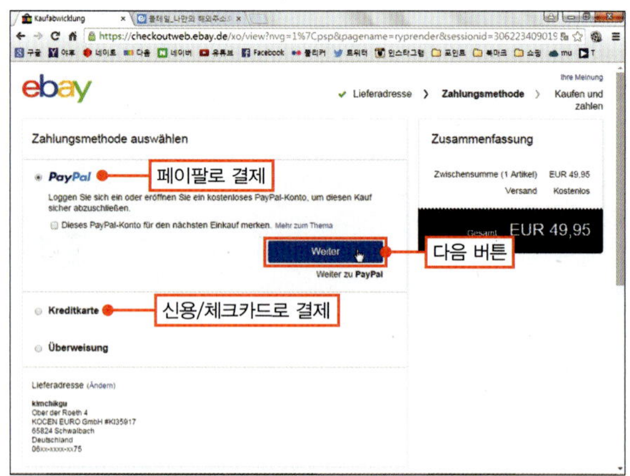

❻ 페이팔로 결제할 경우 페이팔 로그인 창이 나타납니다. 그 후 페이팔 계정에서 결제할 내역을 다시 한 번 확인한 뒤 거기서 [결제] 버튼을 클릭하면 결제가 마무리됩니다. 페이팔 계정에 카드정보를 미리 등록한 경우 카드정보를 추가입력할 필요 없이 한 번에 결제됩니다.

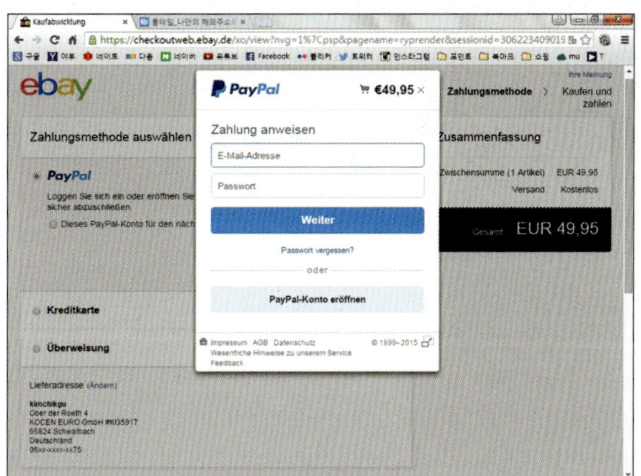

❼ 신용카드로 결제할 경우 그림처럼 신용/체크카드 정보를 입력합니다.

신용/체크카드 정보를 입력할 때는 Land 항목에서 Südkorea(남한)을 선택합니다. 카드소유자 이름과 성은 Vorname 항목에 이름을, Nachname 항목에서 성을 입력하는 데 이때 영어로 입력합니다.

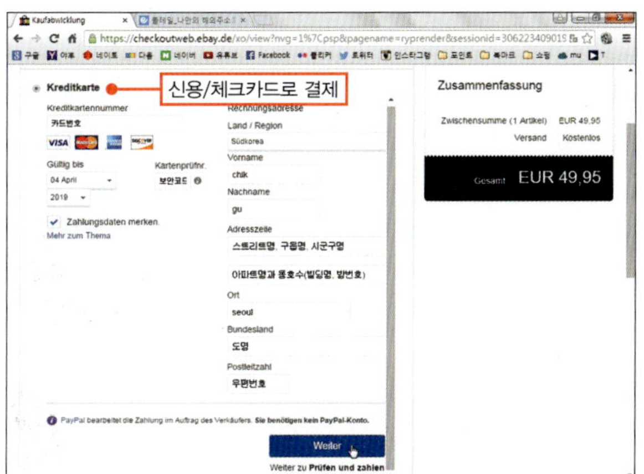

❽ 나머지는 카드를 만들 때 사용한 주소지를 영어로 입력합니다. 미국 이베이에서 카드정보 입력하는 것과 마찬가지입니다. Bundesland(도명, 주명) 항목은 광역시 혹은 도 이름을 영어로 입력합니다. 제일 하단의 'Zahlungsdaten merken(지불정보 기억)' 옵션에 체크한 뒤 [Weiter(다음)] 버튼을 클릭하면 신용카드 안전결제 창이 나오면서 결제가 마무리됩니다.

상품배송이 시작되면 트래킹 넘버를 알 수 있으므로 자신의 배송대행업체에 로그인해 독일 배대지에 도착하는 상품을 한국주소로 재배송시키기 바랍니다.

프랑스 아마존에서 프랑스 배대지주소 등록하기

프랑스 유명 쇼핑몰을 경험하는 의미에서 이번에는 프랑스 아마존에서 직구하는 방법을 알아보겠습니다.

미국 아마존에 가입할 때 등록한 E메일주소와 암호는 다른 국가 아마존에서도 호환되므로 프랑스 아마존에 새로 가입할 필요는 없습니다. 프랑스의 다른 쇼핑몰에서 직구하려면 회원가입 후 직구하면 됩니다.

01 구글 크롬으로 프랑스 아마존(www.amazon.fr)에 접속합니다.

Bonjour(봉쥬르)라고 쓰여 있는 부분이 로그인 버튼이므로 클릭합니다.

02 미국 아마존에 가입할 때 사용한 E메일주소와 아마존 로그인 번호를 입력합니다.

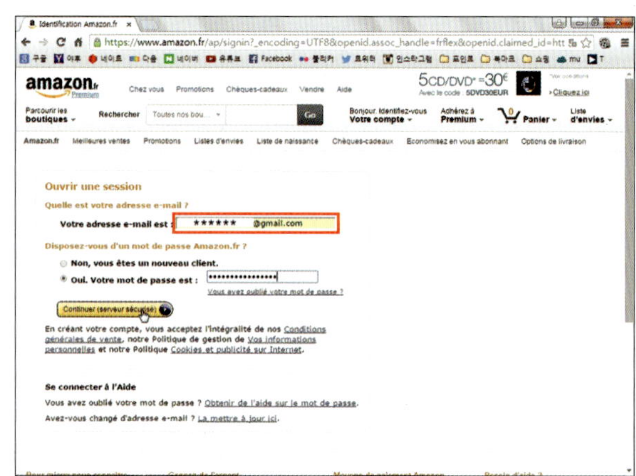

03 프랑스 아마존도 독일 이베이처럼
한국 직배송이 가능한 셀러가 별로 없
으므로 프랑스 배대지주소를 등록해야
합니다.

[Bonjuor] – [Votre compte(당신의 계정)]
메뉴를 클릭합니다.

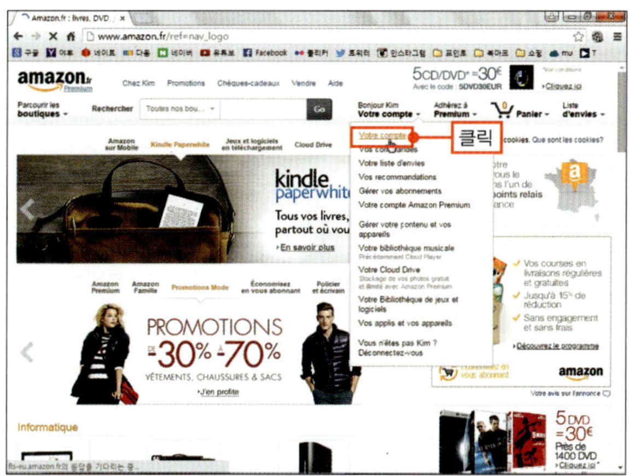

04 [Carnet d'adresses] – [G rer votre
carnet d'adresses(주소록관리)] 메뉴를
클릭합니다.

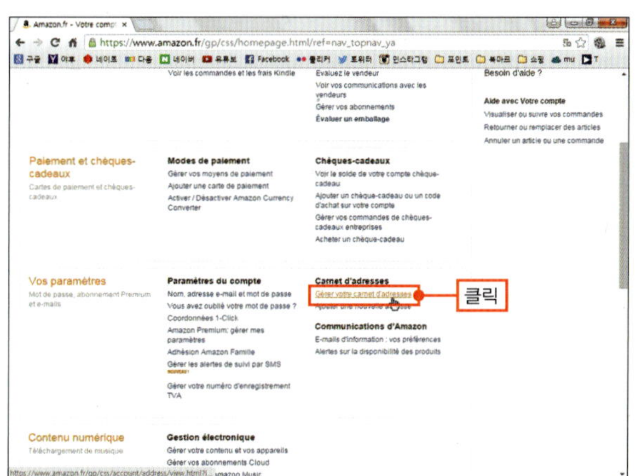

05 미국 아마존에 가입할 때 등록한 한
국주소와 미국 아마존 상품을 구매할 때
등록한 미국 배대지주소가 있습니다.

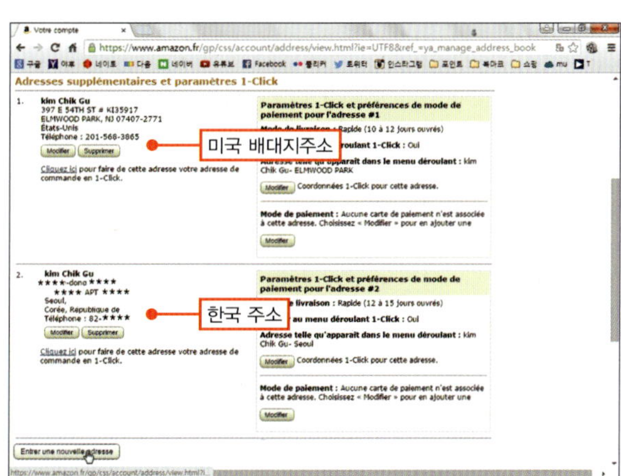

06 [Entrer une nouvelle adresse] 버튼
을 클릭해 프랑스 배대지주소의 등록을
시작합니다.

필자가 가입한 업체는 프랑스 가상주소를
제공하지 않으므로 다른 배송대행업체에 가
입해 프랑스 가상주소를 얻어와야 합니다.

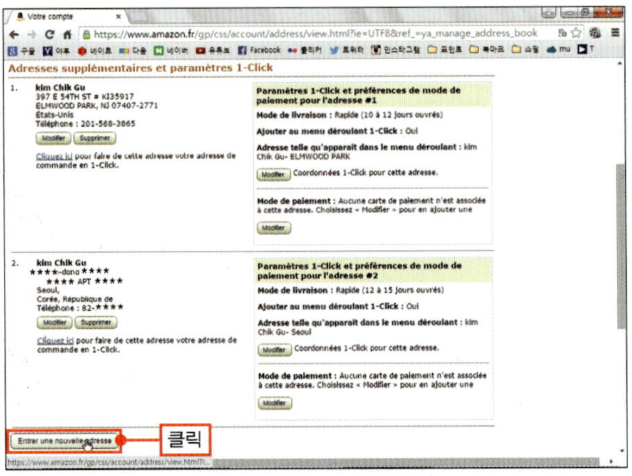

07 기존 창이 열려있는 상태에서 새 창
을 연 뒤 배송대행업체 Genie Zip에 접
속합니다(www.geniezip.com).

Genie Zip 홈페이지에서 [회원가입] 버튼을
클릭합니다.

08 [일반회원] 버튼을 클릭해 가입을
시작합니다.

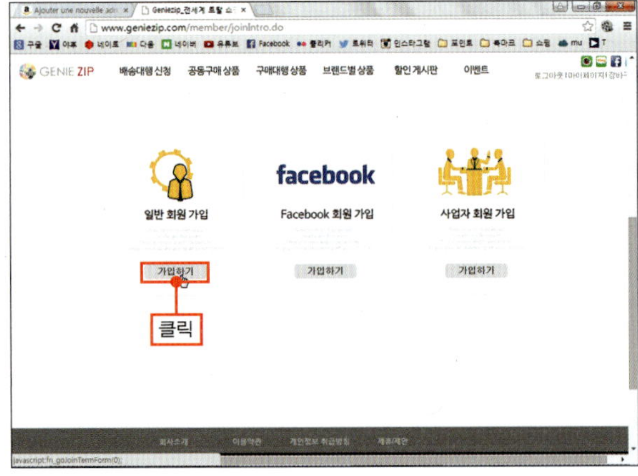

09 이용약관에 동의한 뒤 하단의 [다음
단계로] 버튼을 클릭합니다.

10 로그인할 때 사용할 E메일주소를
입력하고 Genie Zip에 로그인할 때 사
용할 비밀번호를 설정합니다.

11 배송대행을 시킬 때 필요한 결제계
좌등록 등은 '마이페이지'에서 할 수 있
으므로 다음에 하기 바랍니다.

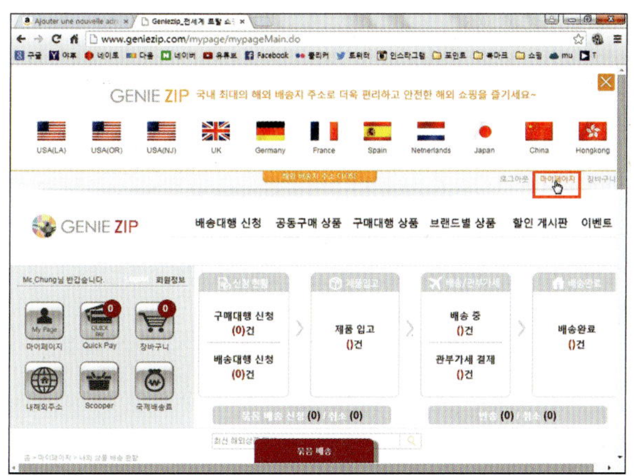

⓭ [France] 버튼을 클릭하면 자신의 프랑스 가상주소를 알 수 있습니다. 이 가상주소를 프랑스 아마존에 등록하면 구매한 상품을 그곳으로 배송시킬 수 있습니다.

프랑스 가상주소로 상품을 배송시킨 뒤에는 Genie Zip에 접속한 후 프랑스 가상주소에 도착하게 될 상품을 다시 한국으로 배송시키고 Genie Zip에 국제배송비를 결제합니다.

⓮ Genie Zip에서 제공한 자신의 프랑스 가상주소를 프랑스 아마존에 입력합니다.

주소입력 순서는 영문 주소 입력법과 동일하지만 잘 모를 경우 Genie Zip의 프랑스 주소 입력방법을 참고하세요.

⓯ 위에서 [카드정보 등록] 버튼이나 [다른 주소 추가 등록] 버튼을 클릭합니다. 확인차 아마존을 다시 로그인하게 됩니다.

로그인한 뒤에는 카드정보 등록은 피하고 상단 아마존 로고를 클릭해 쇼핑몰 메인화면으로 이동한 뒤 쇼핑을 시작합니다.

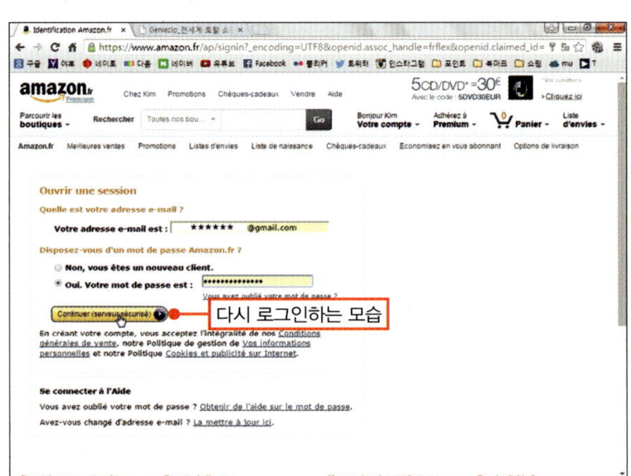

프랑스 아마존에서
장바구니에 담고 결제하기

프랑스 아마존에서 상품을 장바구니에 담고 결제하는 방법을 알아봅니다. 혹 프랑스의 다른 쇼핑몰에서 쇼핑할 때는 이번 예제를 참고해 쇼핑하기 바랍니다.

01 아마존 로고를 클릭해 프랑스 아마존 메인화면으로 이동했습니다.

02 처음에는 무엇을 판매하는지 잘 모르므로 [이 페이지 번역하기] 버튼을 클릭해 한글로 번역합니다.

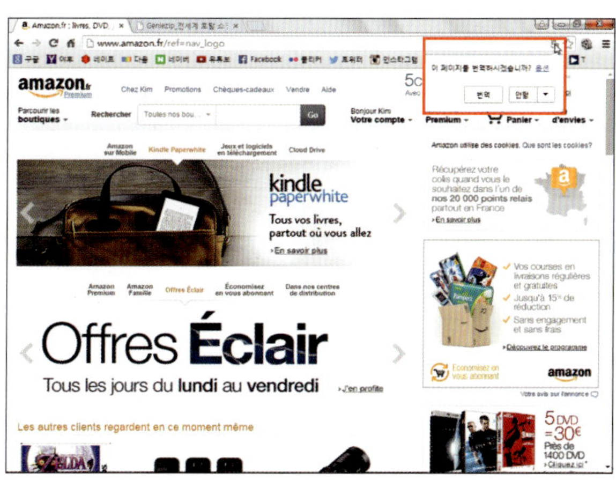

03 [가게] 버튼을 클릭하면 상품 카테고리 메뉴가 실행됩니다.

향수제품을 찾기 위해 [미용, 건강, 식품] – [모든 미용] 메뉴를 클릭합니다.

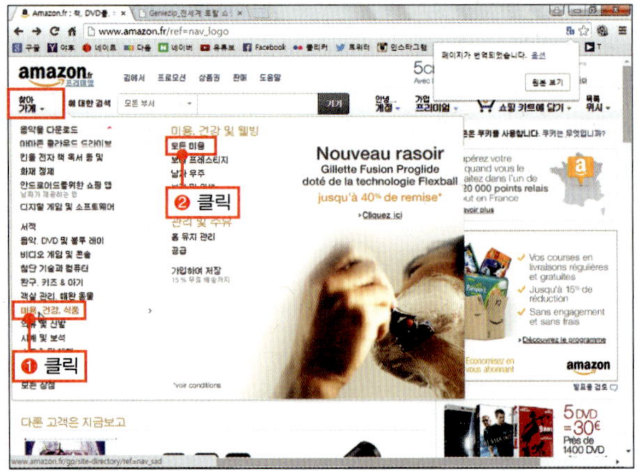

04 미용 카테고리 화면입니다. [이 페이지 번역하기] 버튼을 클릭해 이 화면을 번역한 후 [향수] 메뉴를 클릭합니다.

05 [향수] 메뉴 하위의 [여자] 메뉴를 클릭합니다.

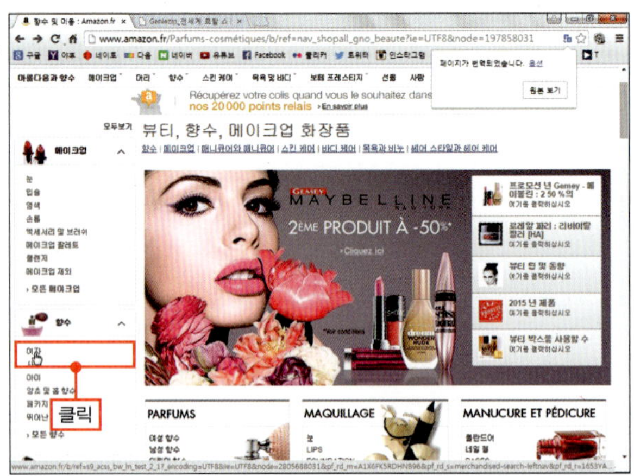

06 여자용 향수 상품들이 나타납니다. 원하는 상품을 클릭합니다.

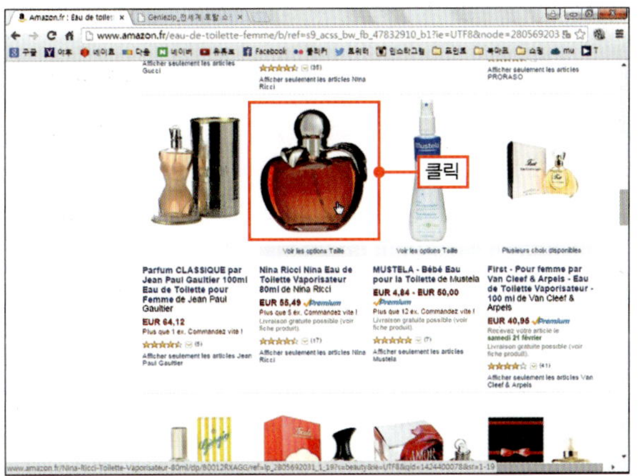

07 향수는 용량별로 가격이 다르므로 구매할 향수 용량을 선택합니다.

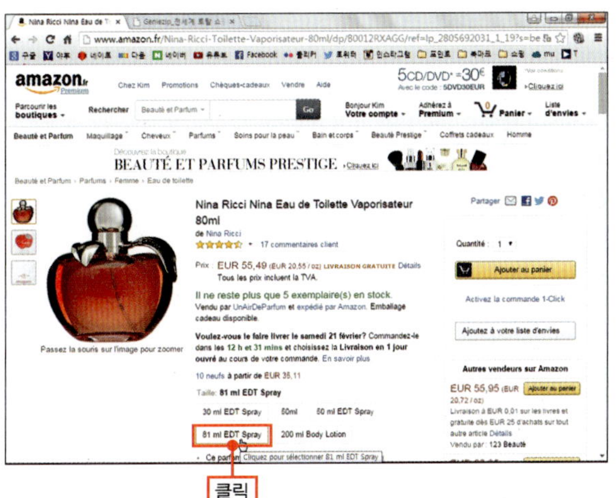

08 구매고객들의 평가 내용을 번역해서 읽어본 뒤 마음에 들면 [Ajouter au panier(장바구니에 담기)] 버튼을 클릭해 장바구니에 담습니다.

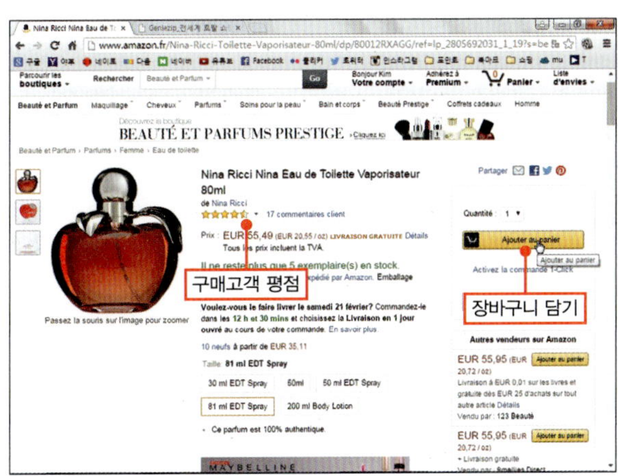

09 장바구니 화면입니다.

[Passer la commande(체크아웃)] 버튼을
클릭해 결제 창으로 이동합니다.

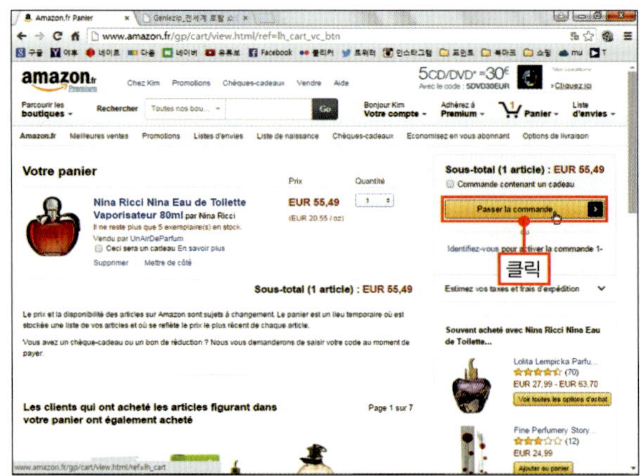

10 배송지 선택 창입니다.

주소는 한국주소, 미국 배대지주소, 프랑
스 배대지주소가 등록되어 있으므로 총 3
개입니다. 이중 프랑스 배대지주소를 클릭
해 선택합니다. 만일 셀러가 한국직배송을
하는 업자이면 한국주소를 선택할 수도 있
습니다.

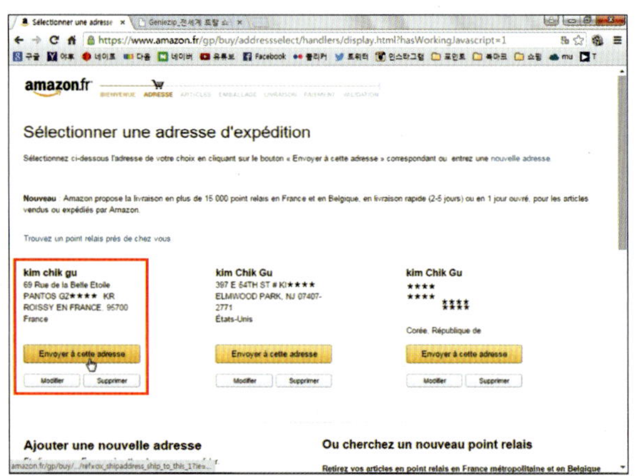

11 배송방법 선택 창입니다.

왼쪽은 배송받을 프랑스 배대지 가상주소
입니다. 오른쪽에서 프랑스 내에서의 배송
방법을 선택합니다.

　　프랑스 내의 배송은 무료인 경우가 많지만 빠른 배송(제일 아래 배송 옵션)을 선택하면 배송 비가 생길 수도 있습니다. 오른쪽 배송방법 중 가운데 옵션은 'Rapide - Recevez-le mercredi 25 février(주문 뒤 4~5일 뒤 배대지에 도착)'입니다. 3개의 옵션 중 제일 아래가 주문 후 1~2일 뒤 배 대지에 도착하는 옵션이지만 유료일 수도 있으므로 주의합니다. 배송방법을 선택한 뒤 [계속] 버 튼을 클릭합니다.

⓬ 결제 창입니다. 자신의 카드정보를 그림처럼 입력합니다.

오른쪽 [Continuer(계속)] 버튼을 클릭하면 신용카드 안전결제 창으로 넘어간 뒤 결제 가 완료됩니다.
안전결제 창은 비밀번호 입력방식과 비밀 번호를 입력하지 않는 방식이 있는데 신용 카드 업체별로 다릅니다.

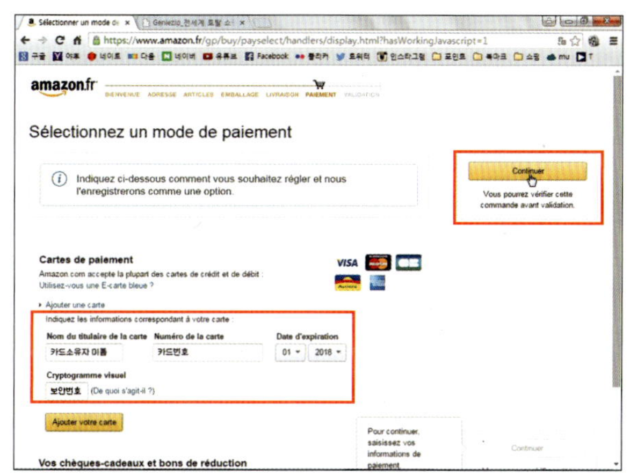

⓭ 이후 1~2일 뒤 셀러가 배송을 시작하면 아마존 프랑스 쇼핑몰 오더 메뉴에서 트래킹 넘버가 조회됩니다. 트래킹 넘버가 조회되면 국내 배송대행업체에 로그인한 뒤 프랑스 가상주소지로 도 착하는 상품을 받아 국내로 배송되도록 배송대행신청을 하세요.

카드결제가
안 될 때, 전자지갑
활용하기

신용카드가 쇼핑몰과 호환이 안 된다면?
호환성 높은 전자지갑 페이팔로 결제해보자

페이팔 결제는 되는데 한국 신용카드는 호환되지 않아 결제를 못하는 쇼핑몰이 간혹 있습니다. 이런 경우 페이팔에 가입한 뒤 한국 신용카드를 연결하면 그 쇼핑몰에서 결제가 가능한 경우가 많습니다.

페이팔은 미국과 캐나다 사람들이 많이 사용하는 전자지갑입니다. 유럽에서는 독일 쪽 쇼핑몰들이 의외로 페이팔 결제를 받아주는 경우가 많습니다. 페이팔 가입은 페이팔 홈페이지인 www.paypal.com에서 하거나 페이팔의 모회사 이베이에서 할 수 있습니다. 여기서는 이베이로 로그인한 뒤 페이팔에 가입하는 방법을 알아봅니다.

01 이베이에 로그인한 뒤 자기 이름 이름 부분을 클릭하고 [Account settings] 버튼을 클릭합니다.

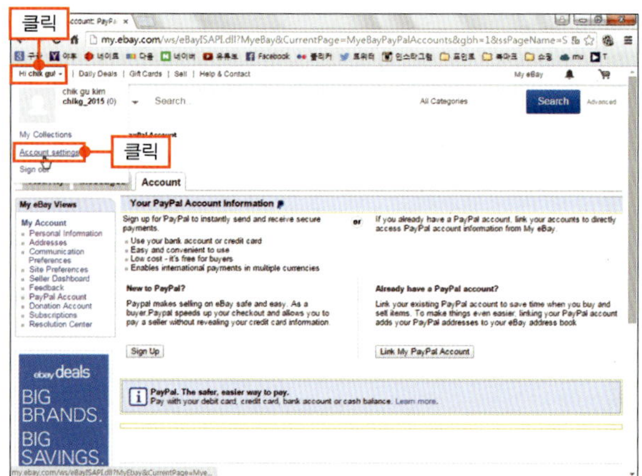

02 [PayPal Account] - [Sign Up] 버튼을 클릭하면 페이팔에 회원가입할 수 있습니다.

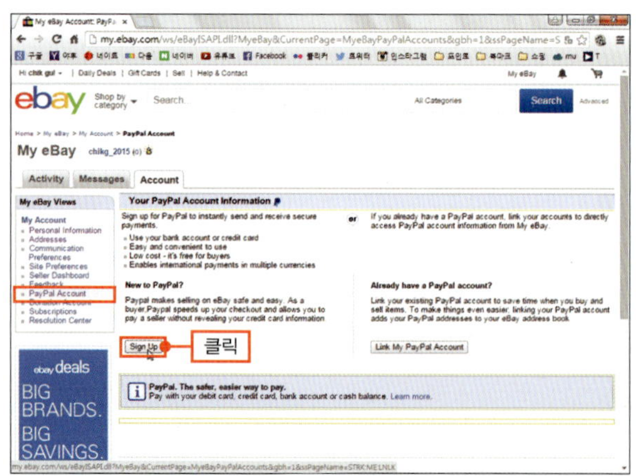

03 새 창이 열리면서 페이팔 사이트로 연결됩니다.

[Sign up Now] 버튼을 클릭합니다.

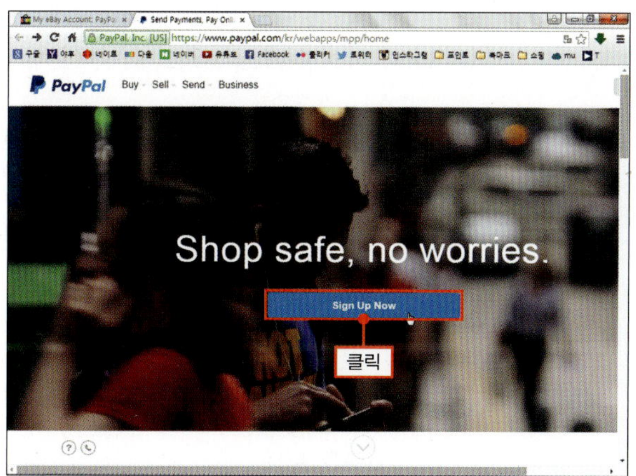

04 페이팔은 구매대금 지불용으로 가입하거나, 페이팔에 입금된 돈을 인출할 목적 혹은 이베이 판매상으로 활동할 목적으로 가입합니다.

기왕 가입하는 것이라면 인출용 페이팔에 가입하는 것이 좋습니다. Recieve 항목의 [Start Now] 버튼을 클릭합니다.

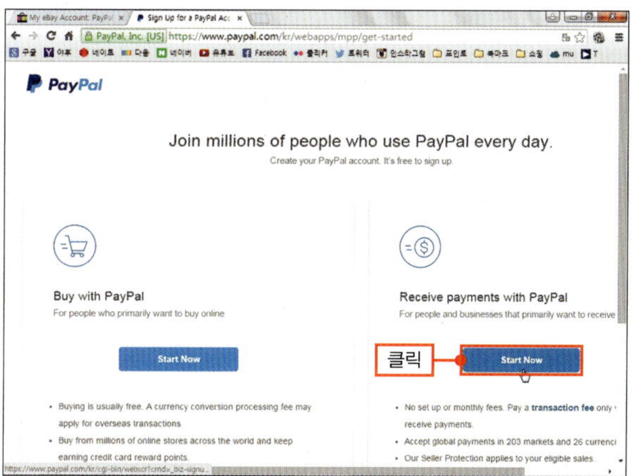

---

tip 구매용 페이팔과 인출용 페이팔

구매용 페이팔은 구매할 때 페이팔 계정을 통해 구매하는 것을 말합니다. 인출용 페이팔은 페이팔에 잔고가 있을 때 국내 은행으로 인출이 가능한 페이팔입니다. 예를 들어 타오바오 쇼핑몰에서 결제했다가 상품불량으로 환불받을 경우, 타오바오 전자지갑인 알리페이로 환불받는 것이 아니라(알리페이로 환불받으면 국내 은행으로 인출할 수 없습니다) 페이팔로 보내달라고 요청할 수도 있습니다. 페이팔로 들어온 환불금을 국내 은행으로 인출하고 싶다면 인출용 페이팔에 가입하는 것이 좋습니다.

 인출용 페이팔은 이베이 판매자들이 가입하므로 작성 방법이 조금 까다롭습니다. 자신의 정
보를 정확히 입력하되 영문으로 입력합니다.

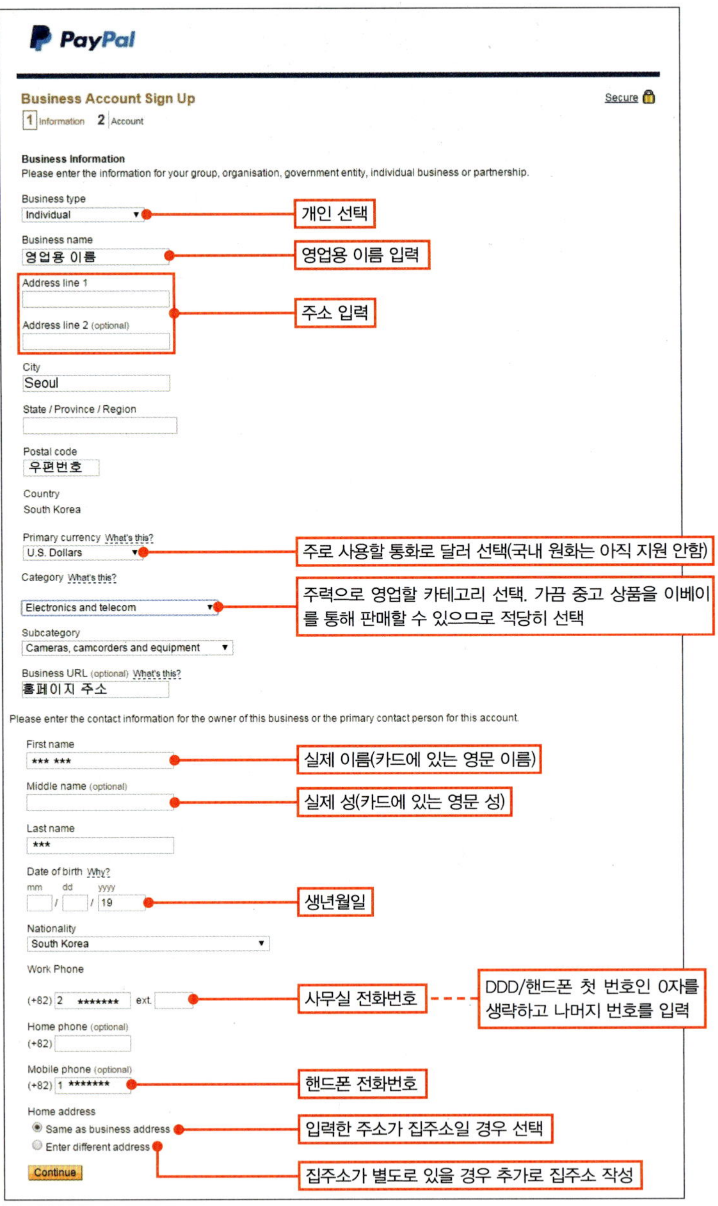

06 페이팔에 로그인할 때 사용할 E메일주소를 입력한 뒤 페이팔 로그인 비밀번호를 설정합니다. 그런 뒤 위급상황일 때 본인임을 인증할 수 있는 질문을 1, 2번에서 각기 선택하고 1, 2번 질문에 해당하는 본인 답변을 입력합니다.

1번 질문으로는 "당신의 첫 애완동물 이름은 무엇입니까?"라는 질문을 선택한 뒤 답변에는 필자가 키운 첫 애완동물의 이름을 입력했습니다.

2번 질문으로는 "당신의 출신 초등학교는 어디입니까?"를 선택했고 그에 해당하는 답변을 입력했습니다. 마지막으로 자동가입 방지를 위한 글자를 입력합니다.

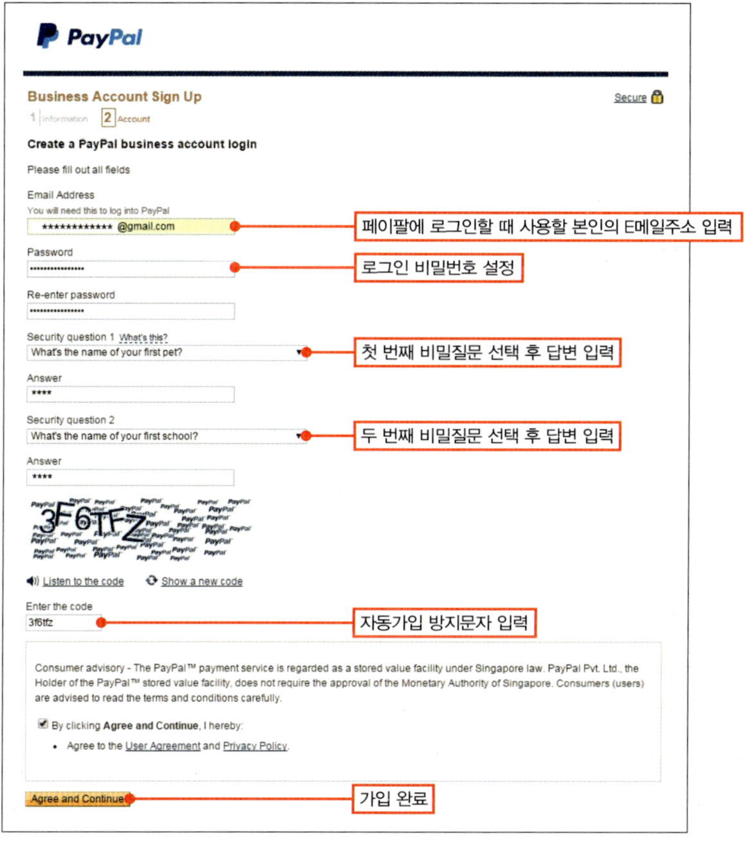

07 페이팔에 가입하면 나타나는 계정
입니다.

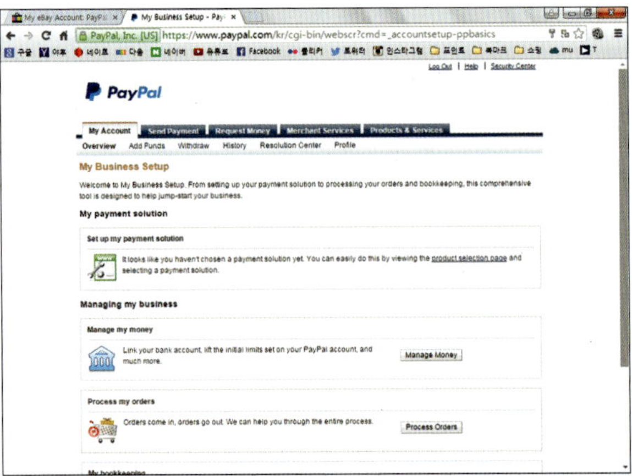

08 [My Accout] - [Overview] 메뉴를
실행합니다.

페이팔에 예치된 돈을 확인할 수 있는데 현
재는 예치된 돈이 없으므로 0달러로 표시
됩니다.

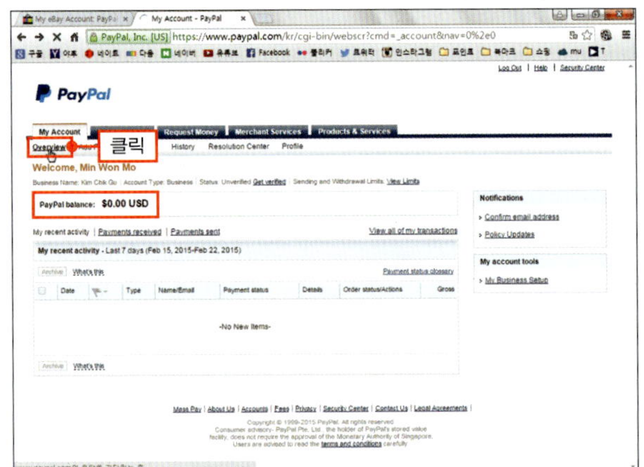

09 [Confirm Email Adress] 문자를 클
릭해 E메일이 정상 등록되었는지 확인
합니다.

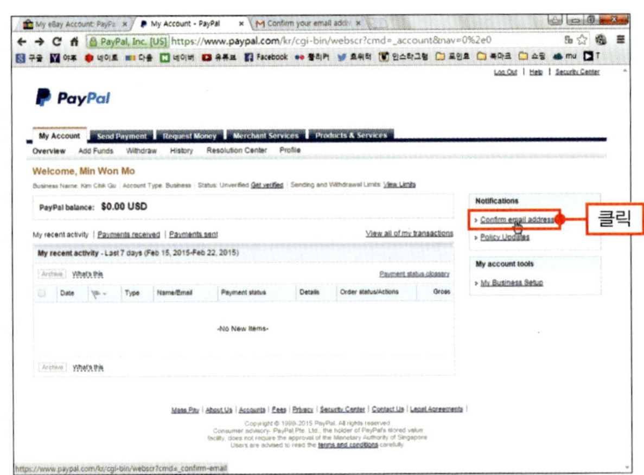

❿ 자신의 E메일을 열면 페이팔에서 보낸 E메일이 있습니다.

[Confirm] 버튼을 클릭해 E메일이 정상 동작했음을 알려줍니다.

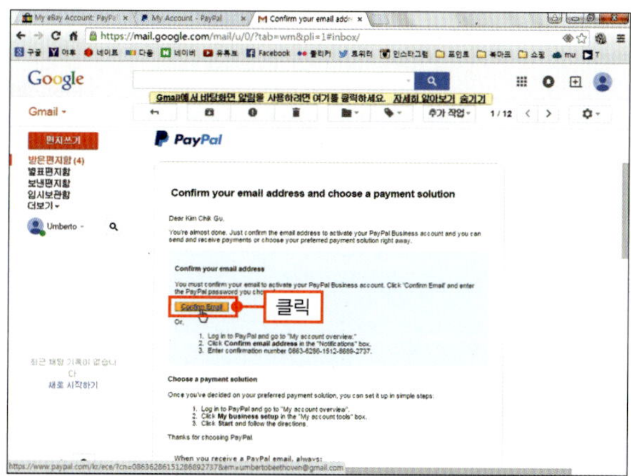

⓫ 자신의 신용카드 정보를 등록하려면 [Profile] - [Add/Edit Credit Card] 메뉴를 사용합니다.

신용카드 정보를 등록하고 나면 앞으로 페이팔 결제가 가능한 쇼핑몰에서 페이팔을 결제도구로 선택한 뒤 페이팔에 로그인하면 바로 지불됩니다.

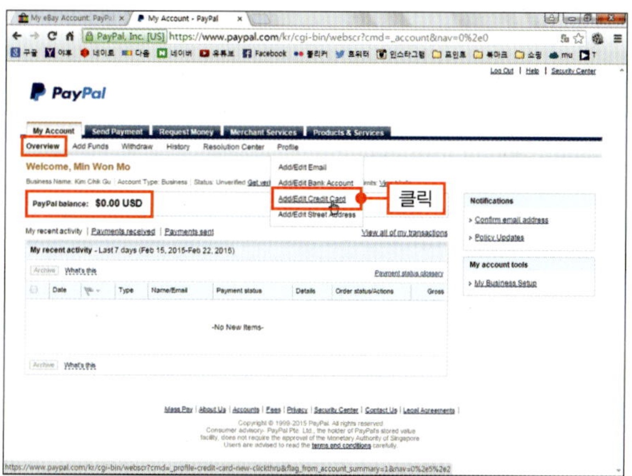

⓬ 신용카드 정보를 입력합니다. 이때 앞에서 등록한 주소가 신용카드 개설할 때 주소(Billing Adress)가 아니면 [Enter a new billing adress]에 체크한 후 빌링 어드레스를 재등록해야 합니다.

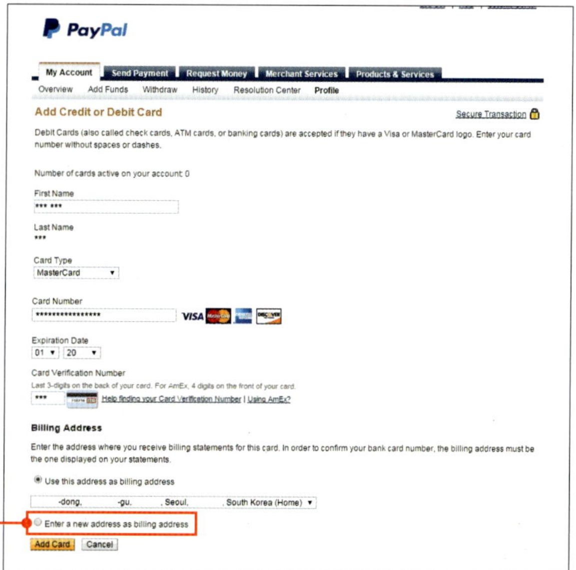

⑬ 화면이 바뀌면 [Go to My Account] 버튼을 클릭한 뒤 신용카드결제가 정상 동작하는지 테스트를 해야 합니다.
[Get Verified] 글자를 클릭합니다.

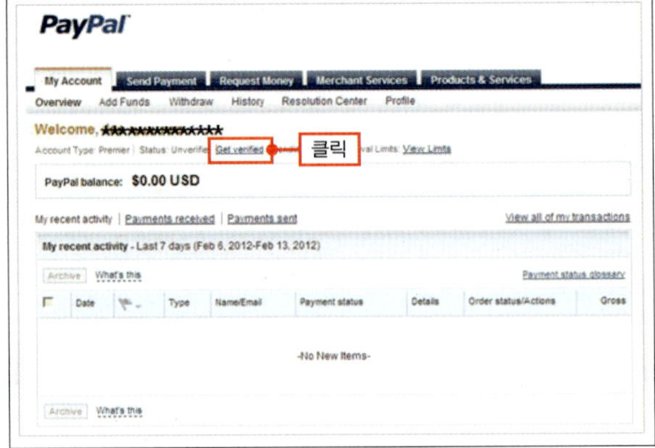

⑭ [Continue] 버튼을 클릭하면 신용카드에서 1.95달러가 인출되어 결제됩니다. 신용카드가 페이팔을 경유해 동작하는지 테스트하는 것이므로 '인증번호'를 입력하면 다시 돌려받게 됩니다.
인증을 확인하기 위해 다음 화면에서 [Go to my Account Overview]를 클릭합니다.

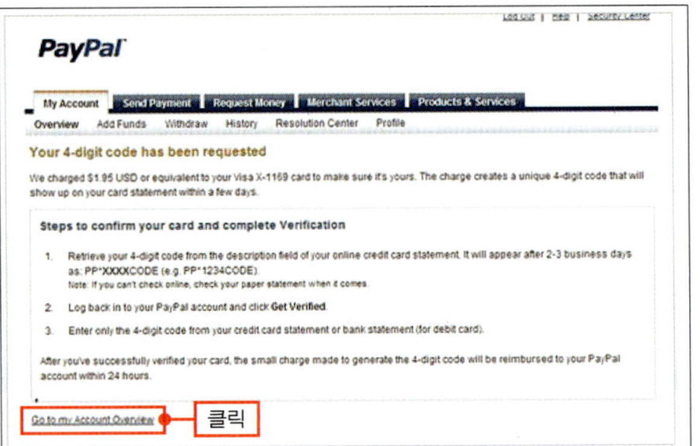

⑮ 카드사용 내역 문자 통지서비스 등으로 인증번호 4자리가 스마트폰으로 날아올 것입니다. 결제한 가맹점이름 아래의 'PP*' 다음에 나오는 네 자리 숫자가 인증번호입니다

⑯ 페이팔 화면에서 다시 [Get Verified]를 클릭한 뒤 스마트폰으로 날아온 인증번호를 입력합니다.

Enter PayPal code (4numbers) 항목에 인증번호 네 자리를 입력한 뒤 [Confirm Card] 버튼을 클릭합니다.
이렇게 하면 페이팔 계정에 등록한 신용카드가 정상 동작하는 것이 확인됩니다.

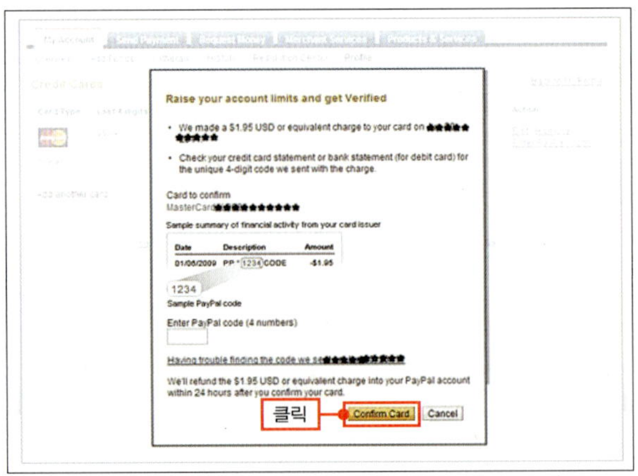

⑰ 자신의 국내 은행계좌를 등록하기 위해 [Profile] - [Add/Edit Bank Accound] 메뉴를 클릭합니다. 국내 은행계좌를 등록하면 페이팔로 들어온 환불금 등을 국내 은행계좌로 이체할 수 있습니다.

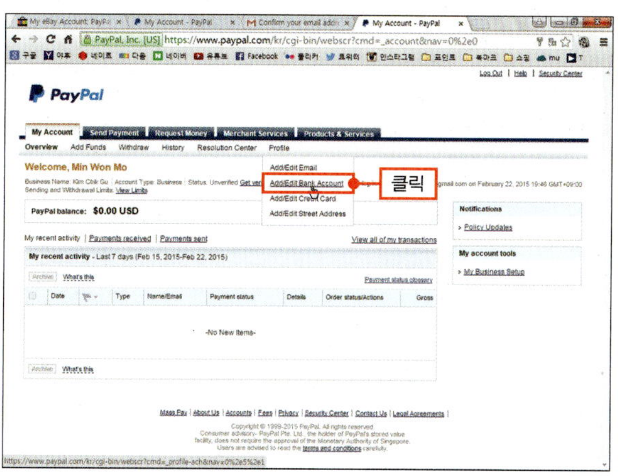

⑱ [See Bank Code] 문자를 클릭하면 국내 은행별 은행코드가 나타납니다. 페이팔에 등록할 은행코드를 확인하고 선택합니다.

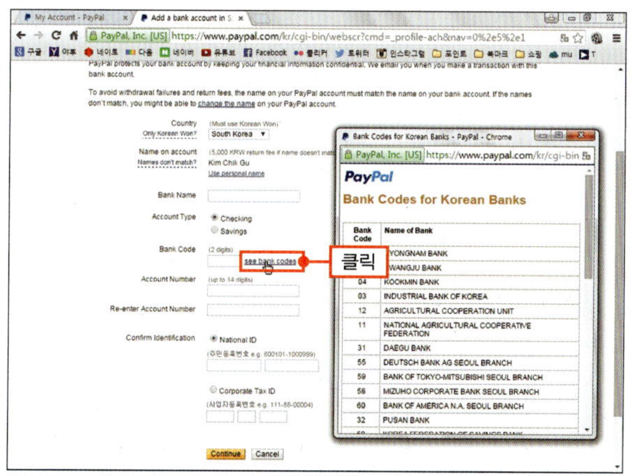

⑱ 은행코드와 은행명, 계좌번호, 주민등록번호를 입력합니다. 이렇게 하면 페이팔에 은행계좌도 등록됩니다. 페이팔 계정으로 들어온 환불금이 있을 때 등록한 은행계좌로 이체할 수 있습니다.

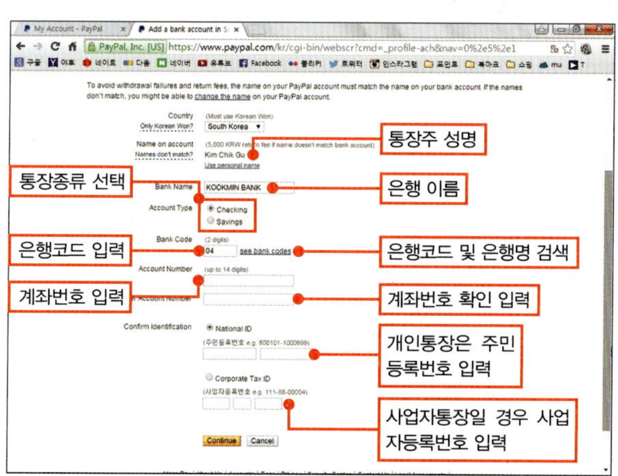

> tip 통장주 성명(영문)과 페이팔에 등록한 통장주 성명이 다르면 간혹 은행이체가 되지 않을 수 있으므로 통장주 성명에 맞게 페이팔에 잘 등록해야 합니다. 보통 체크카드에 써 있는 영문 이름을 오타없이 입력하면 됩니다.

구글의 전자지갑 구글 월렛

구글 월렛은 구글이 내놓은 전자지갑으로 구글 월렛을 지원하는 온라인 쇼핑몰과 안드로이드 스마트폰에서 사용할 수 있습니다.

해외 쇼핑몰을 구경하다보면 구글 월렛을 지원하는 쇼핑몰이 간혹 보이는데 이런 쇼핑몰에서 사용할 수 있습니다. 페이팔과 거의 유사한 방식으로 사용합니다.

월렛 계정에 신용카드 정보를 등록하면 구매대금 지불, 월렛계정 간의 예치금 이체를 할 수 있습니다. 국내 은행계좌로의 인출은 아직 지원하지 않고 있습니다(구글 월렛은 wallet.google.com에서 가입할 수 있어요.)

다음은 구글 월렛으로 구매대금 결제가 가능한 쇼핑몰입니다.

해외직구 상품의 관세 계산과 관세 납부하기

해외직구 세금인 관세란 무엇일까?
관세납부 상품과 무관세 상품

관세란 국가에서 국가로 물품이 이동할 때 내는 '통과세'입니다. 조세확보와 자국상품 보호라는 목적 하에 모든 국가들이 관세를 징수하고 있습니다.

관세는 일반적으로 수입품 모두에 붙게 됩니다. 관세가 면제된 상품이라 해도 물건값+현지배송비+현지세금+특송비(혹은 국제선편요금) 등 총합계금액의 10%인 부가세를 납부해야 합니다.

💬 관세의 과세목적과 평균 관세율은?

관세는 말 그대로 국가재정을 확보할 목적으로 걷는 세금입니다. 관세는 평균적으로 해외직구한 금액총액의 10% 내외로 붙습니다. 관세율은 품목별로 다르지만 평균 10%라고 계산합니다. 여기에 부가세 10%가 추가되므로 물건 하나를 직구할 때는 약 20%의 세금이 붙습니다. 이 때문에 직구족들은 관세가 붙지 않은 상품을 찾으려고 머리를 쓰고 있습니다. 해외직구는 잘 찾으면 관세와 부가세를 납부해도 국내에서 구매하는 것보다 싼 제품이 많기 때문에 인기 있는 것입니다.

💬 관세의 과세표준

관세는 종가세, 종량세, 혼합과세 등으로 과세합니다.

종가세	수입 상품의 가격을 기준으로 세율을 정하는 방식. 일반적인 방식
종량세	수입 상품의 수량을 기준으로 부과하는 방식.
혼합과세	종가세와 종량세가 혼합된 방식

💬 부가세

상품가, 현지 Tax, 현지배송비, 국제선편요금, 관세 등의 총합계에서 10% 해당하는 돈을 납부하는 것이 부가가치세(부가세)입니다. 부가세는 쉽게 말하면 거래세입니다. 파는 사람은 자국에서, 구매하는 사람은 우리나라에서 부과세를 납부합니다. 부가세는 관세를 낼 때 함께 납부하거나 분리해 납부합니다.

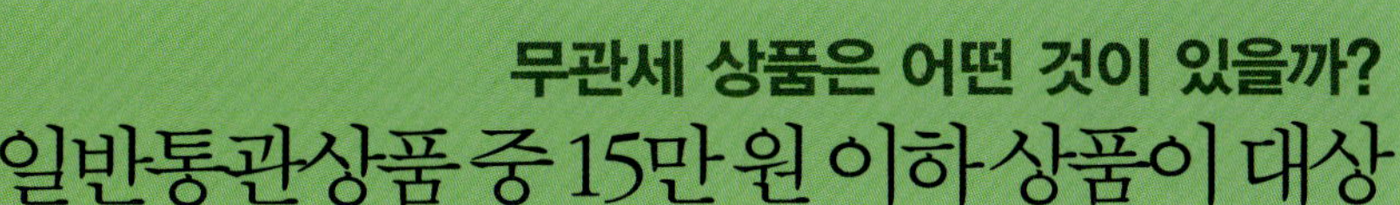

개인이 자가사용목적으로 해외직구한 상품 중에서 관세 과세기준 15만 원 이하 상품은 일반통관대상이 되어 관세를 납부하지 않습니다.

이때 관세 과세기준 15만 원은 물건값+현지 Tax+현지배송비+국제선편요금을 합산한 총액입니다. 국제선편요금과 현지배송비를 2만 원 내외로 잡으면 실제 물건 값이 12~13만 원 이하 상품일 때 무관세를 적용받을 확률이 높습니다.

품목 및 HS코드	일반통관상품
기준과세 150달러	목록통관 허용품목이 아닌 일반 상품 중 총직구비용 150달러(15만 원) 이하 상품이 무관세 대상(당일 환율에 따라 다름) • 물품값+미국내 배송비+Tax+국제선편요금 합산 총금액이 15만 원 이하 상품일 때 무관세 • 총금액이 15만 원을 초과할 경우 평균 8% 관세 발생
의류 61류, 62류, 63류	가죽류, 모피가 포함된 의류 및 섬유, 모자, 가방, 등산장비, 스포츠 구명복, 우비, 선글라스 및 안경, 가죽 장갑, 스포츠용 장갑, 방한장갑, 벨트(가죽, 모피소재 포함), 양탄자류와 방직용섬유제, 바닥깔개, 인형옷, 애완동물옷
화장지, 주방용기류 48류	공기&대접 및 접시류, 주방조리기구, 물휴지, 일회용 기저귀, 생리대 등
신발 64류	특수 목적용 신발(방염화, 안전화 등)
가구, 조명기기 94류	전기방석, 유모차 및 유아케리어와 그 부속품, 전기스탠드, 휴대용 렌턴
서적, 인쇄물 49류	음란서적, 1만 달러의 지급수단(유가증권, 수표 등)
음악 CD, 영화 CD 85류	게임팩, 레코드판

tip 유사 품목을 같은 날짜에 집으로 배송받았을 때는 각기 무관세 일반통관 대상 상품이라고 해도 당일 집에서 수령한 상품의 총합산금액이 15만 원을 초과하면 관세 부가 대상이 됩니다. 당일 집에서 여러 건을 수령해도 총합산금액이 15만 원 이하이면 무관세 대상입니다.

목록통관 허용물품 중 200달러 이하 무관세 대상은?
FTA 조인한 국가의 물품들만 해당

목록통관 허용물품에 해당하는 동시에 200달러 이하일 경우에는 무관세 대상입니다. 단 우리나라와 FTA를 조인한 국가에서 수입한 200달러 이하 물품에만 해당합니다.

💬 해외직구한 20만 원 이하 상품이 목록통관 무관세가 되려면?

FTA 협정을 맺은 국가에서 특송받은 200달러 이하 제품인 경우에만 무관세 수입이 가능하고 200달러 초과상품은 원산지 표기가 같은 나라인 제품은 3% 내외의 관세가, 200달러 초과상품 중 원산지 표기가 다른 나라인 제품은 품목에 따라 8~15% 내외의 관세가 붙습니다.

2015년 현재 우리나라와 FTA 협정을 체결한 국가

지역	국가
북미	미국
남미	칠레, 페루
EU	영국, 아일랜드, 벨기에, 프랑스, 독일, 이테리, 룩셈부르크, 네덜란드, 덴마크, 그리스, 포르투갈, 스페인, 오스트리아, 핀란드, 스웨덴 등
EFTA	스위스, 노르웨이, 아이슬란드, 리히텐슈타인
터키	터키
아세안	베트남, 브루나이, 캄보디아, 인도네시아, 라오스, 말레이시아, 미얀마, 필리핀, 싱가포르, 타이 등의 동남아시아 국가연합
인도	인도
발효 예정국가	호주, 콜롬비아, 캐나다
협상 진행국가	인도네시아, 베트남, 뉴질랜드, 중국, 멕시코, 걸프협력회의국가 외

💬 목록통관 허용품목이 아니면서 무관세 대상이려면?

국제선편요금, 현지배송비, 현지세금 포함 15만 원 이하인 경우에는 무조건 일반통관 대상이 되어 무관세입니다. 15만 원 이상인 경우에는 물건값+국제선편요금 합계금액에 대한 관세를 8% 정도 납부하는데 품목에 따라 관세가 15% 이상 붙는 품목도 있습니다.

목록통관 허용물품 중 200달러 이하 상품들은 정확히 어떤 것이 있을까?

개인이 사용할 목적으로 해외직구한 상품 중 목록통관 허용물품은 물품가격+현지 Tax+현지배송비 합계가 200달러 이하일 경우 관세를 면제하여 통관시키는 물품입니다.

이때 현지 Tax+현지배송비 합계는 보통 1~4만 원으로 예상하므로 아래에 해당하는 상품 중 15~18만 원 이하 상품을 수입할 때 무관세 혜택을 받을 확률이 높습니다. 만일 15~18만 원 이상 상품을 직구할 경우에는 평균 8%의 관세가 붙는다고 생각하는 것이 정답입니다. 아래는 관세청의 2015년 공식 목록통관허용 상품입니다.

품목 및 HS코드	일반통관상품
기준과세 200달러	목록통관 허용품목 중 200달러 이하가 무관세 대상 물품값=물건값+미국내 배송비+Tax=200달러(20만 원) 이하일 때 무관세. 200달러 초과 시 품목에 따라 다르지만 평균 8%의 관세 발생 * 특송업체에 지급한 국제 간 운송비는 제외하고 계산
의류 61류, 62류, 63류	성인 및 영유아의류, 바지, 반바지, 수영복, 스키복, 티셔츠, 남방, 양말, 타이즈, 스타킹, 패팅, 코트, 외투, 가디건, 속옷, 넥타이, 스카프, 숄, 머플러, 베일, 장갑(100%면, 벙어리장갑), 벨트(가죽이 아닌 제품), 손수건, 모포, 텐트, 커튼, 린넨, 베드린넨, 주방린넨
화장지, 주방용기류 48류	일반화장지, 티슈, 냅킨, 쟁반, 엽서, 봉투, 신문, 상자(박스), 종이컵, 종이타올, 종이접시, 편지지, 노트류
신발 64류	운동화, 스니커즈, 부츠(가죽 포함), 구두(가죽 포함), 샌들, 슬리퍼, 스키부츠, 스노보드 부츠, 신발 안창
가구, 조명기기 94류	가구(책장, 테이블, 침대, 화장대, 의자 등), 침구(매트리스, 이불, 쿠션, 베개), 유아용 보행기, 유아용카시트, 실내조명기구, 램프
서적, 인쇄물 49류	인쇄서적, 소책자, 유사인쇄물, 신문, 잡지, 정기간행물, 그림책, 그림엽서, 캘린더, 인쇄된 서화 및 사진, 사용하지 않은 우표, 악보, 지도,도안
음악 CD, 영화 CD 85류	음악 CD, 영화 CD, DVD

자료 : 인천공항세관 특송통관1과(특송물품 문의전화, 032-722-4296)

> **tip** 모자와 액세서리는 해당되지 않습니다. 목록통관 허용상품 구매 시 일반통관 품목이 단 1개라도 포함되어 있으면 전부가 일반통관 대상으로 취급되므로 150달러(15만 원) 기준이 적용되어 관세부과 여부를 결정하게 됩니다.

해외직구로 수입할 수 없는 품목은 무엇일까?
수입 통관불가 물품들

해외직구가 활성화되면서 마약류도 직구하는 사람이 생겼다고 합니다. 마약류는 절대 반입금지 대상이자 법적인 처벌을 받게 됩니다.

아래 품목들은 해외 쇼핑몰에서 직구할 때 국내 통관이 불가되는 품목입니다. 이런 제품들은 국내 통관에서 모두 폐기된다는 점을 유념하기 바랍니다.

- 가공농산물
- 아스피린 종류의 의약품, 마취제나 알약으로 된 불법 약품, 의료용의자 등, 인체 혹은 일부, 인체 성분이 들어간 의약품 등
- 포르노(※ CD, DVD, 음란잡지 등)
- 화폐, 수표, 현금 등 1만 달러 이상의 수표, 채권 등
- 위조수표, 위조채권 등
- 음식물, 주류
- 가공육류, 육포 등
- 금괴, 은괴 등
- 가연성, 폭발성 위험물품
- 동물
- 알콜 함량 높은 가연성 향수, 스프레이류
- 총기, 총기부품, 도검, 폭탄, 군수물자(※ 준총기류, 예를 들면 서바이벌 게임용 준총기류)
- ACNE 화장품, 무허가 성분 화장품 종류(※ 수입 시 면밀히 확인 요망)
- 물티슈, 일회용기저귀, 생리대, 인형옷, 강아지옷
- 전기스탠드, 형광등기구, 휴대용전등, 랜턴, 전기장판, 전기방석 등(※ 수입 시 전기용품 안전승인, 전자파승인 등의 국내인증 작업 필요)
- 아동용침대, 유아용의자, 보행기 등
- 일부 영양제, 건강보조제, 의약품(※ 성분이 모호하거나 미달 약품, 국내에서 약용 허가나지 않은 성분의 약품, 영양제, 건강보조제는 통관불가되는 품목이 많으므로 수입 시 확인 요망)
- 반려동물용 일부 사료, 약품, 건강보조제
- 세관이 정한 수입기준, 수량, 중량 등을 위반하거나 초과한 물품(※ 이전 검역 시 폐기된 물품은 대부분 통관불가)

직구할 때 발생할 세금을 미리 계산해보자
직구상품의 관세, 개별소비세, 부가세

해외직구상품은 일반적으로 15만 원 이하 상품 혹은 20만 원 이하 상품만 관세가 붙지 않고 그 이상 가격의 상품은 관세가 붙습니다. 개별소비세는 200만 원(CIF 가격) 이상 사치성 상품을 수입한 경우 붙습니다.

일반관세가 붙는 경우(품목에 따라 관세율이 다름)

일반통관대상 상품은 결제총액 15만 원 초과 시 관세 발생합니다. 목록통관 대상 상품은 결제총액(국제 간 특송비 제외) 20만 원 초과 시 관세가 발생합니다.

- 과세가격 1,000,000원 (상품가+현지운송비+현지 Tax+국제선편요금 합산가격)
- 관세율 8% 상품인 경우
- 부가가치세는 모든 직구상품에 기본적으로 10% 과세

- 과세가격 1,000,000원 ⋯⋯⋯⋯⋯⋯⋯⋯⋯⋯⋯⋯⋯⋯⋯⋯⋯⋯⋯⋯⋯⋯⋯⋯ ❶
- 관세 1,000,000 × 8% = 80,000원 ⋯⋯⋯⋯⋯⋯⋯⋯⋯⋯⋯⋯⋯⋯⋯⋯⋯ ❷
- 부가세 : (❶ 1,000,000 + ❷ 80,000) × 10% = 108,000원 ⋯⋯⋯⋯⋯ ❸

[납부할 세액(합산세액)]
❷ 80,000 + ❸ 108,000 = 18,8000원

개별소비세(특소세, 특별소비세)가 붙는 상품인 경우

상품가가 약 200만 원(현지배송비+현지세금+국제선편요금+관세 합산금액)을 초과하는 사치품 향수, 사치품 가방, 자동차 등에서 200만 원 초과금에 붙는 세금이 개별소비세입니다.

개별소비세 무과세 기준인 2,000,000원 초과 상품을 직구하면 초과금액분에 대해 개별소비세 10~30% 부과(개별소비세율은 사치품 품목에 따라 다름)되며, 사치품 상품 중 실제 상품가격이 180만 원 이하인 경우 개별소비세를 피할 확률이 높습니다.

- 명품가방류의 개별소비세는 과세기준 200만 원 초과분의 20%
- 부과된 개별소비세의 30%에 해당하는 교육세 부과
- 부가가치세는 모든 직구 상품에 기본적으로 10% 과세

- **상품가 400만 원, 관세 8% 대상 사치성 명품을 해외직구한 경우**

- 과세기준 4,000,000−2,000,000=2,000,000원 ─────────────── ❶
- 관세 4,000,000 × 8% = 320,000원 ─────────────────── ❷
- 개별소비세 : (❶ 2,000,000 + ❷ 320,000) × 20% = 464,000원 ─── ❸
- 교육세(개별소비세의 30%) : ❸ 464,000×30% = 129,200원 ──── ❹
- 부가세 : (❶ 4,000,000 + ❷ 320,000 + ❸ 464,000 + ❹ 129,200) × 10% = 491,320원 ──── ❺

[납부할 세액(합산세액)]
❷ 320,000 + ❸ 464,000 + ❹ 129,200 + ❺ 491,320 = 1,404,520원
⇒ 상품가 400만 원의 35%에 해당하는 140만 원의 세금 발생

 명품 상품은 유럽에서 제조했을 확률이 높으므로 유럽 쇼핑몰에서 구매한 경우 한유럽 FTA협정에 따라 관세 0~3% 상품인 경우가 많습니다.
유럽 명품이라고 해도 원산지가 유럽이 아닌 중국에서 제조한 명품은 한유럽 FTA협정에 적용되지 않으므로 8~20% 일반 관세 부과 대상입니다. FTA협정 관세율 0~3%는 FAT협정을 맺은 국가에서 제조한 상품을 그 나라 쇼핑몰에서 구매했을 경우에만 적용받을 수 있습니다.
미국은 우리나라와 FTA 협정을 맺었지만 미국 쇼핑몰에서 판매하는 제품들의 원산지는 대부분 중국이나 멕시코이므로 FTA 협정 관세율 대상이 아닌 상품이 많습니다.

무관세(관세 비과세) 상품에 해당하려면?

과세가격(구매가격, 현지운송비, 현지세금, 국제선편요금 합산 CIF 가격) 150,000원 이하가 무관세 대상이며 150,000원 초과 시 총금액에 관세 부과합니다.

FTA 협정국에서 직구한 목록통관상품의 경우 과세가격(구매가격, 현지운송비, 현지세금) 합산가격이 200,000원 이하가 무관세 대상이며 200,000원 초과 시 총금액에 관세 부과합니다.

 무관세 상품은 관세가 붙지 않은 상품이므로 관세는 면제됩니다. 부가세는 과세기준가(구매가격, 현지운송비, 현지세금, 국제선편요금 합산가)의 10%이며 부가세 납부일에 납부하면 됩니다.

FTA 특혜관세에 해당하려면?

FTA 특혜관세를 적용 시 기존 관세 대신에 FTA 특혜세율을 넣고 계산합니다.

- 과세가격 1,000,000원(구매가격, 현지운송비, 국제선편요금 합산가격)인 경우

- 관세율 8% 상품이라 해도 Made In 미국 제품을 미국 쇼핑몰에서 직구한 경우 한미 FTA협정 관세인 0~3%만 부과(FTA 협정 관세는 품목에 따라 다름)

- 부가가치세는 모든 직구, 수입 상품에 기본적으로 10% 부과

- ■ 과세가격 1,000,000원 ┈┈┈┈┈┈┈┈┈┈┈┈┈┈┈┈┈┈┈┈┈┈┈┈┈┈┈┈┈ ❶
- ■ FTA 관세 : 1,000,000 × 3% = 30,000원 ┈┈┈┈┈┈┈┈┈┈┈┈┈┈┈ ❷
- ■ 부가세 : (❶ 100,000 + ❷ 3,000) × 10% = 103,000원 ┈┈┈┈┈┈ ❸

[납부할 세액(합산세액)]
❷ 30,000 + ❸ 103,000 = 133,000원 ⇒ 13.3%

FTA 특혜관세 상품이지만 개별소비세가 붙는 경우

위와 마찬가지로 FTA 특혜과세로 계산한 뒤 해당 상품에 해당하는 개별소비세, 교육세, 부가세를 합산하면 납부할 세액이 나옵니다.

관세, 개별소비세 납부기일은 언제?

통관절차 시작된 후 15일 이내 납부해야 하며 납부하지 않으면 통관절차가 정지되고 물건을 찾을 수 없습니다. 해외직구하는 상품은 대부분 15~20만 원 이하 무관세 상품이 많기 때문에 실제 관세를 납부하는 경우는 거의 없지만 무관세 기준을 초과한 상품을 직구한 경우에는 배송업체에서 관세가 발생했다고 연락이 오므로 직접 관세를 납부하거나 배송업체에 의뢰하여 대리 납부할 수 있습니다.

부가세 납부기일은 언제?

매년 여름과 겨울에 있는 부가세 정기납부일에 납부합니다. 부가세는 당장 납부하지 않아도 수입품 통관에는 지장이 없으며 납부일이 되면 세무서에서 부가세납부를 알리는 편지를 보내옵니다.

개인통관(고유)부호는 무엇일까?

개인통관부호란 물건을 해외직구 혹은 수입할 때 개개인에게 발급하는 주민등록번호처럼 수출입 서류 작성에 사용하는 개인 부호입니다.

개인통관부호는 처음 물건을 수입할 때 1회 자동으로 발급됩니다. 그 후 개인통관부호는 그 개인의 주민등록번호처럼 사용되어 수입신고서를 작성하거나 혹은 자신이 수입한 물건이 관세청에서 통관진행 시 통관상황을 조회할 때 사용합니다. 평생 1회만 발급되므로 잊지 않도록 잘 기억하기 바랍니다.

개인통관부호는 언제 발급될까?

물건을 해외직구했거나 어떤 물건을 수입하거나 수출할 때 1회 자동으로 발급됩니다. 개인통관부호는 13자리(P************) 형식입니다.

개인통관부호는 왜, 어떤 목적으로 사용할까?

각종 수출입 통관을 할 때 누가 수입했고 누가 수출했는지 파악하는 부호로서 주민등록번호 유출을 방지할 목적으로 사용합니다. 수출입 통관진행 시 통관상황을 조회할 때 사용합니다. 또한 수입신고서나 수출신고서를 작성할 때 주민등록번호 대신 개인통관부호를 입력합니다.

해외직구 없이 미리 개인통관부호를 발급받을 수 있을까?

관세청 홈페이지인 https://p.customs.go.kr/에서 미리 개인통관부호를 신청 및 발급받을 수 있습니다.

개인통관부호를 잊었을 때는 어떻게 해야 할까?

어떤 물건을 해외직구했거나 수입했을 때 개인통관부호를 잊은 경우에는 주민등록번호를 관세청에 보내주어야 합니다. 그럴 경우 주민등록번호가 유출될 수도 있으므로 개인통관부호를 잊지 않도록 주의하세요.

해외직구상품의 수입신고서는 어떻게 할까?

관세가 발생하지 않는 무관세 상품은 '간이신고 통관대상'이 되어 수입신고서를 작성하지 않고 우편물을 수령합니다. '목록통관' 상품은 배송업체가 대리해 수입신고를 하므로 본인이 직접 수입신고를 할 필요는 없습니다.

배송업체가 대리해 수입신고를 하는 간이통관상품이나 목록통관상품은 무관세이기 때문에 배송업체에서도 수입신고서를 대충 작성하고 세관에서 빼옵니다. 따라서 매우 중요한 물건이거나 비싼 물건, 관세가 많이 발생하는 물품은 본인이 직접 수입신고서를 작성하기도 하는데 이 경우 관세청 전자통관시스템인 portal.customs.go.kr에 로그인한 뒤 이용신청서를 작성하고 본인이 직접 수입신고서를 작성하거나 관세사에게 위임 작성합니다. 본인이 직접 수입신고서를 작성하려면 앞의 개인통관부호를 발급받은 상태여야 합니다. 간이신고대상 혹은 목록통관대상 상품을 직구했기 때문에 수입신고를 하지 않고 기다렸는데 때에 따라 세관측에서 '수입신고보안요구'를 해오기도 합니다. '수입신고보안요구'는 다음과 같은 일이 있을 때 발생합니다.

❶ 세관 측에서 짝퉁 여부를 판정하기 어려운 상품인 경우
❷ 저작권법에 위배 소지가 있는 상품인 경우
❸ 구매가(수입가)를 속이고 신고한 경우

세관에서 수입신고보안요구를 하면 보통 배송업체 기사를 통해 통보를 받으므로 수입신고보안을 하고 그에 합당한 관세를 납부하면 통관이 되어 배송을 받을 수 있습니다.

본인이 직접 인터넷에서 수입신고서를 작성하려면 관세청 인터넷 통관시스템인 유니패스 홈페이지 portal.customs.go.kr에 접속합니다. 그런 뒤 [업무처리] – [수입통관] – [신고서 작성] – [수입신고서] 메뉴를 클릭하면 수입신고서를 작성할 수 있습니다. 이때 유니패스 ID가 없는 사람은 회원으로 가입한 뒤 [이용자등록]을 해야 수입신고서를 작성할 수 있습니다.

다량의 물건을 해외직구한 경우에는 수입신고서 작성이 복잡하고 까다로우므로 관세사에게 대행시키는 것도 좋은 방법입니다.

관세가 발생했을 때 관세 납부는 어떻게 할까?

해외직구한 물품이 무관세인 경우에는 통관절차가 끝나면 배송기사가 꺼내 본인의 집으로 배송을 해옵니다. 만일 관세가 부과된 경우라면 배송기사가 관세 내역을 문자로 통보해줍니다. 해외에서 들어온 물품은 관세를 납부하지 않으면 보세창구에 묶이기 때문에 관세를 빨리 납부하기 바랍니다.

해외직구한 물품에 관세가 발생하면 어떤 일이 벌어질까?

국내 배송을 맡은 배송업체 기사가 관세가 발생했다고 문자를 보내옵니다. 이때 '관세금액'과 '전자납부번호'를 함께 통보해 줍니다.

배대지를 경유해 배송받은 상품은 배송대행업체 홈페이지에서 관세와 전자납부번호를 알 수 있습니다. 이 경우 배송대행업체 홈페이지에서 관세납부를 할 수 있지만 3~4%의 수수료가 붙습니다.

배송기사가 문자로 알려준 '전자납부번호'와 '관세금액'만 알고 있으면 본인이 직접 납부할 수 있습니다. 은행의 지로납부기 혹은 거래은행에서 인터넷뱅킹으로 납부합니다. 세금납부 – 관세 메뉴를 찾은 뒤 전자납부번호를 입력하고 이체로 납부합니다.

또는 국내 배송업체에 관세에 해당하는 금액과 소정의 수수료를 보내면 배송업체에서 관세를 대리납부하기도 합니다.

관세를 납부하면 배송업체기사가 세관에서 물품을 받아 수령인에게 배달합니다. 관세가 발생하지 않는 상품은 이런 절차가 아예 없이 일반 우편물처럼 수령인에게 바로 배달됩니다.

삼성&LG 전자제품을
해외직구하려면

삼성 TV나 스마트폰은 세계 각국에서 동일 모델을 판매하지 않고 대부분 국가별 최적화 모델을 판매합니다. 중후진국에서 판매하는 모델은 아무래도 가격경쟁력 때문에 몇 가지 사양을 뺀 현지모델인 경우가 많습니다. 현지화된 모델의 가격이 저렴하다면 모르되 똑같은 모델(특히 미국시장용 모델)을 구매할 계획이라면 미국시장이 오히려 저렴합니다. 그러므로 미국 시장용 TV모델은 중국보다는 미국 쇼핑몰에서 구매하는 것이 좋은데 추천하는 사이트는 미국 아마존입니다. 다만, 관세와 배송비를 합하면 국내에서 구매하는 것보다 비싸므로 블랙프라이데이나 깜짝 30% 이벤트가 있을 때 구매하는 것이 좋습니다.

▲ 삼성 UN50HU6950/국내 최저 판매가/1,267,000원

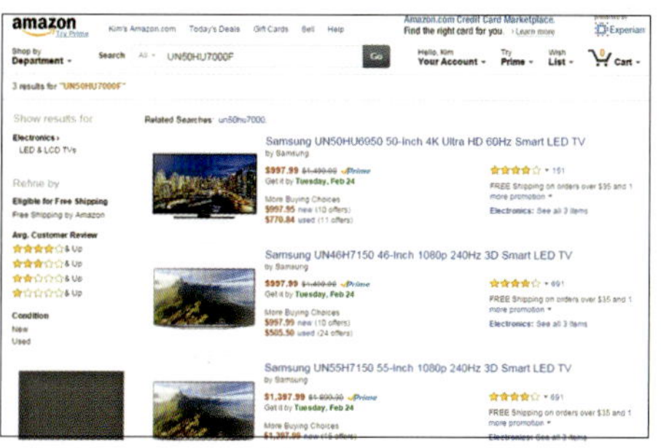

▲ 삼성 UN50HU6950/미국 아마존 최저 판매가/998달러
(1,106,430원)

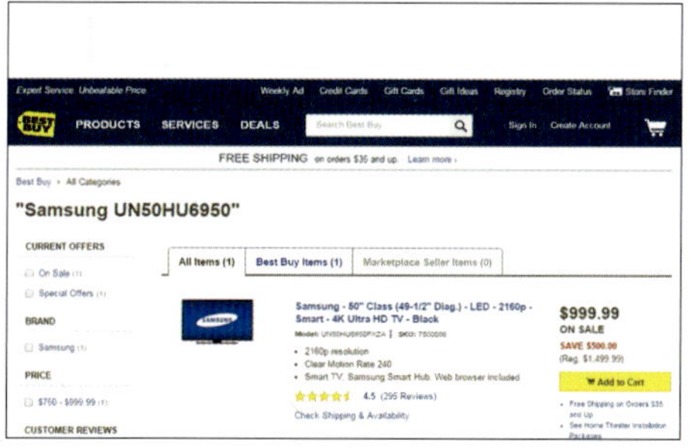

▲ 삼성 UN50HU6950/미국 베스트바이 세일가/999달러
(1,107,538원)

▲ 삼성 UN50HU6950 유사모델/중국 티몰 판매가/7,099
위안(1,258,175원)

현대자동차를
해외직구하려면

자동차 애호가들 사이에서는 국산 자동차가 내수시장에서 비싸다고 말하곤 합니다. 그럼 국산 자동차를 해외쇼핑몰에서 구매할 수 있을까요? 사실상 구매가 불가능합니다.

미국에서 판매되는 현대자동차 신차나 각종 중고차를 직구하려면 미국 현지 주소, 미국 현지 운전면허증이 필요합니다. 또한 구매 즉시 미국차량국에 등록하는 과정이 필요하므로 국내에서 미국차를 해외직구하는 것은 불가능합니다. 만일 미국차를 직구하려면 해외차 수입 대행업체를 끼고 수입하되 수수료를 지불합니다. 차량을 잘 고른 경우에는 모든 비용을 납부해도 국내보다 약 10% 저렴하게 구매할 수 있으므로 많은 사람들이 자동차 해외직구를 생각하는데 실제로는 대행업체를 끼고 해야 중고자동차를 해외직구할 수 있습니다.

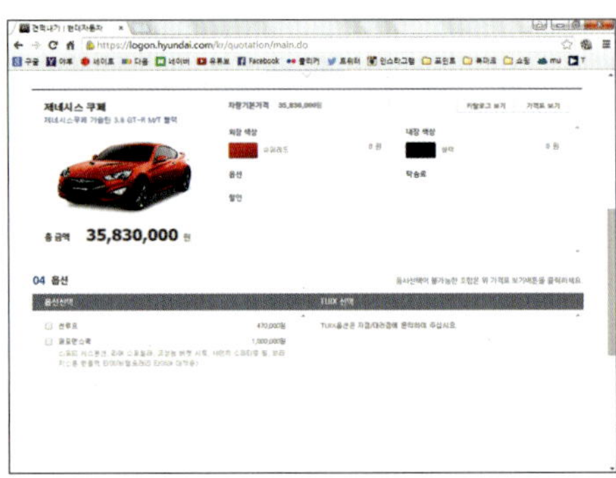

▲ 제네시스 쿠페 3.8 최소옵션 국내판매가　　　　▲ 제네시스 쿠페 3.8 최소옵션 미국판매가

자동차 수입 대행업체를 끼고 자동차를 수입할 때 붙는 세금은 관세, 개별소비세, 부가세입니다. 자동차는 선박으로 운송하므로 통상 2개월 이상 소요됩니다.

a	총가격	자동차가격+현지세금+현지배송비+국제선편요금+선하보험료 (신차는 물론 중고자동차도 마찬가지입니다.)	
b	관세	a×8%	
c	개별소비세	(a+b)×5%	개별소비세는 2000cc 이상 자동차 대상
d	교육세	개별소비세의 30%	
e	부가세	(a+b+c+d)×10%	
총납부세금		b+c+d+e	
수수료		자동차 수입 대행업체에 지불하는 수수료	

해외직구
상식영어 따라잡기

E메일로 인사말과 맺는말 전하기

E메일로 문의할 때는 보통 쇼핑몰 내 E메일 기능이나 메시지 전송 기능으로 하는 것이 좋습니다.

● **안녕? 아마존 고객센터(E메일 서두 안녕에 해당하는 영문)**

ⓐ Hi, Amazon customer service. (안녕하세요. 아마존 고객센터)

ⓑ Dear Amazon customer service. (아마존 고객센터에게)

ⓒ Dear sir. (담당자에게)

● **처음으로 E메일을 보냅니다.**

ⓐ This is my first E-mail to you.

ⓑ I am writing my first E-mail to you.

● **내 주문번호(오더넘버)는 ________ 입니다.**

My order number is ________ .

● **내 주문번호는 ________ 인데 그 주문건에 대해 문의할 말이 있습니다.**

ⓐ My order number is ________ and I have something to ask you about the order.

ⓑ My order number is ________ and there is something to inquire of you about the order.

● **E메일을 끝맺을 때 정중하게 하는 감사말**

ⓐ Thank you for all of your care.

ⓑ Thank you for your thoughtfulness.

ⓒ Thank you for your effort.

ⓓ Thank you for taking trouble.

ⓔ Thank you for your concern.

ⓕ You did a very good job for me, thank you.

● **E메일 종료 부분 인사말**

ⓐ Best regards. (한 줄 띄고 자신의 이름이나 ID)

ⓑ Sincerely. (한 줄 띄고 자신의 이름이나 ID)

ⓒ Thank you. (한 줄 띄고 자신의 이름이나 ID)

시스템 오류로 결제금액이 잘못된 경우
영어로 문의하기

상품구매 후 확인해보니 상품가격과 카드결제금액이 다를 때 문의하는 방법입니다.

● 구매가는 _______달러인데 결제된 금액을 확인해 보니 _______달러입니다. 무엇이 문제인지 확인한 뒤 답변 줄 수 있나요?

The item price at the point of purchase was _______ but the paid amount is _______.
Can you let me know what the problem is after checking it out?

● 상품가와 내가 지불한 금액이 다른데 확인한 뒤 연락주세요.

The item price is different from the charged amount. Please check it out and contact me.

● 구매가와 결제금액의 차액은 _______달러입니다.

The difference between the purchase price and paid amount is _______$.

● 차액에 해당하는 금액을 환불(Refund)해줄 수 있습니까?

Can I have a refund of the difference?

● 차액에 해당하는 금액을 페이팔(Paypal)로 보내줄 수 있습니까? 저의 페이팔 e메일주소는 _______입니다.

Can you remit the difference to Paypal? My Paypal e-mail address is _______.

● 차액에 해당하는 금액을 아마존 기프트카드로 보내줄 수 있습니까? 저의 아마존 ID는 _______입니다.

Can you send the difference to Amazon Giftcard? My Amazon ID is _______.

● 차액을 언제까지 환불해줄 수 있는지 날짜를 알려줄 수 있습니까?

Can you let me know when I can get a refund?

● 잘못 계산되어 더 정산한 금액을 환불 등 여러 가지 방법으로 돌려받고 싶습니다.

I'd like to get back the more paid portion in any possible ways including refund.

● 시스템 에러로 물건값보다 더 결제된 것 같은데 확인해 줄 수 있나요?

It seems I paid more than the price on account of a system error, please check it out for me.

주문취소, 카드승인취소
영어로 문의하기

변심에 의한 주문취소는 가급적 피하는 것이 좋으며 가격 등이 불만족스러울 때는 합당한 이유를
대고 주문취소를 하는 것이 좋습니다.

● 제품의 주문을 잘못해서 주문번호 ________의 주문을 취소하고 다시 재주문을 하려고하니 주문번호
________의 주문을 취소해주세요.

I put an order on the wrong item by mistake, so I want to cancel the order with the order
number ________.

● 다른 사이트에서 ________달러 저렴하게 판매하는 것을 봤기 때문에 주문을 취소합니다.

I got to know another site selling the same item in a lower price by ________$, so I need
to cancel the order.

● 주문한 상품을 ________ 사이트에서 ________달러 저렴하게 팔고 있는 것을 봤습니다. 프라이스 어저
스트먼트(Price Adjustment)를 해줄 수 있어요?

I saw ________ site selling the ordered item in a ________$ lower price.
Can I have a price adjustment ?

● 주문한 상품을 ________ 사이트에서 저렴하게 팔고 있으므로 주문을 취소합니다.

I cancel(withdraw) the order since ________ site is selling the item cheaper.

● 주문번호 ________는 실수로 장바구니에 넣었기 때문에 주문을 취소합니다.

I put the item into the Cart by mistake. So I withdraw the order with the order No. ________

● 주문번호 ________에 대한 주문을 취소할 테니, 미안하지만 카드승인이 되었다면 카드승인을 취소해
줄 수 있습니까?

I want to cancel the No ________ order, so please cancel if the card payment was
approved.

● 만일 주문취소에 문제가 있다면 알려주기 바랍니다.

Please let me know if you have any problem with the order cancellation(withdrawal).

● 만일 카드승인취소에 문제가 있다면 알려주기 바랍니다.

Please let me know if there is any problem with the withdrawal of the card payment.

가격조절 요청하기
아마존 프라이스 어저스트먼트 요청하기

어제 상품을 주문했는데 오늘 다른 셀러가 세일가로 판매하는 것을 발견했다면 주문을 취소하거나
프라이스 어저스트먼트를 요구해야 합니다.

- 다른 판매자(Seller)가 같은 제품을 ________달러 저렴하게 판매하는 것을 방금 전 봤습니다. 그 셀러
가 판매하는 상품이 있는 곳은 인터넷주소(________)에 있습니다.

  I saw another seller selling the identical item ________$ cheaper. The item of the seller is
  at the Internet address ________.

- 차액만큼 프라이스 어저스트먼트를 요청할테니 차액을 환불해줄 수 있나요?

  I ask for adjustment for the difference. Can you give me a refund?

- 내가 주문한 가격과 다른 곳에서 판매하는 가격의 가격 차이가 심하므로 반송을 하거나 차액을 환불받
고 싶습니다.

  The difference between my order price and that of another site is so big that I want to
  return the item or get back the difference.

- 만일 주문을 취소하지 않으면(반송하지 않으면) 차액을 환불해줄 수 있습니까?

  I don't want to return the item, so can you give me the refund of the difference?

- 만일 프라이스 어저스트먼트가 불가능하다면 그 이유를 알려주면 고맙겠습니다.

  Please let me know if any price adjustment is impossible.

- 만일 차액에 해당하는 금액의 환불이 가능하면 얼마를 환불해 줄 것인지 알려주십시오.

  Please let me know the exact amount if the difference is refundable.

- 만일 차액에 해당하는 금액의 환불에 문제가 있다면 알려주세요.

  Please let me know if there is any problem with the difference refund.

- 다른 곳에서 판매하는 것보다 비싼 것 같습니다. 비싼 금액만큼 차액의 환불이 가능할까요?

  Your item I ordered is more expensive than those of others.
  Can you give me the difference refund?

배송 시작일 문의,
트래킹 넘버 요청하기

배송이 아직 시작되지 않았거나 현재 배송상황에 대해 영어로 문의하는 방법입니다. 아울러 트래킹 넘버(운송장번호)를 문의하는 방법입니다.

● **주문번호 ________ 건에 대한 배송은 언제 시작하나요?**

When does the shipping for order No. ________ proceed?

● **오더 메뉴에는 배송준비 중이라고 나오는데 언제 배송을 시작하나요?**

I've seen 'delivery in preparation' on the order menu, so when does the delivery start?

● **주문번호 ________ 건의 배송을 서둘러서 처리해줄 수 있나요?**

Could you make haste on the delivery of the order no. ________?

● **(상품이름(주문번호))의 배송을 시작했다면 트래킹 넘버를 보내주십시요.**

If you have started the delivery of ________, please send me the tracking number.

● **배송상태를 알고 싶으니 트래킹 넘버를 보내줄 수 있나요? 내 주문번호는 ________입니다.**

I want to know the delivery status, so can you send me the tracking number?
My order no. is ________.

● **주문번호 ________의 트래킹 넘버를 알 수 없는데 E메일로 보내줄 수 있나요?**

I don't have access to the tracking no. ________, so can you send it to me by e-mail?

● **2~3일 전 주문한 상품의 주문번호를 잃어버렸는데 확인해 줄 수 있나요? 그 상품의 이름은 ________ 이고 결제금액은 ________달러입니다.**

I happened to lose the order no. of the item I ordered two or three days ago, so could you please check it out ? The name of the item is ________ and the paid amount is ________$.

● **트래킹 넘버가 적힌 E메일을 실수로 삭제했는데 다시 알려줄 수 있나요? 주문번호는 ________입니다.**

I accidentally erased the e-mail that had the tracking no., so I need to be notified of it one more time. My order no, is ________.

상품 이상, 부속품 누락 문의하기

상품 이상 혹은 부속품 누락에 대하여 문의하는 방법입니다.

● **상품을 오늘 받았는데, 도착한 상품에 부품이 한 개(두 개)가 빠져 있습니다. 그 부속품의 이름은 _________입니다. 사진을 첨부할테니 확인한 뒤 배송해줄 수 있습니까?**

I got delivered item, but I can't see one part(component). The name of the part is _______.
I am going to attach the picture of it. Could you send me that after checking out?

● **주문한 (#주문번호) 상품 대신 완전히 다른 상품이 도착했습니다.**

I have got a completely different item from my order XXX.

● **주문한 상품 대신 _________라는 상품이 도착했습니다.**

_______ was delivered to me instead of my ordered item.

● **확인한 뒤 번거롭겠지만 (누락한 부속품 명칭)을 다시 보내주십시오.**

Please take trouble to check out and send the omitted item again.

● **상품이 오작동을 해서 반품하려고 합니다. 상품이 배송 중 고장난 상태로 도착한 것 같습니다.**

The delivered item(product) doesn't work properly. so I want to return it.
It may have got out of order while being delivered.

● **상품이 파손되어 도착했습니다. 상품이 배송 중 아마 파손된 것 같습니다.**

I got a damaged item. It seems that the product was damaged during the delivery.

● **잘못 도착한 상품을 반송할 방법을 알려주십시요. 아울러 원래 주문한 상품의 재고가 있는지 확인하고 재배송이 가능한지 알려주기 바랍니다.**

Please let me know how to return the wrong item. Please inform me if redelivery is possible after checking if the ordered item is in stock.

● **잘못 도착한 상품을 반송할테니 원래 주문했던 상품을 보내줄 수 있습니까?**

I am going to return the wrongly delivered item. And could you deliver the proper item I ordered ?

물건 이상으로 인한 반품 문의하기

배송받은 물건에 하자가 있을 경우 반송 혹은 반품 여부를 문의하는 방법을 알아봅니다.

- **상품이 배송 중 파손되어 도착했으므로 반송(Return)하겠습니다.**

  The item has come to me damaged during the delivery. So I am going to return it.

- **주문한 상품이 아닌 다른 상품이 도착했으므로 반송하겠습니다.**

  I got delivered a wrong item, so I am going to return it.

- **주문한 상품에서 부품 몇 개가 누락된 채 도착했으므로 반송할 방법을 알려주십시오.**

  The item was delivered with some parts omitted. So inform me how to return it.

- **주문한 색상과 다른 색상의 상품이 도착했습니다. 반송할 방법을 알려주십시오.**

  The color of the item is not what I named. So please tell me how to return it.

- **주문한 크기와 다른 크기가 도착했습니다. 반송할 방법을 알려주십시오.**

  A wrong-sized item was delivered.
  So I want to be informed of how to return it.

- **주문한 상품과 다른 상품이 도착했으므로 무료(Free)반송할 방법과, 내가 주문한 상품으로 재배송할 수 있는지 알려주세요.**

  A wrong item was delivered. So how can I return it free?
  And please notify if the proper item can be shipped this time?

- **만일 상품 재고가 없어 동일 상품의 재배송이 불가능하다면 환불을 어떤 방식으로 처리해 줄 것인지 알려주세요.**

  In case the item is not in stock, so another shipment is impossible, please let me   know how I can get a refund.

- **잘못 도착한 상품에 대한 증빙사진을 E메일에 첨부해 보냅니다.**

  I am attaching the picture of the wrongly delivered item as an evidence to this e-mail.

리턴 테이블 요청하기

리턴 테이블이란 셀러가 보내주는 무료반송용 운송장입니다. 셀러가 보내주기로 한 리턴테이블이 도착하지 않았을 때 영어로 문의하는 방법입니다.

- 물건이 훼손된 상태로 도착했습니다. 이 물건을 반송한 뒤 같은 제품을 재배송받고 싶습니다. 반송할 때 필요한 무료 리턴 라벨을 보내줄 수 있나요?

  The item was delivered damaged. After returning it, I want to get an identical item delivered. And could you send me a free return label needed for return?

- 물건이 파손된 상태로 도착했습니다. 증명사진을 여러 장 찍어서 첨부합니다.

  The product has come damaged. I am attaching several pictures of evidence.

- 첨부사진을 보면 알겠지만, 상품에 확실한 하자가 있으므로 반송하려고 합니다. 무료(Free) 리턴 라벨을 보내줄 수 있나요?

  As you see from the attached picture, there's some clear defect with the item.
  So I am going to return it to you. Could you send a free return label?

- 배송 오류로 잘못된 상품이 도착했으므로 리턴 라벨을 보내줄 수 있나요?

  A wrong item was delivered due to some error in shipping, so could you send a return label?

- 반송하기로 약속한 물건의 리턴 라벨(Return Rabel)이 도착하지 않았습니다. 언제까지 보내줄 수 있나요?

  The return label for the item supposed to be returned isn't arrived yet.
  When can I get it?

- 무료 리턴 라벨이 아직 E메일함에 도착하지 않았습니다. 확인해줄 수 있나요?

  The return label has not arrived in my e-mail box.
  Could you check it out?

- 반송하기로 한 물건을 오늘 리턴 라벨을 붙여 반송했습니다. 트래킹 넘버를 첨부해서 보냅니다. 급히 사용해야 하므로 똑같은 상품을 가급적 빨리 재배송해주면 고맙겠습니다.

  I returned the item with the return label on it. And I attached the tracking number to that. I am in urgent need of the item, so I would appreciate your hurry in shipment of the same item.

환불관련 문의하기

물건이 잘못 도착했거나 파손되어 도착했다면 반송하고 환불을 요청해야 합니다. 전적으로 셀러의 실수로 인한 환불건이므로 셀러의 신용도가 높으면 바로 환불처리가 가능합니다.

- **물건이 오배송되었습니다. 물건이 다른 주소지로 도착한 것 같으니 환불해 주십시오.**

  The product was not delivered to me, It seems it has gone to another address, so I must say I need to get a refund.

- **물건이 훼손되어 도착했습니다. 환불이 가능할까요?**

  The product has arrived with some damage. Can I get a refund?

- **누군가 사용한 듯한 중고상품이 도착했습니다. 반송처리할테니 환불해 주세요.**

  A secondhand item with some indication of prior use by somebody. I cannot but return it, and I want to get a refund.

- **배송 중 물건이 파손되어 도착했습니다. 사진을 첨부할테니, 환불처리를 하거나 혹은 정상제품을 다시 배송해줄 수 있나요?**

  The product has arrived with some damage. I am attaching the picture of it.
  Can I get a refund? or Could I expect another delivery?

- **마음이 바뀌어 포장을 안 뜯은 상태에서 반송하려고 합니다. 반송비는 내가 지불하고 즉시 반송할테니 물건을 받으면 환불처리해 줄 수 있나요?**

  I'm sorry, but I changed my mind and I am going to return the item untouched. Of course I will bear the returning cost. Could you give me a refund after receiving the returned item?

- **환불 처리를 해준다고 E메일로 답변을 받았는데 환불처리가 지연되고 있습니다. 언제까지 환불처리가 될지 정확한 날짜를 알 수 있을까요?**

  I got your reply by e-mail saying that I could get a refund but the process is being delayed. Please let me know the possible exact date of refund.

- **어떤 방법으로 환불해줄 것인지 알려주세요. 나는 페이팔로 환불을 받을 수 있습니다.(혹은 환불액에 해당하는 금액을 아마존 기프트카드로 환불해주는 것도 괜찮습니다. 저의 아마존 E메일은 ________입니다).**

  Please let me know in what way I can get a refund. Paypal is available for a refund. (Or I can accept the Amazon giftcard of the amount of refund. My Amazon E-mail address is ________).

배송이 지연되고 있을 때 문의하는 방법입니다.

- 당신의 배송에 감사하지만,

  Thank you for your shipping(delivery), but

- 트래킹 넘버를 조회하면 배송완료했다는데 받은 물건이 없습니다. 확인한 뒤 알려주세요.

  When I referred to the tracking number, it said "Delivery completed". But the product hasn't been delivered to me, Please let me know what happened after checking it out.

- 다른 주소로 배송된 것 같습니다. 한국에서는 어디로 배송되었는지 알 수 없으므로 확인하고 재배송해 주십시오.

  The item might have been delivered to the wrong address. We can't figure out where it went, so could you proceed another shipment affter checking it up?

- 물건이 도착하지 않았습니다. 20일간 기다렸는데 언제 받을 수 있는지 확인해주세요.

  The product hasn't arrived here. I've been waiting for it for 20 days.
  Please let me know when I can get it.

- 계속 배송준비 중이라는데 상품을 언제 받을 수 있나요?

  The page says "shipment in preparation"(=pending) all along. When can I have my order delivered?

- 배송이 느려서 주문을 취소하고 싶습니다.

  I want to withdraw my order owing to the serious delay of delivery.

- 배송도중 화물(Ship)이 행방불명된 것 같습니다. 제 화물이 어디에 있는지 확인한 뒤 알려주세요.

  The product may have been missing. Please contact me after figuring out the whereabout of my item.

- 배송이 지연 중(Pending)인 상태로 나오는데 언제 배송을 시작하는지 정확하게 날짜를 알려줄 수 있나요?

  The page says the delivery status is "pending". so please let me know the exactdate of initiation of shipment.

제품에 대한 품평,
셀러에게 감사말 남기기

품질이 좋거나 셀러의 배송서비스가 마음에 들 때 긍정적으로 피드백을 하는 방법입니다.

- **상품이 정말 마음에 들어요. 만족합니다.**

  I like this item. I am so much satisfied.

- **이 상품은 믿고 쓸만한 상품입니다.**

  This item is reliable and good enough to use.

- **정말 좋은 상품이라 구매에 후회가 되지 않습니다.**

  This item is so satisfactory that I don't regret buying it.

- **사이즈도 딱 맞고 색상도 마음에 들어서 만족해요.**

  The size is perfect and I like the color. I am so satisfied.

- **상품은 좋은데 배송이 좀 느린게 흠입니다.**

  I like the item but the problem is that delivery is not so quick.

- **생각보다 셀러가 배송을 빨리 해주었습니다. 감사합니다.**

  Your delivery was prompt unlike my expectation. Thank you so much.

- **셀러의 훌륭한 서비스에 만족합니다.**

  I am so much satisfied with your excellent service.

장문의 E메일 작성하기

장문의 영문메일 작성법을 하나의 예제로 알아봅니다. 먼저 정중하게 인사말을 한 뒤 자신의 주문 번호나 트래킹 넘버를 알리고 문제점 혹은 문의할 점을 작성하기 바랍니다.

- **안녕하세요, 셀러 ➡ 이름(혹은 ID) 혹은 쇼핑몰 서비스 센터 이름**

  Dear. Customer Service

- **당신의 친절함에 감사합니다.**

  Thank you for your consideration.

- **내 주문번호는 _______입니다.**

  My order No. is _______.

- **배송상태를 알고 싶으니 운송장번호(Tracking number)를 보내줄 수 있나요?**

  I want to know the delivery status, so can you send me the tracking number?

- **내 트래킹 넘버는 _______입니다.**

  My tracking number is _______.

- **물건이 도착하지 않고 있으므로 그 원인을 확인해 줄 수 있을까요?**

  My order has not been delivered, so could you check the problem?

- **물건이 도착하지 않고 있으니 내 물건이 어디에 있는지 확인해 줄 수 있을까요?**

  The ordered item hasn't been delivered, so can you check where it is now?

- **상품이 잘못 배송되어 주문한 상품과 다른 상품이 도착했습니다.**

  A wrong item was delivered to me. It was not my order.

- **잘못 도착한 상품을 반송할테니 리턴 라벨을 보내줄 수 있나요?**

  I want to return the wrong item, so could you send me a return label?

- **내가 주문한 원래 상품을 확인한 뒤 재배송해줄 수 있나요?**

  Could you check my original order and give me another delivery?

- **번거롭게 해서 미안합니다. 그리고 이 문제에 대해 신경 써주시는 점 고마워요.**

  I am sorry for disturbing you. and thank you for the care about this matter.

쉽게, 빠르게, 보다 값싸게
처음 시작하는
해외직구 쉽게 배우기

1판 1쇄 인쇄 | 2015년 5월 10일
1판 1쇄 발행 | 2015년 5월 15일

지은이 김직구
펴낸이 김기옥

프로젝트 디렉터 기획1팀 모민원, 권오준
영업 박진모
경영지원 고광현, 김형식, 임민진

디자인 디자인허브
인쇄 · 제본 (주)에스제이피엔비

펴낸곳 한스미디어(한즈미디어(주))
주소 우편번호 121-839 서울특별시 마포구 양화로 11길 13 (서교동, 강원빌딩5층)
전화 02-707-0337 | **팩스** 02-707-0198 | **홈페이지** www.hansmedia.com
출판신고번호 제 313-2003-227호 | **신고일자** 2003년 6월 25일

ISBN 978-89-5975-816-6-13300